Phoenix Originality
凤凰原创

马克思哲学要义

The Essential
of Marx's Philosophy

赵敦华————著

江苏人民出版社

图书在版编目(CIP)数据

马克思哲学要义 / 赵敦华著. 一南京:江苏人民
出版社,2018.4
ISBN 978-7-214-21286-3

Ⅰ.①马… Ⅱ.①赵… Ⅲ.①马克思主义哲学一研究
Ⅳ.①B0—0

中国版本图书馆 CIP 数据核字(2018)第 036320 号

书　　　名	马克思哲学要义	
著　　　者	赵敦华	
责 任 编 辑	汪意云	
责 任 校 对	曾　偲	
装 帧 设 计	许文菲	
责 任 监 制	王　娟	
出 版 发 行	江苏人民出版社	
地　　　址	南京市湖南路 1 号 A 楼,邮编:210009	
照　　　排	江苏凤凰制版有限公司	
印　　　刷	江苏凤凰新华印务集团有限公司	
开　　　本	718 毫米×1000 毫米　1/16	
印　　　张	26　插页　4	
字　　　数	350 千字	
版　　　次	2018 年 4 月第 1 版	
印　　　次	2023 年 12 月第 8 次印刷	
标 准 书 号	ISBN 978-7-214-21286-3	
定　　　价	88.00 元(精装)	

(江苏人民出版社图书凡印装错误可向承印厂调换)

目　录

关于马克思恩格斯著作引文和缩略语的说明

一、本书按照通行的规则，按照《马克思恩格斯文集》《马克思恩格斯全集》中文 2 版、《马克思恩格斯全集》中文 1 版的顺序摘录引文。

二、上述著作引文页码采取中注形式，中注括弧内使用文集、全集、全集中文 1 版的缩略语。凡例如下：

（文集 10：265）代表《马克思恩格斯文集》第 10 卷第 265 页。

（全集 3：56,58）代表《马克思恩格斯全集》第 3 卷，中文 2 版，第 56,58 页。

（全集中文 1 版 3：56—57）代表《马克思恩格斯全集》，中文 1 版，第 56—57 页。

前　言

　　在一本论著的前言中,很多作者都觉得有义务交代该书的主题、结构和方法,本书尤其需要这样的交代,因为"马克思哲学要义"可以引起各种疑问。有论者或认为"马克思哲学"专指马克思个人哲学,消解恩格斯和其他马克思主义经典作家的地位;或认为使用"马克思哲学"的名目而不用"马克思主义哲学",是受西方"学院化""学院派"的"马克思学"和"西方马克思主义"诸流派影响的产物;还有人质疑马克思本人是否提出一种独立于他人的哲学思想。这些疑惑事关"马克思哲学"的合法性,不可不辩。

　　"马克思哲学"不属于"马克思学"。"马克思学"的创始者吕贝尔提出了恩格斯与马克思的"对立论",在西方颇有影响。我认为,"对立论"的解释显然不能成立。伊格尔顿引用一位男性作家的话:"当我提到'人'(man)这个词的时候,我指的是'男人和女人'(men and women)。"他接着说:"在此,我也想以同样的方式声明,当我提到马克思的时候,我指的是马克思和恩格斯。不过他们两人之间的关系就与本书无关了。"①

-----

① [英]特里·伊格尔顿著:《马克思为什么是对的》,李杨、任文科、郑义译,新星出版社2011年版,第4页。

我也想从一开始就申明:本书所说的"马克思哲学"指的是马克思和恩格斯的哲学。不过,这里有必要谈谈两人的关系。恩格斯是马克思的忠实追随者和亲朋战友,这一点不但有各种传记的证明,而且有文本证据。马克思和恩格斯的文本如此接近和彼此配合,以致有的未署名的政论甚至不能区分作者是马克思或恩格斯或两人合作,以致不可能把《马克思恩格斯全集》分开编辑成马克思和恩格斯两套全集。可是,现在居然有人说,马克思和恩格斯这一对在思想和生活上密切配合了四十多年的亲密朋友,不存在恩格斯所说的"第一小提琴手"和"第二小提琴手"的和谐(文集10:208),而是恩格斯误解乃至反对马克思;有人在一百多年后做了些文本考证,竟敢宣称他比恩格斯更理解马克思,只有井底观天的庸人才会信以为真!

"马克思学"解释"对立论"的文本分析,充其量只是证明了两人的差异。"世界上没有两片完全相同的树叶",何况两个人,更何况两个思想家!马克思和恩格斯的个性和思想有差异,这是无需考证论说的明摆着的事实。但问题的关键是,"差异"不等于"矛盾",更不等于"对立"。马克思和恩格斯文本的风格和侧重点的差异,大多数情况是"和而不同",少数情况在特定语境和环境中被人引申放大为对立关系,那与恩格斯原意无关。本书将以"哲学基本问题"和"自然辩证法"这两个问题为例,以文本为依据,分析马克思和恩格斯的差异。

"马克思学"的文本考证和编辑卓有成效,对文本的解释却常有偏差。一个主要原因是缺乏哲学理解力。哲学理解是分析与综合、证明与叙述相结合的整体把握。马克思恩格斯是深受黑格尔影响那一代人中的佼佼者,对他们的文本,尤其需要逻辑与历史、思辨与事实相结合的哲学理解。

"西方马克思主义"从卢卡奇、葛兰西开始,与黑格尔哲学结下不解之缘。他们的哲学解释在不同程度上显示了黑格尔与马克思哲学的相关性或因果性。西方马克思主义流派繁多,一个原因是各家各派对黑格尔辩证法态度和理解不同;更重要的是,他们用20世纪重要哲学家的学说观点解释评判马克思哲学,用"六经注我"的态度和方法对待马克思文本。西方马克思主义形形色色,观点纷杂,但罕有全面梳理马克思恩格斯文本的哲学解释。常见的做法是把不符合自己心意观点的马克思文本,以"不成熟""前后不一致""没有代表性"等为由,轻易地把它们排斥在外。阿尔都塞算是熟悉马克思全部文本的西方马克思主义者,但他囿于结构主义的观点和方法,把马克思的思想分为"意识形态"和"科学"两个阶段,甚至认为连《资本论》也没有跨越这两个阶段的"认识论断裂",直到1877年之后的《哥达纲领批判》和《评阿·瓦格纳的〈政治经济学教科书〉》才符合他的科学标准。西方马克思主义对马克思文本的断章取义或过度诠释完全违背马克思恩格斯的科学态度。恩格斯说:

> 一个人如果想研究科学问题,首先要学会按照作者写作的原样去阅读自己要加以利用的著作,并且首先不要读出原著中没有的东西。(文集7:26)

"不要读出原著中没有的东西"是理解马克思思想的必要条件,但还不是充分条件。充分理解马克思哲学,要对马克思恩格斯的文本做全面研究,在写作背景和语境中,读出文本中蕴含的意义,或把不同文本连结起来的综合意义,或文本中遗留的问题,并试图在其他作家尤其是后来的马克思主义经典作家的文本中寻求这些问题的解决方案。

本书对马克思文本的哲学解释,不受任何西方马克思主义流派先入为主观点的影响,也没有必要对他们的观点加以评述。当然,这不意味着可以忽视西方学者的研究成果"闭门造车"。研究马克思思想的西方学者大多数秉承独立的学术观点,不能简单地把他们划归"西方马克思主义"或狭义的"马克思学"范畴。我国马克思主义哲学界近三十多年讨论的热点问题,西方学者都已经提出并进行过深入研究。虽然我们不一定赞成他们的结论,但必须承认他们在仔细研读文本方面做的功课值得认真参考借鉴。本书每一章选取一个或几个要点,引用一些西方学者的观点,作为佐证或引以为戒。但西方学者值得参考的资料汗牛充栋,对他们大量的其他观点只能不置评说。在参考文献中,我将列举对本人有所启发的西文著作中译本,以及更多未被翻译的英文和德文著作。

本书也不做文本考证和翻译工作,因为《马克思恩格斯全集》历史考证版十分可靠可信,中央编译局六十多年精心琢磨的中译本,比任何其他著作的中译本都可依可靠。本书引文绝大多数主要引自《马克思恩格斯全集》中文 2 版及精选的《马克思恩格斯文集》。除在极少数有必要核对德文解释意义之处,没有必要标注德文另行翻译。

本书对文本的哲学梳理不同于"马克思主义哲学史",对文本的哲学解释也不同于"马克思主义哲学"。关于马克思主义哲学的经典定义,来自列宁在《马克思主义的三个来源和三个组成部分》一文。列宁把马克思主义分为哲学、政治经济学和科学社会主义三个组成部分,马克思主义哲学源于黑格尔的辩证法和费尔巴哈的唯物主义,政治经济学来源于英国古典经济学,科学社会主义来源于法国的空想社会主义。① 关于马克思主义三个组成部分的区分最早见于恩格斯的《反杜林论》一书分"哲学"、"政治经济学"和"社会主义"三篇的结构。针对杜林所写的《哲学教程》《社会经济学教程》和《国民经济学和社会主义批判史》,恩格斯分别在这三本书涉及的领域与杜林展开论战,从中阐明马克思的基本思想。杜林写作那三部书是为了建立他自己的体系,而不是要向"马克思主义的三个组成部分"提出挑战。当时马克思学说尚不是体系性的"主义"。恩格斯鉴于杜林体系在德国社会民主党内的不良影响而批判杜林,"必须跟着杜林先生进入一个广阔的领域"(文集 9:8),在杜林涉及的哲学、经济学和社会主义史的领域里阐明马克思恩格斯的观点,而不是为了建

---

① 《列宁选集》第 2 卷,人民出版社 1995 年版,第 309—314 页。

构马克思主义"三个组成部分"。

从马克思学说的历史来源看,英国古典经济学和法国社会主义学说与同时代的哲学有着密不可分的关系。比如,英国哲学家洛克对劳动与财产权的分析,是古典经济学的"劳动价值论"的先驱;英国古典经济学的重要代表亚当·斯密同时也是哲学家,他与同时代的英国重要哲学家休谟一起,从人性的角度解释人类的一切行为,包括认识、道德、政治、经济和宗教等方面,经济学属于这种"人性科学"。再如,法国社会主义学说与唯物主义有着密切联系。马克思在《神圣家族》一书中指出,当时社会主义者的很多说法,"甚至在最古老的法国唯物主义者的著作也可以几乎一字不差地找到"(文集1:335)。列宁强调,马克思主义的三个学说犹如"由一整块钢铁铸成的"整体,但只有马克思哲学才能把马克思各方面的学说凝聚成一个整体。如果把马克思的哲学思想与他的其他著述分开,那么就会把他的主要思想归属于社会政治学说和经济学,甚至以马克思没有独立的系统哲学著作为由,否认"马克思哲学"的存在或质疑这个概念的合法性。

黑格尔和费尔巴哈确实是马克思哲学的重要来源,但两人重要程度和影响时间不对等,黑格尔的影响比费尔巴哈大得多。事实上,从1846年之后,费尔巴哈从马克思文本中消失了,而黑格尔的影响日渐兴隆。这不仅因为"黑格尔的系统(它导致了费尔巴哈的唯物主义)"代表了"德国古典哲学的成果",①而且因为黑格尔是西方哲学的集大成者,他建立了西方哲学史上最庞大的哲学体系,其中包含着对以往所有哲学的批判性的继承。通过对黑格尔体系批判性改造,马克思继承了包括费尔巴哈在内的西方哲学的精华,创立了具有变革意义的哲学。马克思在1842年表达他的哲学观如下:

①《列宁选集》第2卷,人民出版社1995年版,第310页。

任何真正的哲学都是自己时代的精神上的精华,因此,必然会出现这样的时代,那时哲学不仅在内部通过自己的内容,而且在外部通过自己的表现,同自己时代的现实世界接触并相互作用。那时,哲学不再是同其他各特定体系相对的特定体系,而变成面对世界的一般哲学,变成当代世界的哲学。各种外部表现证明,哲学正获得这样的意义,哲学正变成文化的活的灵魂,哲学正在世界化,而世界正在哲学化。(全集1:220)

不能因为这是青年马克思的文字,就否认它是马克思毕生恪守的哲学观。马克思用详实的外部世界的史料,用哲学体系之外的政治经济学的科学成就,在不同时间的著述中,不断刻画和充实了"面对世界的一般哲学"的外在表现、具体意义和现实性。

在中国语境里,"马克思主义哲学"是一个学科领域,包括马克思主义、列宁主义、毛泽东思想、中国特色社会主义等发展阶段;"马克思主义哲学史"学科则按照时间顺序梳理马克思主义经典作家的哲学思想。本书论述的"马克思哲学"是限定在马克思恩格斯文本解释范围的一个哲学纲领。本书的文本梳理和哲学解释,不采用"马克思主义哲学史"学科的时间顺序,更不采取西方马克思主义盛行的前期和后期或"青年"和"老年"马克思的区分。

本书按照主题,把马克思哲学分为启蒙哲学、批判哲学、政治哲学、实践哲学和辩证哲学等五个部分,对文本进行分析性解释。每个部分都包括从早期到晚期的文本,这五个部分的内容有交叉重叠之处,对于重要文本和段落,几个部分将会反复琢磨、连锁推敲。只要转换角度看,警言隽语之名言、艰深疑难的文句,即使重读三次,也不为多。

这五个部分的解读线索各有侧重,"启蒙哲学"主要解释马克思哲学从古希腊哲学到德国古典哲学的哲学史背景,"批判哲学"主要解释马克思哲学的领域和方法,"政治哲学"主要解释作为革命家的马克思毕生从事政治斗争的理论基础,"实践哲学"主要解释唯物史观的哲学基础,"辩证哲学"解释马克思改造黑格尔辩证法的历程,重点阐述《资本论》第一卷论证剩余价值学说的逻辑结构和逻辑阐述。这五章的内容有从浅到深、由部分到整体的顺序,前三章叙述马克思哲学的不同侧面,"实践哲学"和"辩证哲学"分析重构唯物史观和剩余价值学说的论证过程和学术体系。

本书的哲学解释着眼于连续发展的整体,也要分析不同时期文本的差异,以及马克思与恩格斯的差异。从辩证法的观点看,有差异的连续性才是发展的整体;马克思主义哲学的共性一开始就包含在马克思哲学的个性之中。

本书以文本为依据的哲学解释,固然"以马克思的文本为中心",但不因此而不是"以我们正在做的事情为中心"。马克思哲学把"过去""现在""未来"三个时间维度勾连成"过去—现在—将来"的哲学时代。马克思哲学既有对过去的反思,也有现实性的关注,还有面向未来的展望。马克思哲学的不同阶段、不同地区的后继者们不但继承了马克思的历史反思,不但对马克思哲学的现实性和世界性抱有同等强烈的现实感和迫切感,而且把马克思对未来的展望转变为自己所处时代亟待解决的问题。虽然马克思主义哲学在与时俱进地发展,但马克思哲学仍然是我们时代的哲学;对马克思恩格斯文本全面准确的把握,与我们正在做的事情息息相关。这句话在"前言"中只是一个预告,在读完全书之后,读者将会从"马克思哲学的历史命运和现实性"的结语中看到做出这个总结的基本理由。

本书对马克思哲学要义的解释当然只是我个人的理解。当50年前第一次读到两卷本的《马克思恩格斯文选》(1961年版),我已是"少年坚信马恩,不疑理想社会",随着社会阅历和学识的增长,对马克思哲学有了比较全面和深入的理解。我诚挚欢迎相信或不相信马克思哲学、相信或不相信马克思主义某种形态的人,对本人长期学习和研读马克思恩格斯文本的心得体会提出批评指教。

最后请允许我冒昧引用《资本论》"序言"的结束语：

任何的科学批评的意见我都是欢迎的。而对于我从来就不让步的所谓舆论的偏见，我仍然遵守伟大的佛罗伦萨人的格言：

走你的路，让人们去说罢！（文集 5:13）

赵敦华

马克思诞生 200 周年之际

作于北京大学

第一章　启蒙哲学

　　我们不难看到,我们这个时代是一个新时期的降生和过渡的时代。人的精神已经跟他旧日的生活与观念世界决裂。……犹如在母亲长期怀胎之后,第一次呼吸才把过去仅仅是逐渐增长的那种渐变性打断——一个质的飞跃——从而生出一个小孩来那样,成长着的精神也是慢慢地静悄悄地向着它的新形态发展,一块一块地拆除了它旧有的世界结构。……可是这种逐渐的、并未改变整个面貌的颓毁败坏,突然为日出所中断,升起的太阳就如闪电般一下子建立起了新世界的形相。同样,科学作为一个精神世界的王冠,也决不是一开始就完成了的。新精神的开端乃是各种文化形式的一个彻底变革的产物,乃是在走完各种复杂的道路并作出各种艰苦的奋斗努力而后取得的代价。

黑格尔:《精神现象学》

启蒙时代是马克思哲学成长的思想文化背景,马克思恩格斯与同时代启蒙思想家有重大差别,即使德国哲学前辈的启蒙思想博大精深,他们也没有沉溺在其中,而是立足德法英三国的现实,攀登上18世纪以来的启蒙运动所形成的一座座理论高峰,终成汲取启蒙时代精神并表达其精华的"一家之言"。

马克思在1842年说:

> 哲学家并不是像蘑菇那样是从地里冒出来的,他们是自己的时代、自己的人民的产物,人民的最美好、最珍贵、最隐蔽的精髓都汇集在哲学思想里。正是那种用工人的双手建筑铁路的精神在哲学家的头脑中建立哲学体系。哲学不是在世界之外,如同人脑虽然不在胃里,但也不在人体之外。当然,哲学在用双脚立地以前,先是用头脑立于世界的。(全集1:119—220)

在此意义上,马克思作了一句精辟的概括:"任何真正的哲学都是自己时代的精神上的精华。"(同上)这些话不禁令人想起黑格尔关于哲学和时代的论述。黑格尔说:"每个人都是他那时代的产儿。哲学也是这样,它是被把握在思想中的它的时代。妄想一种哲学可以超出它那个时代,这与妄想个人可以跳出他的时代,跳出罗陀斯岛,是同样愚蠢的。"①

但是,马克思与黑格尔的哲学观有一个重要差别。黑格尔的哲学是对一个完成了的时代的反思。他说:"哲学作为关于世界的思想,要直到现实结束其形成过程并完成自身之后,才会出现";接着黑格尔说出"密纳发的猫头鹰要等到黄昏到来才会起飞"②的名言。而在标志马克思哲学诞生的《〈黑格尔法哲学批判〉导言》结尾处,有一段可与黑格尔相媲美的话:

> 德国人的解放就是人的解放。这个解放的头脑是哲学,它

---

① 黑格尔:《法哲学原理》,范扬、张企泰译,商务印书馆2014年版,第12页。原书注:"罗陀斯岛"比喻哲学家立足的现存世界。
② 同上书,第13—14页。

的心脏是无产阶级。哲学不消灭无产阶级,就不能成为现实;无产阶级不把哲学变成现实,就不能消灭自身。一切内在条件一旦成熟,德国的复活日就会由高卢雄鸡的高鸣来宣布。(文集1:18)

马克思在黑格尔意义上使用"现实"(die Wirklichkeit)概念,指"实存"成为"本质"的内部和外部的过程。① 黑格尔把法国大革命开始、经由拿破仑推广、结束于日耳曼精神的历史过程当作启蒙时代的现实,他的法哲学是对这一已经结束了的时代精神的反思和总结。马克思则认为,法国大革命非但没有结束,而且宣告了新的革命时代的开始;"高卢雄鸡"与"密纳发的猫头鹰"的反差表明了马克思与黑格尔对哲学的时代精神有着根本不同的理解:马克思的哲学与方兴未艾的无产阶级运动相结合将迎来解放人类的哲学和实践的革命,而不是像黑格尔法哲学那样"局限于观念上的国家和法的制度的直接实现"②。无论早期还是晚期,无论对黑格尔是批判还是继承,"高卢雄鸡"高鸣迎来的新时代晨曦总能接续"密纳发猫头鹰"沉思的旧时代暮色。

如果说黑格尔法哲学对已经结束的启蒙时代反思是"向后看",那么马克思对启蒙开启的无产阶级革命新时代的展望就是"向前看"的哲学。对启蒙时代精神继承和超越形成了马克思哲学的宽阔的时代视野。马克思恩格斯自认为他们所处的时代是启蒙时代的持续发展,法国大革命没有结束启蒙时代,而是宣告了新的革命时代的开始;黑格尔哲学也没有结束对启蒙时代的反思,而是召唤对即将到来的新的启蒙哲学。借助马克思恩格斯文本解读,我们可以还原马克思启蒙哲学的发展历程。

---

① 黑格尔:《小逻辑》,贺麟译,商务印书馆1980年版,第295页。
② 黑格尔:《法哲学原理》,范扬、张企泰译,商务印书馆2014年版,第7页。

第一节　启蒙之子

1837 年马克思从波恩大学转学到柏林大学读法学不久,经历了一场"头脑风暴"。他在 11 月 10 日写给父亲的信中汇报了一年的学习心得。马克思一开始就知道攻读法学首先要专攻哲学,"这两门学科紧密地交织在一起"(全集 47:7),"没有哲学就无法深入"(全集 47:11)。他不知疲倦地日夜工作,按照费希特和康德的概念形式,写了 300 多张纸的法哲学体系,以及 24 张纸的"新的形而上学基本体系"(全集 47:13)。但是,"熬过了许多不眠之夜,经历了许多斗争,体验了许多内心的和外在的冲动",他写道:"在该体系的结尾处我由不得不认识到它和我以前的全部努力都是错误的。"(全集 47:11)马克思病了。经历了痛苦的精神洗礼,马克思获得心灵启示。"在患病期间,我从头到尾读了黑格尔的著作,也读了他大部分弟子的著作";"病愈后,我便把所有的诗和小说手稿等等都烧了"(全集 47:14)。马克思最初一年走过的从康德、费希特、谢林到黑格尔的学习过程与德国古典哲学演进过程是一致的。马克思最后认可黑格尔哲学,不仅是柏林大学这一黑格尔哲学的中心使然,而且是经过符合哲学自身发展的心路历程。从那时起马克思再也没有离开黑格尔哲学。

在 1837 年的信中,马克思还说:"这时我养成了对我读过的一切书作摘录的习惯"(全集 47:11)。在不到一年的时间里,除了读哲学书之外,马克思把查士丁尼时编撰的《法律汇编》前两卷翻译为德文(全集 47:7),摘录大量艺术史、历史名著,读法律著作和期刊和"所有的文学新作",学习舞蹈音乐,写诗和小说(全集 47:11—12)。令人遗憾的是,马克思这一年写的哲学作品和读书摘录没有遗留,但他始终保持着那一年摘录做笔记的生活习惯。马克思一生阅书无数,浏览无涯,他的读书笔记见证如饥似渴地从大量著作中汲取思想资源的毕生经历,栩栩如生地还原了一个有超人的旺盛精力、非凡高强工作效率的罕见哲学天才的生活方式。

一、伊壁鸠鲁:启蒙思想的化身和"自我镜像"

马克思哲学的起点无疑是他的博士论文《德谟克利特的自然哲学和伊壁鸠鲁的自然哲学的一般差别》。马克思为博士论文准备了 7 本笔记,摘录古代作家拉尔修、恩披里克、普卢塔克、卢克莱修、塞涅卡、西塞罗作品中整理、引用和评注伊壁鸠鲁材料,可谓是最早的伊壁鸠鲁资料集,比尤斯内尔汇编的同类作品早半个世纪。不仅如此,马克思还评述了近代哲学家伽桑迪和哲学史家李特尔对原子论的评说,为黑格尔的《哲学全书·自然哲学》编制提纲。这些笔记中的材料,有的写入博士论文,有的留待他计划写"一篇综述伊壁鸠鲁、斯多亚主义和怀疑主义的著作"(全集 1:103)时使用。如果时光能够倒流,19 世纪的德意志各邦政府也像 21 世纪中国教育部那样评比"全国优秀博士论文",马克思得到这个荣誉可谓实至名归。如果马克思按原计划写完了博士论文的续篇,他也会被国际哲学界公认为第一流的哲学史家。但我们看不到马克思开始动笔写这篇综述希腊晚期哲学的任何痕迹,因为他一开始就没有单纯的哲学史旨趣,他不愿意成为大学哲学系里"只是一个缮写员"的"写哲学史的人"(全集中文 1 版 40:170)。

马克思本人 17 年后回顾他的论文时说,古希腊"[较晚的]哲学家——伊壁鸠鲁(尤其是他)、斯多葛派和怀疑论者,[我]曾专门研究过,但与其说出于哲学的兴趣,不如说出于[政治的]兴趣。"(全集中文 1 版 29:527)从博士论文的内容判断,马克思"政治的兴趣"是启蒙时代的思想解放。马克思翻遍熟读陈年杂沓的史料,看到的是一个活生生的"启蒙之子","因此,"他得出结论:"伊壁鸠鲁是最伟大的希腊启蒙思想家"(文集 1:63)。岂止是"希腊启蒙",简直就是马克思自己正在经历的思想启蒙运动。马克思笔下的伊壁鸠鲁是他自己所处的启蒙时代精神的化身,马克思把自己的启蒙观念投射到伊壁鸠鲁身上,伊壁鸠鲁既是从苏格拉底到黑格尔的哲人影像,同时又是青年马克思的"自我镜像"。

马克思博士论文选题"德谟克利特和伊壁鸠鲁的差别",为要纠正从古到今的一个哲学史偏见,即认为伊壁鸠鲁的自然哲学只是对德谟克利特的剽窃,而其伦理学"从整个希腊哲学里吸收的是错误的东西"(全集1:19)。马克思则要证明伊壁鸠鲁哲学具有德谟克利特不可比拟的贡献。他在 1858 年点明了他的研究主题:

> 虽然他[伊壁鸠鲁]是以德谟克利特的自然哲学为出发点,但是他到处都把问题要点颠倒过来。未必应该责难西塞罗和普罗塔克没有理解这一点,因为像培尔,甚至像黑格尔本人这样的聪明人都没有想到。(全集中文 1 版 29:529)

马克思的博士论文用丰富的史料、严密的逻辑证明了伊壁鸠鲁在自我意识、自然哲学和伦理学这三方面的独创性。

（一）自我意识的自由精神

虽然马克思的博士论文献词赞扬他的未来岳父"充满青春活力"、深信"唯有唯心主义才知道那能唤起世界上一切英才的真理"(1:9),但论文没有谈论唯心论与唯物论的对立。马克思只是说,德谟克利特是"把感性自然看作主观假象的怀疑主义者和经验主义者",而伊壁鸠鲁是"把现象看作实在东西的哲学家和独断主义者"(全集1:29)。不过我们不要夸大这个概括的意义,因为在马克思看来,归属于什么"主义"阵营不重要,重要的是,每一个值得研究的哲学家把"自我意识"转变为创造的个性和独特的生活。马克思显然按照"一个人是什么样的人,就会选择什么样的哲学"的费希特原则来论证德谟克利特与伊壁鸠鲁虽然名义上同为"原子论"实质上是两种不同的哲学体系,虽然他没有引用费希特。

德谟克利特和伊壁鸠鲁的差别首先"体现在这两个人的不同的科学活动和实践中"(文集 1:23)。德谟克利特"不满足于哲学,便投入实证知识的怀抱","走遍半个世界,以便积累经验、知识和感观"(同上),努力向埃及祭司、波斯的迦勒底人和印度智者学习,但最后发现自己的学说陷入理性思辨的客体世界与感性现象的真实性的"二律背反"(文集1:22)而不能自拔,"据说德谟克利特自己弄瞎了自己的眼睛,以使感性的目光不致蒙蔽他的理智的敏锐"(文集1:24)。

相反,"伊壁鸠鲁在哲学中感到满足和幸福"(文集1:25),他知道"哲学研究的首要基础是勇敢的自由精神"(文集中文1版40:112);他轻视"丝毫无助于达到真正的完善"的那些实证学问和语文学,认为"那些以为直到老年还应去背诵那些连小孩不知道都觉得可耻的东西的人,才是无知的人";他称赞"努力寻求真理而无需任何人的帮助"的自学者。耐人寻味的是,做哲学的这两种不同方式造成两人不同的归宿:

> 最后,德谟克利特由于对知识感到绝望而弄瞎了自己的眼睛,伊壁鸠鲁却在感到死亡临近之时洗了一个热水澡,要求喝醉酒,并且嘱咐他的朋友们忠于哲学。(文集1:25)

(二)原子运动规律中的"自由选择"

在自然哲学方面,德谟克利特把原子和虚空当作两个始原,原子必然在虚空中运动,漩涡中原子的不同组合产生万物。但他面临一个不能解决的理论矛盾:原子的组合是任意的、偶然的,而产生万物的漩涡运动却是必然的,于是,"德谟克利特的必然性同偶然便没有差别了"(文集1:27)。如何解决这个矛盾呢? 马克思分析说:"无论原子还是虚空,都不是始原,而它们的基础,它们中任何一个作为独立的本质表现出来的东西,才是这样的始原。"(文集中文1版40:116)伊壁鸠鲁的原子的特殊运动就是这样独立本质和始原。

伊壁鸠鲁设想,原子在虚空中的运动方式不是漩涡,而是直线;每个原子由于自己的特殊性而偏离直线运动垂直向下的方向,它们相互碰撞而产生万物。马克思说:"原子脱离直线的偏斜不是特殊的、偶然出现在伊壁鸠鲁物理学中的规定。相反,偏斜所表现的规律贯穿于整个伊壁鸠鲁哲学,因此,不言而喻,这一规律出现的规定性,取决于它被应用的范围。"(文集1:35)

马克思在笔记中表示了原子偏斜运动规律两方面的应用范围:"'偏离直线'就是'自由选择(arbitrium)',是特殊的实体,原子真正的质。"(文集中文1版40:121)"特殊的实体"和"原子真正的质"是自然哲学的解释,解决了困扰德谟克利特原子论的"感性现象"与"理性本质"、"偶然组合"与"必然原因"的"二律背反";而"自由选择"是伦理学的解释:"偏斜打破了'命运的束缚'(…)偏斜正是它胸中能进行斗争和对抗的某种东西。"(文集1:33—34)

(三)原子式个人的社会存在

连接自然哲学与伦理学的桥梁是"原子"与"个人"共有的特殊存在。马克思说:"原子是一种例如个人、哲人、神的抽象的自在的存在。"(全集中文1版40:168)这句话不是任意的类比或遐想,熟悉黑格尔的人在《精神现象学》"法权状态"一节可以读到对斯多亚派和怀疑主义的评论:"无限众多的原子式个人一方面是分散的",同时"与他对立的一切个人构成着这个个人的有实效的普遍性"。① 按黑格尔哲学术语,"个人原子"表示罗马个人生活,因而马克思论文开始就说,伊壁鸠鲁主义、斯多亚主义和怀疑主义是"罗马精神的原型"(文集1:16)。但是,马克思没有像黑格尔那样把伊壁鸠鲁的"个人原子"也说成"缺乏精神的点"。相反,他酣畅淋漓地抒发了"原子偏离"的规律的伦理精神。

首先,原子的个别性"到处都脱离了限制性的定在","所以,善就是逃避恶,而快乐就是脱离痛苦";其次,"抽象的个别性以其最高的自由和独立性(…)就合乎逻辑地是全部的定在,由此众神也避开世界"(文集1:35)。再次,既然自然和人都服从同一的理性规律,"自然对我们的意

---

① 黑格尔:《精神现象学》下卷,贺麟、王玖兴译,商务印书馆1978年版,第36页。

识来说,不再是恐惧的来源,而正是伊壁鸠鲁使直接的意识形态、自为存在成为一种自然的形态。"(文集中文1版40:173)

另外,也许更重要的是,个别性的原子概念表示具体的同类存在,"这一存在本身是具体的并且是一个类概念"(全集中文1版40:168)。"原子"类概念的社会意义是:"一个人,只有当他与之发生关系的他物不是一个不同于他的存在,相反,这个他物本身即使还不是精神,也是一个个别的人时,这个人才不再是自然产物。"(全集1:37)就是说,"个人原子"的存在是社会状态,"在政治领域里,那就是契约,在社会领域里,那就是友谊,友谊被称赞为最崇高的东西。"(全集1:38)马克思在博士论文中没有过多解读的伊壁鸠鲁的社会政治哲学,在《德意志意识形态》中得到更加明确的说明:"国家起源于人们相互间的契约,起源于 contrat social(σμνθηχη)〔社会契约〕,这个观点就是伊壁鸠鲁最先提出来的。"(全集中文1版3:147)

二、宗教批判的滥觞

马克思的博士论文关注的古今启蒙的社会政治影响主要表现为哲学对宗教的批判,他因而特别重视批判"普卢塔克把哲学带上宗教法庭的立场是如何地错误"(文集1:11)。普卢塔克是一个新柏拉图主义者,他依据灵魂与肉体的二元论和灵魂不朽、来世幸福等教条,指控伊壁鸠鲁的快乐主义无视人不能免除病痛等肉体痛苦;不懂高贵的精神幸福,把人的感性快乐等同为动物欲望;把只有上帝才可能有的心灵宁静当作人的最高的善,等等。

在未发表的笔记中,马克思突出了伊壁鸠鲁与希腊宗教的对立。他依据"伊壁鸠鲁的快乐辩证法"(全集1版40:74)一一反驳。他说,哲人"假定肉体——个人精神最直接的前提——是健康的",因此"伊壁鸠鲁所说的精神根本不关心那样的可能性",即不考虑精神快乐的现实性首先要排除肉体痛苦的偶然性,而"普卢塔克的反对意见只是说在健康的

9

肉体里不存在精神的自由"(全集 1 版 40:74)。

马克思还说,普卢塔克以为人的感性快乐像动物那样不分善恶,他不知道,伊壁鸠鲁的快乐的确是感性的快乐,不过哲人的快乐不是"真实的个别状态的东西",而是"成为包罗万象的生活意识"(全集中文 1 版 40:83)。普卢塔克认为对死亡的恐惧和对永生的希望是"一切欲望中最古老和最强烈的欲望",只有惩恶扬善的神才能满足人的欲望,人的高贵的幸福是天意的恩赐。马克思说:"谁如果把神性的东西当作自在的纯粹的幸福",不仅"显得很虚伪",而且也会让不道德的人"得到更大的快乐"(全集中文 1 版 40:84)。至于诉诸"内心的、无法抑制的恐惧",那是把人降低为动物。马克思揶揄道:"如果一个哲学家不认为把人看作动物是最可耻的,那么他就根本什么都理解不了。"(全集中文 1 版 40:85—86)

通过对柏拉图、普卢塔克和黑格尔的宗教神学批判,马克思在博士论文中发表了启蒙哲学的"独立宣言":

> 只要哲学还有一滴血在自己那颗要征服世界的、绝对自由的心脏里跳动着,它就永远用伊壁鸠鲁的话向它的反对者宣称:
>
> "渎神的并不是那抛弃众人所崇拜的众神的人,而是把众人的意见强加于众神的人。"
>
> 哲学并不隐瞒这一点。普罗米修斯的自白"总而言之,我痛恨所有法神"(原编者注:埃斯库罗斯《被锁链锁住的普罗米修斯》)就是哲学自己的自白,是哲学自己的格言。(全集 1:12)①

马克思一生都没有改变对伊壁鸠鲁的赞扬。《德意志意识形态》说:"他是古代真正激进的启蒙者(...)因此卢克莱修歌颂伊壁鸠鲁是最先

---

① 正在帮助马克思申请波恩大学教职的布鲁诺·鲍威尔在 1841 年 4 月 21 日致马克思的信中劝告:"你现在无论如何不可把埃斯库罗斯的那些诗句写进你的论文"(转引自《马列著作编译资料》第 12 辑,人民出版社 1980 年版,第 117 页)。但马克思无畏地在论文"序言"中引用这句诗公开自己的哲学自白。

打倒众神和脚踹宗教的英雄"（全集中文 1 版 3：147）。

三、希腊哲学史的现代哲学胚胎

马克思注意到图平根学派领袖鲍尔把基督类比为苏格拉底的柏拉图主义神学解释。马克思明确指出了两者的对立："苏格拉底是哲学的化身，而基督是宗教的化身"（全集中文 1 版 40：140）。马克思批判"没有一种古代世界的哲学体系像柏拉图哲学体系那样具有深刻的宗教性质"（全集中文 1 版 40：141）。同时称赞"亚里士多德、斯宾诺莎和黑格尔这样一些更激烈的哲学家（...）对启蒙教育的社会精神更为有益"（全集中文 1 版 40：141—142）。

通过突出古今哲学启蒙与宗教蒙昧的对立，马克思重构了古希腊哲学史。他反驳"一种老生常谈的真理（...）说希腊哲学在亚里士多德那里达到极盛之后，接着就衰落了"，他肯定，希腊晚期的伊壁鸠鲁主义、斯多亚主义和怀疑主义"具有性格十分刚毅的、强有力的、永恒的本质，以致连现代世界也不得不承认它们享有充分的精神上的公民权"（全集 1：16）。"现代世界的精神公民权"表明伊壁鸠鲁代表的希腊哲人与现代启蒙思想之间有一脉相承的哲学精神。

在博士论文、附录和笔记中，古希腊哲学史与近现代哲学的开始、中心、体系化的整体和特殊化的分裂被概括为类似的精神历程，如下列图示。

	古代哲学	近现代哲学
开始	早期希腊哲人是实体的真正精神，是对实体的具体化认识（40：65）。他们以神秘的口吻，富于诗意的激情郑重地宣布这种力量；（…）这些哲人和奥林帕斯山上的诸神的塑像一样极少人民性；他们的运动就是自我满足的平静，他们对待人民的态度如同他们对待实体一样地客观。（全集中文 1 版 40：65—66）	在古代人那里是亵渎自然的东西，在近代的人看来是从盲目信仰束缚之下的一种解脱；新的唯理论的自然观还应上升到承认神性的东西即理念体现于自然中，——古代的伊奥尼亚哲学至少在原则上正是从这一点开始的。（全集中文 1 版 40：52）

（续表）

	古代哲学	近现代哲学
中心	仿佛作为这一哲学的中心点，作为这一哲学的造物主体现在苏格拉底身上的形象，我指的是哲人——σοφός——的形象。（全集 1:17）	
总体	向总体发展的柏拉图哲学和亚里士多德哲学(全集 1:16) 苏格拉底的实际活动在柏拉图那里也重新变为一般的和观念的活动，而智慧则扩展成为一个理想王国。在亚里士多德那里这个过程又被理解为单一的，但是这个单一的东西现在实际上是概念的单一性。（全集中文 1 版 40:135）	哲学把握了整个世界以后就起来反对现象世界。现在黑格尔哲学正是这样。（全集中文 1 版 40:136）
分裂	出现了一些新体系，它们不以这两种丰富的精神形态，而是进一步往上追溯到最简单的学派；…在伊壁鸠鲁派、斯多亚派和怀疑派那里，自我意识的一切环节都得到充分表现，不过每个环节都表现为一种特殊的存在。（全集 1:16—17）	哲学自我意识的这种二重性表现为两个极端对立的派别：其中的一个派别，我们可以一般地称为自由派，它坚持把哲学的概念和原则作为主要的规定；而另一派则坚持把哲学的非概念即实在性的环节作为主要的规定。这第二个派别就是实证哲学。（…）除此之外出现一群次要的、吵闹不休、没有一点人性的人物。（全集 1:76—77）

马克思论文中使用"实体"、"主观形式"、"自我意识"、"单一性"、"特殊性"等当时流行的黑格尔主义术语，把晚期希腊哲学家和黑格尔之后哲学家说成"自我意识的哲学家"（全集 1:103）。这表明他基本上接受了黑格尔哲学和鲍威尔的影响。虽然他多处对黑格尔进行批评，但不能说马克思博士论文是对黑格尔哲学的第一次批判。阿尔都塞的评价较为中允，他认为马克思博士论文的哲学观来自"新黑格尔主义"或青年黑格尔派，这篇论文对马克思哲学的贡献还只是"以'未来完成式'撰写的历史"①。

_____

① 路易·阿尔都塞著：《保卫马克思》，顾良译，杜章智校，商务印书馆 1984 年版，第 43 页。

第二节 启蒙时代的哲学史

读者会发现,在上述马克思论述古代哲学与近代哲学的对照表中,达到古代哲学中心的苏格拉底在近代哲学没有对应者。如果近代哲学没有与"宗教的化身"相对立的"哲学的化身",那么如何解释近代哲学的启蒙精神呢?在黑格尔哲学体系分裂为"自我意识"特殊化的对立派别之后,如何继续推进启蒙精神呢?完成博士论文之后,1840—1841年间的8本《柏林笔记》是马克思阅读哲学著作所作的摘录,包括亚里斯多德的《论灵魂》第三卷,斯宾诺莎的《神学政治论》和《书信集》,莱布尼兹《逻辑学和形而上学文集》,休谟的《人性论》,罗生克兰茨的《康德哲学史》。马克思此时关注的焦点显然已转移到近现代哲学。

经过大量的聚精会神的阅读,并联系主编《莱茵报》期间对德国政治现状和制度所进行的批判,马克思在短短几年时间里迅速掌握了法国、英国和德国的时代前沿知识,洞察到他所处的时代精神,明确了继续推进启蒙的方向。

一、启蒙三国比较研究

从德国启蒙到无产阶级革命运动 时代精神不是虚无缥缈的空气,总是具体地凝固为一定的理论形式。青年黑格尔派成员赫斯1841年发布的文章《欧洲三巨头》指出,18世纪以来英、法、德三国思想体现了现代欧洲政治发展方向的"神圣历史"。有人猜测这篇文章影响了马克思恩格斯对时代精神的把握。文本证据的显示,马克思恩格斯恰恰通过对那种"神圣目的论"的批判,明确了他们批判的主攻方向和依靠力量。

马克思在1844年发表的《评"普鲁士人"的"普鲁士国王和社会改革"》一文针对黑格尔派中激进的政治代表卢格寄希望于威廉四世"基督教之心的善良信念"(全集3:376),分析了宗教正统主义、资产阶级和无产阶级的关系,说明宗教正统主义反映普鲁士封建国王的利益,"在政治上他是和自由主义直接对立的",他与无产阶级的对立尚未激化,而"资产阶级由于同无产阶级的关系紧张和尖锐而变得更加驯服和软弱"(全集 3:376)。即使资产阶级在英国成为统治阶级,也不愿和不能在政治上解决工人普遍赤贫问题。"英国的政治经济学家,即英国政治条件在科学上的反映"(全集 3:379),不但与英国资产阶级和政府的看法一致,反而厚颜无耻地把赤贫掩饰为科学顶峰的"新鲜空气"和"实践中最细小的环节,那是卖淫、谋杀和绞架!"(全集 3:380)。

针对卢格寄希望于普鲁士王国"政治理智"的主张,马克思说,经过法国大革命夺取政权的资产阶级,即使在拿破仑统治的强盛时期,同样不能解决赤贫。其所以如此,马克思分析说:

> 一个国家越是强盛,因而政治性越强,那末这个国家就越不愿意认为社会疾苦的根源就在于国家的原则,在于现存的社会结构——它的行动的、自我意识的、正式的表现就是国家——就越不愿意理解社会缺陷的普遍原则。政治理智之所以是政治理智,就因为它是在政治范围以内思索的。它越敏锐,越活跃,就越没有能力理解社会疾苦。政治理智的典型时代是法国大革命。法国大革命的英雄们根本没有在国家的原理中看出社会缺点的根源,相反,他们在社会缺点中看出政治弊病的根源。(全集 3:387)

在无产阶级革命时代,马克思说:"一个民族的政治理智越是发达和普遍,无产阶级就越是把自己的力量浪费在那种盲目的、无益的、在血泊中被扼杀的起义上面"。例如,在 1831 年和 1834 年的里昂工人起义中,"里昂的工人们以为自己追求的只是政治的目的,以为自己只是共和国的战士,可是事实上他们却是社会主义的战士。⋯⋯他们的政治理智蒙蔽了他们的社会本能。"(全集 3:393)

与法国工人政治追求形成鲜明对照的是刚刚开始的德国工人运动,西里西亚的纺织工人"一下子就毫不含糊地、尖锐地、毫不留情地、威风凛凛地大声宣布,它反对私有制社会"。马克思以魏特林的"德国工人的这部史无前例的光辉灿烂的处女作"为例说:

> 我们就能预言德国的灰姑娘将来必然长成为一个大力士的体型。应该承认,德国无产阶级是欧洲无产阶级的理论家,正如同英国无产阶级是它的经济学家,法国无产阶级是它的政治家一样。(全集 3:390)

德国是哲学的民族,但德国哲学和政治的发展不相称,不是什么反常的现象,而是德国资产阶级没有在政治中实践他们哲学的必然结果。同样必然的是,"一个哲学的民族只有在社会主义里面才能找到与它相适应的实践,因而也只有在无产阶级身上才能找到它的解放积极因素。"(全集 3:391)

18 世纪"三国演义" 无独有偶。恩格斯同年发表的《英国状况 十八世纪》独立地得到"德国、法国和英国是当代史上的三个占主导地位的国家"的结论。恩格斯区别三国的主要依据是:三者的启蒙运动分别以哲学、政治和社会革命为依据。他说:

> 德国人,信仰基督教唯灵论的民族,经历的是哲学革命;法国人,信仰古典古代唯物主义的民族,因而实践政治的民族,必须经过政治的道路来完成革命;英国人,这个民族是德意志成分和法兰西成分的混合体,就是说英国人身上具有对立的两个方面,所以比这两种因素中任何一种更广泛,因此,英国人也就卷入了一种更广泛的革命,即社会革命。(文集 1:89)

由于三国革命的性质不同,产生三种不同哲学:"德国人代表基督教唯灵论的原则,法国人代表古典古代唯物主义的原则"(文集 1:89),而英国人感觉到此岸世界和彼岸世界的矛盾无法解决,"这种矛盾的感觉曾经是英国人殖民、航海、工业建设和一切大规模实践活动的源泉。无法解决矛盾这一点贯穿着全部英国哲学，并促使它走向经验和怀疑论。"（文集1：90）

恩格斯不看好英国哲学，却赞赏英国的工商实践和社会革命使得"英国人确实是世界社会最文明的人"（文集1：97）。英国文明的伟大成就是工业革命，生产了前所未有的财富，"财产、物升格为世界的统治者"，由此而产生一个问题："财产的统治必然反对国家，瓦解国家，或者，既然财产没有国家又不行，那么至少也要挖空它的基础。"于是，国民经济学诞生了。

> 与工业革命同时，亚当·斯密开始这种挖空基础的工作，他在1776年发表自己的《国民财富的性质和原因的研究》，从而创新了财政学。全部以前的财政学都纯粹是国家的；国家经济仅仅被看作全部国家事务中的一个部门，从属于国家本身；亚当·斯密使世界主义服从国家的目的并把国家经济提升为国家的本质和目的。他把政治，党派、宗教，即把一切都归结为经济范畴，因此他认为财产是国家的本质，致富是国家的目的（文集1：105）

恩格斯还说："18世纪在英国所引起的最重要的结果就是：由于工业革命，产生了无产阶级。"（文集1：107）无产阶级的政治代表是与土地贵族和金钱贵族对立的工人民主派。恩格斯在接着写的《英国宪法》中得出结论：英国三派角力的前途将是民主制。恩格斯说："不是那种曾经同君主制和封建制度对立的法国大革命的民主制，而是现在这种同中产阶级和财产对立的民主制。以往的全部发展证明了这一点。"而这种民主制"马上就会发展出一种新的因素，一种超出一切政治事物的原则。这个原则就是社会主义的原则"（全集3：585）。"社会主义的原则"指的是无产阶级反对资产阶级的社会民主革命的指导思想。可以说，恩格斯通过《英国工人阶级状况》和《政治经济学批判大纲》等研究成果，已经独立地得出马克思同样的结论：18世纪以来启蒙时代的发展趋势是批判地吸收德国哲学、法国政治学和英国政治经济学的无产阶级新理论。

启蒙三国共产主义平等观的不同形式　在《1848年政治经济学手稿》的"增补"部分，马克思说明当时的共产主义运动接受了英、法、德三国的启蒙成果，在各国有不同的理论形式。他们都以平等作为政治革命的诉求，法国这个政治民族，直接把平等作为社会主义的政治依据，而德国这个思辨民族，把自我意识的同一性作为社会主义的理论基础。马克思指出两者的一致性：

> 平等不过是德国人所说的"自我＝自我"译成法国的形式即政治的形式。平等，作为共产主义的基础，是共产主义的政治的论据。这同德国人借助于把人理解为普遍的自我意识来论证共产主义，是一回事。（文集1:231）

马克思接着指出，平等的共产主义超出了启蒙运动的平等口号，而要求扬弃人的异化；同样，这个要求在各国有不同的形式和共同的斗争目标。马克思说：

> 不言而喻，异化的扬弃首先总是作为统治力量的异化形式出发的：在德国是自我意识；在法国是平等，因为这是政治；在英国是现实的、物质的、仅仅以自身来衡量自身的实际需要。（文集1:231）

从这个"不言而喻"的理论前提出发，为了把发端于启蒙的政治革命提升到人的革命的高度，马克思的批判哲学既扬弃了自我意识占统治地位的德意志意识形态，也扬弃了平等思想占统治地位的法国社会主义，最后也是更重要的是，扬弃了资产阶级的实际需要占统治地位的英国政治经济学。

启蒙时代精神的德国哲学更新和先导　同年发表的《黑格尔法哲学

批判导言》(以下简称《导言》)中形成了一个关于启蒙精神精华的纲领。按照这个纲领,英、法、德三国启蒙精神的继续发展,必然要对启蒙时代的制度,不管是它所保留的旧制度还是它所建立的现代制度,进行彻底的哲学批判和革命实践的改造。马克思认为,英国和法国已经完成了政治、经济革命并建立了现代制度,与之相比,德国制度"低于历史水平,低于任何批判,但依旧是批判的对象,正像一个低于做人的水平的罪犯,依旧是侩子手的对象一样"(文集1:6)。马克思向人们展现的广阔视野是,对德国落后的"前现代"制度的批判将引领欧洲现代国家的时代精神,"因为",他说,"德国现状是旧制度的公开的完成,而旧制度是现代国家的隐蔽的缺陷。对当代德国政治状况作斗争就是对现代各国的过去作斗争,而过去的回忆依然困扰着这些国家"(文集1:7)。但是,对德国现状和旧制度的批判不能依赖德国哲学。在马克思看来,德国庸人们沾沾自喜的"德国哲学革命"根本没有改变落后现状的能力,只不过"在思想中、在哲学中经历了自己的未来的历史"(文集1:9)。

马克思这里提出的问题是:德国人只能跟随英法现代国家的道路吗? 如何摆脱现代各国中的"德国的幽灵"(文集1:7)? 一句话,如何超越18世纪启蒙所达到的目标? 马克思的回答:德国哲学的批判与革命实践的结合。此时的马克思已经敏锐地注意到,欧洲各国无产阶级将成为承载"人的高度的革命"的物质力量。因此,德国哲学的批判与革命实践的结合意味着:

> 哲学把无产阶级当做自己的物质武器,同样,无产阶级也把哲学当做自己的精神武器;思想的闪电一旦彻底击中这块素朴的人民的园地,德国人就会解放成为人。(文集1:17—18)

《导言》中全面批判和超越欧洲各国所达到的启蒙成果(英国的经济制度、法国的国家制度和德国的哲学思想)的纲领,虽然只是轮廓,论述概略,但马克思从未放弃这个方案。他运用哲学这个"精神武器"有重点地先后、但连续不断地深入批判法国社会政治学说、德意志全部意识形态，以及英国国民经济学。通过对启蒙时代理论成果的批判性继承，马克思完成了汲取启蒙精神之精华的独步天下之新学说。

二、从英法唯物主义到德国唯心主义的启蒙哲学

在《神圣家族》中，马克思独自撰写的第六章，展示了从《柏林笔记》开始研读近代哲学的厚实功底。马克思在英、法、德三国的社会背景中对启蒙时代的哲学作了全面梳理，有下列五个可圈可点的洞察。

英国唯物主义的起源和发展　英国唯物主义最早可追溯到中世纪的司各特，弗兰西斯·培根则是"英国唯物主义和整个现代实验科学的真正始祖"，培根吸收了阿那克萨哥拉的种子说和德谟克利特的原子论等古代思想；培根的唯物主义被霍布斯系统化而又片面化了。马克思说，在霍布斯手里，"感性失去了它的鲜明色彩，变成了几何学家的抽象的感性。物理运动成为机械运动或数学运动的牺牲品；几何学被宣布为主要的科学。唯物主义变得漠视人了"（文集1:331）。

霍布斯同时消除了培根的有神论偏见，在他的政治哲学中，"人的一切激情都是有始有终的机械运动。欲求的对象是善。人和自然都服从于同样的规律。强力和自由是同一的"（文集1:332）。

最后，洛克"论证了培根和霍布斯的原则"。

> 洛克论证了 bon sens 的哲学，即合乎健全理智的哲学，也就是说，他间接地指出不可能有与人的健全的感觉和以这种感觉为依据的理智不同的哲学。（文集1:332—333）

法国唯物主义的来源　"法国唯物主义有两个派别：一派起源于笛卡儿，一派起源于洛克"（文集1:327）。前者的机械唯物论成为自然科学的宝贵财富。洛克的唯物主义经验论合乎法国启蒙的需要，受到热烈的欢迎。

> 法国人赋予英国唯物主义以机智,使它有血有肉,能言善辩,他们使英国唯物主义具有从未有过的气质和优雅风度,使它文明化了。(文集 1:333)

18 世纪法国唯物主义特点与法国启蒙运动在政治上反对封建专制相适应的是"反神学、反形而上学的、唯物主义的理论":

> 18 世纪的法国启蒙运动,特别唯物主义,不仅是反对现存的政治制度的斗争,同时是反对现存宗教和神学的斗争,而且还是反对 17 世纪的形而上学和反对一切形而上学,特别是反对笛卡尔、马勒伯朗士、斯宾诺莎和莱布尼兹的形而上学的公开的、旗帜鲜明的斗争。(文集 1:327)

> 法国唯物主义通过伽桑狄恢复了伊壁鸠鲁的唯物主义,并反对笛卡儿的形而上学;比埃尔·培尔的怀疑论使斯宾诺莎和莱布尼茨的形而上学威信扫地;拉美特利等人继承笛卡尔物理学中的唯物主义,孔狄亚克用洛克的感觉论去反对形而上学和神学,爱尔维修和霍尔巴赫的著作是笛卡儿唯物主义和英国唯物主义的结合。(文集 1:329—340)

法国社会主义的唯物主义基础　马克思说,法国唯物主义"直接汇入社会主义和共产主义"(文集 1:334)。他对两者的联系作了充分的分析:

> 唯物主义关于人性本善和人们天资平等,关于经验、习惯、教育的万能,关于外部环境对人的影响,关于工业的重大意义,关于享乐的合理性等等学说,同共产主义和社会主义有着必然的联系。既然人是从感性世界和感性世界中的经验中获得一切知识、感觉等等的,那就必须这样安排经验的世界,使人在其中能体验到真正合乎人性的东西,使他常常体验到自己是人。既然正确理解的利益是全部道德的原则,那就必须使

人们的私人利益符合于人类的利益。既然从唯物主义意义上来说人是不自由的,就是说,人不是由于具有避免某种事物发生的消极力量,而是由于具有表现本身的真正个性的积极力量才是自由的,那就不应当惩罚个别人的犯罪行为,而应当消灭产生犯罪行为的反社会的温床,使每个人都有社会空间来展示他的重要的生命表现。既然是环境造就人,那就必须以合乎人性的方式去造就环境。既然人天生就是社会的,那他就只能在社会中发展自己的真正的天性;不应当根据单个人的力量,而应当根据社会的力量来衡量人的天性的力量。

（文集1:334—335）

这五个"既然……那就"的排比句有力地证明,19世纪法国社会主义关于人性解放和改造社会的主张"甚至在最老的法国唯物主义者的著作中也可以几乎一字不差地找到"。（文集1:335）

同样,19世纪的共产主义者(现在称作"空想社会主义者")如傅立叶、巴贝夫、欧文、卡贝等人"也把唯物主义学说当做现实的人道主义学说和共产主义的逻辑基础加以发展。"（文集1:335）

德国唯心主义的启蒙哲学　与法国唯物主义的启蒙哲学不同,德国的启蒙哲学是唯心主义。马克思说明两者的辩证关系:

被法国启蒙运动特别是18世纪的法国唯物主义所击败的17世纪的形而上学,在德国哲学中,特别是在19世纪的德国思辨哲学中,曾经历过胜利的和富有内容的复辟。……黑格尔天才地把17世纪的形而上学同后来的一切形而上学以及德国唯心主义结合起来并建立了一个形而上学的包罗万象的王国。

（文集1:327）

从17世纪唯心论的形而上学到18世纪的唯物论,再到19世纪的思辨哲学是一个否定之否定的发展。就是说,德国思辨的形而上学不同于

17世纪的旧形而上学,它同样有着丰富的启蒙思想内容。

鲍威尔却把德国唯心论解释为启蒙思想的对立面。他说,法国启蒙思想归结为唯物主义与斯宾诺莎泛神论"相互争辩的两个流派……这一启蒙运动的单纯命运就是在浪漫主义中灭亡"(文集1:326转引),只有"自我意识"才是对启蒙哲学的否定和完成。鲍威尔说:"如果说斯宾诺莎主义是他的哲学的必然起点,那么费希特的'自我'概念就是他的哲学的完成。"①针对这种武断取消唯物主义和否定启蒙的观点,马克思用哲学史材料说明,鲍威尔既不理解唯物主义,也不理解斯宾诺莎和德国唯心论。

马克思把鲍威尔的观点转述为"在黑格尔的体系中有三个因素:斯宾诺莎的实体,费希特的自我意识以及前两个因素在黑格尔那里的必然的矛盾的统一,即绝对精神"。(文集341—342)并立刻揭示了这三者是不同形式的形而上学:

> 第一个因素是形而上学地改了装的、脱离人的自然。第二个因素是形而上学地改了装的、脱离自然的精神。第三个因素是形而上学地改了装的以上两个因素的统一,即现实的人和现实的人类。(文集1:342)

如此,马克思把17世纪斯宾诺莎代表的形而上学和19世纪德国形而上学都改造成人和自然的学说。在此意义上,他们与法国唯物主义和社会主义同属于启蒙思想的阵营。

费尔巴哈唯物主义的理论意义　马克思当时站在费尔巴哈的自然主义"人本学"的立场上,依据人与自然关系总结从斯宾诺莎、费希特到黑格尔的形而上学的精神。马克思认为,费尔巴哈反对黑格尔是"以清醒的哲学来对抗醉醺醺的思辨"(文集1:327)。马克思评价说:

---

① 转引自《金德里希·泽勒尼》,荣新海、肖振远译,张峰校,中共中央党校科研办公室,1986年版,第182页。

> 费尔巴哈消解了形而上学的绝对精神,使之变为"以自然
> 为基础的现实的人";费尔巴哈完成了对宗教的批判,因为他同
> 时也为批判黑格尔的思辨以及全部形而上学拟定了博大恢宏、
> 堪称典范的纲要。(文集 1:342)

马克思认为,费尔巴哈结束了德国形而上学反对法国唯物主义的复辟,具有法国唯物主义反对 17 世纪形而上学那样的意义,这是在更高层次上的否定。马克思说:

> 这种形而上学将永远屈服于现在为思辨本身的活动所完
> 善化并和人道主义相吻合的唯物主义。费尔巴哈在理论领域
> 体现了和人道主义相吻合的唯物主义,而法国和英国的社会主
> 义和共产主义则在实践领域体现了这种和人道主义相吻合的
> 唯物主义。(文集 1:327)

就是说,费尔巴哈"立足于黑格尔的观点之上而结束和批判了黑格尔的体系"(文集 1:342),黑格尔的形而上学思辨性不是完全被否定,而是被完善化了,并与人道主义和唯物主义相结合。其实,马克思赞扬的费尔巴哈只是自己心目中的目标,正是马克思本人才真正达到了这样的目标,正如我们将要在 1844 年手稿中看到的那样。

三、自由主义的哲学批判

马克思恩格斯合作的第二部著作《德意志意识形态》已经超越了费尔巴哈,揭露鲍威尔、施蒂纳和格律恩等人代表的德国小资产阶级的意识形态已经丧失了启蒙精神,堕落为毫无实际内容的思辨玄想和混乱空洞的文字游戏。为了揭露施蒂纳名为反自由主义实际反启蒙的唯我主义,马克思娴熟地运用哲学史材料和方法,顺便批判了德国和英法的几种自由主义。

(一)德国自由主义起源于康德

"政治自由主义"一节把德国自由主义的根源追溯到康德的《实践理

性批判》。马克思说：

> 18 世纪末德国状况完全反映在康德的"实践理性批"中。当时法国资产阶级经过历史上最大一次革命跃居统治地位，并且夺得了欧洲大陆；……但软弱无力的德国市民只有"善良意志"，康德只谈"善良意志"，哪怕这个善良意志毫无效果他也心安理得，他把这个善良意志的实现以及它与个人的需要之间的协调都推到彼岸世界。康德的这个善良意志完全符合德国市民的软弱、受压迫和贫乏的情况，他们的小眼小孔的利益始终不能发展成为一个阶级的共同的民族的利益……一方面是德国市民的现实的地方的、省区的偏狭性，另一方面是他们的世界主义的自夸。总之，自宗教改革以来，德国的发展就具有了小资产阶级的性质。（全集中文 1 版，3:211—212）

马克思又说：

> 在康德那里，我们又发现了以现实的阶级利益为基础的法国自由主义在德国所采取的特殊形式。……康德把这种理论的表达与它所表达的利益割裂开来，并把法国资产阶级意志的有物质动机的规定变为"自由意志"、自在自为的意志、人类意志的纯粹自我规定，从而就把这种意志变成纯粹思想上的规定和道德假设。因此当这种强有力的资产阶级自由主义的实践以恐怖统治和无耻的资产阶级钻营的形态出现的时候，德国的小资产阶级就在这种资产阶级自由主义的实践面前畏缩倒退了。（全集中文 1 版 213）

在这两段话里，马克思指出了德国市民或小资产阶级自宗教改革以来与社会现实的严重脱节，安于软弱、受压迫和贫乏的现状，与法国资产阶级强有力的自由主义实践形成鲜明对照。但同时承认法国和德国哲学同属于启蒙主义的思想政治运动。马克思的政治洞察力在于发现了康德的道德哲学不只是纯粹理性的思辨和推论,而是回应政治生活中重要问题的实践、经验的、实用的理论。在这一点上,马克思阐发了康德的启蒙观。

事实也是如此。法国大革命前夕,康德写了《回答一个问题:什么是启蒙》的著名论文。康德给启蒙下了一个经典的定义:"勇敢地使用你的理智!"康德高度评价启蒙的社会进步作用。他说:

> 对公民的行止的人身限制日益被取消,普遍的宗教自由得到允许……逐渐地产生启蒙,启蒙是一大笔财富。①

但是,当康德目睹法国大革命的暴力行动后,主张用温和理智的途径达到启蒙的目的。1798年,康德说:

> 我们在自己这个时代目睹了一个富有才智的民族进行的革命,这场革命可能会成功或失败;它可能会如此充满了不幸和暴行,以至于一个思维健全的人如果会希望第二次从事时成功地完成革命的话,就绝不会以这样的代价来进行这场试验。②

马克思关于政治自由主义起源于康德的论断也被20世纪自由主义所证实。哈贝马斯、罗尔斯从康德的政治哲学中吸收自由主义政治哲学的丰富理论资源。

（二）英法自由主义的理论基础是功利主义

《德意志意识形态》对功利主义的评价与《神圣家族》有所不同。在《神圣家族》中,爱尔维修、边沁的功利主义被看作倾向于唯物主义和社会主义的"正确理解的利益的体系"(文集1:335)。而在第二年写的《德意志意识形态》手稿里,马克思从政治经济学角度,认为功利主义是"功

---

① 康德:《康德著作集》第8卷,李秋零主编,中国人民大学出版社2008年版,第35页。
② 同上书,第7卷,第82页。

利和剥削"关系的"形而上学的抽象"（全集中文 1 版 3∶479），"功利和剥削的理论的成就以及这种理论的不同阶段，是和资产阶级发展的不同时期有密切联系的"（全集中文 1 版 3∶481）。

第一个阶段是英国资产阶级 1640 和 1688 年取得政权的两次革命。功利主义表现在霍布斯和洛克哲学之中，"特别是在洛克的学说理论里，剥削理论还是和经济内容有直接联系的"（全集中文 1 版 3∶482）。

第二个阶段是法国启蒙时期。"爱尔维修和霍尔巴赫已经把这种学说理想化了，这种做法是和法国资产阶级在革命前的反封建的作用完全一致的"，但失去了"可以在英国人那里找到的实证的经济内容"。不过，被忽视的剥削理论被同时代的重农学派所发展和系统化了。重农学派首先把政治经济学变成一门特殊的科学。（全集中文 1 版 3∶482）

第三个阶段是法国大革命之后。资产阶级此时已不是一个特殊的阶级，它的生存条件成为整个社会的生存条件。于是，"我们第一次在边沁的学说里看到：一切现存的关系都完全从属于功利关系"，"除了单独的个人对现存世界的私人剥削以外，再没有其他任何供思辨的对象了"。边沁的功利主义的经济内容使得政治经济学先前迈进一步，但他的冗长的道德议论只是替现存事物的单纯的辩护。（全集中文 1 版 3∶483—484）

最后，马克思写道："我们在穆勒的学说里可以看到，功利论和政治经济学是完全结合在一起了。"（全集中文 1 版 3∶483）

在后来的政治经济学批判阶段，马克思把功利主义作为资产阶级政治经济学的哲学基础，对现代功利主义的创始人边沁的嘲笑尤其辛辣。在《资本论》中，马克思说，劳动力的买卖市场"确实是天赋人权的真正伊甸园。那里占统治地位的是自由、平等、所有权和边沁"。马克思解释说，资本家购买工人的劳动力和工人出售自己所有的劳动力是依据双方自由意志的、在法律上平等的人的契约；双方的关系是边沁式的。

> 正因为人人只顾自己,谁也不管别人,所以大家都是在事
> 物的前定和谐下,或者说,在全能的神的保佑下,完成着互惠互
> 利、共同友谊、全体有利的事业。(文集5:204—205)

这些话讽刺按照个人快乐算计社会最大幸福的功利主义原则只不过是受资本增值规律支配的社会关系。正如19世纪经济学家把古典经济学庸俗化,边沁把启蒙时期的功利主义庸俗化。马克思认为:"效用原则不是边沁的发明。他不过把爱尔维修和18世纪其他法国人才气横溢的言论平庸无味地重复一下而已。"(文集5:704)

马克思把葛德文和边沁都当作剥削理论在英国的发展,不同的是,葛德文的《论政治上的正义》一书是在法国大革命恐怖时代写的,而边沁是法国大革命之后的产物(全集中文1版3:482—483)。客观地说,葛德文在书中批判资本主义把功利主义变成一种最狭隘的利己主义,提倡公民应该以公共利益作为正义原则。恩格斯公允地概括说:

> 葛德文还把功利原则完全一般地理解为公民的义务,即舍
> 弃个人的利益,只为普遍福利而生活。(文集1:106)

恩格斯把葛德文著作评价为"几乎只是无产阶级的财富"(1:475)。

顺便插一句,毛泽东也认为功利主义有资产阶级和无产阶级之分。他说:"唯物主义者并不一般地反对功利主义","世界上没有什么超功利主义","我们是无产阶级的革命的功利主义者。我们是以百分之九十以上的最广大群众的目前利益和将来利益的统一为出发点的。"[1]中国共产党"为人民服务"和"代表最大多数人的利益"的宗旨的理论基础可以说是"无产阶级的革命的功利主义"。

---

[1]《毛泽东选集》第三卷,人民出版社1991年版,第821页。

第三节　关于马克思的道德哲学

　　现在很多人热心建构马克思的道德哲学,但在《德意志意识形态》中,马克思把历史和现存的道德列入意识形态范围,此后也无意提出自己的道德哲学。马克思一方面反对把道德作为评判社会的标准,另一方面对资产阶级进行严厉的道德谴责,《资本论》对资产阶级贪婪、非人道的剥削的道德控诉如此震撼人心,以致人们不能忽视马克思哲学的道德批判力量,虽然马克思恩格斯没有为未来社会建立一个道德规范的学说。马克思恩格斯文本中涉及道德问题的论述很多,需要仔细梳理一番。

一、泛道德主义批判

　　享乐主义的阶级根源　马克思没有把功利主义仅仅看作一种道德说教。他说:"功利论至少有一个优点,即表明了社会的一切现存关系和经济基础之间的联系"(全集中文1版3:484)。可是,施蒂纳连功利主义的这一优点也抛弃了,他打着批判自由主义的旗号,鼓吹极端个人主义。马克思揭露了个人主义的享乐主义的根源。马克思分析说,享乐主义源于古希腊昔勒尼学派,在近代资产阶级与封建主义的斗争中表现为两个阶段。

　　第一阶段,享乐主义曾是启蒙思想的对立面,在近代法国成为宫廷贵族和资产阶级的共同哲学。宫廷贵族用回忆录、诗歌、小说等直接的素朴的形式,表达封建主义崩溃之前君主专制时期贪图享乐和挥金如土的人生观;而新兴的资产阶级则把享乐主义普遍化,"从而把它变成一种肤浅的虚伪的道德学说"(全集中文1版3:489)。

　　第二阶段,当资产阶级成为统治阶级而与无产阶级冲突之后,"贵族变成了伪善的信教者;而资产阶级却道貌岸然",他们对自己在理论上有

严格要求,而在实践中采取穷奢极侈的消费方式。(全集中文 1 版 3:489;490)

资产阶级道德虚伪性　《德意志意识形态》对剥削阶级享乐主义的批判贯穿于马克思对资本主义社会的批判。比如,《共产党宣言》中,针对"共产党人要实行公妻制"的资产者指控,马克思反讽说:

> 我们的资产者不以他们的无产者的妻子和女儿受他们支配为满足,正式的卖淫更不必说了,他们还以相互诱奸妻子为最大享受。(文集 2:49—50)

马克思说,随着私有制的消灭和社会关系的根本变革,历史上剥削关系所"产生的公妻制,即正式的非正式的卖淫,也就消失了"(文集 2:50)。"共产党人要共产共妻"的谣言不攻自破。

马克思批判封建阶级和资产阶级的道德,但马克思根本不指望任何道德批判可以克服封建阶级、资产阶级的享乐主义。每一个时代享乐哲学的局限性和虚伪性,只有在可能对现存制度的生产条件和交往条件进行批判的时候,也就是在资产阶级和无产阶级之间的对立产生了共产主义观点和社会主义观点的时候,才能被揭露。马克思认为,不同道德观的冲突不是资产阶级与无产阶级斗争的根源,共产主义学说的理论基础不是任何一种道德学说。

> 共产主义者根本不进行任何道德说教……共产主义者不向人们提出道德上的要求,例如你们应该彼此互爱呀,不要做利己主义者呀等等;相反,他们清楚地知道,无论利己主义还是自我牺牲,都是一定条件下个人自我实现的一种必要形式。(全集中文 1 版 3:275)

道德不是共产主义的理论基础,并不意味工人阶级不需要道德。相反,在为国际工人协会所写的章程中,马克思说:"加入协会的一切团体和个人,承认真理、正义和道德是他们彼此间和对一切人的关系的基

础。"（文集 3：227）

道德不是评判社会进步的标准　《德意志意识形态》中说：

> 是更像利己主义者还是更像自我牺牲者，那是完全次要的
> 问题，这个问题也只有在一定的时代内对一定的个人提出，才
> 可能具有任何一点意义。否则这种问题的提出只能导致在道
> 德上虚伪骗人的江湖话。（全集中文 1 版 3：274）

《共产党宣言》积极评价"资产阶级在历史上曾经起过非常革命的作
用"，首先提到的就是社会风尚的改变：

> 资产阶级在它已经取得了统治的地方把一切封建的、宗法
> 的和田园诗般的关系都破坏了。它无情地斩断了把人们束缚
> 于天然尊长的形形色色的封建羁绊，它使人和人之间除了赤裸
> 裸的利害关系，除了冷酷无情的"现金交易"，就再也没有任何
> 别的联系了。它把宗教虔诚、骑士热忱、小市民伤感这些情感
> 的神圣发作，淹没在利己主义打算的冰水之中。它把人的尊严
> 变成了交换价值，用一种没有良心的贸易自由代替了无数特许
> 的和自力挣得的自由。总而言之，它用公开的、无耻的、直接
> 的、露骨的剥削代替了由宗教幻想和政治幻想掩盖着的剥削。
>
> 资产阶级撕下了罩在家庭关系上的温情脉脉的面纱，把这
> 种关系变成了纯粹的金钱关系。（文集 2：33—34）

对资本向世界各地扩张的评价也是如此。马克思一方面谴责资产
阶级对殖民地人民的残酷剥削和迫害，另一方面肯定其推动殖民地落后
的社会结构向较为先进的生产关系转变的变革作用。他说，在印度，"英
国不管犯下多少罪行，它造成这个革命毕竟是充当了历史的不自觉的工
具"（文集 2：683）。

> 英国在印度要完成双重的使命：一个是破坏的使命，即消
> 灭旧的亚洲式的社会；另一个是重建的使命，即在亚洲为西方

式的社会奠定物质基础。（文集 2:686）

在政治经济学批判中,马克思认为犯罪和恶对生产力发展有积极的推动作用。曼德维尔在《蜜蜂的寓言》中说,恶是"一切职业和事业的牢固基础、生命力和支柱"。马克思在《1861—1863 年经济学手稿》中说:"只有曼德维尔才比资产阶级社会庸才勇敢得多,诚实得多。"（全集 32:353）马克思问道:

> 如果没有小偷,锁是否能达到今天的完善程度? 如果没有伪造钞票的人,银行券的印刷是否能像现在这样完善? 如果商业中没有欺骗,显微镜是否会应用于通常的商业领域? 应用化学不是也应当把自己取得的成就,像归功于诚实生产者的热情那样,归功于商业的伪造和发现这种伪造所作的努力吗? 犯罪使侵犯财产的手段不断翻新,从而也使保护财产的手段日益更新,这就像罢工推动机器的发明一样,促进了生产。而且,离开私人犯罪的领域来说,如果没有国家的犯罪,能不能产生世界市场? 如果没有国家的犯罪,能不能产生民族本身? 难道从亚当的时候起,罪恶树不同时就是知善恶树吗?（全集 32:352—253）

马克思最后一问与康德和黑格尔对基督教"原罪"说的解释不谋而合。康德把人类始祖犯罪被逐出伊甸园的故事解释为人类历史的开端。他说,人从无辜状态"走出的第一步,在道德方面是一种堕落":"因此,自然的历史从善开始,因为它是上帝的作品;自由的历史从恶开始,因为它是人的作品。"①黑格尔也说,原罪的神话象征"精神的概念","我们无法想象除认为人性为恶之外尚有别种看法";"正与自然相反,精神是自由的,它是通过自身而成为自己所应该那样。自然对人来说只是应当加以改造的出发点"。②

---

① 康德:《康德著作集》第 8 卷,李秋零主编,中国人民大学出版社 2008 年版,第 118 页。
② 黑格尔:《小逻辑》,贺麟译,商务印书馆 1980 年版,第 91—92 页。

恩格斯赞成黑格尔关于性恶论比性善论是"一种更伟大得多的思想"的观点,并作出唯物史观的解释:

> 在黑格尔那里,恶是历史发展的动力的表现形式。这里有双重意思,一方面,每一种新的进步都必然表现为对某一神圣事物的亵渎,表现为对陈旧的、日渐衰亡的、但为习惯所崇奉的秩序的叛逆;另一方面,自从阶级对立产生以来,正是人的恶劣的情欲——贪欲和权势欲成了历史发展的杠杆,关于这方面,例如封建制度的和资产阶级的历史就是一个独一无二的持续不断的证明。(文集4:291)

马克思恩格斯当然不提倡恶和犯罪,而是直面人类社会的历史和现实,阐明不以良好的主观意愿为转移的社会发展动力,突破了把社会进步归结为道德教化的唯心史观。

二、道德谴责的实践效应

在政治经济学批判阶段,马克思把从封建阶级到资产阶级的根源归结为资本主义生产关系的变化,据此分析资产阶级的"节约"与"享乐"。马克思认为,重农学派是对资本主义生产的第一个系统的理解,他们代表的早期资产阶级的封建外观欺骗别人欺骗自己,为没落贵族的享受披上自然本性的外衣。而亚当·斯密和李嘉图等古典经济学家进一步明确地认为,"资本的积累应归功于资本家的个人的节俭、节约和节欲"(全集33:35—36)。

《资本论》在"节欲论"一节分析说,在资本主义发展初期,"致富欲和贪婪作为绝对的欲望占统治地位",资本家把积累看做是对自己享受冲动的"禁欲"。"但资本主义生产进步不仅创造了一个享乐世界,随着投机和信用事业的发展,它还开辟了千百个致富的源泉";"虽然资本家的挥霍从来不像放荡的封建主的挥霍那样是直截了当的,相反地,在它的背后总是隐藏着最肮脏的贪欲和最小心的盘算;但是资本家的挥霍仍然和积累一同增长,一方决不会妨碍另外一方。"(文集5:685)

《资本论》中,马克思不再提及资产阶级在本国和在海外市场的历史进步作用,而对资产阶级发出了比过去更为严厉的毫不留情的道德谴责。个中原因是,马克思认为资本主义已经进入发达阶段,在世界各地,资产阶级已经完全失去了进步作用。在1858年写给恩格斯的信中,马克思说:"随着加利福尼亚和澳大利亚的殖民地化,随着中国和日本的门户开放,这个过程看来已完成了",而"大陆上的革命已经迫在眉睫",马克思希望把资本主义"送进坟墓"(文集10:166)。显然,道德谴责对唤起工人阶级的革命热情,比理性的、历史的价值评估具有不可比拟的震撼力。

《资本论》一方面把资产者不可遏制地追求金钱的贪婪的根源归结为资本增值生产的规律;资本家和地主"只是经济范畴的人格化,是一定阶级关系和利益的承担者"。马克思说:"我的观点是把经济的社会形态的发展理解为一种自然史的过程……同其他观点比起来,我的观点是更不能要个人对这些关系负责的。"(文集5:10)另一方面,《资本论》中用相当大的篇幅,对资本家和英国政府为了攫取高额剩余价值而采用的不人道、非道德的手段进行详细描绘和尖锐揭露,对资本主义辩护士"心中最激烈、最卑鄙、最恶劣的感情"加以严厉谴责。道义上的义正辞严比冷静的理智更能唤起工人阶级的阶级意识,更能有效地传播马克思的剩余价值学说,使得《资本论》迅速成为"工人阶级的圣经"。因此,既不能贬低马克思哲学中道德批判的理论价值,也不能忽视道德谴责的不可取代的实践效应。在了解《资本论》的全貌之后,我们将继续讨论这个问题。

三、马克思亲履的道德实践

如上所述,马克思既不赞成泛道德主义,也反对非道德主义。但是,马克思的敌人常常向他身上泼污水,如把他写《论犹太人问题》的心理动机曲解成为了撇清自己与犹太人的干系而宣扬"反犹主义"。同样,马克思的资产者家庭出身,以及在伦敦接受工厂主恩格斯资助,晚年靠燕妮继承的贵族遗产改善生活,乃至与女仆有私生子等,被伪善的卫道士们指责为心口不一的不道德品质。对马克思私生活的这些攻击,也许用得上黑格尔的一句话:"谚语说,'伺仆眼中无英雄';但并不是因为伺仆服伺的那个人不是英雄,而是因为服伺英雄的那个人只是伺仆。"①

马克思不是圣人,他自知错误,他的批判首先和主要不是针对特殊阶级地位的个人生活过错。他用基督教术语说:

> 问题在于忏悔,而不是别的。人类要使自己的罪过得到宽恕,就只有说明这些罪过的真相。(全集 47:67)

理论家超越自己所处的环境和地位如同虔诚信徒的"忏悔"那样,对包括自己在内的特殊阶级的"罪过"行为和思想观念进行无私的批判,以使人类都得到"宽恕"。马克思用基督教术语说明了他以后唯物史观的一个原理:人类摆脱苦难的途径不是靠个人的道德净化,而要通过扬弃劳动者和剥削者的异化。为了人类利益而不为个人私利的阶级觉悟,来自理论必然性而不是出于个人实际需要。马克思说,《资本论》"涉及的人,只是经济范畴的人格化,是一定的阶级关系和利益的承担者""我的观点是更不能要个人对这些关系负责"。而资产阶级的反应却相反,他们"把人们心中最激烈、最卑鄙、最恶劣的感情,把代表私人利益的复仇女神召唤到战场上来反对自由的科学研究"(文集 5:10)。两相对照,马克思在道德上理直气壮。

第四节　恩格斯的启蒙观

我们看到,在认识马克思之前,恩格斯与马克思对时代精神有相似

---

① 黑格尔:《精神现象学》下卷,贺麟、王玖兴译,商务印书馆 1978 年版,第 172 页。

的看法。在共同构思了唯物史观的基本框架之后,恩格斯在几乎所有重要的理论著作之中,都在启蒙时代社会变革的背景中总结和评价英法德的哲学和宗教实质,表明启蒙精神与无产阶级历史使命的连续性。在通过哲学史批判方法汲取启蒙时代精神精华这一点上,马克思与恩格斯没有分歧。正如历史上没有两个思想家是完全相同的,恩格斯历史梳理和哲学批判的重点和思路与马克思也有所不同。理解两人启蒙观的差异,可以帮助我们更全面地理解马克思哲学的不同视角和丰富内容。

一、英法哲学和宗教批判

恩格斯少年时曾是笃信的基督徒,青年时通过当时盛行的圣经批判思潮,以及青年黑格尔派的宗教批判,认同当时代表工人阶级利益的共产主义运动。恩格斯在《反杜林论》及其缩写本《社会主义从空想到科学的发展》中,重申了《神圣家族》中关于英法唯物主义的发展线索。缩写本《1892 年英文版导言》重点梳理了唯物主义在资产阶级反对封建阶级三次大决战中与宗教之间错综复杂的关系,综述如下:

宗教改革期间　第一次大决战是德国宗教改革,以 1525 年德国农民战争失败告终,"结果,德国在 200 年中被排除于欧洲在政治上起积极作用的民族之列"(文集 3:510)。在第二次大决战中,加尔文教的改革适应了"当时资产阶级中最果敢大胆的分子的要求"(文集 3:511),保障荷兰革命和 1640 年英国革命的成功。

1688 年的"光荣革命"是资产阶级和封建地主阶级的妥协,资产阶级"打着宗教的旗帜战胜了国王和贵族",又发现"可以用宗教来操纵他的天然下属的灵魂"(文集 3:513),于是把宗教当作镇压下层阶级的补充工具。

英国唯物主义由于资产阶级的仇视而成为一个宗教异端,它的自然神论形式是"一种贵族的秘传学说","具有反资产阶级的政治联系"。(文集 3:513—514)

法国大革命期间　此时,"唯物主义最初也完全是贵族的学说,但是不久,它的革命性就显露出来",当英国唯物主义传到法国,公开的唯物主义和和自然神论风靡一时,"成为一切有教养的青年信奉的教义"。法国大革命是资产阶级与封建阶级的第三次大决战,在革命进程中,唯物主义这个原来"由保皇党孕育的学说,竟给予法国共和党人和恐怖主义者一面理论旗帜,并且为《人权宣言》提供了底本"(文集 3:514)。

英国为了摧毁法国的海上霸权的需要和对法国大革命恐怖政策的恐惧,"唯物主义既然成为法国革命的信条,敬畏上帝的英国资产者就更要紧紧地抓住宗教了"(文集 3:515)。与此同时,英国工业革命产生了大工业的资产阶级及其对立面,即产业工人阶级。资产者在穷人传播福音所引入的"救世军"等教派"恢复了原始基督教的布道方式,把穷人看作是上帝的选民,用宗教手段反对资本主义"。恩格斯预言,资产阶级不遗余力传播的基督教,"总有一天会给目前为此投掷金钱的富翁带来麻烦"(文集 3:516)。

工人运动时期当德法工人阶级登上历史舞台后,"法国和德国的资产阶级,只好采取最后的办法,不声不响地抛弃了他们的自由思想……嘲笑宗教的人,一个一个地在外表上变成了笃信宗教的人"(文集 3:520),他们乞灵于宗教,视之为"唯一的和最后的拯救手段"。然而,恩格斯说:"除非我们相信超自然的奇迹,否则,我们就必须承认,任何宗教教义都难以支撑一个摇摇欲坠的社会。"(文集 3:521)至于登上历史舞台的工人阶级应当如何对待宗教,我们将在下一章中阐述。

二、启蒙哲学的革命性和局限性

恩格斯在《社会主义从空想到科学的发展》中对 18 世纪启蒙运动的精神作出精彩概括。他说,启蒙学者"本身都是非常革命的。他们不承认任何外部的权威,不管这种权威是什么样的。宗教、自然观、社会、国家制度,一切都受到最无情的批判;一切都必须在理性的法庭面前为自己的存在作辩护或者放弃存在的权利。思维着的知性成了衡量一切的唯一尺度"（文集 3:523）。

这段话一般地谈论启蒙学者的革命性，但尤其适用于康德。实际上，"批判""理性法庭""思维着的知性"都是康德的术语。恩格斯指出了法国启蒙学者和康德不可能想到的现实：

> 现在我们知道，这个理性的王国不过是资产阶级的理想化王国；(...)而理性的国家、卢梭的社会契约在实践中表现为、而且也只能表现为资产阶级的民主共和国。（文集 3:524）

与马克思在《德意志意识形态》中对康德道德哲学软弱性的批判相比，恩格斯在《费尔巴哈和德国古典哲学的终结》中更积极地肯定启蒙学者和康德哲学的革命性，同时，更明确地把启蒙哲学的资产阶级性质提升到哲学高度加以批判。

恩格斯对英法唯物主义的梳理，以及对空想社会主义思想的总结，重申了马克思在《神圣家族》中的哲学史批判。不同的是，恩格斯对康德的批判主要集中于不可知论的认识论。恩格斯认为不可知论是"'羞羞答答'的唯物主义"（文集 4:280），受限于自然科学发展水平的认识局限。他说：

> 在康德的那个时代，我们对自然界事物的知识确实残缺不全，所以他可以去猜想在我们已知的为数很少的各个事物的背后还有一个神秘的"自在之物"。但是这些不可理解的事物，由于科学的长足进步，已经接二连三地被理解、分析，甚至重新制造出来了；我们当然不能把我们能够制造的东西当作是不可认识的。（文集 4:279）

恩格斯晚期把 18 世纪法国形而上学到德国辩证法的思维方式的改变，归结为自然科学的进步，认为"自然界是检验辩证法的试金石"（文集 9:25）。恩格斯用受限于自然科学发展水平和唯心史观两方面原因，解释黑格尔辩证法的"头足倒置"(文集 9:541)。恩格斯用马克思的"唯物史观和通过剩余价值揭开资本主义生产的秘密"(文集 9:545—546),结束了对 18 世纪以来启蒙哲学史的批判。恩格斯认为马克思的发现同时也终结了作为世界观的哲学,"于是,"他进一步作出了一个大胆的预言:

> 在以往全部哲学中仍然独立存在的,就只有关于思维及其规律的学说——形式逻辑和辩证法。其他一切都归于关于自然和历史的实证科学中去了。(文集 9:544)

马克思曾经在无产阶级历史使命的完成与哲学时代精神的实现相统一的意义上谈论哲学的终结。在马克思和恩格斯差异的背后,是《反杜林论》对"存在"概念的本体论理解,以及恩格斯晚年致力建构的"自然辩证法"。关于恩格斯由此引申出的哲学观,我们将在最后两章评述。这里强调的是,恩格斯分析从 18 世纪启蒙到马克思学说发展的思想和社会原因,符合马克思启蒙哲学史的批判方法和论断。

三、德国古典哲学的出路

恩格斯在《费尔巴哈和德国古典哲学的终结》中,对德国古典哲学的革命的启蒙精神的阐述丰富了马克思在《德意志意识形态》中的简述。恩格斯重点说明了德国哲学革命对启蒙时代全部哲学具有总结意义,及其对马克思哲学的重要贡献。

德国古典哲学的革命意义　恩格斯说:

> 正像在 18 世纪的法国一样,19 世纪的德国,哲学革命也作了政治崩溃的前导。但是这两个哲学革命看起来是怎样不同啊!法国人同全部官方科学,同教会,常常也同国家进行公开的斗争;他们的著作在国外,在荷兰或英国印刷,而他们本人则随时都可能进巴士底狱。相反,德国人是一些教授,一些由国

家任命的青年的导师,他们的著作是公认的教科书,而全部发
展的最终体系,即黑格尔的体系,在某种程度上已经被推崇为
普鲁士王国的国家哲学! 在这些教授后面,在他们的迂腐晦涩
的言词后面,在他们笨拙枯燥的语言里面竟能隐藏着革命吗?
那时被认为是革命代表人物的自由派,不正是最激烈地反对这
种使头脑混乱的哲学吗?(文集 4:267)

恩格斯对这个问题的回答是肯定的,而自由派的反对是错的。
他说:

> 黑格尔哲学(我们在这里只限于考察这种作为从康德以来
> 的整个运动的完成的哲学)的真实意义和革命性质,正是在于
> 它彻底推翻了关于人的思维和行动的一切结果具有最终性质
> 的看法。(文集 4:269)

恩格斯的政治洞察力在于发现了法国和德国哲学同属于启蒙主义
的思想政治运动。在这一点上,他坚持和发扬了黑格尔的启蒙观。黑格
尔说:

> 世界历史的这一伟大的时代(其最内在的本质将在世界历
> 史里得到理解),只有日耳曼民族和法兰西这两个民族参加了,
> 尽管它们是相互反对的,或正因为它们是相互反对的……这个
> 原则在德国是作为思想、精神、概念,在法国是在现实界中汹涌
> 出来的。这个原则出现在德国,显得是一种外部环境的暴力和
> 对这种暴力的反动。①

与黑格尔一样,恩格斯把法德两国启蒙哲学表面上的对立归结为法
国的政治革命与德国哲学革命的差别。与黑格尔不同,恩格斯把法德两
国启蒙哲学的对立归结反官方与官方、公开抨击与隐晦思辨、法国资产

---

① 黑格尔:《哲学史讲演录》第 4 卷,贺麟、王太庆译,商务印书馆 1983 年版,第 240 页。

阶级的自觉革命与德国小资产阶级的软弱和贫乏之间的对立。他承认黑格尔辩证法具有革命性质,尽管采取了"头脚颠倒"的"神秘主义"的方式。

20 世纪政治哲学确确实实充满恩格斯提到的那些偏见和误解。西方现代的"自由派"如同恩格斯年代那样,批判德国古典哲学的思辨隐藏或表达着极权主义的秘密,他们要克服或超越德国启蒙代表的思想观念和社会形态。而哈贝马斯、罗尔斯等自由主义巨擘从康德的政治哲学中吸收丰富的理论资源,对黑格尔的"国家主义"和形而上学却报以微词。保守主义或国家主义者如同当年普鲁士官方那样认可黑格尔的法哲学。然而,无论哪一个阵营,都没有把德国古典哲学当作与此前社会契约论和此后"现代性批判"同等重要的政治哲学。

黑格尔辩证法的革命性质　恩格斯对黑格尔哲学中革命性和保守性矛盾的阐述符合马克思分散在不同时期的论述。恩格斯强调黑格尔的辩证法是其哲学的"真实意义和革命性质"(文集 4:269)。恩格斯说:他的辩证法"承认认识和社会的一定阶段对它那个时代和那种环境来说都有存在的理由。这种观察方法的保守性是相对的,它的革命性质是绝对的——这就是辩证哲学所承认的唯一绝对的东西"(文集 4:270)。

只是黑格尔哲学的体系"一定要以某种绝对真理来完成",这样一来,"黑格尔体系的全部教条内容就被宣布为绝对真理",体系的教条同辩证的方法相矛盾,黑格尔哲学"革命的方面就被过分茂密的保守的方面所窒息"(文集 4:271)。

从黑格尔到费尔巴哈　黑格尔体系瓦解后,这个体系包含的不可比拟的广大领域,"为容纳各种极不相同的实践的党派观点留下了广阔场所"(文集 4:273)。对马克思哲学有了比较全面深入的理解。黑格尔哲学内部的革命与保守的矛盾,在他死后表现为青年黑格尔派与"虔诚派的正统教徒和封建反动派"的分歧和围绕当前迫切的现实问题越来越明显的斗争(文集4:274)。

迫切的现实问题集中在宗教和政治领域。在政治领域,《莱茵报》上青年黑格尔派的"激进资产阶级的哲学"的目标是要"消灭传统的宗教和现存的国家"(文集4:274)。在反宗教的斗争中,施特劳斯和鲍威尔分别主张"实体"或"自我意识"在世界历史中起决定作用,施蒂纳则是"无政府主义的先知"(文集4:274)。与他们相比,"唯有费尔巴哈是个杰出的哲学家"(文集4:296)。

费尔巴哈是青年黑格尔派中唯物主义的代表,"对现存宗教进行斗争的实践需要,把大批最坚决的青年黑格尔分子推回到英国和法国的唯物主义"(文集4:275)。而费尔巴哈的出场,消除了18世纪唯物主义包含的自然和思维的矛盾。恩格斯回忆说,费尔巴哈的《基督教本质》发表后,"那时大家都很兴奋:我们一时都成为费尔巴哈派了。马克思曾经这样热烈地欢迎这种新观点,而这种新观点是如何强烈地影响了他(尽管还有种种批判性的保留意见),这可以从《神圣家族》中看出来"(文集4:275)。

恩格斯此处可能言过其实了,这段话中加括号的"保留意见"应在正文中重点强调。马克思从来没有成为"费尔巴哈派",费尔巴哈对马克思影响最大的不是《基督教的本质》中的宗教批判,而是《未来哲学临时提纲》中提出的自然主义的人本学。

恩格斯对青年黑格尔派在宗教和政治领域的批判的态度,以及对费尔巴哈唯物主义的历史功绩和局限性的评价,基本符合马克思恩格斯思想发展过程。恩格斯认为,费尔巴哈未能克服旧唯物主义的缺点。18世纪的英法唯物主义"主要是机械唯物主义",它以力学为基础,不能把世界理解为一个过程,对人类社会持非历史的观点。费尔巴哈不同意过去的机械唯物主义,但未能向前发展唯物主义。(文集 4:231)

费尔巴哈的另一个局限性在于,19 世纪自然科学中细胞学说、能量转化定律和达尔文进化论三大发现还没有完成,他不知道辩证法的重要性,于是只是把黑格尔哲学"简单地把它抛到一旁"(文集 4:276),而未能吸收其辩证法精髓。更重要的是,费尔巴哈和历史上其他唯物主义者一样,"下半截是唯物主义者,上半截是唯心主义者"(文集 4:296),因此想用"爱的宗教"代替传统宗教。加之脱离政治斗争的实践,因此被时代所抛弃。

宗教史和哲学史的唯物史观解释　恩格斯根据经济基础决定上层建筑的唯物史观原理,重点解释了哲学和宗教这两个"更高的即更远离物质经济基础的意识形态"(文集 4:308)。他认为,从原始宗教、罗马宗教到基督教的发展"归根到底是由人们的物质条件决定的,这一事实,对这些人来说必然是没有意识到的,否则,全部意识形态就完结了。"(文集 4:309)

比如,中世纪的基督教是与封建制度"相适应的、具有对应的封建等级制的宗教","当时任何社会运动和政治运动都不得不采取神学的形式"(文集 4:310)。再如,市民阶级的反抗从一开始就披上宗教的外衣。加尔文的宗教改革使荷兰独立,"并为英国发生的资产阶级革命的第二幕提供了意识形态的外衣。在这里,加尔文教派显示出它是当时资产阶级利益的真正的宗教外衣"(文集 4:311)。还如,法国大革命是"同已经发展起来的资产阶级相适应的、非宗教的、纯粹政治形式进行自己的革命",表明"基督教进入了它的最后阶段……统治阶级只把它当作使下层阶级就范的统治手段"(文集 4:311)。

哲学史也符合唯物史观的进程。从 15 世纪中叶到 19 世纪,"哲学的内容本质上仅仅是那些和中小市民阶级发展为大资产阶级的过程相适应的思想的哲学表现"(文集 4:308—309)。现在的德国哲学已经失去了德国古典哲学"在理论上毫无顾忌的精神"。只有在工人阶级中还保持着"毫无顾忌和大公无私"的科学精神和理论态度。因此,《费尔巴哈和德国古典哲学的终结》的最后一句话是:"德国的工人运动是德国古典哲学的继承者"。工人阶级如何通过德国古典哲学的途径走向新的哲学？我们将在第四章"实践哲学"中回答这个问题。

第五节　葛兰西的"启蒙文化哲学"

考茨基在 1907 年《马克思主义的三个来源》中说,"无产阶级的社会科学综合了德国思想、法国思想和英国思想"。列宁在 1913 年的《马克思主义的三个来源和三个组成部分》一文中更加明确地说:"马克思学说是人类在 19 世纪所创造的优秀成果——德国的哲学、英国的政治经济学和法国的社会主义的当然继承者";又说"马克思主义的哲学就是唯物主义","他用古典哲学的成果,特别是用黑格尔体系(它又导致了费尔巴哈的唯物主义)的成果丰富了哲学。这些成果中主要的就是辩证法"。[1]本书"前言"提及,列宁的经典概论符合恩格斯《反杜林论》和《费尔巴哈和德国古典哲学终极》的主题,但也产生一系列问题:"三个组成部分"如何相统一？马克思主义哲学相等同的唯物主义和源于德国古典哲学的"主要的成就"中的辩证法如何相统一？黑格尔辩证法及其对立面费尔巴哈的唯物主义如何相统一？

一、"实践哲学"的启蒙哲学方案

上述这些问题不是我们现在想象出来的,事实上,对列宁的经典概述的一个含蓄批评,早已见诸葛兰西《狱中札记》中《马克思主义问题》的讨论。葛兰西明确地提出作为马克思主义的实践哲学的"三个来源"如

---

[1]《列宁专题文集·论马克思主义》,人民出版社 2009 年版,第 67、68 页。

何统一的问题。他说：

> 有人论证，说实践哲学是 19 世纪前半期文化最发达的环境中产生的，而这种文化是由德国古典哲学、英国古典经济学和法国政治著作和实践所代表的，也就是说这三种文化运动是实践哲学的来源。对于这一论断应该去认识？是说这三者分别对实践哲学的哲学、经济学和政治学的产生作出了贡献呢？还是说实践哲学是这三者即这一时期全部文化的综合？

葛兰西的回答是：

> 应该把这种综合中的兼备"要素"确定为内在性的新概念，内在性本是德国古典哲学提出的思辨形式，后来借助于法国政治学和英国古典经济学而转化为历史主义的形式。①

葛兰西正确地看到德国古典哲学的"内在性"是综合英国古典经济学和法国政治学的兼备要素。但他也看到，德国哲学"内在性"的思辨形式与英法学说的历史内容的综合是各种不同的历史文化运动过程的革命实践中组成经济基础——上层建筑的"历史板块"。不同的理论根据不同的社会传播和动员功能有所区分，但它们都有同一实践的目标，即取得文化领导权（或霸权），为此要与"最细致形态的现代意识形态作斗争"，在斗争中"教育普通群众，他们的文化是中世纪的"。② "中世纪的文化"混合着民间迷信、"接近常识"的信念和偏见、"粗糙的唯物主义"和天主教的仪规习俗，它们仍然控制着普通群众的文化。为了夺取文化领导权，实践哲学需要比中世纪文化更高级的资产阶级文化的帮助。葛兰西坦言：

> 实践哲学之所以不能不同异己的思潮结成同盟，是为了战

---

① 中央编译局国际共运史研究所编译：《葛兰西文选》，人民出版社 1992 年版，第 476 页。
② 同上书，第 35,36 页。

胜资本主义以前的社会形态的残余，而这种残余，依然在民众中间存在。①

出于反对"中世纪文化"的斗争目标而与资产阶级文化结盟的需要，葛兰西不像列宁那样把"人类在 19 世纪创造的优秀成果"，而把 16 世纪以来与封建贵族和天主教势力进行斗争的几个世纪文化运动，作为马克思主义实践哲学的历史来源。他说：

> 实践哲学的前提是以下过去的文化：文艺复兴和宗教改革，德国哲学和法国大革命，加尔文教和英国古典经济学，世俗的自由主义以及植根于整个现代生活观的历史主义。实践哲学则是以上整个精神和道德改革运动得以圆满成功的顶点，成为大众文化与高级文化对立中的辩证法。实践哲学符合由新教改革加上法国大革命而成的结合：它既是一种政治的哲学，也是一种哲学的政治。②

我们现在对照列宁的"经典概述"解释葛兰西的"实践哲学"，并不是照着他们讲。葛兰西的实践哲学指普遍、整合的复合世界观（Weltanschauungen）③，与我们在第四章将要讲的马克思的实践哲学是两码事。我们宁可把葛兰西的哲学吸收在马克思的启蒙哲学中加以理解。葛兰西没有读到马克思后来发表的《德意志意识形态》《黑格尔法哲学批判》等手稿，否则他可能也使用启蒙哲学这一概念。葛兰西独立地阐述马克思恩格斯对启蒙时代精神的理解。马克思恩格斯在正式发表的著作中把启蒙运动理解为资产阶级反对封建阶级的思想斗争、政治革命和哲学革命。文艺复兴、宗教改革、17 世纪的近代哲学、18—19 世纪英国经济学、法国政治学和德国哲学，都被葛兰西全面地把握，葛兰西所

---

① 中央编译局国际共运史研究所编译：《葛兰西文选》，人民出版社 1992 年版，第 469 页。
② 同上书，第 472 页。
③ 同上书，第 34 页。

说的实践哲学是对本章阐述的马克思启蒙哲学的吸收和转化。葛兰西强调的革命实践主要不是暴力革命,而是用这些启蒙思想的资源教化人民大众,以取得工人阶级的文化霸权,在人民文化水平和社会文明程度提高的情况下,工人阶级才能取得和掌握政权。

二、黑格尔主义的革命意义

马克思恩格斯在启蒙哲学中尤其注重"本质上是革命"的黑格尔辩证法,不但用辩证法超越旧唯物主义,包括费尔巴哈的自然主义,而且用辩证法把英法德的先进理论加以综合改造,创立了唯物史观和剩余价值理论。马克思恩格斯的这些系统论述,在葛兰西著作中都有简略而零散的表达。

关于马克思主义哲学的来源,葛兰西同意列宁所说,马克思恩格斯"更生了黑格尔主义、费尔巴哈主义以及法国唯物主义的整个这一套经验,以便恢复辩证统一的综合,即把它'颠倒过来'"。①

但是,葛兰西强调,马克思恩格斯达到的综合不是实践哲学的终极完成。他问道:

> 恩格斯关于继承德国古典哲学的那句话,我们应该如何理解?是理解为一个已经大功告成的历史领域,已经一劳永逸地把黑格尔主义中富有生命力的精华全部吸收干净,还是理解为一种仍在运动着的历史过程,正在重现哲学文化的综合的必要性?我看还是第二个答案对。②

葛兰西对马克思哲学的理解与列宁的"三个来源和三个组成部分"的解释,字面上没有根本差异,葛兰西也承认"三个来源"对实践哲学具有决定性的理论影响,也承认马克思的哲学有"哲学、政治学和经济学"

---

① 中央编译局国际共运史研究所编译:《葛兰西文选》,人民出版社 1992 年版,第 473 页。
② 同上书,第 477—478 页。

的组成要素。但是,在评价黑格尔哲学的革命意义等关键问题上,葛兰西鲜明地表达了对当时苏维埃马克思主义发展前景的担忧。葛兰西说,只有像马克思那样把黑格尔的革命辩证法贯彻到底,才能避免马克思主义教条化的危险倾向。他说:

> 实践哲学从理论上证实,任何一种被认为是永恒和绝对的"真理"都有实践的来源,都代表一种"暂时的"价值。①

有"暂时价值"的结论也适用于马克思主义实践哲学自身,就是说,"实践哲学对自身抱历史主义态度,也就是把自己看成是哲学思想的一个暂时阶段"②。黑格尔辩证法揭示的矛盾的历史运动意味着实践哲学不是固定的、僵化的理论体系,而是理论和行动相结合的革命运动。葛兰西于是说:

> 从某种意义上说,实践哲学是黑格尔主义的改革和发展;是摆脱了(或正在设法摆脱)一切片面的和狂热的意识形态的哲学,是对矛盾的充分认识,通过这种认识,哲学家本身(既可理解为个人,也可理解为社会集团)不仅掌握矛盾,而且也把自己看成是矛盾的因素,并把这个因素提高到认识的从而行动的原则。③

实践哲学之所以要继续吸收黑格尔哲学精华的基础上达到新的综合,是因为马克思实现的综合又发生了分裂。葛兰西说:

> 在关于费尔巴哈的提纲的第一节里批判的那种对唯物主义和唯心主义彼此片面的观点,现在现实中重演,今天,虽说处在历史的更高阶段,还和当时一样,仍然需要综合,需要一种在

---

① 中央编译局国际共运史研究所编译:《葛兰西文选》,人民出版社 1992 年版,第 481 页。
② 同上书,第 479 页。
③ 同上书,第 480 页。

实践哲学发展的更高阶段上的综合。①

"历史的更高阶段"指工人阶级运动胜利进军,在俄国建立了工人阶级的国家政权,在欧洲第二国际成为强大政治势力。但葛兰西并未因此而乐观,相反,他敏锐深刻而又高瞻远瞩地看到,马克思主义放弃了对资产阶级理论作斗争和对工人阶级和其他民众进行启蒙教育,自觉或不自觉地屈从于资本主义社会流行的蒙昧文化,已经或可能会倒退至马克思以前资产阶级甚至更落后的封建思想和政治统治。

从唯物主义和唯心主义相分裂的角度,葛兰西把同时代的马克思主义理论家分为两派:一派"自命为正统的,就是把实践哲学与传统的唯物主义基本同等起来,还有一派则回到康德主义去了"。后一派指伯恩斯坦和奥地利学派,他们是第二国际的主要理论家,但葛兰西并不称之为"正统派"。他视为"正统"的是在俄国占主导地位的哲学家。他明确地说:"所谓的正统派,其代表人物是普列汉诺夫,尽管说得头头是道,实际上还是陷入了庸俗唯物主义";"普列汉诺夫提出问题的方式是典型的实证主义方法论,表明他的思辨能力和编史能力相当薄弱"。② 更加危险的是已经取得国家权力的"正统派"。葛兰西说:

> 实践哲学本身也不免有变成糟糕透顶的思想体系,即变成一种教条主义的永恒真理和绝对真理的趋向。如果照《通俗读本》那样把实践哲学同庸俗唯物主义混为一谈、同后者关于"物质"的形而上学扯在一起(因为"物质"必然是永恒的和绝对的),这种趋向就特别明显。③

葛兰西从未公开批评列宁,但考虑到普列汉诺夫和布哈林是列宁看重的理论家,尤其是布哈林《通俗读本》在列宁当政的苏联是正统学说,

---

① 中央编译局国际共运史研究所编译:《葛兰西文选》,人民出版社 1992 年版,第 478 页。
② 同上书,第 466,464 页。
③ 同上书,第 482 页。

列宁赞扬他是"革命的金娃娃"。葛兰西批判普列汉诺夫和布哈林的"庸俗唯物主义",特别警告布哈林正统学说具有变成"糟糕透顶"教条主义体系的趋向,不能不看作暗含对列宁的潜在批评。

在《实践哲学研究中的几个问题》中,葛兰西提问的方式包含着对"列宁主义"地位的质疑:

> 马克思是一种世界观的创造者。但伊里奇[列宁]的地位如何?是否只是亦步亦趋地祖述其说呢?说明就在既是科学又是行动的马克思主义本身。①

葛兰西的回答是:实践哲学的两位创始人马克思和恩格斯之间是"同质关系";而马克思与列宁"代表着两个阶段:科学与行动,这两者是同类的,同时又不是同质的"。②

三、新型知识分子的启蒙责任

葛兰西警告放弃辩证法而导致的教条主义或蒙昧主义的危险,在马克思恩格斯的文本中有所被表述。马克思恩格斯看到,取得统治地位的资产阶级在宗教、道德和哲学上向封建阶级意识形态倒退复辟,也指出工人阶级有待启蒙教育和自我教育,从种种落后迷信和习俗束缚下解放出来。马克思恩格斯在不断推进直至实现启蒙时代精神的过程中创立更加先进的文化和理论的努力,可以说是葛兰西期待马克思主义的知识分子的榜样和原型。葛兰西知道,马克思主义的成熟不是一两个创始人一蹴而就的,而需要一代或几代新型知识分子群体持续不断地发展、创造和超越。而新型知识分子只有在革命实践中才能影响群众,只有通过群众文化运动才能实现文化霸权的目标。因此,新型知识分子和群众文化运动的关系是辩证的:如果没有群众广泛参加的波澜壮阔的社会文化

---

① 中央编译局国际共运史研究所编译:《葛兰西文选》,人民出版社 1992 年版,第 459 页。
② 同上书,第 463,460 页。

运动,新型知识分子就没有成长的土壤;而如果知识分子脱离了社会文化运动,他们对群众没有任何影响,忘记或放弃他们承担的夺取文化领导权的历史责任,放任群众听从落后的文化和政治势力的摆布。

从欧洲 16 世纪以来从群众文化到高级文化的发展过程中,葛兰西总结出知识分子与群众文化运动关系的历史经验。他认为,宗教改革开始是德国人民整体的事业,知识分子临阵逃脱,因此高级文化在宗教改革中毫无建树,"要到始终忠于宗教改革事业的人民经过逐渐的筛选,才产生出一批新的知识分子,在古典哲学领域里取得登峰造极的成就"。①

恩格斯晚年期待:

> 我们的思想既在工人当中,也在教师、医生、律师和其他人当中到处传播。如果明天我们必须掌握政权,我们就需要工程师、化学家、农艺师。(文集 4:563)

葛兰西看到,在欧洲启蒙思想的基础上创立自己学说之后,马克思恩格斯没有来得及在工人阶级内部造就新的知识分子群体,当时第二国际的知识分子或是"同康德主义以及其他非实证主义的和非唯物主义的哲学思潮拉扯在一起的派别"②,与脱离群众的学院派"纯粹知识分子"别无二致,或是倒退到马克思以前的唯物主义的"正统派"。葛兰西批判正统派说:

> 他们认为,只祭起一种平凡而庸俗的唯物主义,便可战而胜之,然而这种唯物主义本身就是常识的一个不可小看的层次,它是靠宗教本身才得以维持生存的,其依赖程度要比当时或今天所想象的大得多,而在人民中间,宗教表现为一种充满着迷信和巫术的低级无聊的东西,在这方面,物质起着不小的

---

① 中央编译局国际共运史研究所编译:《葛兰西文选》,人民出版社 1992 年版,第 474 页。
② 同上书,第 464 页。

作用。①

在这里,我们再次看到葛兰西对苏联流行的"无产阶级无神论"及其可能产生新的造神运动和教条迷信后果的深刻洞察。葛兰西的预言不幸成真。一方面,第二国际领导人理论脱离群众,使得法西斯主义在意大利和德国轻易获得群众拥护,致使恩格斯亲手创立的这个强大的工人阶级组织被葬送。另一方面,列宁之后的苏联把"辩证唯物主义和历史唯物主义"变成准宗教体系,列宁的"经典概述"在斯大林时代被僵化成"教科书体系"。而葛兰西设想的创造发展马克思主义新文化的启蒙,从未付诸实践。长期没有被解释、丰富和发展的条件,葛兰西的实践哲学只是一个"方案"。

---

① 中央编译局国际共运史研究所编译:《葛兰西文选》,人民出版社 1992 年版,第 467 页。

第二章　批判哲学

我们的时代是真正的批判时代，一切都必须经受批判。通常，宗教凭借其神圣性，而立法凭借其权威，想要逃脱批判。但这样一来，它们就激起了对自身的正当的怀疑，并无法要求人们不加伪饰的敬重，理性只会把这种尊重给予那经受得住它的自由而公开检验的事物。

康德:《纯粹理性批判》

本章讨论的马克思的批判哲学，正如马克思本人所说，不是"在开始一项新的工作"（文集 10∶10）。在西方哲学史的语境中，批判是苏格拉底之后西方哲学的重要甚至首要特征的观点几乎已是一个常识。在德国语境中，自耶拿大学 1787 年设立批判哲学教席后，"批判哲学"成为康德哲学的代名词，德国哲学家无不在康德的意义上谈论"批判"。黑格尔敏锐地看到批判哲学的衰落倾向：

康德哲学出现之前，公众还是跟得上的，哲学还唤起了一

种普遍的兴趣,哲学的大门是敞开的,人们对于哲学有探讨的
热情,哲学是属于一般有教养的人的。以前商人、政治家都喜
欢从事哲学的探讨;但现在,碰到了康德的哲学,他们学习哲学
的翅膀就不能展开了。(...)特别是自费希特以后,很少人从
事于思辨哲学的研究了。通过康德和耶可比的哲学,公众的意
见在这一点上又加强了(...)后来在各种诗意的和预言式的、
仰望式的倾向里,以夸大的形式表现出来。①

黑格尔的思辨哲学未能改变脱离现实的批判哲学对公众的负面影
响。青年黑格尔派变本加厉地用"绝对的批判"或"批判的批判"的名义,
把批判矛头指向群众。马克思开始意识到他们"全部破坏性工作的结果
就是最保守的哲学"(文集 1:357),针锋相对地重提"批判哲学"
(kritische Pilosophie)的概念。

1843 年 9 月,马克思在致卢格的信中阐述创办《德法年鉴》的理念,
结尾处写道:

> 我们就能用一句话表明我们杂志的倾向:对当代的斗争和
> 愿望作出当代的自我阐明(批判的哲学)。这是一项既为了世
> 界,也为了我们的工作。它只能是联合起来的事业。(文集
> 10:10)

马克思后来重要作品可以说都贯穿"批判哲学"的设想。早年设想
用后期著作的术语表达,就是三点:

其一,批判哲学的主体是无产阶级(此信中"联合起来的事业"即哲
学与无产阶级的联合);批判哲学的任务是唤醒工人阶级的自觉意识(此
信表述为"当代斗争的自我阐明[Selbstverständigung]");

其二,批判哲学的重要对象是意识形态(此信表述为"世界早就在幻

---

① 黑格尔:《哲学史讲演录》第 4 卷,贺麟、王太庆译,商务印书馆 1983 年版,第 334—335 页。

想一种只要它意识就便能真正掌握的东西");

其三,批判哲学的结果是实践与理论的统一(此信表述为"把批判和实际斗争看作同一件事情"),以及彻底性与科学性(此信表述为"这种批判既不怕自己所作的结论,也不怕同现有各种势力发生冲突")。

我们必须拆除"青年马克思"与"老年马克思"的人为藩篱,打破"哲学""政治经济学""科学社会主义"的学科界限,阐明马克思的宗教批判、意识形态批判、政治批判和政治经济学批判的哲学精髓,把"批判哲学"作为标示马克思的品格、学说和实践的一面旗帜。

第一节 马克思批判哲学的特征

相对于其他人的批判哲学,马克思的批判哲学有以下 6 个特别鲜明的特征。

一、特别迫切的时代问题意识

马克思的批判哲学同康德的批判哲学截然有别,但与从康德到黑格尔的德国哲学的批判精神相一致。马克思 1842 年说:

> 一个时代的迫切问题,有着和任何在内容上有根据的因而也是合理的问题的共同的命运:主要的困难不是答案,而是问题。因此,真正的批判要分析的不是答案,而是问题。[...]问题是时代的格言,是表现时代自己内心状态的最实际的呼声。(全集 1:203)

马克思在这里指出了以时代问题的意识为导向是批判哲学的一般特征。康德的批判哲学要回答的问题是人的自由和尊严,费希特批判的问题是自我的能动性和民族精神的自觉,谢林批判的问题是自我的创造性,黑格尔批判的问题是精神的自我发展和实现,费尔巴哈的问题是基督教的本质和人的本质。德国古典哲学家以问题域为中心构造各自的体系,每一个哲学家通过对前人或同时代的体系的批判证明自己体系的合理性。每一个体系的代表性格言成为代表时代精神的呼声。比如,康德的"人为自然界立法"、"人是目的本身,而不是手段",费希特的"一个人是什么样的人,就会选择什么样的哲学;一个哲学体系因拥有它的人的灵魂而充满生气",谢林的"历史的主要特点在于它表现了自由与必然的统一,并且只有这种统一才使历史成为可能",黑格尔的"凡是合理的都是现实的,凡是现实的都是合理的",等等,都是时代的格言。

谈论马克思批判的问题域似乎是一个见仁见智、没有答案的宏大话语;但如果用"人的异化和解放"的命题来归总,大概不会离题。1894 年,意大利一个名叫卡内帕的社会主义者要恩格斯用一句话来概括社会主义社会的本质。他说,但丁曾用"一些人统治,一些人受难"来概括旧社会,但还没有人用一句话概括新社会。恩格斯回答说:

> 除了用《共产党宣言》中的下面这句话,我再也找不出合适
> 的了:"代替那存在着阶级和阶级对立的资产阶级旧社会,将是
> 这样一个联合体,在那里,每个人的自由发展是一切人的自由
> 发展的条件。"(文集 10:666)

每个人和一切人的自由发展是马克思和他同时代人共同思考的时代迫切问题,马克思的回答之所以能够脱颖而出,因为他围绕这个问题,对历史和现实的各种学说和实践进行坚持不懈、步步深入的批判,从而阐明了实现这个目标的具体途径。

二、特别明确的批判领域

"批判"在德国哲学的语境中,特别是康德和黑格尔的著作中,从来都有否定和肯定、抛弃和保留、排斥和吸取等不可分割的两个方面。马克思的批判哲学更是如此,马克思的批判不是理论体系,而是创立理论的方法、途径和工具。通过对时代问题的批判性分析,马克思把一个问

题深化为另一个问题,把解决问题的一个方案扩展为另一个方案。每一个问题的解决方案构成马克思批判哲学积极的、肯定性的理论观点。

马克思批判性的理论探索大致可分三个领域,每一个领域的批判分析特定的现实和理论问题,提出相应的解决方案,经历了不同阶段的发展。

第一个领域是政治批判 马克思早期属于青年黑格尔派,但从一开始就与重点批判德国宗教现状的青年黑格尔派不同,青年马克思在《莱茵报》期间对德国宗教的根源——德国专制的政治制度进行猛烈批判,故而通常被称作革命民主主义者。从批判哲学的角度看,马克思批判的出发点和归宿都是政治批判。在前引1843年的信中,马克思坚定地说:

> 什么也阻碍不了我们把政治批判,把明确的政治立场,因而把实际斗争作为我们的批判的出发点,并把批判和实际斗争看作同一件事情。(文集10:9)

在《德法年鉴》时期,马克思对青年黑格尔派的宗教批判和神学批判提出反批判,要求批判前提的根本转变,即"对宗教的批判变成对法的批判,对神学的批判变成对政治的批判"(文集1:4)。马克思认识到,政治批判需要超越市民社会的政治解放,转变为"使人的世界和人的关系回归于人自身"的"人的解放"(全集3:189)。更重要的是,马克思认识到批判哲学的载体和物质力量是无产阶级:"哲学把无产阶级当做自己的物质武器,同样,无产阶级也把哲学当做自己的精神武器"(文集1:17)。批判哲学只有与无产阶级联合才能实现人的社会解放。从此,马克思恩格斯把革命的理论与革命的实践相结合,用唯物史观制定和指导工人阶级的理论纲领和行动策略,评论欧洲和世界的时政,总结工人运动的经验。

第二个领域是意识形态批判 如《德意志意识形态》的副标题所示:"对费尔巴哈、布·鲍威尔和施蒂纳所代表的现代德国哲学以及各式各样先知所代表的德国社会主义的批判",但意识形态批判不局限于那几

个人物的思想,而是历史和现实的全部意识形态。马克思说:

> 德国唯心主义和其他一切民族的意识形态没有任何特殊
> 的区别。后者也同样认为世界是受观念支配的,思想和概念是
> 决定性的本原,一定的思想是只有哲学家们才能理解物质世界
> 的奥秘。(文集 1:510)

意识形态不仅是唯心史观的虚假意识,而且是自觉或不自觉地谋求阶级利益的主观诉求。唯物史观在批判意识形态的过程中形成、发展和丰富、体现。无论是对形形色色的假社会主义和工人阶级内部各种谬误和偏差进行不调和斗争,还是对统治阶级代表人物的抨击,或是对资产阶级学者的理论批判,马克思恩格斯总是揭露他们意识形态的偏见、私利或卑鄙动机。

第三个领域是政治经济学批判　　通过对古典经济学、当代的庸俗经济学以及蒲鲁东的批判,马克思按照辩证法的逻辑方法,分析政治经济学范畴的矛盾,创立自己的经济科学。1867 年《资本论》的出版标志着马克思经济学的核心理论——剩余价值学说的完成。

《资本论》代表了马克思的最高成就,但它的证明毕竟在资本主义生产方式的"典型地点"英国这个实验室里进行。马克思知道,剩余价值增殖的无休止运动必定从国内市场冲向国际市场,主要从英国取得例证的剩余价值学说在国际资本主义条件下需要进一步证明和说明。比如,价值规律在国际市场有何变化? 商品的需求、生产、分工、流通和资本的利润、货币在国际贸易条件下如何运行? 国际资本主义对资本输出国的经济危机趋势有何影响? 资本主义如何改变非资本主义民族的社会进程和文化传统? 非资本主义社会的变动和民族解放斗争与发达资本主义国家的无产阶级革命如何互动? 唯物史观一般原理是否符合不同民族社会形态的具体演化和发展趋势?

1870 年代之后,马克思在未完成的《资本论》手稿中,在关于俄罗斯

农业公社的通信,以及研究原始社会和东方社会的"人类学笔记"和"历史学笔记"中,对这些问题进行批判性探索。马克思最后十多年的思考没有形成一部令他满意的解决方案。但是,马克思运用批判哲学的方法,在世界历史的图景中,综合地运用国际资本主义的经济学资料和不同历史时期、不同民族的经验材料,为唯物史观的科学解释,为正确理解行将到来的全球化时代的特点、趋势和实践,提供了种种可能性和可行的案例分析,为马克思主义的各国的发展开拓了空间。马克思的学说从来不是一个封闭的体系,这首先是因为马克思哲学是批判的,批判哲学的问题是先行的,其领域是开放的。

三、特别彻底的探索过程

康德的《判断力批判》(1790 年)第 40 节论述"普通人类理智的准则":

1. 自行思维(Denken für sich selbst);2. 在每个别人的位置上思维;3. 任何时候都与自己一致地思维。

第一条是摆脱成见的思维方式的准则,第二条是扩展的思维方式的准则,第三条是一以贯之的思维方式的准则。

康德还说,这三条思维原则有递进关系,后一条原则以前面的原则为基础,第三条即一以贯之的思维方式的原则"最难达到,也只有通过结合前两条准则并对它们经常遵守变得熟练之后才能达到"。①

康德的这三条思维准则是批判哲学的通则。马克思把其中"最难达到"的"一以贯之的思维方式的准则"表述为理论的彻底性。在《导言》中,马克思在回答"德国能不能实现有原则的实践"即"将来要达到的人的革命的高度"的问题的语境中,提出了理论的彻底性的要求。他说:

---

① 康德:《判断力批判》,邓晓芒译、杨祖陶校,人民出版社 2002 年版,第 136—137 页。

　　批判的武器当然不能代替武器的批判，物质的力量只能用物质力量来摧毁；但是理论一经掌握群众，也会变成物质力量。理论只要说服人，就能掌握群众。而理论只要彻底，就能说服人。所谓彻底，就是抓住事物的根本。但是，人的根本就是人本身。（文集1:11）

这段话中"批判的武器当然不能代替武器的批判"对应于《神圣家族》中所说"为了实现思想，就要有使用实践力量的人"（全集中文1版2：152）。《导言》中这段话进一步回答的问题是：使用实践力量的人何以能够实现思想？马克思实际上使用了下列一个前件推理：

　　抓住事物的根本≡抓住人的根本即人本身→理论彻底→理论说服人→理论掌握群众→理论变成物质力量的武器→"推翻那些使人成为被侮辱、被遗弃和被蔑视的东西的一切关系"≡"人的高度的革命"。

　　批判哲学的根本是人本身，这不是马克思的发明。康德一开始就明示他的批判哲学要回答人能够知道什么、应当做什么、可以希望什么的问题，①解决这些问题也就认识了人本身。康德和后来的德国古典哲学家把人的根本归结为"自我"、"纯思维"、"精神"的活动。马克思比任何批判哲学家都自觉把理论当作摧毁反人道、不合理的社会制度的武器，因而要比他们更加彻底地抓住人的根本。

　　马克思之所以把"唯灵论即思辨唯心主义"当作危险的敌人，因为"思辨的思维把现实的人看得无限渺小"，或者"谈到人的时候，指的都不是具体的东西，而是抽象的东西，即理念、精神等等"（全集中文1版2：49）。自诩为"人的批评家"青年黑格尔派继承了这一传统，"意识和自我意识变成人的唯一本质"（全集47：75）。马克思相信费尔巴哈把基督教

_____

① 康德：《纯粹理性批判》，邓晓芒译，杨祖陶校，人民出版社2004年版，第612页。

的本质归结为人的本质,对思辨唯心论传统进行彻底批判,但很快发现,费尔巴哈把人的本质归结为自然属性是不彻底的,他没有一个关于人与自然关系的世界观。马克思回顾他的这段思想历程时说:

> 由于费尔巴哈揭露了宗教世界是世俗世界的幻想,在德国理论面前就自然而然产生了一个费尔巴哈所没有回答的问题:人们是这样把这些幻想"塞进自己头脑"的? 这个问题甚至为德国理论家开辟了通向唯物主义世界观的道路,这种世界观没有前提是绝对不行的,它根据经验去研究现实的物质前提,因而最先是真正批判的世界观。这一道路已在"德法年鉴"中,即在"黑格尔法哲学批判导言"和"论犹太人问题"这两篇文章中指出了。但当时由于这一切还是用哲学词语来表达的,所以那里所见到的一些习惯的哲学术语,如"人的本质"、"类"等等,给了德国理论家们以可乘之机去不正确地理解真实的思想过程并以为这里的一切都不过是他们的穿旧了的理论外衣的翻新。
> (全集中文 1 版 3:261—262)

马克思在《德法年鉴》阶段"根据经验去研究现实的物质前提",但仍然借用费尔巴哈"人的本质"、"类"等术语,而给思辨哲学家以可乘之机。马克思在 1844 年《巴黎手稿》中,从人类劳动和劳动的异化的角度看待人与自然的关系及其形成的劳动者与财产私有者的社会关系,得出一个终生受益的结论:

> 私有财产是外化劳动即工人对自然界和对自身的外长关系的产物、结果和必然后果。
> 因此,我们通过分析,从外化劳动这一概念,即从外化的人、异化劳动、异化的生命、异化的人这一概念得出私有财产这一概念。(全集 1:166)
> 从异化劳动对私有关系可以进一步得出这样的结论:社会

从私有财产等等解放出来、从奴役制解放出来,是通过工人解放这种政治形式来表现的,这并不是因为这里涉及的仅仅是工人的解放,而是因为工人的解放还包含普遍的人的解放。（文集1:167）

马克思没有停留对劳动异化和人的异化的批判性反思,而是进一步探索异化劳动的私有制所采取的社会关系和社会制度的规律,由此创立唯物史观。唯物史观对人的本质的一般定义是"人是一切社会关系的总和",进而对人的社会关系具体地描述为这样的社会结构:与生产力相适应的生产关系以及经济结构和竖立其上的政治法律和意识形态的上层建筑。唯物史观按照这样的社会结构描述历史不同时期的物质生产和精神活动的发展过程。

为了探索论证资本主义社会经济的规律,马克思的政治经济学批判用社会经验和逻辑分析,具体地论述资本主义生产方式的发展过程和规律,论证其必然导致的后果和可能的途径。虽然留下有待解决的问题,马克思的批判哲学通过连续不断、逐步深化的毕生探索,在唯物史观和剩余价值理论的阶段,达到了人的本质和解放的根本。

四、特别无情的批判风格

在1843年对批判哲学的表述中,马克思强调"要对现存的一切进行无情的批判",马克思说:"所谓无情,就是说,这种批判既不怕自己所作的结论,也不怕同现有各种势力发生冲突。"（文集10:7）"不怕自己所作的结论"指自我批判,"不怕同现有各种势力发生冲突"指对现存既得利益的批判。马克思以"极端的社会主义者"为例:

当批评家阐明代议制度比等级制度优越时,他实际上就接触到一大批人的利益。批评家把代议制度从政治形式提升到普遍形式,并指出这种制度的真正的基本意义,也就迫使这些人超出自身的范围,因为他们的胜利同时就是他们的失败。
(文集 10:9)

这些激进社会主义批判家是小资产阶级的民主派,他们对等级制的批判触及统治者的利益,他们不畏惧外部的政治压力,在理论上占优势;但是,当他们满足于代议制优越于等级制的结论,把资产阶级民主代议制当作普遍的根本的社会制度,他们在理论上也就失败了。马克思看到"内部的困难几乎比外部的障碍更严重",不敢与自己现有的结论进行批判是教条主义态度。他说:

> 新思潮的优点恰恰在于我们不想教条地预见未来,而只想通过批判旧世界发现新世界。(文集 10:7)

> 我们的口号必须是:意识改革不是靠教条,而是靠分析连自己都不清楚的神秘意识,不管这种意识是以宗教的形式还是以政治的形式出现。(文集 10:9—10)

马克思"靠分析连自己都不清楚的神秘意识"而把批判进行到底。青年黑格尔派揭开了德国专制制度所披戴的宗教的神秘外衣,但又把宗教和政治披上神秘的意识和自我意识;费尔巴哈揭开了宗教所披戴的天国的奥秘,但仍然"停留在理论领域内",用"抽象的人"、"感性对象"掩盖人的"感性活动","重新陷入唯心主义"(文集 1:530)。在与青年黑格尔派和费尔巴哈彻底决裂,创立了唯物史观之后,马克思又从分析"商品的神秘性质"(文集 5:88)入手,创立了剩余价值学说。

马克思以知行合一的态度践履自己的理论承诺,他既不害怕德国和西欧反动势力政治迫害和造谣污蔑,以及贫困交加等外部障碍,更不放弃对自己相信的已有结论或在同一阵营中流行的观点的批判。在多数场合,他的批判首先针对周围的人的观点,这些人当中有的曾是他的朋友,如鲍威尔、卢格、蒲鲁东、拉萨尔。恩格斯说:"马克思和我,一生中对冒牌社会主义者所作的斗争比其他任何人都多。"(文集 10:486)马克思恩格斯对过去的朋友和同道的批判严厉得似乎"不近人情",这里没有什么个人恩怨;既然他们的意识形态无理,休怪马克思的批判无情。

即使对待像黑格尔和费尔巴哈这样对马克思哲学的形成和发展具有深刻影响的哲学家,马克思的批判也毫不留情。《关于费尔巴哈的提纲》言简意赅,每一条都切中费尔巴哈和旧唯物主义共有的要害,一举奠定了唯物史观的哲学根基。

五、特别严格的自我批评

马克思的批判不仅是针对他人,更多的是无情的自我批判。马克思说,他和恩格斯写作《德意志意识形态》目的"实际上是把我们从前的哲学信仰清算一下。这个心愿是以批判黑格尔以后的哲学的形式来实现的"。通过对自己过去思想的彻底清算。马克思得以在该书中第一次表述唯物史观的原理。他风趣地说:"既然我们已经达到了我们的主要目的——自己弄清问题,我们就宁愿让原稿留给老鼠的牙齿去批判了。"(文集 2:593)

马克思的政治经济学批判生涯从 1844 年到逝世前夕,长达四十多年,他留下的 100 多本经济学笔记,见证了这个"思想实验室"里的内心狂澜。MAGA2 专家尤根·罗杨介绍说:

> 我们倾向于把马克思的工作看作是持续终生的、未完成的研究过程,而正是马克思的全部著作——包括他的笔记——记录了那一过程。马克思的摘录笔记表现出他广阔的研究范围,其中包括大量不同的领域,如法学、哲学、历史、政治经济学、技术、农业、化学、地质学、物理学、数学和民族学。……有时,马克思逐字逐句地抄写相关的段落。他也常常用自己的话来概述冗长的段落,并把他的母语——德语,同英语、法语、俄语的表达混合起来……有时,他则更明确地中断摘录,代之以自己的评论。此外,他的笔记还包括着提纲、计划以及初稿,这些都

可以表明他打算如何运用相关资料,他的计划将走向何方。基于这一原因,他的笔记也可以为从未实现的计划提供信息。①

马克思的政治经济学批判之所以是未竟的探索,一个重要原因是马克思对待自己理论一丝不苟地严苛。恩格斯说:

> 马克思在公布他的经济学方面的伟大发现以前,是以多么无比认真的态度,以多么严格的自我批评精神,力求使这些伟大发现达到最完善的程度。正是这种自我批评的精神,使他的论述很少能够做到在形式上和内容上都适应他的由于不断进行新的研究而日益扩大的眼界。(文集7:4)

马克思写作和发表《资本论》第一卷的过程是他的严格的自我批评精神的明证。早在1851年6月27日,马克思写信给魏德迈:

> 从早晨九点到晚上七点,我通常在英国博物馆里。我正在研究的材料多得要命,虽然竭尽一切力量,还是不能在六到八个星期内结束这一工作。……民主派"头脑简单的人们"靠"从天上"掉下来的灵感,当然不需要下这样的工夫。这些幸运儿为什么要用钻研经济和历史资料来折磨自己呢?(全集中文1版27:582)

马克思用经验的严格检验标准证伪各种学说,对自己的理论也不例外。他在1856年预言:1857年底将会爆发一场大的金融危机。

> 这一次事情具有以前从未有过的全欧规模,我不认为我们还能长久地在这里当旁观者。甚至我终于又找到了住宅并弄回了自己的书这一点也使我相信,"动员"我们的人的日子不远了。(全集中文1版29:73)

---

① 尤根·罗杨:《理论的诞生》,赵玉兰译,载《马克思主义与现实》2012年第2期,第11—12页。

正如马克思预计的那样,1857 年发生资本主义历史上第一次世界性经济危机。马克思和恩格斯兴奋地交流经济危机的信息。1857 年 12 月 9 日,他告诉恩格斯:

> 我现在发狂似地通宵总结我的经济学研究,为的是在洪水之前至少把一些问题搞清楚。(全集中文 1 版 29:219)

1858 年 2 月 22 日写信给拉萨尔,表达了他在写作《政治经济学批判大纲》过程中盼望即将到来的世界风暴验证他尚未完成的理论的复杂心情:是在外部的斗争接受考验,还是在书斋里平静地写作? 这是一个矛盾。马克思写道:

> 最近几个月来我都在进行最后的加工,但是进展缓慢,因为多年来作为主要研究对象的一些题目,一旦想最后清算它们,总是又出现新的方面,引起新的考虑。(10:149)

> 我预感到,在我进行了 15 年研究工作以后的今天,当我能够动笔的时候,也许会受到外部暴风雨般的运动的妨碍。这没有关系。如果我完成得太晚,以致世界不再关心这类东西,那显然是我自己的过错。(10:150)

> 最近的将来将是一个风暴的时代。假如我只是从自己的个人爱好出发,我也许会希望这种表面上的宁静再继续几年。无论如何,这是从事科学工作的最好的时候。(全集中文 1 版 29:532)

1862 年 4 月 28 日在写给拉萨尔信中谈到 1861—1863 年手稿的写作情况:

> 至于我的书,没有两个月是完不成的。……我还有这样一个特点:要是每隔一个月重看自己所写的一些东西,就会感到不满意,于是又得全部改写。无论如何,这部著作不会因此而受到什么损失。(文集 10:180)

1866 年 2 月 13 日,马克思告诉恩格斯:

> [《资本论》]手稿虽已完成,但它现在的篇幅十分庞大,除我以外,任何人甚至连你在内都不能编纂出版。我正好于 1 月 1 日开始誊写和润色,工作进展得非常顺利,因为经过这么长的产痛以后,我自然乐意于舔净这孩子。但是痛又出现了,以致直到现在工作也没有取得更多的进展,而事实上只能对已经按计划完成的部分加以充实而已。(文集 10:235)

1865 年 8 月 5 日,马克思问恩格斯,是把《资本论》"一部分手稿誊写清楚寄给出版社,还是先把这个著作完成? 由于许多原因,我宁愿选择后者"。这引起恩格斯的疑虑:"好像你又碰到一个意外的转折点,可能使一切都拖延到不知哪一天去。"(全集中文 1 版 31:137,142)恩格斯催促马克思尽快刊印《资本论》第一卷,他 1866 年 2 月 10 日致信马克思:

> 在目前情况下,大陆可能发生迅速的变化……当事变惊动我们的时候,你即使已经写完了你的书的最后几章,然而却未能把第一卷付印,那有什么用处呢? (全集中文 1 版 31:179—180)

《资本论》第一卷出版后,1873 年一场持续 5 年的经济危机在美国和德国爆发,并波及到英国。但是,资本主义的经济体系并未如同马克思恩格斯预计的那样崩溃;相反,资本主义世界进入了 30 年的和平发展期,发达国家的生产力持续增长,国民总产值翻番。面对与《资本论》第一卷结论不尽符合的新形势,马克思思考新的问题。1879 年 4 月 10 日马克思写信给丹尼尔逊说,即使《资本论》第二卷因为德国政治制度而不能出版,他也不会感到惊奇和气愤,"其原因在于",他说:

> 在英国目前的工业危机还没有达到顶峰之前,我决不出版第二卷。
>
> 因此,必须注视目前事件的进程,直到它们完全成熟,然后

才能把它们"消费到生产上",我的意思是"理论上"。（文集 10：
431）

马克思不但搁置《资本论》第二卷的出版和第三卷的写作,而且计划
对第一卷进行较大修改。1881 年 12 月 15 日,马克思写信给丹尼尔逊谈
到计划对《资本论》第三版要作的修改：

> 无论如何,我要同我的出版者商妥,我对第三版只作尽量
> 少的修改和补充;但是,另一方面,我将要求他这一次只印一千
> 册,而不是像他所希望的那样,印三千册。将来作为第三版的
> 这一千册售完的时候,我也许能够对该书作出目前如换一种情
> 况本来要作的那些修改。（全集中文 1 版 35：238）

马克思未能实现对《资本论》第三版作出修改和补充的愿望。我们
也不晓得他要作的"如换一种情况本来要作的那些修改"究竟多么重要,
但从马克思后期笔记涉及的问题来看,资本主义全球化在发达国家和殖
民地民族产生的经济基础变化和相应的社会变革,将成为唯物史观和政
治经济学批判的发展的新课题。

六、特别犀利的批判文风

无论在哪一个阶段,思考什么领域的问题,马克思从不隐瞒自己的
政治主张,胸襟坦白地表明鲜明的、不妥协的立场;他不在思辨玄想中制
造问题,而是直面实际问题的实践解决;他的写作没有思想庸人时常玩
弄的貌似深刻、实质上一团糊涂的文字游戏,有的只是尖锐犀利、直指要
害的论战;他不费心堆砌体系,而务求理论的彻底性。他的批判严于律
己、拒绝平庸。

人们可以不赞同他的观点,但很难不承认马克思的批判具有独特的
风格和魅力。比如,自由主义者伊赛亚·柏林抱着不友善的态度写《马
克思传》,但也不得不承认：

就气质而言,他是一个理论家,一个知识分子,本能地避免直接接触人民大众,而他的全部生活却致力于研究人民大众的利益……他大部分的经济学说,是在对工人的演讲中首先表达出来的。在这些情况下,他的讲解以任何标准来衡量都是透彻简练的典范。但他的写作却是缓慢而痛苦的,正如有时发生在敏捷而多产的思想家身上那样,写作难以配合得上自己思想的速度,并且即刻又不得不准备和一种新的学说交流,对每一种可能产生的异议都预加防范。

知识分子华而不实和情感主义与资产阶级的愚钝不化和自鸣得意同样令他厌恶。在他看来,前者似乎往往是毫无目标的饶舌胡吹,远离现实,无论其是真诚的还是虚假的,都一样令人讨厌;后者根本就是虚伪,自欺欺人,由于着迷于追求财富和社会地位,对时代的突出的社会特征视而不见。

尽管按其意图是诉诸理性,他的语言却是先驱者预言家式的,与其说是以人类的名义,不如说是以普通法则的名义发出的,他所致力的不是拯救,也不是改善,而是警告和谴责,是显示真理,以及首先是驳斥谬误。"我将摧毁,我将建设",蒲鲁东写在他的一本著作前的题词,更为贴切地描绘了马克思对自己被赋予的任务所持的观念。①

这些话比较逼真地呈现了马克思批判的思想、写作和语词的特殊文风。在我看来,第一段比较适用于马克思的政治经济学批判,第二段比较适用于意识形态批判,而第三段比较适用于马克思毕生致力的政治批判。伊赛克·柏林借用蒲鲁东的先知格言描绘马克思的使命,他不知道

---

① 伊赛·柏林:《马克思传》,赵干诚、鲍世奋译,台北:时报出版公司,1981年,第16,17,20页。

马克思本人的表达更加理性：

> 我们必须彻底揭露旧世界，并积极建立新世界。（全集47：63）

第二节 宗教批判

宗教批判不是马克思哲学的单独主题，也不是他的批判的出发点，而是从属于意识形态批判。不过，在创建了唯物史观之后，马克思恩格斯反过来对宗教的本质、起源和功能进行了批判性的深入探讨。因此，我们把马克思的宗教批判分为前后两个部分：一是针对作为德意志意识形态的主题的宗教批判和神学批判的批判；二是对世界宗教特别是基督教所作的唯物史观考察。

一、德国宗教批判的批判

（一）宗教批判是马克思哲学的前提吗？

《黑格尔法哲学批判导言》（以下简称《导言》）是一篇重要文献，马克思恩格斯著作最流行的中译4卷本《马克思恩格斯选集》和10卷本的《马克思恩格斯文集》都把它列为开山之作，加之该文开始于"对宗教的批判是其他一切批判的前提"这一句，很容易使人不假思索地把宗教批判当作马克思主义的前提。例如，法国著名的马克思学学者列斐伏尔对马克思这句话的解释是："在马克思看来，所有批判的基础是对宗教的批判。为什么呢？因为宗教认可了人与其自身的分离，认可了神圣与世俗、自然与超自然的分裂。"①吊诡的是，与列斐伏尔立场不同的非马克思主义者也把宗教批判当作马克思思想的前提。不同的是，非马克思主义者认为，马克思的宗教批判暗含基督教的前提；比如，塞利格尔说："不同时间和语境中的多样变化的一个不变主题是地上的天上王国"，"马克思

---

① 列斐伏尔：《马克思的社会学》，谢永康、毛林林译，北京师范大学出版社2013年版，第5页。

想当然地认为共产主义充满着基督教神学家认为天堂里才有的东西"，"与马克思对资本主义体系无情批判相协调的是基督教从犹太教那里继承并进一步发展起来的完善世界与不完善世界的二元性"。他列举出支持这一观点的一系列文献，包括卡尔·巴特、汤因比、麦金泰尔以及托洛茨基的著作。这些著作或继承"基督教社会主义"的传统，或出于相反的反马克思主义和敌基督的双重目标，构造出"马克思主义—基督教的桥梁"。① 中国人更熟悉罗素在《西方哲学史》中，编造出"一个辞典：亚威＝辩证唯物主义，救世主＝马克思，选民＝无产阶级，耶稣再临＝革命，地狱＝对资本家的惩罚，基督作王一千年＝共产主义联邦"②。

　　无论出于何种立场和理由，把马克思主义和基督教信仰相类比或相等同的根据无非是"对宗教的批判是其他一切批判的前提"这句话。但人们很少提出这样一个问题：这句话表达了马克思本人的思想，还是对其他人思想的转述？如果是后者，马克思是否赞成把宗教批判当作其他一切批判的前提？ 其实，《导言》第一句"就德国来说，对宗教的批判基本上已经结束（beendigt）；而对宗教的批判是其他一切批判的前提（Voraussetzung）"，已经回答了这个问题：如果马克思把"已经结束"的德国宗教批判当作自己思想的前提，那在文字上是不能自圆其说。从接下来的段落来看，第一句话引出的话题是对流行的宗教批判的概述和批判性总结，其中概括的格言不代表马克思的观点，其中有很多马克思不认可的观点。《导言》前七段的批判性概述最后的结论是：

　　　　于是，对天国的批判变成对尘世的批判，对宗教的批判变成对法的批判，对神学的批判变成对政治的批判。（文集1：4）

　　这个结论用政治批判宣告了德国宗教批判的结束；而第八段第一句

---

① M. Seliger, *The Marxist Conception of Ideology*，Cambridge University Press，1977，pp. 182–186.
② 罗素：《西方哲学史》上册，何兆武、李约瑟译，商务印书馆1963年版，第447—448页。

"随导言之后将要作的探讨——这是为这项工作尽的一份力",告诉读者:马克思批判的主题是政治批判,政治批判的前提是"原本"即德国的政治历史和现实,而批判的主要对象是"副本即联系德国的国家哲学和法哲学"。文本分析清楚地表明,"对宗教的批判是其他一切批判的前提"指的是包括费尔巴哈在内的青年黑格尔派的一切批判都以宗教批判为前提,这是马克思不赞成的批判方式。马克思全部《导言》的前提、主题和主要对象不是宗教批判,而是政治批判。

（二）马克思对德国现存宗教批判的概述

有的学者已注意到,《导言》开始几段中关于宗教批判的格言不是马克思自己思想的表述,而是对当时德国流行的宗教批判的概括。马克思概括了谁的观点,这是一个有争议的问题。有人认为《导言》概括了费尔巴哈思想[1],有人认为概括了鲍威尔·布鲁诺思想[2]。谁影响了马克思的宗教观,费尔巴哈还是鲍威尔? 多大程度的影响? 我们的回答是,两者都不是,两者都没有影响《导言》的中心思想。不容否定的是,《导言》对费尔巴哈和鲍威尔为代表的德国宗教批判所作的概述如此精彩,如此紧凑,以致人们很难把它与马克思本人的观点相区别。

黑格尔之后,德国宗教批判家蜂起,他们的观点交叉重叠,既相似又对立,彼此之间进行你死我活的"宗教战争"。按马克思的总结:"在1842—1845 年这三年间,在德国进行的清洗比过去三个世纪都要彻底得多。"(文集 1:513)在文献极为庞杂混乱的情况下,要追溯某一个观点的原始出处极其困难。但毋庸置疑的是,费尔巴哈和鲍威尔在那些年是德国宗教批判的领军人物。如果把《导言》第二、三两段的格言与费尔巴哈观点作对比,把第四、五、六三段与鲍威尔的观点作对比,不难看出马

---

① 参见戴维·麦克莱伦《马克思主义以前的马克思》,李兴国等译,社会科学文献出版社 1992 年版,第 418—420,201—202 页。

② 参见兹瑞·罗森《布鲁诺·鲍威尔和卡尔·马克思》,王谨等译,中国人民大学出版社 1984 年版,第 165—170 页。

克思的格言是对以他们为代表的宗教批判进行的概括。

关于费尔巴哈宗教批判的概述

马克思对费尔巴哈宗教批判的后果、根据和要点进行了概述,这些概述没有引用或重复费尔巴哈的话,而用精炼、生动的语言把费尔巴哈观点从冗长话语中提炼出来。我们分三个主题显明马克思的概述与费尔巴哈《基督教的本质》中观点之间的对应关系。

宗教批判的后果

马克思的概括	费尔巴哈的原话
谬误在天国为神祇所作雄辩一经驳倒,它在人间的存在就声誉扫地了。(文集 1:3)	谁夺去了宗教的影像,谁就夺去了它的实物,就只剩下一个"骷髅"。①
如果曾在天国的幻想的现实性中寻找超人,而找到的只是他自身的反映。(文集 1:3)	超人的思辨和宗教……上帝的本质,就不过表明感情的本质。(第 38 页)
他就再也不想在他正在寻找和应当寻找自己的真正现实性的地方,只去寻找他自身的假像,只去寻找非人了。(文集 1:3)	在宗教里面……人否定自己生活在影像之中,乃是宗教的本质。宗教为了影像而牺牲实物。(第 243 页)

评论:费尔巴哈明确地说:"上帝就是天国,二者是一回事","天国是探索宗教奥妙的关键所在"(第 235 页)。因此,在费尔巴哈谈论宗教本质的地方,马克思用"天国"概括之。

宗教批判的根据

马克思的概括	费尔巴哈的原话
反宗教的批判的根据是:人创造了宗教,而不是宗教创造人。(文集 1:3)	宗教先使上帝成为人,然后才使这个具有人的模样、像人一样感知和思念的上帝成为自己崇拜和敬仰的对象。我只是泄露了基督教的秘密。(第 16 页)

---

① 以下引文后括号内数字是费尔巴哈《基督教的本质》(荣震华译,商务印书馆 1997 年版)的页码。

（续表）

马克思的概括	费尔巴哈的原话
宗教是……人的自我意识和自我感觉。（文集1:3）	上帝之意识，就是人的自我意识；上帝之认识，就是人之自我意识。（第42页）
人就是人的世界，就是国家、社会。（文集1:3）	在宗教里面，人自己跟自己割裂开来，但却只是为了重新设定自己……并且，使自己变得身价百倍。（第243页） 对彼世生活的信仰，仅只是对真正的今世生活的信仰。（第242页）
这个国家、这个社会产生了宗教，一种颠倒的世界意识，因为它们就是颠倒的世界。（文集1:3）	彼世是经过幻想这面镜子而映射出来的今世，是迷人的影像，是宗教意义上今世之原型……是在影像中被直观的、除尽了一切粗笨的物质的今世，是美化了的今世。（第243—244）

评论：费尔巴哈所说的"今世"既指人的现实生活，也指自然世界，并用"影像"与"原型"的关系解释"彼世"是"今世"的"幻想""映射"。这侧重于心理学解释。马克思明确地把"人的世界"等同于"国家、社会"，强调宗教的社会性，突出了产生宗教的社会政治原因。马克思此时已经意识到费尔巴哈的宗教观具有自然主义和心理主义的缺陷。

"颠倒的世界"（verkehrtes Welt）不是费尔巴哈的说法，而是鲍威尔的说法，鲍威尔借用黑格尔《精神现象学》第三章中关于"超感官世界是一个颠倒了的世界"术语，断定"我们应把颠倒了的世界看作是由宗教信仰的一种神奇力量所造成的；这种颠倒的世界是意识作用的结果"[①]。

宗教的本质

马克思的概括	费尔巴哈的原话
宗教是这个世界的总理论，是它的包罗万象的纲要。（文集1:3）	一切事物之总和，就是属神的本质本身……而世界之本质不外就是上帝之实在的、具体的、感性地被直观到的本质。（第128页）

[①] 转引自兹瑞·罗森著《布鲁诺·鲍威尔和卡尔·马克思》，王谨等译，中国人民大学出版社1984年版，第110页。

（续表）

马克思的概括	费尔巴哈的原话
它的具有通俗形式的逻辑。（文集 1:3）	人怎样存在着，一般地，他怎样思维着，那他就这样来进行抽象。（第 143 页）
它的唯灵论的荣誉问题，它的狂热。（文集 1:3）	由于他们的眼泪，由于他们的悔悟和渴念的眼泪，使他们的上帝获得无上的荣誉。（第 101 页）
它的道德约束，它的庄严补充。（文集 1:3）	宗教是人的隐秘的宝藏的庄严揭幕，是人最内在思想之坦白的自我，是对自己的爱情秘密的公开供认。（第 43 页）
它借以求得慰藉和辩护的总根据。（文集 1:3）	上帝……乃是自己了解自己的心情，乃是我们哀叹声的回音。（第 171 页）

评论：费尔巴哈对宗教世俗本质的揭露是通过分析基督教关于创世、三位一体、基督和礼仪的教义得到的结论，他在基督教与其他宗教进行比较中彰显宗教的本质，他对宗教本质的看法只限于基督教的本质，马克思对费尔巴哈的概述并不代表马克思对宗教本质的看法。

马克思看到，费尔巴哈的宗教批判蕴含着世俗斗争的内容："因此，反宗教的斗争间接地就是反对以宗教为精神抚慰的那个世界的斗争。"但世俗斗争不是费尔巴哈的自觉认识或公开承认的意图，至少到 1843 年为止，他还没有表达对现实世俗政权的不满和批判。相反，他认为宗教对人的世界的精神抚慰是必要的，"上帝就是人之摆脱了一切厌恶的自感，只有在自己的宗教之中，人才感到自由、幸福"（第 143 页）、"苦水必须吐出来；艺术家不由自主地拿起琴弹起来，为的是吐露自己的苦痛"（第 171 页）之类赞扬宗教抚慰的话，在《基督教的本质》中比比皆是。

关于鲍威尔宗教批判的概述

马克思合乎逻辑地得出宗教批判间接地是反对世俗世界斗争的结论，但这不是费尔巴哈的结论。相反，费尔巴哈一直对德国专制政治保持沉默。1843 年 10 月马克思在给费尔巴哈的信中邀请他为《德法年鉴》

写一篇评论谢林的稿件,揭露"谢林的哲学就是哲学掩盖下的普鲁士政治"(全集 47:69)。但费尔巴哈没有回应,在与世隔绝的山村度过了平静的一生。马克思评价说费尔巴哈的宗教批判的"间接"蕴含,暗指费尔巴哈没有直接正视现实的消极的政治态度。反倒是鲍威尔,积极地、明确地把宗教批判作为现实政治批判的前提。第三段的结束语于是转入第四、五段对鲍威尔宗教批判的概述。我们仍用跨文本阅读形式,把马克思的概述与鲍威尔原话分成两栏,加以对照阅读。

马克思的概括	鲍威尔的原话
宗教里的苦难既是现实苦难的表现,又是对这种现实的苦难的抗议。(文集 1:4)	它[宗教]是一种表达形式,是对现存各种关系中的疏忽和弊病的割裂的反映和鼓励。它是一切关系和趋势的总的本质。①
宗教是被压迫生灵的叹息,是无情世界的情感,正像它是无精神活力的制度的精神一样。(文集 1:4)	基督教是人类在这一特点阶段对它自身及其总的使命的一种幻觉……这种错觉,这种空虚的结论,这种凶恶的普遍性就是宗教意识。(第 111 页)
宗教是人民的鸦片。(文集 1:4)	在对尘世的一切高贵的、美好的东西进行诋毁之后,它[宗教]又以鸦片似的迷惑力描绘出一幅未来世界的图景。(第 108 页)
废除作为人民的虚幻幸福的宗教,就是要求人民的现实幸福。要求抛弃关于人民处境的幻觉,就是要求抛弃那需要幻觉的处境。(文集 1:4)	奴隶敬畏自由,非人的实体敬畏人性,疯人敬畏理性,颠倒世界的居民敬畏真理、秩序、道德的世界。(第 113 页)
对宗教的批判就是对苦难尘世——宗教是它神圣光圈——的批判的胚芽。(文集 1:4)	我们无法控制历史,因为它有许多无法预测的转机……批判是把握和解释现存自我幻觉的唯一力量。(第 130 页)

评论:国内外学者注意到,在马克思之前的几十年间,在德国至少有

① 兹瑞·罗森著:《布鲁诺·鲍威尔和卡尔·马克思》,王谨等译,中国人民大学出版社 1984 年版,第 166 页。以下引文后括号内的数字,均为本书的页码。

10 位学者、作家用"鸦片"或"麻醉"比喻宗教。有人说:"'宗教是人民的鸦片'这句话的发明权,归到海涅或费尔巴哈名下,或许更恰当些。"①但问题是,没有证据可以表明马克思知道费尔巴哈和海涅的那些话。可以确定的是,鲍威尔明确地把宗教和基督教比作鸦片以及我们引用的其他话,来自《基督教国家和我们时代》(1841)、《自由的事业和我们自己的事业》(1842)、《基督教真相》(1843)和《同观福音书作者的福音史批判》(1841—1843)等 4 本著作,马克思熟悉这些著作,在《神圣家族》和《德意志意识形态》中信手拈来地从中引用。② 根据这些证据,有充足理由相信《导言》概述观点与鲍威尔的话密切相关。

"鸦片"或"麻醉"比喻的"发明权"属于谁,这个问题不重要,确定无疑的事实是,马克思首先说出"宗教是人民的鸦片"(Das Religiöse……ist das *Opium* des Volks)的格言。与其他人的比喻相比,马克思增加了"人民"。"人民宗教"的说法可追溯到黑格尔,《精神现象学》中说,在希腊宗教意识中,"普通人民""寻求安慰的软弱的空话"和"恐惧""同情",人民感到"目瞪口呆的震惊""无可奈何的怜悯"③。马克思很可能把黑格尔的"人民宗教"概念与鲍威尔的"鸦片"比喻结合在一起,直截了当、生动鲜明地说出其他人含糊、曲折的喻意。

马克思的格言究竟概括了谁的话,他的概括是否准确,有哪些变动,这些问题也不重要;重要的问题是马克思是否赞同他所概括的那些观点。在不知道原始出处的情况下,人们或许会误把马克思概括的其他人的观点当作马克思的宗教观。但即使在知道这些表述的出处情况下,有人或许要坚持说,马克思吸收了德国宗教批判的"合理成分",并用独特的语言表达出自己的宗教观。如果我们继续读下去,那么就可以发现这种理由是站不住脚的,因为《导言》与其说是"吸收"德国宗教批判的合理

---

① 赵复三:《究竟怎样认识宗教的本质》,载《中国社会科学》1986 年第 3 期,第 5 页。
② 参阅《马克思恩格斯全集》中文 1 版,第 2 卷第 129 页;第 3 卷第 49,91,93 等页。
③ 黑格尔:《精神现象学》下卷,贺麟、王玖兴译,商务印书馆 1978 年版,第 219 页。

成分,不如说是宣布了它的结束。

（三）对宗教批判的批判

《导言》第二至五段简要概括了费尔巴哈和鲍威尔为代表的认为"对宗教的批判是其他一切批判的前提"的理由,第六、七两段表明他们的理由不充分。

第六段始于"这种批判撕碎锁链上那些虚构的花朵"（文集 1:4）这句话是鲍威尔的话,鲍威尔在《同观福音书作者的福音史批判》第三卷（1842 年）中说,古代宗教是捆绑人类精神的锁链上装饰的花朵,"当这些花朵在历史进程中凋谢时,当罗马人政权砸碎锁链时",基督教成为人类意识"空虚的自我","尽管吸收了一切,但并没有足够的勇气把自己看成是一种普遍力量"①。鲍威尔把黑格尔辩证法当作公式套在人类历史上,认为在基督教的整体异化之后,基督教内部出现了克服异化的精神,路德的宗教改革是提供了把人类从宗教和权威当局解放出来的基础,而现存的普鲁士王国是新教精神的继承和实现者。他在 1840 年的普鲁士神学期刊上说:"普鲁士历史上伟大的篇章正在揭开,还有什么比达到数千年来为之奋斗的目标——自由意志的顶点——更为崇高呢!"②

鲍威尔激进的宗教批判与保守的政治神学之间的反差,为我们理解《导言》第六段的三个转折提供了理论背景。

第一个转折 宗教批判"不是要人依旧戴上没有幻想没有慰藉的锁链,而是要人扔掉它,采摘新鲜的花朵"（文集 1:4）。马克思的意思是,宗教批判虽然撕碎了宗教装饰的虚幻花朵,但没有触动现实中"没有幻想没有慰藉的锁链",当务之急是打碎捆绑在人身上的现实锁链,并通过政治批判获得真实的理论。

---

① 转引自兹瑞·罗森《布鲁诺·鲍威尔和卡尔·马克思》,王谨等译,中国人民大学出版社 1984 年版,第 104,106 页。
② 同上书,第 132—133 页。

第二个转折 马克思更加深刻,揭示出德国宗教批判的前提,即把神圣世界当作与人的世界相对立的真实世界。宗教批判的问题是解释神圣世界如何与人的世界相分裂、相对立,以及如何克服两者的分裂对立。这在马克思看来是一个存在论的伪问题。正如《德意志意识形态》中明确地说:

> 近来不断讨论着如何能够"从神的王国进入人的王国"这样一个重要问题:似乎这个"神的王国"除了存在于想象之中,还在其他什么地方存在过。(文集 1:546)

存在的真相是:只有人的世界存在,与之对立的神圣世界不存在。正如马克思言简意赅地说,人的思考和行动"能够围绕着自身和自己现实的太阳转动",而"宗教只是虚幻的太阳"(文集 1:4)。这里指出德国宗教批判的前提错误是把围绕人的世界转动的神圣世界当作真实的世界,他们把自己的宗教批判比作康德式的"哥白尼革命",要把神圣世界("太阳")围绕人的世界转动的"地心说",转变为人的世界围绕神圣世界转动的"日心说"。马克思在《导言》中借用康德术语"绝对命令"说:

> 对宗教的批判最后归结为人是人的最高本质这样一个学说,从而也归结为这样的绝对命令(*categorischen Imperativ*):必须推翻那使人成为被侮辱、被奴役、被遗弃和被蔑视的东西的一切关系。(文集 1:11)

这是在要求用真实的学说和革命的命令来取代宗教批判假定的"神圣世界"的虚幻前提和目标。

第三个转折 第六段最后一句:"当人没有围绕自身转动的时候,它总是围绕着人转动。"(文集 1:4)这个转折暗含对费尔巴哈的批评。马克思当时虽然没有完全克服费尔巴哈的自然主义人本学,但不可能对费尔巴哈的缺陷毫无察觉。费尔巴哈一方面要"把神学下降到人本学",另一方面又要"把人本学提升为神学",这说明他的宗教批判也以"神圣"

与"世俗"的区分为前提,并以"神圣"的回归为其目标。他虽把宗教的前提归结为人的"类本质"或"人本身",但把人的"类本质"理解为静止的、永恒的自然本质,正如自然界自从开天辟地以来就一直如此。《导言》中说"人的根本就是人本身"(文集 1:11),"人本身"不是指人类的自然本质,而是"人的思考和行动"、人的理论和实践。马克思此时已经认识,人本身始终是人类历史的运动变化,而在一年后写的《关于费尔巴哈提纲》中明确说费尔巴哈不理解人的能动的、革命的实践。在《导言》中马克思隐晦地批判费尔巴哈所说类本质依旧是一个虚幻的宗教太阳。

结论　从人类历史是围绕人自身转动的唯一真实的人的世界的前提出发,第七段得出结论:"真理的彼岸世界消逝之后,历史的任务就是确立此岸世界的真理";"于是,对宗教的批判变成对法的批判,对神学的批判变成对政治的批判。"两个"变成"是批判前提的根本转变:宗教批判以"宗教的人"、"宗教的统治"为前提,神学批判以"神圣与世俗的分裂"为前提,他们以为克服了人的意识的异化就可以改变人的现实世界;马克思则要直接从真实的人的世界的现实性开始,批判现存制度造成的人的异化,包括宗教异化。这是完全不同的两条思想路线,正如马克思在1842 年 11 月的信中说:"更多地联系对政治状况的批判来批判宗教,而不是联系对宗教的批判来批判政治状况。"(10:3—4)"联系对政治状况的批判来批判宗教"是马克思的路线,"联系对宗教的批判来批判政治状况"是鲍威尔的路线,而费尔巴哈则游离在政治批判之外,三者界限分明。马克思和鲍威尔的对立在《神圣家族》表现得更加明显尖锐,而《德意志意识形态》标志着马克思与包括费尔巴哈之内的、以宗教批判为前提的德意志意识形态的彻底决裂。《导言》则标志着马克思与德国宗教批判相决裂的开始。

通过对《导言》开始前七段逐段逐句的解读,我们希望已经澄清四个误解:第一,马克思没有简单重复德国宗教批判的观点;第二,马克思用自己语言概括费尔巴哈和鲍威尔所代表的宗教批判观点,不是他所赞同或持有的宗教观;第三,德国宗教批判不是马克思批判的前提;相反,他们"对宗教的批判基本上已经结束",真正的批判应当重新开始,进行法哲学和政治批判。第四也是更重要的是,"神圣世界"与"世俗世界"的分离和对立不是马克思批判的前提,而是他要求结束的德国宗教批判的前提。

在《德意志意识形态》中,马克思更明确地说:"从施特劳斯到施蒂纳的整个德国哲学批判都局限于对宗教观念的批判。他们的出发点是现实的宗教和真正的神学""这种批判自以为是使世界消除一切灾难的绝对救世主""青年黑格尔派则通过以宗教观念代替一切或者宣布一切都是神学上的东西来批判一切""世界在越来越大的规模内被圣化了"(文集 1:514,514 注 3,515)。从《导言》到《德意志意识形态》的一系列著作清楚地表明:马克思主义的前提根本不是宗教批判或神圣与世俗的对立,恰恰相反,正是对德国宗教批判和神学批判的批判,正是对德国宗教批判假设神圣/世俗神学二元论的消解。可以说,没有对宗教批判的批判,就没有唯物史观的创立。在此意义上可以说,马克思主义诞生的前提不是德国宗教批判,而是对德国宗教批判和神学批判为代表的意识形态的批判。

二、马克思恩格斯的宗教观

通过对德意志意识形态的批判,马克思创立了唯物史观,而唯物史观的形成和发展,又为马克思恩格斯阐明自己的宗教观提供了充分条件。马克思的宗教观散见于各种著作的片段,而恩格斯则有论述宗教的专著和主题性论述。从马克思简明阐述的、经过恩格斯丰富发展的宗教观中,可以梳理出其与德国宗教批判根本不同的理论观点。

(一)人类宗教的起源和发展

德国宗教批判没有认真思考过人类宗教的起源问题,费尔巴哈把宗教看作人类本质固有的，鲍威尔遵循最早宗教是犹太教的神学解释。《德意志意识形态》从自然界与人的社会的关系探讨了人类宗教的起源：自然宗教是"对自然界的一种纯粹动物式的意识"，马克思在边注补充说：

这里立即可以看出，这种自然宗教或对自然界的这种特定关系，是由社会形式决定的，反过来也是一样。（文集 1：534）

就是说，在"自然界几乎还没有被历史的进程所改变"的情况下就已经有了宗教。马克思在说明意识形态起源时考察了宗教的社会化和精神升华。他说，伴随着物质劳动与精神分离的历史进程，产生了"意识形态家、僧侣的最初形式"，"从这时候起，意识才能摆脱世界而去构造'纯粹的'理论、神学、哲学、道德等等。"（文集 1：534）从原始宗教到体制化、神学化"高级宗教"的演化现在已是宗教学的常识，但我们必须承认，在现代宗教学诞生之前，马克思就对宗教起源和发展问题作出可贵的理论探索。

马克思的简要论述被恩格斯所丰富发展。恩格斯在 1877 年的《反杜林论》中总结说，印欧民族的宗教起源于"印度的吠陀经，以后又在印度人、波斯人、希腊人、罗马人、日耳曼人中间"，"也可以在克尔特人、立陶宛人和斯拉夫人"中间发展，最后，"后期希腊庸俗哲学的最后产物，并在犹太的独一无二的民族神雅赫维［即雅威或耶和华——本文作者注］身上"产生出一神教（文集 9：333—334）。在《费尔巴哈和德国古典哲学的终结》最后部分，恩格斯用唯物史观总结了从自然宗教到人为宗教，乃至基督教一神教发展的过程，并在后来的信中说那里已经说出来关于宗教"最必要的东西"（文集 10：600）。

恩格斯还说明了"远古时代"的人如何"受梦中景象的影响"产生灵魂观念、不朽的灵魂如何产生最初的神、这些神如何具有了超世界的形象、最后产生一神教的"蒸馏过程"（文集 4：277）。如果把恩格斯的宗教观与同时期宗教学创始人缪勒的比较宗教学和泰勒的万物有灵论①作一比较,那么恩格斯应当之无愧地也被列入宗教学奠基者的行列。

(二)唯物史观的比较宗教学方法

宗教批判把基督教本质等同于宗教本质,正如恩格斯说:"费尔巴哈认真研究过的唯一宗教是基督教","他是从一神教羽化而来的"(文集 4:290)。宗教科学从诞生起就是比较宗教学。唯物史观对不同社会形态和意识的考察拓宽了比较宗教学的新视野。

从宗教对经济政治的依赖关系出发,马克思批判了鲍威尔看待基督教与犹太教关系的神学偏见,精辟地指出两者的关系:"基督教是犹太教的思想升华,犹太教是基督教的鄙俗的功利应用。"(文集 1:54)

马克思用唯物史观的方法观察资本主义全球化对世界各地宗教的影响。比如,马克思概括了印度传统宗教的特点:"这个宗教既是纵欲享受的宗教,又是自我折磨的禁欲主义的宗教;既是崇拜林伽(编者注:湿婆的象征)的宗教,又是崇拜扎格纳特(编者注:毗湿奴的化身)的宗教;既是僧侣的宗教,又是舞女的宗教。"(文集 2:678)英国的殖民统治是印度的灾难,同时又带来社会革命,这种革命力量动摇了"杀生害命"和"竟然向猴子哈努曼和母牛撒巴拉虔诚地叩拜"的"糟蹋人"的崇拜,英国殖民统治破坏了"带着种性划分和奴隶制度的污痕"的、"使人屈服于外界环境"的、"对自然的野蛮崇拜"。(文集 2:683)因此,"英国人不管干了多少罪行,它造成这个革命毕竟是充当了历史的不自觉的工具"(文集 2:683)。

《商品的拜物教性质及其秘密》是《资本论》中的重要文献,也是运用唯物史观比较宗教学方法的典范。"拜物教"(fetishism)是一个宗教学概念,指万物有灵论的一种,又译作"灵物崇拜"。马克思使用这个"比

---

① 参阅麦克斯·缪勒《宗教学导论》,陈观胜、李培茱译,上海人民出版社 2010 年版;爱德华·泰勒:《原始文化:神话、哲学、宗教、语言、艺术和习俗发展之研究》,汪锡声译,谢继胜等校,广西师范大学出版社 2005 年版。

喻"说明,把商品这个反映人与人一定的社会关系的劳动产品当作"物与物的虚幻关系","我们就得逃到宗教世界的幻境中去"。马克思比较了三种不同社会的宗教形式:最初,"古代的自然宗教和民间宗教"反映了人与自然的狭隘关系;其次,"真正的商业民族只存在于古代社会的空隙,就像伊壁鸠鲁的神只存在于世界的空隙中,或者犹太人只存在于波兰社会的缝隙中";最后,对于发达商业社会来说,"崇拜抽象人的基督教,特别是资产阶级发展阶段的基督教,如新教、自然神教等等,是最适当的宗教形式"(文集 5:90,97)。《资本论》对这三种宗教的比较,分别以过去的宗教研究结果为基础,说明了马克思早在博士论文中指出的道理:无论拜物教对自然物的崇拜,古代商业民族对现实金币的崇拜,都"不知道纸币的这种用途"(全集 1:101)。马克思稍后指出,犹太民族对金钱票据的崇拜(文集 1:51),以及资本主义社会对商品的崇拜,都采取了宗教意识形态的虚幻形式。《资本论》说明基督教社会的商品崇拜与原始社会自然宗教的拜物教有相似之处,验证了《德意志意识形态》所说宗教等意识形态"没有历史,没有发展",历史中只有"发展着自己的物质生产和物质交往的人们"(文集 1:525)。因此,马克思在《资本论》中得出结论:只有当物质生产过程"处于人的有意识有计划的控制之下的时候","现实世界的宗教反映才会消失","它才会把自己的神秘的纱幕揭掉"(文集 5:97),商品拜物教才会消除。

（三）基督教的多重社会功能

如前所述,"鸦片"的比喻表达了宗教批判把基督教功能局限于安抚、慰藉的片面性,而马克思"人民鸦片"的格言间接地肯定基督教的人民性。马克思恩格斯认为,作为人民的宗教的基督教既有安抚、慰藉的功能,又有反抗、革命的功能;既有自发的作用,又有自觉的作用;既对被统治阶级起作用,又对被统治阶级发生作用;对社会经济政治既有促进作用,又有阻碍作用;对现代工人运动的影响,既是消极的,又是积极的。

《共产党宣言》概括了基督教的历史作用和现实影响:"当古代世界

走向灭亡的时候,古代的各种宗教就被基督教战胜了。当基督教思想在18世纪被启蒙思想击败的时候,封建社会正在同当时革命的资产阶级进行殊死的斗争。信仰自由和宗教自由的思想,不过表明自由竞争在信仰领域里占统治地位罢了。"(文集2:51)按照马克思恩格斯著作,基督教至少在四个时期起着非常革命的作用。

早期基督教　第一次在奴隶制的古代社会瓦解之际。基督教"最初是奴隶和被释奴隶、穷人和无权者、被罗马征服或驱散的人们的宗教"(文集4:475)。恩格斯接受当时圣经历史批判成果,认为《启示录》是最早成书的《新约》经卷,"这里宣讲的是复仇,毫不隐讳的复仇,是应该的、正当的对基督徒迫害者的复仇"(文集4:495)。

中世纪异教　恩格斯说,在"中世纪的历史只知道一种形式的意识形态,即宗教和神学"(文集4:289)的情况下,基督教异端反抗教权和王权的统治,"反封建的革命反对派活跃于整个中世纪。随着时代条件的不同,他们或者是以神秘主义的形式出现,或者是以公开的异教的形式出现,或者是以武装起义的形式出现"(文集2:236)。

宗教改革时期　《导言》中说:路德"把僧侣变成了俗人",他"即使没有正确解决问题,毕竟正确地提出了问题"(文集1:12)。《资本论》中具体说明,路德正确但没有解决的问题包括资本主义发展面临的经济问题。比如,"路德把作为购买手段的货币和作为支付手段的货币区别开来"(5:159注96),他看到"世上到处都是重大的、卓越的、日常的服务和行善"(224注15);再如,路德"出色地说明了统治欲是致富欲的一个要素"(5:684注34);又如,"路德比蒲鲁东高明一些。他已经知道,牟利与贷放或购买的形式无关"(7:388注56);还如,"路德在他反对高利贷的天真的狂吼中",不自觉地表达了"资本生产剩余价值的事实"(7:443)。

恩格斯从政治变革的角度评价宗教改革,认为它引发了资产阶级反对封建制度的大决战。第一次大决战由路德发起的、在德国农民战争中达到高潮。恩格斯高度评价闵采尔:

他的政治理论也远远超出了当时的社会政治条件。正如他的神学远远超出了当时流行的看法一样,正如他的宗教哲学接近无神论一样,他的政治纲领也接近共产主义。(文集2：248)

恩格斯还说:"在路德失败的地方,加尔文却获得了胜利。加尔文的信念正适合当时资产阶级中最果敢大胆分子的要求",第二次大起义即英国革命"发现加尔文教就是现成的战斗理论"。(文集4:311)

现代工人运动带有基督教的革命性　马克思说:

各国政府对国际的迫害,酷似古代罗马对早期基督徒的迫害……古代罗马的迫害未能挽救帝国,今天对国际的迫害也挽救不了现存制度。(文集3:618)

恩格斯具体地说:"原始基督教的历史与现代工人运动有些值得注意的共同点",罗马皇帝的反基督教法和俾斯麦的反社会党人法异曲同工。

基督教和社会主义都胜利地、势不可挡地为自己开辟前进的道路。基督教在产生300年以后成了罗马世界帝国的公认的国教,而社会主义则在60来年中争得了一个可以绝对保证它取得胜利的地位。(文集4:475)

毋庸置疑,马克思恩格斯也注意资产阶级利用基督教消极的社会作用。恩格斯说,工人阶级登上历史舞台后,资产阶级乞灵于宗教,视之为"唯一的和最后的拯救手段";恩格斯说:"除非我们相信超自然的奇迹,否则,我们就必须承认,任何宗教教义都难以支撑一个摇摇欲坠的社会。"(文集3:521)

(四)无神论的局限性

在马克思时代,基督教式微,无神论成为自由思想家的荣耀。马克思恩格斯很少以"无神论者"自居。① 相反,马克思对鲍威尔小团体的无神论宣传非常反感,要求他们"最好少炫耀'无神论'的招牌,而多向人民宣传哲学的内容"(文集 10:4)。随后他揭露青年黑格尔派满口是无神论、废除宗教等"震撼世界"的词句,"却是最大的保守派"(文集 1:516)。

在革命实践中,马克思恩格斯谴责俾斯麦反动政权颁布的"不仅反对天主教,而且也反对一切宗教"的法案(文集 9:334);驳斥杜林要求禁止宗教的谬论(文集 9:333);批评巴枯宁主义者、布朗基主义者"在无神论方面比所有的人都激进"(文集 3:361)。恩格斯说:"在我们时代,当个无神论者幸而并不困难";但这值得炫耀,因为:

> 至于德国绝大多数的社会民主党工人,则甚至可以说,无神论在他们那里已成了往事;这个纯粹否定性的术语对他们已经不适用了。(文集 3:361)

无神论之所以不适用,因为它在实践和理论两方面有局限性。

无神论的实践局限性 无神论要求用强制手段禁止或消灭宗教,反而帮助宗教迅速传播。俾斯麦的反宗教法案从反面激励宗教"殉道和延长生命期"。恩格斯尖锐地指出:"在我们的时代唯一能替神帮点忙的事情,就是把无神论宣布为强制性的信仰象征。"(文集 3:362)

面对共产党人要"废除宗教"的攻击,《共产党宣言》说:

> 各个世纪的社会意识,尽管形形色色、千差万别,总是在某些共同的形式中运动的,这些形式,这些意识形式,只有当阶级对立完全消灭的时候才会完全消失。(文集 2:51—2)

"这些意识形式"(Bewußtseinsformen)包括宗教。恩格斯明确地说,只要人们还处在异己的自然力量和社会力量的支配之下,"宗教反映

---

① 一个例外大概是马克思在 1871 年与《世界报》记者谈话时说,在宗教问题上,"我不能代表协会说话。我自己是无神论者。在英国听到这样坦率承认无疑会令人吃惊"(文集 3:616)。

活动的事实基础就继续存在,而且宗教反映本身也同它一起继续存在"
(文集 9:334)。这是那些以为宗教决定社会发展的无神论者完全不懂的
道理。

无神论的理论局限性　马克思在 1844 年手稿中说:

> 无神论,作为对这种非实在性的否定,已经不再有任何意
> 义,因为无神论对神的否定,并且正是通过这种否定而设定人
> 的存在;但是,社会主义作为社会主义已经不再需要这样的中
> 介,它是从把人和自然界看做本质这种理论上和实践上的感性
> 意识开始的。(文集 1:197)

《德意志意识形态》中说:"宗教从一开始就是超验性的意识,这种意
识是从现实的力量中产生的。"(文集 1:587)无神论在历史上否定宗教意
识超验性,对肯定人们自然界和人的实在性起到积极作用。在唯物史观
进一步说明了自然界和人的实在性的社会物质基础之后,无神论的历史
任务已经完成,马克思主义不需要这个理论中介。

恩格斯 1884 年总结说:

> 无神论只是表示一种否定,这一点我们自己早在 40 年前
> 驳斥哲学家们的时候就已经说过了,但是我们补充说,无神论
> 单只是作为对宗教的否定,它始终要涉及宗教,没有宗教,它本
> 身也不存在,因此它本身还是一种宗教。(10:522)

恩格斯应用"相反相成"的辩证法,揭示了无神论也是宗教的道理。
如果我们没有把无神论作为历史遗产加以认真研究,而仅仅是把无神论
当作现实斗争的武器,那就不是在坚持而是违背了马克思恩格斯的宗教
观了。

第三节　意识形态批判

1837 年 3 月 2 日马克思的父亲在写给正在柏林大学读书的马克

思说：

> 只有当前的模棱两可的自由派[Zwitterliberalen，中译本为"态度暧昧的自由主义者"]才会把拿破仑奉为神明。在拿破仑统治时期，确实没有人敢想一想，在整个德意志，特别是在普鲁士，人们每天能够随心所欲地写些什么。谁研究过拿破仑时代的历史和他对意识形态这一美妙表达[tollen Ausdruck von Ideologie，中译本为"意识形态这一荒谬之辞"]的理解，谁就可以心安理得地为拿破仑的垮台和普鲁士的胜利而欢呼。（全集 43：545）

马克思父亲是爱国的自由思想者，他支持威廉三世的温和改革；当时激进的自由派认为普鲁士政策是对拿破仑解放欧洲的自由事业的反动。马克思父亲认为，拿破仑在占领国禁止言论自由，在国内排斥启蒙学者的批评，把孔迪亚克的学生特拉西（Destutt deTracy）新创造的"意识形态"概念斥之为"知识分子的空论"。马克思父亲因而说自由派对拿破仑的支持与他们声称的自由原则是相分裂的（Zwitter）。马克思父亲显然是在肯定的意义上把意识形态作为自由思想的"美妙表达"，反对拿破仑对意识形态的否定态度。但是，马克思在 10 年后把意识形态的"美妙表达"变成了幻想。这不只是两代人的"代沟"，也是旧时代爱国派与新时代革命派之间的差距。

一、关于意识形态问题的争论

马克思不是第一个使用"意识形态"这个术语的人，但他建立了第一个关于意识形态的理论。无论是否马克思主义者，研究意识形态的人都需要首先弄明白马克思恩格斯在这个问题上究竟说了些什么。这个看似只要检索文献就能解决的问题却是一个世纪难题。比如，拉雷恩的《马克思主义和意识形态》一书第一句话是："写一本关于马克思意识形

态观念的书,使人感到在做一件非常冒险的事";"浏览这个主题的各种
研究,"他接着说,"很快就可发现各种观点不但数量庞大,而且对马克思
主义的不同解释似乎在这里展开秘密战斗"①。即使要在马克思恩格斯
著作中寻找出一个关于意识形态的定义,也极其困难。麦克里兰的《意
识形态》一书第一句话是:"意识形态在整个社会科学中是最难以把握的
概念……它是一个定义(因此其应用)存在激烈争议的概念";马克思的
意识形态概念也是如此:"像他的许多核心概念一样,意识形态的概念在
马克思那里远不清晰:他关于意识形态的评论多为顺便提到的,他从未
进行系统的论述。然而主要的轮廓是清楚的。"②不幸的是,就连这个似
乎清楚的"主要的轮廓"也是众说纷纭,以下列举五种有代表性的观点。

第一,拉雷恩把马克思的"意识形态"概念的各种不同的解释,归纳
为"否定的(即指某种歪曲的思想)"和"肯定的"(即指社会意识的整体形
式,或一切社会阶级的所有政治观念)的对立③,他为前者作强有力的
辩解。

第二,塞利格尔则把意识形态的定义分为"限制性概念,因为它把这
个概念限定在特定的政治信念体系"和"包容性概念,因为'意识形态'适
用于所有政治学说"这两大范畴;他承认马克思的意识形态概念属于"限
制性概念",但又说"马克思没有按照齐一的定义使用'意识形态',这个
词本身在他的著作中也不占中心地位"④,因而是不充分的,倒是卢卡奇、
列宁等人发展了马克思主义的"包容性概念"。

第三,按照阿尔都塞前后期对马克思的意识形态概念的不同解释,

---

① Jorge Larrain, *Marxism and Ideology*, Macmillan, 1983, p. 1. 参阅中译本《马克思主义与
意识形态:马克思主义意识形态论研究》,张秀琴译,北京师范大学出版社 2013 年版,第 1 页。
② 麦克里兰著:《意识形态》第二版,孔兆政、蒋龙翔译,吉林人民出版社 2005 年版,第 2,13—14
页。
③ Jorge Larrain, *Marxism and Ideology*, Macmillan, 1983, p. 4;参阅中译本第 4 页。
④ Martin Seliger, *The Marxist Conception of Ideology*, Cambridge University Press, 1977,
pp. 1, 26.

人们作出"认识论概念"与"功能性概念"的区分。阿尔都塞强调早期马克思的意识形态概念与《资本论》的科学之间存在"认识论的断裂",他把意识形态等同于幻觉和暗示,是"一个纯粹的梦"①;当他强调意识形态斗争在一个权力结构代替另一个的结构性革命中决定性作用时,意识形态具有承载国家机器的实践功能,"没有意识形态的种种表象体系,人类社会就不能生存下去"②。阿尔都塞并不认为意识形态的虚幻意识与它的政治功能必定矛盾,但受他影响的人把意识形态的功能与认识对立起来,如卡里尼科斯在《马克思主义与哲学》一书中说:"如果我们严肃地看待意识形态的'实用'方面,即阶级斗争对意识形态的决定性作用,那么意识形态的真或假的问题是不得要领的。重要的是,它们是'人们借以意识到这个冲突并力求把它克服的那些形式'。"③

第四,帕瑞克在《马克思的意识形态理论》一书中,把各种解释归纳为三个范畴:其一,"结构的解释认为意识形态指对一定社会集团抱有结构和系统偏见的思想体系";其二,"发生学的解释指被作者所属社会集团(特别是阶级)所制约和决定的思想体系";其三,"后果主义的解释指为一定社会集团(特别是统治阶级)利益服务或促进其事业的思想体系"。他认为三者都未能充分反映马克思的意识形态理论。④

最后,针对那种认为马克思的意识形态没有知识内涵的功能性解释,盖斯声称:"马克思著作最显著的意义在于它的认识论内涵"。他区分了意识形态的三种意义。其一,意识形态的描述性意义是"非评价和非判断的,不因一个集团的成员'具有一种意识形态'而赞同或指责这个

---

① 阿尔都塞:《哲学与政治:阿尔都塞读本》,陈越编,吉林人民出版社 2003 年版,第 251,253 页。
② 阿尔都塞:《保卫马克思》,顾良译,商务印书馆 2006 年版,第 228 页。
③ Alex Callincos, *Marxism and Philosophy*, Oxford University Press, 1983, p. 135. 他引用的话原文是"人们借以意识到这个冲突并力求把它克服的那些法律的、政治的、宗教的、艺术的或哲学的,简言之,意识形态的形式"(参阅《马克思恩格斯文集》第 2 卷,人民出版社 2009 年版,第 591 页)。
④ Bhikhu Parekh, *Marx's Theory of Ideology*, Johns Hopkings University Press, 1982, P. 50.

集团"；其二，"否定的、贬义的或批判的意义上使用'意识形态'这一术语，'意识形态'是'（意识形态的）错觉'，或'（意识形态的）虚假意识'"。其三，肯定意义的意识形态首先是列宁和卢卡奇所使用，无产阶级意识形态的肯定性不只是适应他们在阶级斗争愿望和需要，而是在自己的利益中必然地认识了全社会，因此，"意识形态的肯定意义和贬义的差别并不像人们期待的那样尖锐"。①

　　上述五种看法基本代表了对马克思主义意识形态概念的各家解释。这五家都承认马克思恩格斯的意识形态概念基本上是否定性或批判的，分歧在于四个问题：（1）马克思恩格斯的否定性或批判的概念是否充分或周全？ 除拉雷恩外，后四家皆认为不周全；（2）如果不周全，用何种概念补充？ 后四家都承认列宁主义（包括卢卡奇、葛兰西等）和阿尔都塞用肯定性的概念补充了否定性概念；（3）这些补充是否充分？ 后四家都认为不够充分，塞利格尔要用"意识形态多元论"代替马克思主义的意识形态，阿尔都塞追随者们则用意识形态的实践功能取消其认识内容，帕瑞克要把西方认识论传统和马克思的真理观结合起来，盖斯要用法兰克福（尤其是哈贝马斯）的批判理论涵盖马克思的意识形态批判。（4）既然各家都不能否认马克思恩格斯提出了一个批判性和否定性的意识形态概念，拉雷恩提出一个问题："最重要的马克思主义理论家（除极少数例外）都认为不同的意识形态存在于阶级利益的对抗，这种肯定的和中性的概念何以可能？"②

　　问题（2）（3）属于马克思恩格斯之后意识形态的概念，这些概念的演变与马克思理论的关系将稍后考察。我们现在对马克思恩格斯意识形态概念的考察只限于问题（1）（4）。这两个问题实际上是同一个问题：马克思恩格斯的批判性和否定性的意识形态概念，与他们从阶级斗争

---

① Raymond Geuss，*The Idea of a Critical Theory*，Cambridge University Press，1981，pp. 1，5，12，24 - 25.

② Jorge Larrain，*Marxism and Ideology*，Macmillan，1983，p. 43；参阅中译本第 42 页。

角度阐述意识形态的"肯定的和中性的概念"是否以及何以能够符合一致?

二、"虚假意识"问题

恩格斯在 1893 年致梅林的信中提出了"意识形态是通过虚假的意识完成的过程"(文集 10:657)的著名论断。长期以来,"虚假意识"被当作马克思恩格斯关于意识形态概念的定义,围绕这个"定义",马克思主义的解释者们分成否定和肯定两个阵营。否定的理由主要有以下 4 条。

第一,麦克卡内说,"虚假意识"的提法"把意识形态理论自然而然地导向精神分析或生存论的思路",这不仅不符合马克思关于意识形态的"社会学观念",而且也不符合恩格斯在其他场合与马克思相一致的说法,它只是恩格斯的一时"失误","很难有比表面价值更多的东西"①。

第二,塞利格尔肯定这个定义符合马克思的思想。他说:"马克思本人虽然没有使用'虚假意识'这个术语,但他关于意识形态思想的观念并不因此而有所不同,'错误'的替代词是'不正确'、'歪曲'、'不真实'和'抽象',此外还有'虚幻'、'障碍'(Sparren),idée fixe(固定的观念),等等。"在他看来,马克思恩格斯"在所有时候持有的一样类型的多种观点,表示他们未能系统地思考这个问题"②。

第三,麦克里兰把马克思早期和后期的意识形态概念相区别。他说:"任何企图表明马克思是把意识形态等同于虚假意识在作法,都严重依赖《德意志意识形态》中反对将意识形态作为日常生活的工具,就像反对在马克思后期著作中将意识形态视做幻象那样";并且,"虚假意识这

---

① Joe McCarney, *The Real World of Ideology*, Atlantic Highlands, N. J. : Huamnities Press, 1980, pp. 95, 97.

② Martin Seliger, *The Marxist Conception of Ideology*, Cambridge University Press, 1977, pp. 30 - 31.

个概念显然既过于黑白分明又太一般化,以致很难包容马克思的意思"①。

第四,国内有论者提出反驳"虚假意识"说的几个推论。推论一:"马克思一再强调意识形态的相对独立性。这种相对独立性就意味着,不仅仅存在不同的阶级意识,而且这些阶级意识在相互斗争的同时也会相互渗透。于是,无产阶级意识形态也会融合资产阶级和小资产阶级的意识形态";推论二:"既然不同的意识形态之间要相互斗争,既然它们都企图说服别人从而证明自己利益的合法性和正当性,那么,它们就必须在理论上具有说服力,必须在某种程度上贴近社会现实,其中包含某些正确的东西";推论三:"如果意识形态都是虚幻的意识和颠倒的意识,那么就不存在所谓意识形态领域中的领导权的问题,而是要彻底抛弃和否定一切意识形态的问题";推论四:"如果一切意识形态都是虚幻意识,那么意识形态领域的斗争就是反对一切错误意识的斗争,即清除一切意识形态的斗争,而不是真理和错误的斗争"②。

皮勒斯的《意识形态和虚假意识》一书总结了肯定"虚假意识"说的主张。这些肯定者用文本证据说话,概括出马克思恩格斯著作中与意识形态概念相关论述的 5 点含义:"(1)一种欺骗的社会意识或集体的自我欺骗;(2)一种异化的意识(有时指物化的社会意识):(3)控制被压迫者的社会意识;(4)一种歪曲的社会错误理智和错觉;(5)非科学的、常识的社会意识"③。虽然术语不同,但含义融会贯通,与"虚假意识"的定义一以贯之。

依靠马克思恩格斯的文本证据,那种认为"虚假意识"只是恩格斯一时"失误"、认为马克思恩格斯没有对意识形态问题作过系统思考、认为

① 麦克里兰著:《意识形态》第二版,孔兆政、蒋龙翔译,吉林人民出版社 2005 年版,第 23 页。

② 王晓升等著:《西方马克思主义意识形态理论》,中国社科文献出版社 2009 年版,第 4—5 页。

③ Christopher L. Pines, *Idealogy and False Consciousness*: *Marx and His Historical Progenitors*, State University of new York Press, 1993, pp. 14-15.

这个问题在他们著作中不占中心位置，或者认为《德意志意识形态》与《资本论》中意识形态批判代表"早期"与"晚期"两个阶段的不同思想，这些说法都是站不住脚的。

同样，依靠文本证据，那些反驳"虚假意识"的推论所依赖的前提，也不符合马克思恩格斯的思想。

其一，马克思"一再强调意识形态的相对独立性"，并不是说意识形态独立于社会存在，更推不出工人阶级意识与资产阶级意识形态相互渗透；相反，他明确地说，只要承认唯物史观，"道德、宗教、形而上学和其他意识形态，以及与它们相适应的意识形式便不再保留独立性的外观了"（文集 1:525）。

其二，马克思从来没有否认意识形态"在某种程度上贴近社会现实，其中包含某些正确的东西"；相反，马克思说，意识形态"倒立成像"的现象"也是从人们生活的历史过程中产生的"（文集 1:524）。

其三，马克思恩格斯的意识形态批判的最终目标难道不是"抛弃和否定一切意识形态"吗？正如《共产党宣言》中说："这些意识形式，只有当阶级对立完全消失的时候才会完全消失。"这里所说的"这些意识形式"指的正是意识形态。

其四，马克思恩格斯从来没有把"虚假"与"真理"当作"黑白分明"的对立，"虚假意识"不等于没有任何真理性，比如，空想社会主义、国民经济学和德国古典哲学等资产阶级意识形态包含被歪曲、被颠倒的真理，马克思从"虚假意识"中揭示其中的真理，从而创立了唯物史观的"历史科学"和"独立的、科学的、德国的经济学"（恩格斯语，文集 2:597）。马克思的科学研究和"虚假意识"的区别不是真理和错误的"意识形态的斗争"，而是宣告"全部意识形态就完结了"（文集 4:309）。

在讨论马克思恩格斯的意识形态概念时，我们必须尊重和忠实马克思恩格斯著作的文本证据，不能把列宁等后来马克思主义者的观点与马克思恩格斯思想混为一谈（尽管我们可以承认列宁主义发展了马克思的意识形态理论），更不能把西方马克思主义或非马克思主义的解释奉为权威解释。中国社会科学院"马克思主义经典作家专题摘编"项目的《马克思、恩格斯、列宁、斯大林论意识形态》，在"德意志意识形态或虚假意识"的类别中包含 26 条马克思恩格斯论述，在"意识形态虚假性与拜物教"门类中的"意识形态虚假性的基本含义"、"批判意识形态虚假性的方法论原则"、"意识形态虚假性的根源"和"拜物教批判"等 4 个类别中，共收入 69 条马克思恩格斯论述。① 这些论述与恩格斯对"虚假意识"的批判和马克思恩格斯对意识形态其他方面的论述完全协调一致。西方学者却说马克思恩格斯"未能系统地思考这个问题"，透露出对马克思恩格斯文本的忽视和无知，而他们认为马克思批判意识形态"太一般化"、"远不清晰"、"顺便提起"，则是一种偏见，因为现代意识形态家难以接受马克思恩格斯对意识形态的彻底批判。

三、意识形态的定义问题

如上所述，"虚假意识"确实是马克思恩格斯意识形态理论的不可或缺的方面，但我们不能因此把意识形态等同于"虚假意识"，就是说，不能把"虚假意识"当作"意识形态"唯一定义。事实上，无论马克思还是恩格斯都没有给"意识形态"的概念下过一个单独的定义，但这并不意味着他们的"意识形态"概念是不可定义的。关键是如何看待"定义"。

在西方哲学传统中，对概念 X 的定义是对"什么是 X?"的回答，并且必须回答 X 的本质是什么。20 世纪哲学与传统西方哲学的一个区别在于"反本质主义"。有两种反本质主义，一种是无本质主义，"什么都行"；另一种是否定单一本质而承认属性多样性。在定义问题上，前者否认任何定义的可能性，把定义当作"宏大叙事"加以否定，而满足于没有确定

---

① 《马克思、恩格斯、列宁、斯大林论意识形态》，侯惠勤主编，中国社会科学出版社 2012 年版，第 1—14,216—273 页。本文作者注：一些条目有重复。

意义的"言谈"或"飘浮的能指符号",其代表是法国的后现代主义者鼓吹的"后真相";后者则用符合生活现实的具体描述代替"属＋种差"的传统定义方法,其代表人物之一是维特根斯坦。维特根斯坦看到,对待日常语言中有些"特殊词汇"如"时间"、"知识"、"度量"等,不适合提出"什么是 X?"的解答,这一问题只针对"常规词汇"的意义提出。比如,"现在是几点几分?"有确定答案,而"什么是时间"却没有确定答案,因为"时间"没有单一的、固定的本质,只有在说话者的具体语境中才有意义。① 在其代表作《哲学研究》中,维特根斯坦说,"界线模糊"的词语如"游戏"、"颜色"、"数"等等,"这个词必定有一个各种意义组成的家族";又谈到"科学定义的摆动:今天被当作伴随某种现象而被观察到的东西,明天将被用于为这个现象下定义"②。

马克思恩格斯是西方哲学传统的彻底变革者,虽然没有专门论述,他们抛弃了传统哲学的本质主义,从来不用"什么是 X?"的方式为概念下定义。比如,《资本论》的出发点"商品"是一个具体的抽象范畴,马克思没有为这个核心范畴简单地下定义,而是通过分析它的使用属性和交换属性的双重性,具体描述两者的关系,揭示商品作为资本主义生产方式"细胞"的本质。

"意识形态"这一核心概念的定义也是如此。马克思恩格斯具体地描述了意识形态这种普遍现象的多重属性,有些描述是否定性、批判性的,有些是不加评价的中立的、客观的描述,有些是对其历史作用的肯定。不能把这些描述对立起来,硬要把其中一种描述说成是马克思关于意识形态概念的否定性、中性或肯定性的"定义"。

经过适当的归纳和分析,我们在马克思恩格斯的论述中概括出对意识形态的认识属性、语言属性、社会结构属性和阶级属性的四重描述,这

---

① Wittgenstein, *Blue and Brown Books*, Oxford: Basil Blackwell, 1969, pp. 44,6.
② Wittgenstein, *Philosophical Investigations*, §77,79,参阅《哲学研究》,汤潮、范光棣译,三联书店 1992 年版,第 51,53 页。

些描述相互贯通,可以被视作意识形态概念的"家族相似"意义组成的描述性定义。

四、意识形态的认识属性

恩格斯关于"虚假意识"论断可以说精炼地概括了马克思和他自己始终强调的意识形态的"异化"、"颠倒"、"歪曲"、"幻象"、"错觉"等认识论特征。比如,《德意志意识形态》说:"在全部意识形态中,人们和他们的关系就像在照相机中一样是倒立成像的"(文集 1:524);《反杜林论》中说:"意识形态家······制作了一幅因脱离现实基础而扭曲的、像在凹面镜上反映出来的头足倒置的画像"(文集 9:102);《费尔巴哈和德国古典哲学的终结》中说:黑格尔辩证法的"概念的自己运动"是"意识形态上的颠倒"(文集 4:298);《资本论》第三卷中说:"资本主义生产方式的神秘化,社会关系的物化······这是一个着了魔的、颠倒的、倒立着的世界",是"虚伪的假象和错觉"(文集 7:940),等等。

为了理解"虚假意识"的意义,必须首先明白恩格斯是在黑格尔意义上使用"虚假"概念的。黑格尔在《精神现象学》"序言"中说,真理不是像"凯撒生于何时":"直角三角形的斜边平方等于其余两边的平方"那样的简单陈述,与那种认为真实与虚假"各据一方,相互孤立,互不沟通"的观点相反,"我们必须断言,真理不是一种铸成了的硬币,可以现成拿过来就用。同样地,既不是现成地有一种虚假也不是现成地有一种过恶。过恶和虚假确实不是像魔鬼那样坏"①。同样,恩格斯说,真理和谬误的两极对立,只是在"二乘二等于四"、"鸟有喙"之类"非常有限的领域内才具有绝对的意义",在此狭隘的范围之外,"对立的两极都向自己的对立面转化,真理变成谬误,谬误变成真理"(文集 9:95—96)。

按照辩证的、历史的真理观,意识形态是构成真理全体的部分要素,

---

① 黑格尔:《精神现象学》上卷,贺麟译,商务印书馆 1979 年版,第 26,25 页。

这些要素片面(因而"歪曲")地、孤立(因而"虚幻")地、独立自主(因而"倒立")地、暂时地(因而"表象")反映特定社会的本质,这就是"虚假意识"与社会存在之间的辩证法。

伍德在《卡尔·马克思》一书中强调:"马克思赞同黑格尔与费尔巴哈,异化与某种虚假意识密切关联。"①确实,正如黑格尔的"意识诸形态"(Gestalten des Bewusstseins)在矛盾运动中扬弃自身,意识形态也在阶级对立中接近科学真理;正如黑格尔的"经验科学的体系"最终克服了概念的矛盾,马克思用唯物史观和剩余价值这两大科学发现克服了意识形态的局限性。差别在于,黑格尔只关心概念的运动,而马克思把意识形态的矛盾和对立归结为生产方式的历史运动及其造成的阶级对立。

马克思承认并积极运用抽象概念的科学方法。经济学的抽象概念保持了社会现实的具体性。他说:

> 只要我把具体东西不同于它的抽象东西的一切方面抽掉,那么具体东西当然就成了抽象东西,丝毫没有不同于抽象东西的地方。(全集 30:205)

意识形态从本意上说是观念的体系,但意识形态家们根本没有想到他们使用的概念或观念是从现实中抽象出来的,他们错误认识的根源有三。

第一,把抽象概念与具体实在相并列,由此造成"我们固然能吃樱桃和李子,但是不能吃水果,因为还没有人吃过水果本身"的黑格尔式难题。(文集 9:501)

第二,不断进行抽象的抽象,"在那里得到的印象都是由于双重和三重的反映而被削弱或者被故意歪曲了的"(文集 10:594)。或者说,经过多级抽象出来的思想观念变成"悬浮于空中意识形态领域"(文集 10:598),变成完全脱离产生它们的物质生产条件的神秘的东西。

---

① Allen Wood, *Karl Marx*, Routledge, 1981, p. 10.

第三,这些神秘化的思想观念进一步被说成是决定或改变社会现实的力量,"助于这种从一开始就撇开现实条件的本末倒置的做法,他们就可以把整个历史变成意识的发展过程了。"(文集 1:582)

恩格斯说,物质生产条件归根到底决定人们意识的道理是意识形态家"必然"和"始终"没有意识到的,"否则,全部意识形态就完结了"(文集 4:309),"否则这就不是意识形态的过程了"(文集 10:657)。这是说,揭露意识形态的认识论根源是消除它的必要条件,丝毫也没有阿尔都塞及其追随者把意识形态归结为集体"下意识"的意思。相反,马克思说:"意识[das Bewusstsein]在任何时候都只能是被意识到了的存在[das bewusste Sein]"(文集 1:525)。根据意识与存在同一性,没有意识到的意识形态不可能存在,也没有语言的表达。

五、意识形态的语言属性

马克思认为:语言是思想的直接现实。对意识形态的观念和意识形态现象的表述不能离开语言。青年马克思早已厌倦表述高度抽象观念的"精神语言",认为那不是德国哲学的语言。他说:

> 哲学领域,一不再说德语,因为德语已不再是思想的语言了。精神所说的话语是一种无法理解的神秘的语言,因为已不允许可以理解的话语为明辨事理的话语了。(全集 1:149)

《德意志意识形态》为施蒂纳使用的语言"开出一张清单":

> 思维的肤浅、杂乱无章,不能掩饰的笨拙,无尽无休的重复,经常的自相矛盾,不成譬喻的譬喻,企图吓唬读者,用"你""某物""某人"这些字眼来系统地剽窃别人的思想,滥用连接词("因为""所以""因此""由于""因而""但是"等等),愚昧无知,拙劣的断言,庄严的轻浮,革命的词藻和温和的思想,莫知所云的语言,妄自尊大的鄙陋作风和卖弄风骚,提升听差兰特为绝

对概念,依赖黑格尔的传统和柏林的方言。(全集中文 1 版 3:305)①

马克思指出,意识形态无意义的语言根源在于意识形态的独立自主和虚幻性,他说:

> 正像哲学家们把思维变成一种独立的力量那样,他们也一定要把语言变成某种独立的特殊的王国。这就是哲学语言的秘密,在哲学语言里,思想通过词的形式具有自己本身的内容。(全集中文 1 版 3:525)

这种"被歪曲了的现实世界的语言","只存在于哲学幻想中,也就是说,只有在那种不会明白自己在想象中脱离生活的性质和根源的哲学意识看来才是合理的。"(全集中文 1 版 3:325,528)

正如马克思恩格斯从"虚假意识"中揭示出被颠倒的现实性,他们力图把混乱、自相矛盾和没有意义的意识形态语言"还原为它从中抽象出来的普通语言……认清他们的语言是被歪曲了的现实世界的语言",懂得"无论思想或语言都不能独自组成特殊的王国,它们只是现实生活的表现"②。

如何完成"从思想世界降到现实世界"这一"最困难的任务之一"(全集中文 1 版 3:525)呢?在马克思恩格斯著作中,我们看到他们理解意识形态语言的四种方式。

把颠倒的意义再颠倒过来　马克思看到,"青年黑格尔派的意识形态家们尽管满口讲的都是所谓'震撼世界的'词句,却是最大的保守派"(文集 1:516)。这样的例子很多,马克思恩格斯经常说"颠倒",往往指把语词指称对象从思维领域返回作为思维根源的物质生产领域。

---

① 原注:兰特这个名字指那种随时用柏林方言说俏皮话的高谈哲理的小丑。《马克思恩格斯全集》1 版,第 3 卷,第 708 页。

② 《马克思恩格斯全集》第 1 版,第 3 卷,第 525 页。

用概念的实际意义代替词源学的考证和修辞学的含混 马克思批判蒲鲁东说:"实际上他触及的并不是事物,仅仅是那些表达事物的术语,这说明他对修辞学要比逻辑学有才能得多。"(全集中文 1 版 4:83)马克思还说:

> 蒲鲁东先生认为必须在政治经济学的著作中大事议论语源学和文法学的其他部分。例如,他老是摆出一副学者的面孔,反对把 servus〔奴隶〕这字解释起源于 servare〔保护〕那种陈旧的说法。这种语文学的议论具有深刻的意义,神秘的意义,这些议论构成蒲鲁东先生论证的重要部分。(全集中文 1 版 4:100)

马克思又讥讽说:

> 对于不懂黑格尔语言的读者,我们将告诉他们一个神圣的公式:肯定、否定、否定的否定。这就是措辞的含意。固然这不是希伯来语(请蒲鲁东先生不要见怪),然而却是脱离了个体的纯粹理性的语言。这里看到的不是一个用普通方式说话和思维的普通个体,而正是没有个体的纯粹普通方式。(1:599)

《资本论》确定了"价值"的等价形式的科学意义。马克思说:

> 要表达商品 B 同商品 A 相等是商品 A 自己的价值表现,德文"Wertsein"〔价值,价值存在〕就不如罗曼语的动词 valere,valer,valoir〔值〕表达得确切。巴黎确实值一次弥撒!

然而,德国庸俗经济学家 A. 瓦格纳硬要"像德国教授那样传统地把'使用价值'和'价值'混淆在一起";为了编造出"一般价值理论",A. 瓦格纳按照"德语的用法"来证明,而且可以用拉丁字 dignitas(重要性、尊严、等级,等等)来证明,这个词用于物时,也是指"价值"。他还用拉丁语、希腊语和哥特语等语文学的比较,找到"价值"与"标明"、"我表明"、"手指"、"被指出来"、"使呈现"等词的关联,它们有希腊语的共同词根 δέχ

（保持，拿取），"得出许多进一步的'推论'"。通晓语文学训练的马克思，一眼看穿充斥其中的"那么多的陈词滥调、同义反复的混乱、咬文嚼字以及欺骗伎俩"（全集中文1版19:410）。马克思尖锐地指出：

> 所有这一切同"价值"这个经济范畴毫无共同之点，就像同化学元素的原子价（原子论）或化学的当量或同价（化学元素的化合量）毫无共同之点一样。（19:417①）

用科学的语言替代毫无根据的臆造语句 针对杜林把劳动"归结为生存时间，而生存时间的自我维持又表现为对营养上和生活上一定数量的困难和克服"，恩格斯说：

> 如果我们假定杜林先生是用经济学的精确的语言来作表述的，那么上述句子不是根本没有意义，就是有这样的意义：一件商品的价值是由体现在这件商品中的劳动时间决定的，而这一劳动时间的价值是由在这个时间内维持工人生活所必需的生活资料的价值决定的。（文集9:200）

回到日常语言用法 我们知道，维特根斯坦开创的日常语言哲学把哲学"特殊术语"的意义还原为日常生活语言的用法，比如，维特根斯坦说，他要把"哲学家使用词汇——'知识'、'存在'、'客体'、'自我'、'命题'、'名称'""从形而上学的用法带回到日常用法"②。利德在《马克思与维特根斯坦》一书中比较了维特根斯坦的哲学语言批判与马克思的意识形态批判的相似之处，得到这样一个结论："如果想知道在何处可以看到维特根斯坦的观念与马克思的'异化'或'物化'的观念直接相对应，人们

---

① 原注：Werte是"价值"，也是"原子价"。第406页注1。
② Wittgenstein, *Philosophical Investigations*，§116，参阅《哲学研究》，汤潮、范光棣译，三联书店1992年版，第67页。

只要看一看'哲学语言'的观念"①。但我们也应看到两者的差别:哲学语言批判只是马克思意识形态批判理论的一个方面,而在维特根斯坦那里却是哲学活动的全部。

六、意识形态的社会结构

马克思在1857年《〈政治经济学批判〉序言》中"简要地表述"他的研究的"总的结果":

> 人们在自己生活的社会生产中发生一定的、必然的、不以他们的意志为转移的关系,即同他们的物质生产力的一定发展阶段相适合的生产关系。这些生产关系的总和构成社会的经济结构,即有法律的和政治的上层建筑竖立其上并有一定的社会意识形式与之相适应的现实基础。物质生活的生产方式制约着整个社会生活、政治生活和精神生活的过程。不是人们的意识决定人们的存在,相反,是人们的社会存在决定人们的意识。……随着经济基础的变更,全部庞大的上层建筑也或慢或快地发生变革。在考察这些变革时,必须时刻把下面两者区别开来:一种是生产的经济条件方面所发生的物质的、可以用自然科学的精确性指明的变革,一种是人们借以意识到这个冲突并力求把它克服的那些法律的、政治的、宗教的、艺术的或哲学的,简言之,意识形态的形式。(文集2:591—592)

《序言》精炼概述的每一个概念和词句都是精确的。如果不加区别地将"物质生活的生产方式"等同为"社会存在"和"经济结构"或"经济基础",而把"一定的社会意识形式"等同于"人们的意识"和"意识形态的形式"及其相关的"整个社会生活、政治生活和精神生活的过程"、"法律的

---

① Rupert Read, "On vampires and parasites' in Marx and Wittgenstein, ed. *G. Kirching and N. Pleasants*, Routledge, 2002, p. 277.

和政治的上层建筑",那么马克思全部学说就被简化为"经济基础决定上层建筑"的公式,复杂一点的公式是:生产力和与之相适合的生产关系组成的生产方式决定上层建筑和与之相适应的意识形态。这种简单化的解释受到广泛质疑。

科亨的《卡尔·马克思的历史理论》一书以马克思的《序言》为中心,对"生产力"、"经济基础"、"生产关系"和"上层建筑"等概念的要素以及它们之间的交叉重叠关系进行了细致梳理。[1] 胡克的《对卡尔·马克思的理解》把《序言》表述的历史唯物主义原理分为"静态方面"和"动态方面",前者指"社会的经济结构,生产关系,包括有像工艺学、现存的体力和脑力的技能、被继承下来的传统和意识形态这样的生产力,但却不能把它们等同起来……文化上层建筑的基础是生产关系";"动态方面"是"历史唯物主义的最重要的任务就在于批判各种文化的和社会的学说"[2]。阿尔都塞把"经济基础决定上层建筑"的原理说成"一元决定论",而"上层建筑、意识形态、'民族传统'、民族习俗和民族'精神'都是现实",它们是社会矛盾和构成的"多元决定"要素。[3] 这些解释都没有认真看待意识形态在马克思分析的社会结构中的重要位置。

《序言》的概述分两个部分:第一部分是对社会结构的总的描述("人们在自己生活的社会生产中"至"人们的社会存在决定人们的意识";第二部分是阐述社会变革原因("社会的物质生产力发展到一定阶段"至"就以这种社会形态而告终")。第一部分中的"社会意识形式"、"整个社会生活、政治生活和精神生活的过程",以及"人们的意识",不等于第二部分中"意识形态形式"。虽然两者都与"法律的和政治的上层建筑"相适应,但是,第一部分描述的经济基础与上层建筑相适应时期与第二部

① G. A. 科亨:《卡尔·马克思的历史理论》,岳长龄译,重庆出版社 1992 年版,参阅第 2、3、6、8 等章。
② 悉尼·胡克:《对卡尔·马克思的理解》,徐崇温译,重庆出版社 1989 年版,第 112,115 页。
③ 路易·阿尔都塞:《保卫马克思》,顾良译,杜章智校,商务印书馆 1984 年版,第 93 页。

分阐释的因生产关系成为生产力发展的桎梏而发生的社会革命的时代，"社会意识"与"意识形态"的表现形式和社会作用不同：在第一部分，"社会意识形式"起稳定、适应社会结构其他部分（生产关系和上层建筑）的作用；在第二部分，"社会意识形式"分化为"用自然科学的精确性指明变革"和"力求克服变革"的意识形态。就是说，社会意识不等于意识形态：社会意识既可以是被社会存在所决定的社会生活、政治生活和精神生活过程，也可以是有意识地力求克服不可克服的社会冲突的意识形态。

马克思第一部分的描述可用下图表示

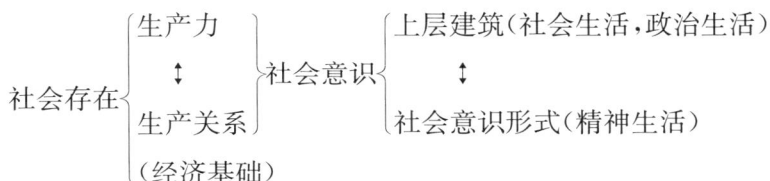

$$
\text{社会存在}\begin{cases}\begin{matrix}\text{生产力}\\\updownarrow\\\text{生产关系}\end{matrix}\\\text{（经济基础）}\end{cases}\text{社会意识}\begin{cases}\text{上层建筑（社会生活，政治生活）}\\\updownarrow\\\text{社会意识形式（精神生活）}\end{cases}
$$

马克思第二部分的阐释可用下图表示。

生产关系限制生产力发展→经济基础的变革→上层建筑的变革
$$\rightarrow\begin{cases}\text{意识形态}\\\text{社会科学}\end{cases}$$

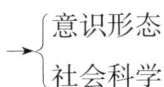

关于意识形态与社会科学的区分，需要说明三点。

社会科学研究不等于自然科学预言　"生产的经济条件方面所发生的物质的、可以用自然科学的精确性指明的变革"不是指自然科学的解释或预言。马克思在《资本论》第一版序言中说，他采用"在保证过程以其纯粹形式进行的条件下从事实验"的方法，他研究资本主义生产方式的"典型地点是英国"犹如"物理学家是在自然过程表现得最确实、最少受干扰的地方观察自然过程"（文集5：8）。

资产阶级意识形态中有社会科学因素　"资产阶级的生产方式是社会生产过程的最后一个对抗形式"（文集2：592），只有在社会变革的最后阶段，才能把社会科学与资产阶级意识形态区别开来。在此之前的社会变革中，力图否认或掩盖社会变革的意识形态与在一定程度上猜测到矛盾和变革的科学因素混杂在一起。由此我们可以理解,马克思为什么把古典经济学说成"科学的资产阶级经济学"(文集 5:17),为什么能够从"剩余价值史"的卷帙浩繁的材料中发现剩余价值的科学理论。

"社会意识"不等于意识形态 "社会意识"相当于"意识形式"(Bewußtseinsformen),包括日常的精神生活过程、意识形态和科学这三种类型。马克思对日常的精神生活过程的描述是中性的,对意识形态的阐释是批判性的,对科学的研究是肯定性的。由于混淆了"社会意识"与"意识形态"的概念,才引起马克思的意识形态概念是贬义的、中性的还是肯定性的不可调和的争论。

七、意识形态的阶级属性

经济基础和上层建筑之内和之间的关系反映阶级对立和阶级斗争的历史事实,意识形态的阶级属性与结构属性,以及认识属性、语言属性相互联系、彼此贯通,但最引人注目,以致很多人认为马克思只是把意识形态作为阶级斗争的工具。他们认为,"意识形态"只是表现一个特定阶级利益和为此与其他阶级争夺领导权的"功能性概念"。这种解释可以在马克思著作中寻章摘句找证据,但在上下文和交互文本中理解马克思的相关论述,可以发现把意识形态仅归结为阶级斗争功能的解释是不全面、不充分的。

《德意志意识形态》把意识形态的根源追溯到"物质劳动与精神劳动"的分工,"从这时候起,意识才能摆脱世界而去构造'纯粹的'理论、神学、哲学、道德等等"(文集 1:534)。马克思说:"统治阶级的思想在每一个时代都是占统治地位的思想。"(文集 1:550)其理由有三。

物质生产和精神生产统治的一致性 马克思说:"支配着物质生产资料的阶级,同时也支配着精神生产资料,因此,那些没有精神生产资料的人的思想,一般是隶属于这个阶级的"(文集 1:550)。这一点排除了没有物质生产资料的阶级争夺意识形态领导权的可能性,资产阶级之所以取得压倒封建阶级的意识形态领导权,主要原因是它逐渐支配了物质生产资料。

统治阶级个人意识形态的多元性 统治阶级的个人"作为思想的生产者进行统治,他们调节着自己时代的思想的生产和分配"(文集 1:551)。"思想的生产和分配"既可以是垄断的,如恩格斯所说,"中世纪把意识形态的其他一切形式——哲学、政治、法学,都合并到神学中"(文集 4:310);也可以是多元性,如马克思说:

> 在某一时期,王权、贵族和资产阶级为争夺统治而争斗,因而,在那里统治是分享的,那里占统治地位的思想就会是关于分权的学说,于是分权就被宣布为"永恒的规律"。(文集 1:551)。

意识形态家与统治阶级利益的关系 意识形态家与统治阶级利益的关系意识形态家的"观念"与本阶级的"利益"可以不一致;反之亦然,在物质劳动中都占统治地位的阶级成员并非全都是意识形态家。马克思说:

> 在这个阶级内部,一部分人是作为该阶级的思想家出现的,他们是这一阶级的积极的、有概括能力的意识形态家,他们把编造这一阶级关于自身的幻想当做主要的谋生之道,而另一些人对于这些思想和幻想则采取比较消极的态度,并且准备接受这些思想和幻想,因为在实际中他们是这个阶级的积极成员,并且很少有时间来编造关于自身的幻想和思想。在这一阶级内部,这种分裂甚至可以分成两部分人之间某种程度的对立和敌视。(文集 1:551)

这段话中需要区分"积极的"意识形态家和统治阶级的"积极成员"。意识形态家是统治阶级的积极的代言人和辩护者,但这个阶级掌握生产资料积极组织物质生产的人是"积极成员",这些成员并非全都接受他们的代言和辩护,而这些代言人和辩护者也不认为或没有意识到自己代表本阶级"积极成员"的利益。就是说,意识形态固然代表一定阶级利益,但不能反过来说,这个阶级的全部利益都被它的意识形态家有意识地代表。

在资产阶级处于上升阶段时,由于它符合社会趋势,资产阶级的意识形态家把自己阶级的利益等同为全社会的利益,他们思想中包含一些暂时的、间接的、片面的真实性,不完全符合赤裸裸剥削的资本家的利益。意识形态家的观念使他们误以为自己代表全人类的利益,他们的观念是指导社会前进的动力,他们的意识形态可以成为某个时代的统治思想。

资产阶级的"积极成员"意识到本阶级的利益,他们关心如何在物质生产活动的利益最大化,而对不完全符合自己利益的意识形态"采取比较消极的态度",甚至产生分裂,"积极成员"与"积极的"意识形态家相互对立和敌视。马克思认为,资产阶级取得并巩固了对全社会的统治,与无产阶级的对立公开化和尖锐化之后,资产阶级内部"积极成员"和"积极的"意识形态家之间"对立和敌视便会自行消失。(文集1:551)

不管在一致或对立的情况下,意识形态家的观念总是自觉地或不自觉地代表本阶级的利益,认为自己的观念可以与自己所属的阶级或社会集团相分离的想法,恰恰他们意识不到的幻想或"虚假意识",是前述恩格斯所说的意识形态赖以存在的前提。马克思也说:

> "思想"一旦离开"利益"就一定会使自己出丑。另一方面,不难理解,任何在历史上能够实现的群众性的"利益"在最初出现于世界舞台时,在"思想"或"观念"中都会远远超出自己的现实界限,而同一般的人的利益混淆起来。这种错觉构成傅立叶所谓的每个历史时代的色调。(文集1:286—287)

然而,以全体民众名义出现的主导的意识形态观念,归根到底要被意识形态家没有意识到的统治阶级的利益所征服。马克思说：

> 这种利益是如此强大有力，以至胜利地征服了马拉的笔、
> 恐怖主义者的断头台、拿破仑的剑，以及钉在十字架上的耶稣
> 受难像和波旁王朝的纯血统。（文集 1：267）

八、无产阶级的意识形态问题

令人难以理解的是，马克思恩格斯从来不提"无产阶级意识形态"，这不是使用或不使用一个或另一个术语的偶然性和随意性，而是马克思恩格斯的意识形态批判的必然结论。

既然意识形态是认识论上的虚假意识，无产阶级就不能用一种意识形态来反对另一种意识形态，马克思用科学取代意识形态，他的政治经济学批判是"自由的科学研究"（文集 5：10）。

既然意识形态的语言是脱离现实的高度抽象观念，马克思就不能借助传统哲学的概念和范畴表达他的科学思想，而是从政治经济学研究的现实对象抽象出具体的范畴揭示资本主义的矛盾和发展规律；虽然马克思说他在个别地方"甚至卖弄黑格尔特有的表达方式"（5：22），但这不是全盘接受黑格尔的哲学，而是表明"德国的工人运动是德国古典哲学的继承者"（文集 4：313）。

既然意识形态只代表特定的阶级利益，而"劳动阶级解放的条件就是消灭一切阶级"（文集 1：655），共产党人"不提出任何特殊的原则，用以塑造无产阶级的运动"（文集 2：44）；因此，马克思恩格斯没有意图充当"无产阶级意识形态"的代言人，向无产阶级"灌输意识形态"。

要之，在马克思恩格斯著作中，"意识形态"与"阶级意识"不是两个可互换的同义词，马克思恩格斯从来没有把无产阶级的阶级意识与任何形式的意识形态混为一谈，对他们而言，即使与资产阶级意识形态相对立，无产阶级的阶级意识不是任何意义上的意识形态。这一点是没有什

么可怀疑的。

如果说有困惑之处的话,那是:一方面,《共产党宣言》说:"共产党一分钟也不忽略教育工人尽可能明确地意识到资产阶级和无产阶级的敌对的对立"(文集 2:6);另一方面,马克思相信工人阶级的本性包含阶级意识。他说:"无产阶级并不是白白地经受那种严酷的但能使人百炼成钢的劳动训练的"(文集 1:262)。恩格斯谈到他们对待工人运动的态度时说:"不要硬把别人在开始时还不能正确了解,但很快就会学会的一些东西灌输给别人"(文集 10:561)。

当然,上述这些语录是不同时期、不同语境里的摘录,但也可以看出马克思恩格斯的两难处境。一方面,他们相信无产阶级出于生活在最低层、劳动异化最严重牺牲品的社会地位,"这个阶级由于它的人的本性同作为对这种本性的露骨的、断然的、全面的否定的生活状况发生矛盾而必然产生愤慨"(文集 1:261),必然会产生自觉承担自己历史使命的明确的阶级意识;另一方面,他们看到工人运动受到形形色色的小资产阶级意识形态的侵蚀和控制,作为革命家的马克思批判最多并与之进行不妥协斗争的,恰恰是在工人运动中流行的那些意识形态,如格律恩的"真正社会主义"、蒲鲁东主义、巴枯宁主义、拉萨尔主义,等等。

无产阶级能否从自身本性中自发产生明确的阶级意识,如何教育和培育无产阶级的阶级意识,以克服小资产阶级的意识形态,无产阶级的阶级意识对无产阶级革命有何作用,何时何处以及如何发生作用? 马克思恩格斯并没有明确说明。列宁把"无产阶级意识形态"当作反对"资产阶级意识形态"的革命杠杆,而卢卡奇把无产阶级的阶级意识等同为无产阶级意识形态,都是对马克思恩格斯遗留的问题做出有利于无产阶级革命取得成功的解答,是马克思批判哲学在下一阶段的发展,其留下的历史经验教训,留待结束语部分总结。

第三章　政治哲学

没有任何理念像自由的理念那样普遍地为人所知，以致它是暧昧的、多义的、能够遭到、并因此而实际上遭到了各种最大的误解的，也没有任何熟悉的理念是那么少为人所了解的。由于自由的精神是现实的精神，所以对它的误解就有最严重的实践上的后果，因为当个人和民族一旦在思想中把握了自为存在着的自由的抽象概念时，就没有什么别的东西拥有这种不可制胜的力量，这恰好是由于自由是精神的本质，更确切地说是精神的现实本身。

黑格尔：《哲学全书·精神哲学》

正如恩格斯《在马克思墓前的讲话》中所说："马克思首先是一个革命家。"（文集 3:602）马克思是以口诛笔伐的方式，而不是靠在街头打枪放炮投身政治革命的。如前章"批判哲学"所示，马克思的政治批判旨在用彻底的理论说服人民群众，动员无产阶级。在他生活的时代，欧洲各地的革命不是由他的理论发动的,他只是不断地在总结那些不成功的革命的经验教训;但在他以后的时代,马克思的政治批判理论如他所愿,被转化为世界各地成功革命的物质力量。马克思政治批判理论的威力和魅力在于它抓住了人的自由解放这个根本,毕其一生精力不断深化对实现这一根本目标的道路的认识。就其彻底性、系统性和实践性而言,马克思政治批判理论不管在何种意义上都是政治哲学,实无必要争论他的社会政治学说是否政治哲学。

第一节　马克思政治哲学的三个维度

马克思青年时期批判的矛头直指普鲁士封建制度,创立唯物史观之后集中批判资本主义制度和资产阶级、小资产阶级思想,晚年在完成剩余价值学说之余构想无产阶级革命的未来。这是一个连续的、不断深化的批判过程,而没有后来研究者所说的"青年马克思"和"老年马克思"的断裂。如果有人一定要追问马克思的批判是否政治哲学,我们可以用标志其思想成熟的《〈黑格尔法哲学批判〉导言》(以下简称《导言》)表明马克思的政治哲学的三个维度——历史的、现实的、未来的维度,以及三者的连续性。

历史维度。对已被时代潮流所抛弃的德国封建制度,马克思满怀激情地号召:

> 向德国制度开火! 一定要开火! 这种制度虽然低于历史水平,低于任何批判,但依然是批判的对象,正像一个低于做人的水平的罪犯,依然是刽子手的对象一样。在同这种制度进行的斗争中,批判不是头脑的激情,它是激情的头脑。它不是解剖刀,它是武器。它的对象是自己的敌人,它不是要驳倒这个敌人,而是要消灭这个敌人,因为这种制度的精神已经被驳倒。这种制度本身不是值得重视的对象,而是既应当受到鄙视同时

又已经受到鄙视的存在状态。对于这一对象，批判本身不用自己表明什么了，因为它对这一对象已经清清楚楚。批判已经不再是目的本身，而只是一种手段。它的主要情感是愤怒，它的主要工作是揭露。（文集 1：4）

"既应当受到鄙视同时又已经受到鄙视的存在状态"指封建等级制对人的蔑视。在 1843 年 5 月致卢格的信中，马克思写道：

专制制度的惟一思想就是轻视人，使人非人化……专制君主总是把人看得很低贱。这些人在他眼里沉沦下去而且是为了他而沉沦在庸碌生活的泥沼里。可他们还像癞蛤蟆那样，又不时从泥沼中露出头来。（全集 47：58—59）

德国的封建制度已经被英国和法国的启蒙运动和资产阶级革命所推翻，公民获得了人的权利；德国人的存在处境还不如法国人眼里的一条狗：

一个法国人对草拟中的养犬税发出的呼声，再恰当不过地刻画了这种关系，他说："可怜的狗啊！人家要把你们当人看哪！（文集 1：11）

"非人化"是德国人的普遍处境。可悲的是，德国庸人像癞蛤蟆为不时从泥沼里露出头来而"自欺欺人"，如同被豢养的狗一样"俯首听命"，他们这些"心胸狭窄、心地不良、粗鲁平庸之辈处于互相对立的状态"，

他们还必须承认和首肯自己之被支配、被统治、被占有全是上天的恩准！而另一方面，是那些统治者本人，他们的身价与他们的人数则成反比！（文集 1：6）

当马克思说批判的"对象是自己的敌人"时，他不只是指封建君主和统治者，而且指德国人自己，不只是消灭封建制度，而且要消灭自轻自贱的庸碌精神。为此，"应当公开耻辱，从而使耻辱更加耻辱"，"为了激起

人民的勇气,必须使他们对自己大吃一惊。这样才能实现德国人民的不可抗拒的要求"(文集 1:7)。

现实维度   如果对德国现状的批判只是愤怒的揭露,而不是理智的分析,那么它有没有现代意义呢? 如果它只是手段,而不是目的,那么它要达到什么目的呢? 马克思说,如果仅仅只是用现代制度否定旧制度,那么它就只是"时代错乱"(文集 1:4);但如果把对德国旧制度的批判与对现代国家制度的批判相配合,那么它就"处在当代的焦点"(文集 1:5)。这是因为:

> 对当代德国政治状况作斗争就是对现代各国的过去作斗争,而且对过去的回忆依然困扰着这些国家。这些国家如果看到,在它们那里经历过自己的悲剧的旧制度,现在又作为德国的幽灵在演自己的喜剧,那是很有教益的。(文集 1:7)

当时流行的狭隘肤浅的政治学说认为,英国、法国、荷兰等现代各国的人民在推翻封建王朝时,启蒙运动的自由"是个人突然产生的想法",而封建制度以为自身具有世界历史的合理性,偶发的自由思想战胜了承袭着世界制度合理性的旧制度,"旧制度犯的是世界历史性的错误,而不是个人的错误;因而旧制度的灭亡也是悲剧性的"。然而,马克思指出,德国旧制度必然灭亡却是一场"喜剧",它在世界历史的舞台上不过是"用一个异己本质的外观来掩盖自己的本质,并且求助于伪善和诡辩"的"已经死去的那种世界制度的丑角"。

为什么说现代各国"对过去的回忆依然困扰着这些国家"? 德国的喜剧对他们有什么益处呢? 马克思从经济和政治两方面分析,提出了"德国式的现代问题"(文集 1:8)。

经济上:

> 在法国和英国,问题是政治经济学或社会对财富的统治;在德国,问题却是国民经济学或私有财产对国民的统治。因

此,在法国和英国是要消灭已经发展到终极的垄断;在德国却要把垄断发展到终极。那里,正涉及解决问题;这里,才涉及到冲突。(文集 1:8)

就是说,德国的国家垄断主义引起封建阶级和市民社会的冲突,而法国和英国的资本主义暴露了私有制的根本矛盾,其中包括这些国家曾经经历的土地占有者与生产资产者之间的矛盾。资本主义国家试图同货币资本垄断解决这些矛盾,但德国发展到极致的垄断制度告诫国民经济学,资本主义的私有制不能消灭垄断。出路何在?这是一个令资本主义困惑的社会问题。

政治上,马克思比较了法国和德国的市民阶级在资产阶级革命中的地位,他说:

> 在法国,部分解放是普遍解放的基础。在德国,普遍解放是任何部分解放的必要条件。在法国,全部自由必须由逐步解放的现实性产生。在德国,必须由这种逐步解放的不可能性产生。……解放者的角色在戏剧性的运动中依次由法国人民的各个不同阶级担任,直到最后由这样一个阶级担任,这个阶级在实现社会自由时,已不再以在人之外的但仍然由人类社会造成的一定条件为前提,而是从社会自由这一前提出发,创造人类存在的一切条件。在德国则相反,这里实际生活缺乏精神活力,精神生活也无实际内容,市民社会任何一个阶级,如果不是由于自己的直接地位、由于物质需要、由于自己的锁链的强迫,是不会有普遍解放的需要和能力的。(文集 1:16)

法国资产阶级作为全社会的普遍利益的代表,实现了市民社会的普遍解放,但是,法国实现的市民社会的普遍解放,只是全社会的"部分解放",法国还需要在此基础上逐步地实现社会的普遍解放和全部自由。德国资产阶级则相反,既无需要、也无能力实现市民社会的普遍解放。

在德国,只有无产阶级才能通过从市民社会领域中解放出来而回归人自身的领域。马克思由此得出结论:"德国唯一实际可能的解放是以宣布人是人的最高本质这个理论为立足点的解放。"(文集1:18)"实际的可能性"即现实性。马克思依据从中世纪到现代发展的趋势,通过世界制度的对比,论证了落后德国的无产阶级所担负的解放全社会和实现普遍自由的现实任务,这当然更是先进的现代国家无产阶级的现实任务。

未来维度 马克思提出了一个问题:德国和现代各国能不能在"最近的将来达到人的高度的革命呢"? 他似乎预料到关于解放全人类的革命是"乌托邦"的指责,有针对性地说:

> 对德国来说,彻底的革命、全人类的解放,不是乌托邦式的梦想,确切地说,部分的纯政治的革命,毫不触犯大厦支柱的革命,才是乌托邦式的梦想。部分的纯政治的革命的基础是什么呢? 就是市民社会的一部分解放自己,取得普遍统治,就是一定的阶级从自己的特殊地位出发,从事社会的普遍解放。只有在这样的前提下,即整个社会都处于这个阶级的地位,也就是说,例如既有钱又有文化知识,或者可以随意获得它们,这个阶级才能解放整个社会。(文集1:14)

马克思反驳说,指望资产阶级解放全社会,才是乌托邦的梦想;而无产阶级革命则相反,它既不是"纯政治的",也不是毫不触动社会基础的革命。资产阶级把自己特殊地位作为全社会的社会普遍解放的标配,因而只能解放社会的部分而不是全体。但是,无产阶级既无钱又无文化知识,为什么能够解放全社会呢? 马克思说:

> 无产阶级要求否定私有财产,只不过是把社会已经提升为无产阶级的原则的东西,把未经无产阶级的协助就已作为社会的否定结果而体现在它身上的东西提升为社会的原则。(文集1:17)

废除私有制不是无产阶级的一厢情愿,而是比资本主义社会更高级的社会原则;不是无产阶级要否定社会,而是社会发展趋势要求无产阶级否定现存社会;否定现存社会不是自身解体的秘密,而是"宣告迄今为止的世界制度的解体"(文集1:17)。

这些对无产阶级使命的宣告都指向有待实现的未来前景,充满哲学论辩的力量。马克思进一步推导说:"哲学不消灭无产阶级,就不能成为现实;无产阶级不把哲学变成现实,就不可能消灭自身。"(文集1:18)要之,马克思批判理论的未来维度不只是共产主义的理想,而是对无产阶级革命使命的哲学论证和对前途的现实展望。

《导言》逻辑之清晰,气势之磅礴,文字之精辟,堪与《共产党宣言》相媲美。在创立唯物史观前后分别写下的这两篇战斗檄文,都是马克思政治批判的纲领。马克思一以贯之地践履《导言》概述的政治批判的自由解放目标和三个维度,才创立了唯物史观和剩余价值论的批判理论。本章拟从这三个维度,阐明马克思不同时期政治批判的基本观点。

皮蔡因斯基(Z. A. Pelczynski)说,"通过发展费尔巴哈关于黑格尔形而上学只是歪曲了的历史现实镜像的批判,马克思把社会政治科学从哲学的监护下彻底解放出来,完全把它置于经验主义的基础之上。但在一个方面,马克思和恩格斯确实比黑格尔更远离经验主义:他们要超越所在历史现实的时间和地点,要证明下一个历史时代(社会主义)和下下一个时代(共产主义)不可避免来临,并提供了相应的社会政治体系纲要;黑格尔却断然拒绝超出自己的时代去寻找完全不同的世界"。[①] 这个说法不明确,试问:如果说马克思的社会政治科学以经验为基础而又超越了经验主义,这不是政治哲学又是什么呢?

---

① Z. A. Pelczynski, *Hegel's Political Philosophy*, Cambridge University Press, 1971, p. 237.

第二节　德国封建专制的历史批判

《导言》中说："德国的法哲学和国家哲学是唯一与正式的当代现实保持在同等水平上的德国历史"；（文集 1:9）又说："德国的国家哲学和法哲学在黑格尔的著作中得到了最系统、最丰富和最终的表述"（文集 1:10）。这两句话表达了青年马克思对德国现状批判受到黑格尔法哲学的影响。这种影响包括正面的和负面的。正面影响指《莱茵报》期间用黑格尔法哲学中的现代国家观批判德国历史遗留的落后制度；负面影响指《德法年鉴》阶段把黑格尔调和市民社会和君主专制的观点为样本，"对现代国家和对同它相联系的现实所作的批判性分析"（文集 1:10）。有鉴于马克思政治哲学与黑格尔法哲学的同构共生关系，有必要先对黑格尔的《法哲学原理》做一概览。

一、黑格尔《法哲学原理》概要

《法哲学原理》是《哲学百科》中"客观精神"这一部分的详尽和系统的阐述。黑格尔把"客观精神"实现自身的运动归结为这样的问题：人如何在社会中实现自由意志？人在什么样的社会制度中是自由的？有多大范围和程度的自由？这些问题只有在自由蔚然成风的启蒙时代才能成为政治哲学的主要话题。孟德斯鸠、卢梭明确地提出问题，康德、费希特围绕这些问题展开自然法和法权哲学的论证。黑格尔批判性总结这些启蒙哲学家思想，提出自己的合理性论证，从而成为"现代社会的第一个主要的政治哲学家"①。

黑格尔著作的标题是《法权哲学原理或自然法和政治科学纲要》②。

---

① Shlomo Avineri, *Hegel's Theory of the Modern State*, Cambridge University Press，1972，p. x.

② 中译本把 der Philosophie des Rechts 译为"法哲学"，Staatswissenschaft 译作"国家学"。

"自然法"属于政治思想史领域,而当时政治科学主要是对政治思想史的解释,黑格尔的法权哲学涉及到从柏拉图、亚里士多德等人到霍布斯、斯宾诺莎、孟德斯鸠、卢梭、莱布尼兹、康德、费希特等现在已被公认为经典政治哲学家的思想,乃至同时代的政治思想。

从抽象的客观自由到主观自由 黑格尔说:"自由的理念的每个发展阶段都有其独特的法权。"①黑格尔认为,自由意志是人区别于动物的属性,无论人是否意识到,人的意志总是自由的。

人的自由最初表现为对意欲的对象上获得自由,表现为他物的占有,人们相互承认对方占有他物的主张,物权是人的最初权利,抽象法是保护人的占有、使用和交换所有物的强制法,罗马法典的私法就是这样的制度。最初的所有权是把人的自由意志归结为占有对象的抽象的客观自由,在历史中由抽象到具体发展。黑格尔说:"所有权的自由在这里和那里被承认为原则,可以说还是昨天的事。这是一个世界史中的一个例子,说明精神在它的自我意识的前进,需要很长时间。"②就是说,所有权直到市民社会才被完全实现。

"道德法"是人的自我意识把握的主观意志,与内心领域的自由意识相对应的道德法包括形式法、福利法和道德自律。黑格尔认为,康德所说的善良意志的自律虽然是道德的较高观点,但不是实践理性的纯粹本性,而是"在自身中深入的现代世界的观点"③。

伦理家庭 当个人的道德意识成为社会习俗,"道德法"就过渡到"伦理"。"伦理"(Sittlichkeit)包括良俗和合理的制度两个方面。黑格尔说,习俗是"取代纯粹自然意志的第二天性","风尚是属于自由精神方面的规律,正如自然界有自己的规律"。④ 风俗的特点在于它是精神的制作

---

① 黑格尔:《法哲学原理》,范扬、张企泰译,商务印书馆 2014 年版,第 37 页。
② 同上书,第 70 页。
③ 同上书,第 139 页。
④ 同上书,第 170 页。

艺术，靠教育维持传播，悄然地改变并稳定一定的社会制度。可以说，"习俗"概括了德文"教化"（Bildung）、"教育"（Erziehung）的多种含义。"家庭"、"市民社会"和"国家"这三个"伦理实体"背后都有不同习俗的"伦理精神"。

家庭的本质是伦理关系，表现为三方面：第一，家庭的基础是婚姻，婚姻的基础是"具有法的意义的伦理之爱"，既不是民事契约，也不是同一血统。第二，家庭把抽象的物权设定为家庭成员共享的"持久的和稳定的产业即财富"，"他们的财产成为不可转让的长子继承的世袭领地"。① 第三，家庭教育超越了把子女当作父母私有财产的阶段，对子女进行伦理教育，培养子女的自由人格。当家庭培养的"自由人格"成为"资产者"（bourgeois）或"市民"（Bürger），家庭就过渡到市民社会。

市民社会 黑格尔说，市民是私人，"这里初次，并且也只有在这里是从这一涵义上来谈人（Mensch）"。黑格尔说："人之所以为人，正因为他是人的缘故，而并不因为他是犹太人、天主教徒、基督徒、德国人、意大利人等等不一。重视思想的这种意识是无限重要的。"他还说："犹太人首先是人，而人不是仅仅表面的、抽象的质，并且是下列上述的基础，即通过所赋予的民事权利，他产生了一种在市民社会中以法律上人格出现的自尊感，以及从这个无限的、自由而不受一切拘束的根源，产生了所要求的思想方法和情绪上的平等化。"②

市民社会的习俗是个人无限追求物质和精神自由的社会风气，其特点可概括为四：一曰"精炼"，即用越来越适宜的手段和方法满足越来越特异的需要，产生越来越舒适的生活；二曰"平等"，即"同别人平等的要求"，"向别人看齐即摹仿"，如服装式样和膳食等方面的习俗；三曰"解放"，即观念和精神的需要在社会需要中占优势，把人的需要和手段从外

---

① 黑格尔：《法哲学原理》，范扬、张企泰译，商务印书馆 2014 年版，第 177，185，324 页。
② 同上书，第 206，217，274 页注释。

部必然性和内部任性中解放出来,包括趣味的殊多化,教育和知识的普及、提高而发展,等等;四曰"奢侈"与"贫困"的矛盾,前者是"需要、手段和享受的无穷尽的殊多化和细致化",而后者与外部灾害、偶然变故和对社会的依赖有关。奢侈和贫困都是无限的,社会风尚"一方面穷奢极侈,另一方面贫病交迫,道德败坏"。黑格尔用了相当大篇幅讨论如何解决贫困问题,也没有找到有效办法。他说:"怎么解决贫困,是推动现代社会并使它感到苦恼的一个重要问题",还建议"利用英国的例子来对这种现象作大规模的研究"。① 这个建议被恩格斯 1845 年出版的《英国工人阶级状况》所落实。

与上述习俗相适应的社会制度是保障私人自由的"需要的体系"。黑格尔说,英国政治经济学是"现代世界基础上产生的一门科学",斯密、塞伊、李嘉图等人"从需要和劳动的观点出发","替一大堆的偶然性找出了规律"。黑格尔在政治经济学首先读出"需要"和"劳动"的社会化。他说:"需要并不是直接从具有需要的人那里产生出来的,它倒是那些企图从中获得利润的人所制造出来的";又说:"我既从别人那里取得满足的手段的劳动,我就得接受别人的意见,而同时我也不得不生产满足别人的手段。"②消费别人的生产和为别人的需要而生产的体系是市民社会的生产方式。黑格尔言简意赅地概括了这种生产方式的六个特点。

第一,劳动是价值的主要源泉。黑格尔说:"劳动通过各种各样的过程,加工于自然界所直接提供的物资,使合乎这些殊多的目的。这种变形加工使手段具有价值和实用。这样,人在自己消费中所涉及的主要是人的产品,而他所消费的正是人的努力的成果。"③

第二,劳动是体力与教育、技能相结合的实践。黑格尔说,理论教育"使思想灵活敏捷",而"通过劳动的实践教育首先在于使做事的需要和

---

① 黑格尔:《法哲学原理》,范扬、张企泰译,商务印书馆 2014 年版,第 206,208,209,245 页。
② 同上书,第 204,205,206—207,207 页。
③ 同上书,第 209 页。

一般的勤劳习惯自然地产生”；“只有够得上称为熟练的工人，才能制造应被制造的物件来，而且在他的主观活动中找不到任何违反目的的地方。”①

第三，黑格尔看到了劳动机械化的倾向。劳动分工的细致化、劳动产品和程序的单一化（黑格尔称之“抽象化”）“使劳动越来越机械化，到了最后人就可以走开，而让机器来代替他”。②

第四，黑格尔把劳动生产看作“主观的利己心转变为对其他一切人的需要得到满足”的中介活动。以劳动为中介，一方面，劳动者“通过教育和技能分享到其中的一份，以保证他的生活”；另一方面，“每一个人在为自己取得、生产和享受的同时，也正为了其他一切人的享受而生产和取得”。③

第五，黑格尔承认对社会财富的分享是不平等的。按照取得“特殊财富”的不同方式，黑格尔区分出三个等级：农业等级，产业等级（包括手工业等级、工业等级和商业等级），以及普遍等级。虽然现在农业也按工厂方式经营而受产业等级性格的影响，但“第一等级始终保持住家长制的生活方式和这种生活的实体性情绪”，“这是简单的、不是专心争取财富的情绪，我们也可以把它叫做旧贵族的情绪”，“第一等级比较倾向屈从，第二等级则比较倾向自由”。普遍等级在市民社会公共设施中从事管理，“以社会状态的普遍利益为其职业”（214），黑格尔又称他们是国家制度的“中间等级”。④

第六，黑格尔指出了市民社会的生产方式向海外扩张的趋势。工业基础上海外扩张的动力有三：一是在外国市场寻求消费者；二是追求更高利润的海外贸易；三是由于人口增长，“尤其在生产超出消费的需要的

---

① 黑格尔：《法哲学原理》，范扬、张企泰译，商务印书馆2014年版，第219，210页。
② 同上书，第210页。
③ 同上书，第219页。
④ 同上书，第213，214，313页。

时候"的对外殖民。黑格尔看到,海外扩张不可避免产生世界性的文化和政治影响。他说,海外贸易"又是文化联络的最强大手段,商业也通过它而获得了世界史的意义";再者,殖民地居民为了争取与宗主国平等的权利而发生战事,"殖民地的解放本身证明对本国有莫大利益,这正同奴隶解放对主人有莫大利益一样"①。

我们将看到,马克思 1844 年之后的著作对上述六方面作了更加丰富和深入的新研究。

黑格尔把市民社会的需要的体系看作现代国家的经济基础和雏形。他说:"市民社会是中介的基地",在这个基地上建立了黑格尔称之为"外部国家"②,包括"司法"、"警察"和"同业工会"三个部分。这三部分的关系是外在的,没有内在统一性。"司法"是个人权利的普遍形式,而"警察"的执法范围介于公益与私权之间,执法权带有"偶然性和个人任性","好多本来是无害的事被认为有害的",因此"警察有时招致人们的厌恶"。"同业工会"按照职业在市民社会内部划分出一个个特殊领域,"它是作为成员的第二个家庭而出现的"。黑格尔说:"如果一个人不是一个合法的同业公会的成员,他就没有等级尊严,并由于他的孤立而被归结为营利自私,他的生活和享受变得不稳定了。"这些代表和保障不同职业和等级特殊利益的独立领地,有可能"僵化、固步自封而衰退为可怜的行会制度"③。

黑格尔总结说:"市民社会是个人私利的战场,是一切人反对一切人的战场,同样,市民社会也是私人利益跟特殊公共事务冲突的舞台。"然而,冲突中也包含着发展成"国家的最高观点和制度"的潜力④,市民社会必然发展到政治国家。

---

① 黑格尔:《法哲学原理》,范扬、张企泰译,商务印书馆 2014 年版,第 247—248 页。
② 同上书,第 107,198 页。
③ 同上书,第 239,250,251 页。
④ 同上书,第 309 页。

政治国家　黑格尔在"国家法"的开始说："国家是具体自由的现实"。虽然人从来都生活在国家之中,但现代之前的国家是"破损的国家形相","国家成长为君主立宪制乃是现代的成就"。① 现代君主立宪制体现了国家的本质,它是王权、行政权和立法权的有机统一体。黑格尔把三权分离视为社会动乱的根源,"例如在法国革命时,"他说,"时而立法权吞噬了行政权,时而行政权吞噬了立法权"。黑格尔说,国家的合理性"系于普遍性和特殊性的统一"。② 立法权的普遍性和行政权的特殊性统一于王权的单一性。他从当时欧洲现状出发,结合法国的中央集权制和英国议会制度,添加了德国政制一些要素,力图设计合理的现代国家制度。

黑格尔把王权视作"君主立宪制的顶峰和起点",强调君主世袭制,君主作为国家主权象征,具有最大权威和最后决断权;但同时强调,不能"把主权当做赤裸裸的权力和空虚的任性,从而把它同专制相混淆";"专制就是无法无天",而"主权却是在立宪的情况下,即在法制的统治下,构成特殊的领域和职能的理想性环节"。黑格尔说:"君主只要说一声'是',而在I上御笔一点。其实,顶峰应该是这样的,即他品质的特殊性格不是有意义的东西。"③

在"行政权"部分,黑格尔指出,法国的内阁制度"能达到最高度的简省、速度和效率",但由于法国没有发达的市民社会,"缺少同业公会和地方组织"。黑格尔强调,"国家的真正力量有赖于这些自治团体"。更重要的是,市民社会培养了国家公务员所需的"中间等级"。黑格尔说:"全体民众的高度智慧和法律意识就集中在这一等级中"。中间等级成员不依赖私有财产为生,但不能"仅仅为了生计从担任职务",而要以知识和才能为国家服务。黑格尔说:"官吏的态度和修养"是法律和政府接触到

---

① 黑格尔:《法哲学原理》,范扬、张企泰译,商务印书馆2014年版,第260,250,287页。
② 同上书,第286,261页。
③ 同上书,第287,295,302页。

公民个体和行政效力的关键点,"公民的满意和对政府的信任以及政府计划的实施或削弱破坏要求,都依存于这一点"。为了防止公务员的腐败,除了"使大公无私、奉公守法及温和敦厚成为一种习惯",除了"自上而下的监督",还要有市民同业公会依据自己权利自下而上的社会制约。①

黑格尔说:"国家制度在本质上是一种中介关系",而立法权就是中介的制度。他说:如果没有立法机构的中介,"专制国家只有君主和人民",而"群众的呼声总是粗暴的。因此,专制国家的暴君总是姑息人民而拿他周围的人来出气。同样,专制国家的人民只缴纳少数捐税,而在一个宪政国家,由于人民自己的意识,捐税反而增多了。没有一个国家,其人民应缴纳的捐税有像英国那样多的"。②

黑格尔设计的等级议会,除了包括工商产业等级和农业等级等拥有财产等级的代表外,还应有政府官员即中间等级的代表。各个等级的代表在议会中"互通情况,彼此说服,并共同商讨问题"③。

黑格尔主张,等级议会中第一等级(土地贵族)的代表"只是由于他们的出生,并非取决于选举的偶然性"而出任,他们不但代表本等级特殊利益,而且"成为王位和社会的支柱"。第二等级(工商生产者)的代表由市民社会的同业公会和自治团体推选,但"他们不会为某一个自治团体或同业公会的特殊利益而反对普遍利益",因为"他们对选举人的关系不是受一定指令约束的代理人的关系"。第三等级(国家官员)代表的资质"主要是他们在官府和国家的职位上实际管理事务时所获得的和受过的实践检验的情绪、技能和关于国家和市民社会的设施和利益的知识,以及由此而发展起来并经过锻炼的官府和国家的智能"。黑格尔强调等级议会公开性的重要,认为"等级会议的公开是一个巨大的场面,对公民来

---

① 黑格尔:《法哲学原理》,范扬、张企泰译,商务印书馆 2014 年版,第 311,314,313,314 页。
② 同上书,第 323,322 页。
③ 同上书,第 327 页。

说具有卓越的教育意义","凡是等级会议是公开的那个民族,比之没有等级会议或会议不公开的那些民族,在对国家关系上就显出更有一种生动活泼的气象。唯有把它们的每一个步骤都公开,两院才能跟公共舆论的前进步伐一致"。①

在"国家法"最后部分,黑格尔说,不同于国家肯定自身现实性的有机方式,"公共舆论是人民表达他们意志和意见的无机方式"。他认识到,"无论那个时代,公共舆论总是一支巨大的力量,尤其在我们时代是如此,因为主观自由这一原则已获得了这种重要性和意义。现时应使有效的东西,不再是通过权力,也很少是通过习惯和风尚,而确是通过判断和理由,才成为有效的。"黑格尔肯定:"公共舆论不仅包含着现实界的真正需要和正确趋向;而且包含着永恒的实体性的正义原则,以及整个国家制度、立法和国家普遍情况的真实内容和结果。这一切都采取常识的形式,这种常识是以成见形态而贯穿在一切人思想中的伦理基础。"另一方面也看到"这个内在真理"常常以"偶然性的意见""无知和曲解""错误的认识和判断"等特殊形式表现出来。因而得出结论说:"公共舆论中有一切种类的错误和真理,找出其中的真理乃是伟大人物的事。"②

在等级会议公开的情况下,黑格尔认为"公开发表的自由——报刊是它的工具之一"不足为患。他一方面说,"出版自由是要说就说,要写就写的自由",是一种形式主义的言论自由,对言论自由的有害内容应由警察法规和制度防止并处罚",另一方面又说,"正如科学的表达是在它的素材和内容中获得它的权利和保证一样,不法的表达也可能在它自身所招致的藐视中获得一种保证,或者至少获得容忍。"③

黑格尔的这些文字是对当时朝向开明方向的温和改革措施的描述和论证。当时各邦建立等级会议的记录向公众公开,对公共舆论的控制

---

① 黑格尔:《法哲学原理》,范扬、张企泰译,商务印书馆 2014 年版,第 325,327,328,331 页。
② 同上书,第 332,334 页。
③ 同上书,第 335,337 页。

比较宽松。1919 年颁布的临时报刊检查令对报刊内容没有过多限制,只是要求不许损害道德和良俗,要求检查官具有学术修养和开明,对于资质的人员,只要缴纳保证金也可担任编辑。

二、《莱茵报》期间的革命民主主义

黑格尔讲授和发表《法哲学原理》的背景是威廉三世的首相卡尔·奥古斯特·冯·哈登堡侯爵(Karl August Fürst von Hardenberg)继承了拿破仑时代政治改革,宣布工商业自由、取消行会特权等开明政策,黑格尔相应地提出了市民社会和君主立宪制的开明思想。黑格尔去世后,威廉四世上台,在政治和思想领域实行倒退,普鲁士王国向着君主专制和容克贵族特权的方向发展,官僚等级控制更加严密,市民社会发展受到更多限制,生产等级自谋私利,贫困化愈演愈烈,越来越多的人被抛到社会底层,他们中的大多数成为黑格尔没有预料到的无产阶级。马克思敏锐地洞察到普鲁士政治现状与黑格尔理论之间的矛盾,他依据黑格尔的自由思想,更明确、更具体、更激烈地批判专制制度。

(一)捍卫新闻自由

普鲁士政府 1841 年颁布严苛的书报检查令,封杀了 1819 年检查令为新闻自由可能留下的活口。马克思依据主编《莱茵报》的实践,对新检查令的倒行逆施进行义正辞严的批驳。更可贵的是,马克思高屋建瓴地依据人的自由本性阐述出版自由的本质,为了人的基本权利捍卫新闻自由的权利。马克思说:

> 自由确实是人的本质,因此就连自由的反对者在反对自由的现实的同时也实现着自由;没有一个人反对自由,如果有的话,最多也只是反对别人的自由。可见,各种自由向来就是存在的,不过有时表现为特殊的特权,有时表现为普遍的权利而已。(全集 1:167)

"新闻出版就是人类自由的实现。"(全集1:166)"自由报刊的本质，是自由所具有的刚毅的、理性的、道德的本质"(全集1:171)。

专制政府却把新闻自由当作自己的特权，一方面，"你们竟把个别官员说成是能窥见别人心灵和无所不知的人，说成是哲学家、神学家、政治家，并把他们同德尔斐城的阿波罗相提并论"(全集1:123)；另一方面，他们以"严肃和谦逊"、"礼仪、习俗和外表礼貌"的虚伪要求，限制和剥夺别人的自由。马克思针锋相对地反驳：

> 精神的谦逊总的说来就是理性，就是按照事物的本质特征去对待各种事物的那种普遍的思想自由。(全集1:112)

> 书报检查应该排斥像康德、费希特和斯宾诺莎这样一些道德领域内的思想巨人，因为他们不信仰宗教，并且要损害礼仪、习俗和外表礼貌。所有这些道德家都是从道德和宗教之间的根本矛盾出发的，因为道德的基础是人类精神的自律，而宗教的基础则是人类精神的他律。(全集1:119)

检查令还赋予检查官追究"敌对和恶意"倾向的权力。马克思谴责道：

> 追究思想的法律不是国家为它的公民颁布的法律，而是一个党派用来对付另一个党派的法律。追究倾向的法律取消了公民在法律面前的平等。这是制造分裂的法律，不是促进统一的法律，而一切制造分裂的法律都是反动的；这不是法律，而是特权。(全集1:121)

马克思出自新闻自由的本质而捍卫新闻自由的权利。他强调，新闻自由是满足人的生活需要的不可剥夺的权利：

> 新闻出版自由也是一种美，要想为它辩护，就必须喜爱它。我真正喜爱什么东西，我就会感到这种东西的存在是必需的，是我所需要的，没有它的存在，我的生活就不可能充实、美满。

（全集 1:145）

专制政府以出版物"不完善"为由限制新闻自由。马克思反驳说：

> 人类生存的一切领域都是不完善的。因此，如果其中一个
> 领域由于这种不完善而不应当存在，那就是说，没有一个领域
> 是有权存在的，就是说，人根本没有生存权利。
>
> 不完善的东西需要教育。但是，难道教育就不是人类的事
> 情，因而不也是不完善的事情吗？难道教育本身就不需要教育
> 吗？（全集 1:165）

马克思强调，新闻自由不是出版行业的特殊自由，而涉及到自由权
的整体，他说：

> 没有新闻出版自由，其他一切自由都会成为泡影。自由的
> 每一种形式都制约着另一种形式，正像身体的这一部分制约着
> 另一部分一样。只要某一种自由成了问题，那么，整个自由都
> 成问题。只要自由的某一种形式受到指责，那么，整个自由都
> 受到指责，自由就只能形同虚设。（全集 1:201）

马克思此时已经超出了市民社会的自由权范畴，把新闻自由作为人
民的精神，讴歌新闻自由创造的新天地，他说：

> 自由报刊是人民精神的洞察一切的慧眼，是人民自我信任
> 的体现，是把个人同国家和世界联结起来的有声的纽带，是使
> 物质斗争升华为精神斗争，并且把斗争的粗糙物质形式观念化
> 的一种获得体现的文化。自由报刊是人民在自己面前的毫无
> 顾虑的忏悔，大家知道，坦白的力量是可以使人得救的。自由
> 报刊是人民用来观察自己的一面精神上的镜子，而自我审视是
> 智慧的首要条件。自由报刊是国家精神，它可以推销到每一间
> 茅屋，比物质的煤气还便宜。它无所不及，无处不在，无所不

知。自由报刊是观念的世界,它不断从现实世界中涌出,又作为越来越丰富的精神唤起新的生机,流回现实世界。(全集1:179)

马克思的《评普鲁士最近的书报检查令》等两篇文章超出了新闻评论的专业范围,是捍卫言论自由的彪炳雄文。其在思想史上的地位,只有洛克的《论宽容的信》和密尔的《论自由》可以与之媲美。相比而言,马克思的文章比此前洛克的文章更全面,更彻底,而比其后密尔的文章更尖锐,更有力,仍然具有强烈的现实意义。

(二)维护贫民生存权

《莱茵报》对"林木偷盗法"和摩泽河地区居民贫困的持续报道表明,黑格尔指出市民社会不能解决的贫困化问题在被认作更高发展阶段的国家同样解决不了,非但如此,国家机构还成为加剧贫困化的祸根。

在莱茵省议会关于"林木偷盗法"的辩论中,马克思发现各等级代表如同他们对待"普鲁士新闻检查令"一样,暴露出"利益的狭隘小气、愚蠢死板、平庸浅薄、自私自利的灵魂"(全集1:254)。《圣经》中教导说:"你在田间收割庄稼,若忘下一捆,不可回去再取,要留给寄居的与孤儿寡妇";"你打橄榄树,枝上剩下的不可再打,要留给寄居的与孤儿寡妇";"你摘葡萄园的葡萄,所剩下的不可再摘,要留给寄居的与孤儿寡妇。"(利未记24:19—21)恪守基督教传统的中世纪尚且允许穷人捡拾枯枝,莱茵省的土地贵族却要求立法把捡拾枯枝作为偷盗罪惩处。马克思斥之为唯恐自己吃亏的夏洛克式残酷行为:

如果自私自利的立法者的最高本质是某种非人的、异己的物质,那么这种立法者怎么可能是人道的呢?《国民报》谈到基佐时说道:"当他害怕的时候,他是可怕的。"这句格言可以作为一切自私自利的和怯懦的立法的写照。(全集1:256)

马克思从来不把道德当作衡量社会的尺度,因此说,他"不准备同自私自利的世界观进行争论。但是我们要强迫它始终如一"(全集1:263)。

即使从私有制的标准来衡量,枯枝和野生果实一样"只不过是财产的十分偶然的附属品,这种附属品是这样的微不足道,因此它不可能成为真正所有者的活动对象"。中世纪日耳曼法承认自然物的不确定性,是贫民的习惯法的来源,而"贫苦阶级的存在本身至今仍然只不过是市民社会的一种习惯,而这种习惯在有意识的国家制度范围内还没有找到应有的地位"。林木占有者却要独占一切确定的和不确定的所有物。马克思肯定贫苦阶级的习惯是"存在着合乎本能的法的意识,这些习惯的根源是实际的和合法的,而习惯法的形式在这里更是合乎自然的"(全集 1:253)。马克思按照理论彻底性的要求论证:

> 枯枝就是一个例子。正如蜕下的蛇皮同蛇已经不再有有机联系一样,枯枝同活的树也不再有有机联系了。自然界本身仿佛提供了一个贫富对立的实例:一方面是脱离了有机生命而被折断了的干枯的树枝树杈,另一方面是根深叶茂的树和树干,后者有机地同化空气、阳光、水分和泥土,使它们变成自己的形式和生命。这是贫富的自然表现。贫民感到与此颇有相似之处,并从这种相似感中引伸出自己的财产权;贫民认为,既然自然的有机财富交给预先有所谋算的所有者,那么,自然的贫穷就应该交给需要及其偶然性。在自然力的这种活动中,贫民感到一种友好的、比人类力量还要人道的力量。代替特权者的偶然任性而出现的是自然力的偶然性,这种自然力夺取关于了私有财产永远也不会自愿放手的东西。(全集 1:252—253)

马克思接着批判贪婪的占有制把人降低为动物的罪恶。贫民捡拾的无生命的枯枝"接触到自然界自然力的产物,并把它们加以处理",正是人类劳动的活力,而独占财产的封建制度则把人变成动物的世界,他说:

> 根据埃及的传说,当时所有的神灵都以动物的形象出现。

人类分成为若干特定的动物种属,决定他们之间的联系的不是平等,而是不平等,法律所确定的不平等。……封建制度就其最广泛的意义来说,是精神的动物王国,是被分裂的人类世界……在这样的国家里我们也发现动物崇拜,即原始形式的动物宗教,因为人总是把构成其真正本质的东西当作最高的本质。……动物的类本身只在不同种动物的敌对关系中表现出来,这些不同种的动物在相互的斗争中显露出各自特殊的不同特性。自然界在猛兽的胃里为不同种的动物准备了一个结合的场所、彻底融合的熔炉和互相联系的器官。在封建制度下也是这样,一种人靠另一种人为生,而最终是靠那种像水螅一样附在地上的人为生,后一种人只有许多只手,专为上等人攀摘大地的果实,而自身却靠尘土为生;因为在自然的动物王国,是工蜂杀死不劳而食的雄蜂,而在精神的动物王国恰恰相反,是不劳而食的雄蜂杀死工蜂——用劳动把它们折磨死。当特权者不满足于制定法而诉诸自己的习惯法时,他们所要求的并不是法的人类内容,而是法的动物形式,这种形式现在已丧失其现实性,变成了纯粹的动物假面具。(全集1:248—249)

马克思说:"这种动物的法是不自由的体现,而人类的法是自由的体现。"(全集1:248)但是,"私人利益的空虚的灵魂从来没有被国家观念所照亮和熏染","特殊利益既没有祖国意识,也没有省的观念,既没有一般精神,也没有乡土观念",它"把特定的物质和特定的奴隶般地屈从于物质的意识的不道德、不理智和无感情的抽象物抬上王位"。马克思愤怒谴责"这种下流的唯物主义,这种违反各族人民和人类的神圣精神的罪恶"(全集1:289)。马克思在"把特定的物质和特定的奴隶般地屈从于物质的意识"的意义上使用"下流唯物主义"概念。他的这些论述可以说是唯物史观的"经济基础决定政治法律上层建筑"原理的一个预案分析。至于代表私人利益的法律对人民和人类的罪恶,用马克思引用孟德斯鸠在《法的精神》中的话来说就是:"有两种腐败现象,一种是人民不遵守法律;另一种是法律本身使人民腐败;后一种弊病是无可救药的,因为药物本身就包含着这种弊病。"(全集 1:245)只要再先前走一步,马克思就可以得到这样的结论:对不可救药的法律腐败的根治是推翻私人利益的统治。

(三)贫困的官僚体制根源

在"关于林木偷盗法的辩论"中,马克思"以厌恶的心情注视了这些枯燥无味的和浅薄庸俗的辩论"(全集 1:289)。但他饶有兴趣地观察《莱茵报》记者对摩泽河地区居民贫困问题的报道。他认为,记者报道的葡萄政治者与地方官员之间的冲突是"存在于现实和管理原则之间的那种经常性的冲突",这种冲突反映的本质关系是"是既存在于管理机体自身内部、又存在于管理机体同被管理机体的联系中的官僚关系"(全集 1:377)。一方面,从管理当局方面看,"摩泽尔河沿岸地区的贫困状况同时也就是管理工作的贫困状况",管理当局根本不像黑格尔所说的那样集中了"全体民众的高度智慧和法律意识";相反,他们"由于自己的官僚本质",不可能了解造成贫困的各种原因,他们"毫无裨益的、凭空杜撰的建议,一接触现实——不仅是现实的状况,而且是现实的市民意识——就根本行不通了"(全集 1:376)。另一方面,葡萄种植者"在下判断时可能有意或无意地受到了私人利益的影响","而私人的信念和愿望首先应该用普遍的信念和普遍的愿望来加以衡量。"(全集 1:377—378)

为了解决此类屡见不鲜的冲突,马克思又回到对自由报刊的辩护。他说:

> 管理机构和被管理者都同样需要有第三个因素,这个因素是政治的因素,但同时又不是官方的因素,这就是说,它不是以官僚的前提为出发点;这个因素也是市民的因素,但同时又不直接同私人利益及其迫切需要纠缠在一起。这个具有公民头脑和市民胸怀的补充因素就是自由报刊。(全集 1:378)

然而,马克思为自由报刊辩护没有起作用。《莱茵报》的调查遭到总督的指责,最终被勒令停刊。马克思认识到,自由报刊不能解决市民社会与官僚当局的矛盾。他后来说:"1842—1843 年间,我作为《莱茵报》的编辑,第一次遇到要对所谓物质利益发表意见的难事",这是"促使我去研究经济问题的最初动因"。(文集 2:588)

(四)历史法学派批判

针对官方辩护士在《科隆日报》第 179 号社论以宗教取消哲学的论调,马克思驳斥历史法学派:

> 先是马基雅弗利、康帕内拉,后是霍布斯、斯宾诺莎、许霍·格劳秀斯,直至卢梭、费希特、黑格尔则已经开始用人的眼光来观察国家了,他们从理性和经验出发,而不是从神学出发来阐明国家的自然规律……你们反对的不是现代哲学的理性,你们是反对永远新颖的理性哲学。(全集 1:227)

为了理解"用人的眼光来观察国家"的现代理性与"从神学出发来阐明国家的自然规律"两者的对立,需要理解当时的历史和理论背景。法国大革命后,顺应现代国家的需要的《拿破仑法典》被推广到被拿破仑征服的地区。拿破仑失败之后,制定的《普鲁士邦普通法》保留了《拿破仑法典》的自由立法,而历史法学派反对现代国家法典的自由和理性。黑格尔在《法哲学原理》中多次批判胡果的《作为实在法,特别是私法哲学的自然法教科书》,不指名地批判他在柏林大学同事萨维尼"否定一个文明民族和它的法学界具有编撰法典的能力,这是对这个民族和它的法学界莫大的侮辱"。在"国家"章的开始处,黑格尔详细地批判哈勒在《国家学的复兴》一书,"不仅有意识地抛弃构成国家的合理内容,抛弃思想的形式,并且意气用事,拼命攻击它们"①。

然而,威廉四世上台后,历史法学派的代表人物萨维尼在 1842 年被

---

① 黑格尔:《法哲学原理》,范扬、张企泰译,商务印书馆 2014 年版,第 220,355 页。

任命为普鲁士修订法律大臣。针对封建专制的倒行逆施,马克思以批判历史法学派创始人古斯塔夫·胡果为名,清算普鲁士政府政策的复古倒退思想基础。马克思说:"历史学派是对 18 世纪轻佻精神的一种反动。"(全集 1:229)马克思从三个方面分析胡果与 18 世纪文化的关系。

与启蒙思想家的关系 18 世纪的启蒙思想家关于自然状态和自然人的学说,固然是虚构,但毕竟是要从封建制度中解放出来的新感觉,而胡果的虚构则反映了封建制度解体前的最后挣扎。马克思说:

> 胡果同 18 世纪的其他启蒙思想家的关系,大体上就像摄政者的荒淫宫廷主政时期法兰西国家的解体同国民议会时期法兰西国家的解体的关系一样。二者都是解体! 在宫廷主政时期,解体表现为放荡的轻佻,它懂得并嘲笑现存状况的思想空虚,但这只是为了摆脱一切理性的和道德的束缚,去戏弄腐朽的废物并且在这些废物的戏弄下被迫走向解体。这就是自己拿自己寻欢作乐的当时那个世界的腐败过程。相反,在国民议会时期,解体则表现为新精神从旧形式下的解放,因为旧形式已不配也不能容纳新的精神。这就是新生活对自身力量的感觉,新生活正在破坏已被破坏的东西,抛弃已被抛弃的事物。(全集 1:232—233)

与德国浪漫主义文化的关系 马克思说:"胡果就是还没有接触到浪漫主义文化的历史学派的自然人";前者如赫尔德认为"自然人都是诗人,圣书都是诗集",而胡果的"自然法教科书就是历史学派的旧约全书"。他用"最平淡、最枯燥无味的散文语调"的宗教虚构代替浪漫的艺术。(全集 1:229—230)

与康德的关系 马克思指出:"胡果曲解了自己的老师康德。"他把康德的物自体不可知论曲解为"否认事物的必然本质的怀疑主义","他力图证明,实证的事物是不合理性的"(全集 1:230);由此导致的结果是:

"任何一种合乎理性的必然性都不能使各种实证的制度,例如所有制、国家制度、婚姻等等,具有生命力",相反"实证的事物不是由于理性,而是违背理性而存在"(全集1:230—231)。胡果的用心是反对新兴的理性的国家制度,为垂死的旧制度背书。马克思因而得出结论:康德的哲学是法国革命的德国理论,而胡果的自然法则是法国旧制度的德国理论。(全集1:233)

马克思对胡果的《自然法教科书》作出摘录批判,如果与黑格尔对历史法学派的批判作一比较,可以看出马克思与黑格尔的批判都贯穿着自由的理性精神,而马克思比黑格尔更透彻地直指要害。

历史法学派	黑格尔	马克思
人在法律上的唯一特征就是他的动物本性。(转引自全集1:233)	动物也有冲动、情欲、倾向,但动物没有意志;如果没有外在的东西阻止它,它只能听命于冲动。……冲动是一种自然的东西,但是我把它设定在这个自我之中,这件事却依赖于我的意志。因此,我的意志就不能以冲动是一种自然的东西为借口来替自己辩解。①	对胡果的理性来说,只有动物的本性才是无可怀疑的东西。(全集1:233)照这样说来,法就是动物的法,而有教养的现代人则不说"动物的"这种粗野而坦率的字眼,而说"组织法"之类的术语了(全集1:238)。
对自由(指合乎理性的本质)的限制,甚至是这样的一种情况:这种本质不可能随心所欲地不再成为合乎理性的本质,即不再成为能够而且应当合乎理性地行动的本质。(转引自全集1:233)	通过思维自己作为本质来把握,从而使自己摆脱偶然而不真的东西,这种自我意识,就构成法、道德和一切伦理的原则。凡从哲学上讨论法、道德和伦理,而同时要想排除思维而诉诸感情、心胸和灵感的那些人,就表示着对思想和科学的蔑视,这是思想和科学所能遭到的最大蔑视,因为甚至科学本身既经陷于绝望和衰竭之后,就把野蛮和无思想性的东西作为原则,而且会尽量地夺去人类的一切真理、价值和尊严。②	我们又一次在胡果身上发现了摄政时期放荡者的全部轻佻,即庸俗的怀疑主义,这种怀疑主义对思想傲慢无礼,对显而易见的东西却无比谦卑顺从,只有在扼杀实证事物的精神时才开始感觉到自己的智慧目的是为了占有作为残渣的纯粹实证的事物,并在这种动物状态中感到舒适惬意。(全集1:233)

① 黑格尔:《法哲学原理》,范扬、张企泰译,商务印书馆2014年版,第23页。
② 同上书,第31页。

（续表）

历史法学派	黑格尔	马克思
奴隶制不仅从肉体方面来看是可行的，而且从理性方面来看也是可行的……虐待奴隶和使奴隶致残的权利并不重要，即使发生这种情况，那也不见得比穷人所忍受的痛苦严重多少；……至于说到理性的本性，那么当奴隶也要比忍受贫困优越。（转引自全集 1:234）	为奴隶制辩护所提出的论证（包括它最初产生的一切理由，如体力、作战被俘、拯救和维护生命、扶养、教育、慈善以及奴隶自己的同意等等），以及为奴隶主支配权作为一般纯粹支配权所作的辩护，此外，一切关于主奴权利的历史上观点，都从这一点着想：即把人看作一般自然的存在，看作不符合于人的概念的实存（任性亦属于此）。①	有个学派把农奴反抗鞭子——只要鞭子是陈旧的、祖传的、历史的鞭子——的每一声呐喊都宣布为叛乱。……这个历史法学派本身如果不是德国历史的杜撰，那就是它杜撰了德国历史。这个夏洛克，却是奴才夏洛克（文集 1:5）
为了一个目的把人的身体作为手段来使用，并非像人们其中包括康德本人对这一说法所作的错误理解那样，都是不道德的。 更加可疑得多的是第二个因素，即未经结婚不得满足这种欲望。动物的本性是和这种限制相违背的，理性的本性更是如此。（转引自全集 1:235）	以前，特别是大多数关于自然法的著述，只是从肉体方面，从婚姻的自然属性方面来看待婚姻，因此，它只被看成一种性的关系，而通向婚姻的其他规定的每一条路，一直都被阻塞着。 应该对婚姻作更精确的规定如下：婚姻是具有法的意义的伦理性的爱，这样就可以消除爱中一切倏忽即逝的、反复无常的和赤裸裸主观的因素。②	胡果说，在婚姻以及其他道德法律制度中都没有理性，而现代的先生们则说，这些制度固然不是人类理性的创造物，但它们却是更高级的"实证"理性的反映，其他一切东西莫不如此。只有一个结论，他们都是用同样粗野的语调来表达的，那就是：专制暴力的法。
至于一夫一妻制和一夫多妻制，那显然要取决于人的动物本性！！（转引自全集 1:236）	在现代，主观的出发点即恋爱被看作唯一重要因素……并且每个人只能把他的爱情用在一个特定人身上。 婚姻和蓄妾不同。蓄妾主要是满足自然冲动，而这在婚姻却是次要的。③	
私法的必要性完全是一种臆想的必要性。（转引自全集 1:237）	人们缔结契约关系，进行赠与、交换、交易等等，系出于理性的必然，正与人们占有财产相同。④	这几段摘要足以用来判明胡果的继承者能不能承担当代的立法者的使命。（全集 1:238）
服从掌握权力的官府是神圣的道义上的责任。（转引自全集 1:237）	（在哈勒看来）全体臣民都是法定农奴，因为他们不得逃避对国家的服务。 国家的力量在于它的普遍的最终目的和个人的特殊利益的统一，即个人对国家尽多少义务，同时也就享有多少权利。⑤	

① 黑格尔：《法哲学原理》，范扬、张企泰译，商务印书馆 2014 年版，第 64 页。
② 同上书，第 177 页。
③ 同上书，第 178,179 页。
④ 同上书，第 80 页。
⑤ 同上书，第 158,261 页。

（续表）

我（即胡果），抱歉得很，不得不认为把我凌驾于基督、费奈隆、康德和休谟之上的这一美妙格言是一种骇人听闻的夸张。（转引自全集 1：234）	哈勒先生本于宗教心，也就是神的最严峻的刑庭，应当痛哭流涕，因为人所能遭到的最严峻的刑罚，莫过于跟思维和合理性这样地远离，……竟致把荒诞的东西来偷换神的语言。①	实际上只须略加考证，就能够在种种天花乱坠的现代词句后面重新看出我们的旧制度的启蒙思想家的那种龌龊而陈旧的怪想，并在层层浓重的油彩后面重新看出这位启蒙思想家的放荡的陈词滥调。（全集1：238）

　　马克思对历史法学派的批判指向普鲁士封建专制的法哲学基础，特别是私法领域中的人身依附关系。正如他在《导言》中说，这个学派"以昨天的卑鄙行为来说明今天的卑鄙行为是合法的"（文集 1：5）。他还预见，封建复辟的危险依然困扰着建立了资产阶级统治的现代国家。果然，10 年之后，路易·波拿巴在雾月十八日政变称帝，马克思用唯物史观的阶级分析，更加深入、具体地论述了历史幽灵如何困扰现实政治的原因。

三、《黑格尔法哲学批判》（政治部分）

　　为了写作计划出版的《法哲学原理》，马克思对黑格尔《法哲学原理》"国家法"部分第 260—312 节加以摘录评论，写了 40 印张的笔记。这份笔记不完整，没有写完，内容交叉重叠，风格重复拖沓，没有明确线索和结构，人们普遍认为，这只是为一部未完成的著作而准备的不成熟笔记。但马克思的自我评价很高，1859 年把这份笔记称为"我写的第一部著作"，内容是"对黑格尔法哲学的批判性的分析"（文集 2：591）。什洛莫·阿维内里（Shlomo Avineri）积极评价这部手稿："马克思后期著作只是他理智的奥德赛早期阶段达到结论的清楚表达，马克思的经济学、社会和历史的众多研究只是他对黑格尔政治哲学内在批判的推论"；"马克思的

---

① 黑格尔：《法哲学原理》，范扬、张企泰译，商务印书馆 2014 年版，第 355 页。

《黑格尔法哲学批判》是他的政治理论的最系统著作,虽然其结构是混乱的"。① "结构混乱"的手稿何以是系统的理论著作呢? 这听起来似乎是个矛盾。

也许,"结构混乱"是《法哲学原理》的结构和阐述所导致的。《法哲学原理》"序言"中说,该书的方法是对《逻辑学》"随时略加说明","整体以及它各部分的形成都是依存于逻辑精神的"。② 黑格尔把政治哲学讨论的主题与逻辑范畴相对应,即:所有权——抽象性,道德法——主观性,伦理——现实性;伦理的现实性又分为三个阶段:家庭——直接个别性,市民社会——形式普遍性,国家——单一普遍性;而国内制度再分为三个环节:王权——单一性,行政权——特殊性,立法权——普遍性。《黑格尔法哲学批判》手稿是本笔记,马克思逐节逐段摘抄黑格尔著作,他的评论跟着黑格尔的思路,黑格尔用逻辑形式概括经验内容;而马克思不断揭露两者的矛盾和混杂,他的评论因而有交叉重叠的两个部分:逻辑学批判和政治批判。这两部分批判有密切联系:黑格尔辩证法的神秘性有政治保守性的暗示,而政治保守性牵引辩证法神秘性。黑格尔看到并暴露了市民社会与现代国家的矛盾,但处处用逻辑推理掩饰、调和矛盾,产生大量自相矛盾、不可理解的神秘乃至荒谬可笑的结论。马克思在逻辑上批判黑格尔理论的错误、悖谬和神秘;在政治上批判黑格尔迁就封建专制的保守性。

马克思写到第 312 节摘注时,感到这两方面批判都不足以解决市民社会和现代国家的矛盾,因此搁笔转向写经济学哲学批判手稿。虽然这部未发表的笔记有很高的理论价值,但马克思一年之后认识到阐述结构不清晰,手稿把两部分的批判"混在一起,十分不妥",这样做"妨碍阐述,增加理解的困难"(文集 1:111)。我们用马克思提倡的"分析性批判"的

---

① Shlomo Avineri, *The Social and Political Thought of Karl Marx*, Cambridge University Press, 1968, pp. 5,41.
② 黑格尔:《法哲学原理》,第 2 页。

方式,把这两部分分开阐述。本章重点阐述政治批判部分,逻辑学批判留待第五章"辩证哲学"中阐释。

（一）君主立宪制批判

马克思1943年仍受费尔巴哈人本主义的影响,但在此期间明确表达了对费尔巴哈"强调自然过多而强调政治太少"的不满(全集47:53)。马克思意识到,费尔巴哈的自然主义的人本学不能被应用于黑格尔法哲学,费尔巴哈的宗教神学的批判必须被转化到政治批判。马克思批判黑格尔的政治哲学的话语已经脱离了费尔巴哈的影响。

马克思为什么选择《法哲学原理》的"国家法"作为批判对象?《莱茵报》被查封之后,马克思在1843年致卢格的信中誓言"同立宪君主制这个彻头彻尾自相矛盾和自我毁灭的混合物作斗争"(全集47:23)。这可能是马克思写《黑格尔法哲学批判》的初衷。但马克思很清楚,黑格尔没有把君主立宪制的现代国家等同于德国封建专制,马克思也没有把黑格尔当作历史法学派那样的封建专制辩护士。马克思肯定黑格尔"到处都在表述市民社会和国家的冲突"(全集3:92),"黑格尔觉得市民社会和政治社会的分离是一种矛盾,这是他的著作中比较深刻的地方"(全集3:94)。

但是,错误在于,黑格尔处处迁就德国落后的政治现状,掩饰矛盾,调和矛盾,甚至陷入荒谬境地。对此,马克思使用了诸如"诡辩论""魔法""纯形式的游戏""虚无缥缈""纯粹是同义反复""废话",以及"任意抽象""虚构""虚假""浪漫幻想""梦想""有意识的自欺""有意识的撒谎"等激烈否定的词语。

针对孟德斯鸠等人设计的"三权分立"的共和制,黑格尔把现代国家制度划分为王权、行政权和立法权,强调三者是一个"有机体"。马克思对黑格尔"政治有机体"概念的批判见第五章中逻辑批判部分。在政治上,马克思在黑格尔划分的王权、行政权和立法权三个领域,用理性的标准批判三者的不合理性和非现实性。

王权批判 马克思说："黑格尔把现代欧洲君主立宪制的一切属性都变成了意志的绝对自我规定"（全集 3：34），而绝对自我规定既可以指国家整体决定其组成部分，又可指君主个人的最后决断。的确，"单一性"（Einzelheit）在《法权哲学原理》中是一个有歧义的概念，它有时等同于（Individualtät），又指"统一性"（Einheit）。黑格尔认为国家"单一性"是"一个单个的整体"，而这个整体的主权由君主单个人体现（《法哲学原理》第 272 节）。马克思说："这种混乱表明了黑格尔法哲学的全部非批判性"（全集 3：48）。黑格尔主张君主世袭制，在马克思看来，黑格尔不但把国家整体归结为君主的最后决断，而且把君主人格归结为个人"意志中的任意环节"——"朕意如此"（全集 3：35）。

第 280 节说君主个体"通过自然的肉体出生而注定享有君主的尊严"，以此为君主世袭制辩护。马克思讽刺说：

> 黑格尔证明，君主一定是肉体生出来的，这一点谁也没有怀疑过；但是他没有证明，出生造就君主。（全集 3：44）

肉体的最高机能是生殖活动。这样，国王的最高宪政活动就是他的生殖活动，因为他通过这种活动制造国王，从而延续自己的肉体。他儿子的肉体是他自己肉体的再生产，是国王肉体的创作。（全集 3：53）

行政权批判 在抄录了第 294—297 节后，马克思评论说："黑格尔关于'行政权'所讲的一切，不配称为哲学的阐述。这几节大部分原封不动地载入普鲁士邦法，可是真正的行政管理是最难阐明的。"（全集 3：57）

马克思阐明了行政权中市民社会和国家官僚政治的矛盾。马克思在引用了第 289 节关于市民社会是"一切人反对一切人的战场"之后说：国家同市民"固定不变的个人"相对立。黑格尔认为市民社会的同业公会管理市民个人利益，并把警察权和审判权归入市民社会的"外在国家"，而国家的官僚政治与市民社会的公共管理机构相对立，但黑格尔在形式上把它们统一起来。在此意义上，"同业公会是官僚政治的唯物主

义,而官僚政治则是同业公会的唯灵论","'官僚政治'是市民社会的'国家形式主义'。"(全集 3:58,59)

不过,以市民社会为前提和出发点的政治形式主义根本不符合封建官僚制的现状。在封建国家,马克思揭露:

> 官僚政治的普遍精神是秘密,是奥秘;保守这种秘密在官僚政治内部靠等级制,对外界则靠它那种封闭的同业公会性质。因此,公开的国家精神及国家信念,对官僚政治来说就等于泄露它的奥秘。因此,权威是它的知识原则,而神化权威则是它的信念。但是,在官僚政治内部,唯灵论变成了粗陋的唯物主义,变成了消极服从的唯物主义,变成了信仰权威的唯物主义,变成了某种例行公事、成规、成见和传统的机械论的唯物主义。就单个的官僚来说,国家的目的变成了他的私人目的,变成了追逐高位、谋求发迹。(全集 3:60—61)

黑格尔说,国家官员由普遍等级担任,每个市民都有可能成为官员。马克思说:

> 在真正的国家中,问题不在于每个市民是否有可能献身于作为特殊等级的普遍等级,而在于这一等级是否有能力成为真正普遍的等级,即成为一切市民的地位。但是,黑格尔所根据的前提是虚假的普遍等级、空幻的普遍等级,是特殊的等级的普遍性。(全集 3:65)

封建国家的普遍等级只是代表君主周围的全权代表,由君主任命的国家官员。黑格尔强调的道德教育和思想教育、考试选拔和俸禄不过是保证官僚政治同君主专制同一的环节。马克思说:"黑格尔不会看不出,他把行政权构思为市民社会的对立面",而又企图用防止权力滥用的监督来恢复两者的同一关系。马克思说,监督不过是官僚政治的等级制的自我约束,改变不了它滥用权力的本性:

如果说他对下是锤，那么对上则是砧。但是，防范"等级制"的东西究竟在哪里呢？当然，所谓大害除小害不过表示小害同大害相比是微不足道的。（全集 3：67）

立法权批判 黑格尔知道"立法权完成了法国的革命"，（全集 3：73）法国大革命"反对特殊的陈旧的国家制度""完成了伟大的根本的普遍的革命"，解决了立法权与国家制度这个令人大伤脑筋的冲突。普鲁士国家的行政改革却相反：

> 它完成了一些微不足道的革命、保守的革命、反动的变革。正因为行政权代表着特殊意志、主观任性、意志的魔法部分，所以它进行革命，不是争取新宪法反对旧宪法，而是反对一切的宪法。（全集 3：73）

确切地说，普鲁士的所谓政治改革是反革命。黑格尔在第 298 节中为这种渐进的变革辩解，说国家制度的生成是"在外观上不易觉察并且不具有变化形式"的前进，马克思说，这种说法掩盖了"要建立新的国家制度总要经过真正的革命"（全集 3：72）。马克思还指出，黑格尔把有意识法律的国家外观与无意识的不具变化形式的国家本质相混同是一种二元论。因为："按黑格尔的说法，国家是自由的最高定在，是已经意识到自己的理性的定在"，但是他又说"在这样的国家里支配一切的不是法律，不是自由的定在，而是一种盲目的自然必然性"，这岂不是有意识地坚持二元论吗？"黑格尔处处都想把国家说成自由精神的实现，而事实上他是要通过同自由相对立的自然必然性来摆脱一切棘手的冲突"（全集 3：72），这岂不是南辕北辙的矛盾吗？

等级会议包括土地等级、普遍等级和生产等级的代表。第 301 节说肯定等级要素就是市民社会向国家派出的代表团，市民社会作为"众人"同国家相对立的，并且这些众人时刻有意识地把普遍事务作为自己的事物。马克思评论说：

黑格尔对国家精神、伦理精神、国家意识十分尊重,可是,当这些东西以现实的经验的形式出现在他面前的时候,又真的鄙视它们,这倒是颇有特色的。(全集 3:77)

马克思又说:

黑格尔应该受到责难的地方,不在于他按现代国家本质现存的样子描述了它,而在于他用现存的东西来冒充国家本质。合乎理性的东西都是现实的,这一点正好通过不合乎理性的现实性的矛盾得到证明,这种不合乎理性的现实性处处都同它关于自己的说法相反,而它关于自己的说法又同它的实际情况相反。(全集 3:80—88)

黑格尔描述的等级要素确实是现代国家本质现存的样子,但在封建国家中,"等级要素是市民社会的政治幻想"(全集 3:79)。封建等级是现存状况,但只是"不合乎理性的现实性"。黑格尔没有揭露理性和现实性的矛盾,而是迁就封建制度,又用不合理的封建现状冒充国家本质。然而,黑格尔对等级会议实际情况的说明又同他推理论证的这种不合理的现实性相反。马克思说:"黑格尔到处在表述市民社会和国家的冲突。"(全集 3:92)他把市民社会的要素看作"私人等级",代表市民社会的私人利益;而"土地占有者等级分为有教养的部分和农民等级"(全集 3:394)。"有教养的地主"组成普遍等级。正如马克思在评论行政权时业已指出,这种虚假、空幻的普遍等级不过是君主和官僚集团特殊利益的普遍性,"他们不属于市民社会,而是与市民社会对立的"(全集 3:63)。农民等级指现代德国的容克贵族(Jakers)。土地占有者分为普遍等级和容克贵族是土地长子继承制造成的分化。黑格尔在第 307 节说,农业等级由于他们的出生而自行参加等级会议,他们同王权有共同之处,是王权和社会的支柱。这些话使得马克思立即抓住了封建等级世袭制的中世纪特征:

难怪贵族要以血统、家世,一句话,以自己肉体的生活史而

自傲。当然,这是一种动物的世界观,它有纹章学为其相应的学科。贵族的秘密是动物学。(全集 3:132)

总之,在封建等级制中,各等级的普遍事务被代表王权、贵族和官僚集团垄断,市民社会不是掌握普遍事务的政治社会。马克思说:

> 黑格尔觉得市民社会和政治社会的分离是一种矛盾,这是他较深刻的地方。但错误在于:他满足于解决这种矛盾的表面现象,并把这种表面现象当作事情的本质。(全集 3:94)

马克思还说:"他的愿望是市民生活和政治生活不分离",但把市民社会代表参加等级会议的表面现象误认为解决两者相分离的本质。那么,解决矛盾的本质是什么呢? 法国第三等级通过大革命而成为政治等级,解决了市民社会和政治社会分离的矛盾。但是,掌握政权的资产者只是把私人利益当成普遍事务,正如马克思说:"普遍事务并不是等级的私人利益"(全集 3:80),既不是封建贵族的私人利益,也不是市民社会的私人利益。如何解决私人利益与普遍事务这一根本矛盾的问题,把马克思的批判引向深入。

(二)人民主权的物质内容和国家形式

随着批判的深入,马克思认识到,家庭、市民社会和国家都是概括人的主体的概念,但问题在于,这些主体被理解为社会存在方式,还是仅仅被理解为观念? 马克思说:

> 如果在考察家庭、市民社会、国家等等时把人的存在的这些社会存在方式看作人的本质的实现,看作人的本质的客体化,那么家庭等等就表现为主体固有的特质。人始终是一切实体性东西的本质,但这些实体性东西组织也表现为人的现实普遍性,因而也就是一切人共有的东西。相反,如果说家庭、市民社会、国家等等是观念的各种规定,是作为主体的实体,那么它们就一定会得到经验的现实性,于是市民社会的观念赖以发展

的那一部分人就是市民,而其余的人则是国家公民。(全集 3:
51—52)

按照黑格尔"主体即是实体"的原则,家庭、市民社会、国家都是实现
人的实体或本质的主体活动,它们是不同历史阶段的社会存在方式。但
在同一阶段的同一制度中,如果把三者仅仅看作观念,那么这些观念分
别表述不同的经验内容就是已经实现了自身的特殊等级,黑格尔认为在
现代国家中,"家庭"表示农民等级,"市民社会"表示生产等级,而"国家"
表示实现了这些等级特殊利益的普遍整体。马克思认为这仅仅是观念
上的区分,他从社会存在方式上区分家庭、市民社会和国家与人的本质
的关系。手稿中有两处插叙,表明马克思开始从政治和经济结合的角度
阐述"社会存在方式"的含义。

第一处插叙针对黑格尔在第 279 节把人民主权归结为君主主权的
说法,马克思说:

> 民主制是君主制的真理,君主制却不是民主制的真理。

(全集 3:39)

> 在君主制中,整体,即人民,从属于他们的一种存在方式,
> 即政治制度。在民主制中,国家制度本身就是一个规定,即人
> 民的自我规定。在君主制中是国家制度的人民;在民主制中则
> 是人民的国家制度。民主制是一切形式的国家制度已经解开
> 的谜。在这里,国家制度不仅自在地、不仅就其本质来说,而且
> 就其存在,就其现实性来说,也在不断地被引回到自己的现实
> 的基础、现实的人、现实的人民,并被设定为人民自己的作品。
> 国家制度在这里表现出它的本来面目,即人的自由产物。(全
> 集 3:39—40)

关于"一切形式的国家制度的谜"、民主制"现实基础"的含义,马克
思下一段话有所暗示:

　　　　在直接的君主制、民主制、贵族制中,还没有一种与现实的
　　物质国家或人民生活的其他内容不相同的政治制度。政治国
　　家还没有表现为物质国家的形式。(全集3:43)

　　就是说,现存的国家制度(包括不彻底的民主制)以政治国家为形
式,以"物质国家"为内容。关于政治制度形式和内容的关系,马克思在
不同地方阐述了四种情况。

　　第一,在古代,形式和内容尚未分开,亚洲的专制国家的政治国家和
物质国家都是君主一己任意"奴隶",而希腊城邦以市民的生活和意志为
唯一内容,被排除在城邦政治和物质生活之外的私人是奴隶(全集3:
43)。

　　第二,在中世纪,"国家的物质内容是由国家的形式设定的","每个
私人领域都具有政治性质","私有财产的制度就是政治制度"。(全集3:
42—43)

　　第三,在现代,政治国家的形式与国家的物质内容相分离。例如:

　　　　在北美,财产等等,简言之,法和国家的物质内容,同普鲁
　　士的完全一样,只不过略有改变而已,因此,那里的共和制同这
　　里的君主制一样,都只是一种国家形式。国家的内容到处在这
　　些国家制度之外。(全集3:41—42)

　　马克思的意思说,虽然共和制与君主制的形式不同,但物质内容近
似,这就证明国家的物质内容不受政治形式的决定性影响。

　　最后,民主制实现了人民物质生活内容,"与这种内容并行不悖而又
有别于这种内容的政治国家本身,只是人民的特殊内容和人民的特殊存
在形式",而"作为普遍东西的国家则是现实的普遍的东西",乃至"在真
正的民主制中,政治国家就消失了"。(全集3:41)

　　关于"物质国家"的含义,马克思下一段话有所暗示:

　　　　不言而喻,政治制度本身只有在私人领域达到独立存在的

地方才能发展起来。在商业和地产还不自由、还没有达到独立
存在的地方,也就不会有政治制度。(全集 3:42)

独立的私人领域,商业和地产,以及前引的北美的"财产",相当于后
来所说的经济基础,而政治国家是这些物质内容的形式,而政治国家指
"国家、法律、国家制度",后来被称为政治上层建筑。马克思把人的社会
存在方式看作在历史中实现的人民的物质生活,在不同的历史阶段,依
照国家形式的不同,被实现的物质内容越来越广泛。马克思总结说:

> 在一切不同于民主制的国家中,国家、法律、国家制度是统
> 治的东西,但国家并没有真正在统治,就是说,并没有物质底贯
> 穿于其他非政治领域的内容。在民主制中,国家制度、法律、国
> 家本身,就国家是政治制度来说,都只是人民的自我规定和人
> 民的特定内容。(全集 3:41)

很明显,马克思所说的民主制不是任何现存的国家制度,大致相当
于后来所说的社会主义社会。对此时的马克思而言,民主制是未来国家
的现实性,像类存在种之中的逻辑关系那样,实在地存在于历史和现存
各种国家制度之中,并是衡量各种国家制度合理性的普遍标准。不过,
他也认为,现在的民主政治诉求是实现未来民主制国家的一个途径。在
手稿最后,马克思把民主政治诉求聚焦于"扩大并尽可能普及选举权和
被选举权。无论在法国或英国,这都是围绕着政治改革进行的争论的焦
点"。马克思说,不受限制的选举和被选举既是实现真正国家的手段,也
是废除政治国家的途径。他说:"选举改革就是在抽象的政治国家的范
围内要求这个国家的解体,但同时也要求市民社会的解体。"(全集 3:
150)只有现代国家的形式(政治国家)和内容(市民社会)都被扬弃之后,
真正的民主制国家才会到来。

(三)国家的私有财产实质

马克思对第 303—307 节只有 2 页的摘评,插入的补充和评论占了

50页(中译本2版第88—138页),占全部手稿三分之一篇幅,长篇累牍而显得混乱。尼·拉宾说,马克思的笔记后半部分没有顺序:在似乎结束了对第303节的详细分析之后,摘录了第304—307节,但几乎没作评论,而是对过去的评论作了大量补充,又回到第303节的研究,然后再摘录第306—306节,对每句都作了详尽的分析。拉宾对此的解释是:"马克思不满意自己上述的分析",马克思要"以经验材料的更为广泛的知识为依据","对市民社会及其内部越来越注意"。①

确实,这几节关于农业等级和土地长子世袭制的论述,给马克思带来困扰和启发。对这几节反复评述是为了理解土地继承制的实质。为此,马克思回到他以前没有涉及的"抽象法"和"市民社会"中第65,66,71,257,268等节,得出结论说:"地产是道地的私有财产,是本来意义上的私有财产",因为它是"不依赖于国家的财产","私有财产是政治制度的保证"(全集3:122,135)。农民等级的土地私有制使马克思能以财产私有制为基础解释从古代到中世纪和德国现存国家制度的传统,他说:

> 在封建制度中恰恰显示出:君王权力就是私有财产的权力,君王权力中包藏着一般权力的秘密,包藏着一切国家集团的秘密。(全集3:136)
>
> 其实是罗马人最先制定了私有财产法、抽象法、私法,抽象人的权利。罗马的私人法是古典形式的私法。(全集3:136)
>
> 在长子继承制中,私有财产是对国家职能的关系这一事实表现为:国家的存在成了直接的私有财产即地产的内在性、偶性。这样一来,国家在自己的顶峰就表现为私有财产。(全集3:138)

马克思看到地产这个"道地的私有财产""本来意义的私有财产"(全

---

① 尼·拉宾:《马克思的青年时代》,南京大学外文系俄罗斯语言文学教研室翻译组译,三联书店1982年版,第168—169页。

集 3:122)包藏着封建制度的秘密。那么,现代市民社会包藏的秘密是一种什么样的私有财产呢? 现代市民社会的私有财产不同于土地长子世袭制的特点是否也是现代国家与封建专制差别的根源呢? 转了一个大圈子,他应该想到黑格尔在《法哲学原理》在"市民社会"章开始明确说出的道理:政治经济学概括了市民社会的规律,明白了"对市民社会的解剖应该到政治经济学中去寻找",马克思在 1859 年总结说:"我在巴黎开始研究政治经济学。"(文集 2:591)

第三节　资本主义社会批判的现实维度

如黑格尔所说,政治经济学是市民社会的科学,于是,马克思转向政治经济学批判的同时,对英法等国业已成熟的资本主义社会即市民社会进行政治批判。

一、市民社会批判

在《黑格尔法哲学批判》的笔记中,"市民社会"是一个意义宽泛的术语,他谈到希腊城邦的市民(全集 3:43)、中世纪的市民社会(全集 3:90),以及现代国家的市民社会。在他看来,凡是有私有财产的地方就有市民社会。直到笔记最后,马克思终于明白:黑格尔所说的市民社会的特有含义是指私有财产得到自由发展的"18 世纪的英国人和法国人的先例",而不是泛指希腊城邦或中世纪社会。在研究政治经济学之前,马克思撰写《论犹太人问题》的两篇论文澄清自己关于"市民社会"的概念。

《论犹太人问题》是与鲍威尔的论战,但立论的依据是对市民社会的批判。鲍威尔的宗教批判主要是对犹太教—基督教传统的批判,他认为犹太教比基督教的蒙蔽更加严重和狭隘,犹太人只有克服自己的民族狭隘性,才能获得宗教上的解放,并在普遍利益共同体的国家中获得政治解放,享受国家公民的平等权利。

马克思把宗教批判归结为政治批判,首先对德国封建专制进行批判,但他认识到犹太人问题不仅与封建专制有关,而且关乎市民社会。即使在从封建专制下解放出来的市民社会,犹太人也没有从民族偏见中解放出来,犹太人即使在现代政治国家取得平等的公民权,在市民社会中依旧遭受普遍的歧视和不公正待遇。因此,马克思解决犹太人问题的方案与鲍威尔的相反:第一,他不认为现代政治国家是普遍利益的共同体,政治国家承认并保护的政治权利只是市民的个人私利;第二,他不认为犹太人的民族偏见是狭隘的,而是人类社会中普遍存在的金钱欲追求,市民社会充分实现和体现了犹太人的金钱欲;第三,只有把市民社会从犹太人体现的偏见中解放出来,犹太人和其他社会成员才能把解放市民私利的政治国家转变为真正的人类利益共同体,把政治解放变成人的解放。这三点散布在两篇论文中,我们把文本材料按照这三点重新组织成一个论证。

(一)市民社会利己的人

马克思说明了这样的事实,现代国家实行政教分离,把国家从国教中解放出来是政治解放。"人把宗教从公法领域驱逐到私法领域中去","政治解放并没有消除人的实际的宗教笃诚,也不力求消除这种宗教笃诚"(文集1:32)。鲍威尔认为,为了能够获得普遍人权,犹太人就必须牺牲信仰的特权。他根本不了解,北美和法国承认的人权包括宗教信仰的权利,承认犹太教和基督教平等的信仰权利。马克思说,信仰自由的权利"属于政治自由的范畴,属于公民权利的范畴",公民权利"决不以毫无异议地和实际地废除宗教为前提,因此也不以废除犹太教为前提"(文集1:39)。

现代国家承认的政治自由是人权。马克思作出区分:"Droits de l'homme,人权,它本身不同于 droits du citoyen,公民权。"马克思分析人权区别于公民权的理由和实质:

> 与 citoyen[公民]不同的这个 homme[人]究竟是什么人

呢？不是别人，就是市民社会的成员。为什么市民社会的成员称做"人"，只称做"人"，为什么他的权利称做人权呢？我们用什么来解释这个事实呢？只有用政治国家对市民社会的关系，用政治解放的本质来解释。

> 首先，我们表明这样一个事实，所谓的人权，不同于 droits du citoyen[公民权]的 droits de l'homme[人权]，无非是市民社会的成员的权利，就是说，无非是利己的人的权利、同其他人并同共同体分离开来的人的权利。（文集 1：40）

马克思后来没有再提"人权"和"公民权"的区分，在《论犹太人问题》语境中的区分与市民社会的"私人"与政治共同体的"公民"有关。马克思说：

> 公民身份、政治共同体甚至都被那些谋求政治解放的人贬低为维护这些所谓人权的一种手段；因此，citoyen[公民]被宣布为利己的 homme[人]的奴仆；人作为社会存在物所处的领域被降到人作为单个存在物所处的领域之下；最后，不是身为 citoyen[公民]的人，而是身为 bourgeois[市民社会的成员]的人，被视为本来意义上的人，真正的人。（文集 1：43）

这段话肯定，政治共同体的公民的人才是真正意义上的人。但马克思尚不确定人的解放的组成的政治共同体的性质，因而没有明确把人的自由权等同为国家的公民权。

（二）实现了的犹太教世俗精神

政治解放的矛盾是把社会中的人归结为"利己的人"（文集 1：45）；把这些人在政治上从宗教上解放出来，又把"市民社会的、利己主义领域的、一切人反对一切人的战争的精神"变成了宗教精神，首先是变成犹太教。马克思对犹太教有这样的说法：

> 犹太教的世俗基础是什么呢？实际需要，自私自利。犹太

人的世俗礼拜是什么呢？经商牟利。他们的世俗的神是什么呢？金钱。（文集 1:49）

犹太人的一神教，在其现实性上是许多需要的多神教，一种把厕所也变成神律的对象的多神教。

金钱是以色列人的妒忌之神；在他面前，一切神都要退位。金钱贬低了人所崇奉的一切神，并把一切神都变成商品。金钱是一切事物的普遍的、独立自在的价值。因此它剥夺了整个世界——人的世界和自然界——固有的价值。金钱是人的劳动和人的存在的同人相异化的本质；这种异己的本质统治了人，而人则向它顶礼膜拜。犹太人的神世俗化了，它成了世界的神。票据是犹太人的现实的神。犹太人的神只是幻想的票据。（文集 1:52）

犹太人的想象中的民族是商人的民族，一般地说，是财迷的民族。犹太人的毫无根基的法律只是一幅对毫无根基的道德和对整个法的宗教讽刺画，只是对自私自利的世界采用的那种徒具形式的礼拜的宗教讽刺画。

犹太人的狡猾手法，即鲍威尔在塔木德中发现的那种实际的狡猾手法，就是自私自利的世界对统治着它的法律之间的关系，狡猾地规避这些法律是这个世界的主要伎俩。（文集 1:53）

读了这些话，难免使人产生马克思是不是反犹主义者的疑问。在研究者中间，有反犹主义的自我憎恨者、不是反犹主义者、对犹太人态度是矛盾的、反犹或亲犹对马克思是假问题等四种解释。① 我们认为，这四种解释全都有一定道理，但又不是全部的道理。马克思写该文时确实表达了当时家庭变故的自我体验：马克思的母亲和弟妹都很有商业头脑，父亲去世后，母亲因为马克思的政治态度而剥夺了他的财产继承权。马克

---

① 林进平:《马克思是否为反犹主义者辨析》，载《学术研究》2016 年第 2 期。

思在 1843 年 9 月致卢格的信中说:"人类要使自己的罪过得到宽恕,就只有说明这些罪过的真相。"(全集 3:67)《论犹太人问题》有意或无意流露了马克思在自己犹太教家庭中体验到的"罪过的真相"而为人类写悔过书。

从该书的语境来看,马克思始终联系市民社会私有制及其基督教背景来批判犹太人追逐金钱的特性,而且他的目的是犹太人和人的共同解放。因此,我们又读到把犹太人置于市民社会中心地位的论述:

> 犹太精神随着市民社会的完成而达到自己的顶点,但是市民社会只有在基督教世界才能完成。
>
> 基督徒起初是理论化的犹太人,因此,犹太人是实际的基督徒,而实际的基督徒又成了犹太人。(文集 1:54)
>
> 犹太人的真正本质在市民社会得到了普遍实现,并已普遍地世俗化(文集 1:55)
>
> 犹太人的社会解放就是社会从犹太精神中解放出来。(文集 1:55)

读了这些话,我们是不是感到马克思过于抬高了犹太人地位了呢?

在后来的思想中,马克思把犹太人的金钱欲、异化、统治自私自利世界的法律等罪过归咎于资产者。可以说,马克思在"自我救赎"的体验中找到了造成人间罪恶的逐金欲根源。

(三)从政治解放的市民社会走向人的解放的社会共同体

马克思看到政治解放的目标是为了实现市民社会的私有制。他认为现代政治国家从政治上解除了对财产的资格限制,"不仅仅没有废除私有财产,反而以私有财产为前提"(文集 1:29);国家废除了把出身、等级、文化程度、职业的差别作为财产资格。"尽管如此,"他强调,"国家还是让私有财产、文化程度、职业以它们固有的方式,即作为私有财产、作为文化程度、作为职业来发挥作用并表现出它们的特殊本质"(文集 1:30)。

市民在私有制中的特殊本质造成了"普遍利益和私人利益之间的冲突，政治国家和市民社会的分裂"。人过着"双重生活"：

> 前一种是政治共同体中的生活，在这个共同体中，人把自己看做社会存在物；后一种是市民社会中的生活，在这个社会中，人作为私人进行活动，把他人看做工具，把自己也降为工具，并成为异己力量的玩物。（文集 1:30）

马克思把双重生活称为"天国的生活和世俗的生活"（文集 1:30），这是因为：

> 基督教把一切民族的、自然的、伦理的、理论的关系变成对人来说是外在的东西，因此只有在基督教的统治下，市民社会才能完全从国家生活分离出来，扯断人的一切类联系，代之以利己主义和自私自利的需要，使人的世界分解为原子式的相互敌对的个人的世界。（文集 1:54）

体现基督教精神的政治国家"在观念上不依赖于市民社会的特殊要素"，把公共事务当作每个个体的普遍事务（文集 1:45）。但实际如下：

> 国家的唯心主义的完成同时就是市民社会的唯物主义的完成。摆脱政治枷锁同时也就是摆脱束缚住市民社会利己精神的枷锁。政治解放同时也是市民社会从政治中得到解放，甚至是从一种普遍内容的假象中得到解放。（文集 1:45）

马克思不否定市民社会的政治解放具有反对封建制度的历史进步性，他指出其局限性是为了发展政治解放的成果，使之不只是形式上的人的解放，而是现实的人的解放。他说：

> 政治解放当然是一大进步，尽管它不是普遍的人的解放的最后形式，但在迄今为止的世界制度内，它是人的解放的最后形式。不言而喻，我们这里指的是现实的、实际的解放。（文集 1:32）

现实的人不是在形式上具有人权的利己的人，而是个人的"类存在"：

> 只有当现实的个人把抽象的公民复归于自身，并且作为个人，在自己的经验生活、自己的个体劳动、自己的个体关系中间，成为类存在物的时候，只有当人认识到自身"固有的力量"是社会力量，并把这种力量组织起来因而不再把社会力量以政治力量的形式同自身分离的时候，只有到了那个时候，人的解放才能完成。（文集1:46）

马克思发现了市民社会的私有制本质，但还没有宣布废除私有制的主张；他主张把市民社会的政治解放发展为人的解放，但还没有发现人的解放的主体和动力是无产阶级，他关于"类存在"的说法还带有费尔巴哈人性论的痕迹。在此后不久写的《导言》中，马克思的政治批判旋即推进到无产阶级的"达到人的高度的革命"。可以说，《论犹太人问题》标志着从对封建专制批判到对资本主义现实政治批判的过渡。

二、无产阶级历史使命的哲学论证

当马克思在《导言》中说"思想的闪电一旦彻底击中这块素朴的人民园地"（文集1:17—18），意思是他通过哲学发现了无产阶级。和恩格斯不同，马克思不是首先通过感性经验认识到无产阶级的悲惨现状，认识到无产阶级革命性，虽然德国西里西亚工人的革命性和恩格斯的《英国工人阶级状况》给他留下深刻印象。马克思主要是通过对黑格尔法哲学和异化思想的批判，用无产阶级替换了黑格尔的"普遍等级"的概念，从而论证了无产阶级必然承担消灭私有制、解放全人类的历史使命。马克思关于无产阶级的哲学论证散布在不同时期的著作里，是一个不断深化的论证。我们把这一论证概括为不断深化的法哲学论证、辩证论证和唯物史观论证。

（一）法哲学论证

黑格尔承认，奢侈和贫困是市民社会的突出矛盾，市民社会不可能解决贫困化问题,他指望,在高一级的伦理实体即政治国家中,市民社会的"中间等级"成为代表全社会利益的"普遍阶级",在等级会议中成为君主和民众的中介。马克思批判了黑格尔用"中介"是调和矛盾的失败,看到市民社会贫困化把越来越多的平民和穷人抛进了社会底层。

在《导言》中得出了与黑格尔全然相反的结论:这个阶级不是黑格尔所说的等待国家救济的"贱民",而在市民社会中形成了一个没有私有财产因而不属于市民社会的特殊阶级,"一个并非市民社会阶级的市民社会阶级"即无产阶级;他们不是无组织的"暴民",而是在大工业生产中形成铁的纪律的产业大军;他们也不像黑格尔的"普遍等级"那样处于知识和富裕的地位,恰恰相反,他们是"一个被戴上彻底的锁链的阶级",马克思说,无产阶级过着贫困生活:

> 形成一个由于自己遭受普遍苦难而具有普遍性质的领域,这个领域不要求享有任何特殊的权利,因为威胁着这个领域的不是特殊的不公正,而是普遍的不公正,它不能再求助于历史的权利,而只能求助于人的权利,它不是同德国国家制度的后果处于片面的对立,而是同这种制度的前提处于全面的对立,最后,在于形成一个若不从其他一切社会领域解放出来从而解放其他一切社会领域就不能解放自己的领域,总之,形成这样一个领域,它表明人的完全丧失,并因而只有通过人的完全回复才能回复自己本身。(文集1:17)

这段言简意赅的话留下了一些问题:由于自身遭受普遍苦难而具有的普遍性是什么?这个普遍性不能求助于历史的权利?只能求助于人的权利是什么?人的完全丧失何以能够完全回复人本身?《神圣家族》回答了这些问题。

首先,无产阶级遭受的普遍苦难是绝对的贫困,他们只有普遍解放的领域才能解放自己。用马克思的话说:

由于在已经形成的无产阶级身上，一切属于人的东西实际上已完全被剥夺，甚至连属于人的东西的外观也已被剥夺，由于在无产阶级的生活条件中集中表现了现代社会的一切生活条件所达到的非人性的顶点，由于在无产阶级身上人失去了自己，而同时不仅在理论上意识到了这种损失，而且还直接被无法再回避的、无法再掩饰的、绝对不可抗拒的贫困——必然性的这种实际表现——所逼迫而产生了对这种非人性的愤慨，所以无产阶级能够而且必须自己解放自己。但是，如果无产阶级不消灭它本身的生活条件，它就不能解放自己。如果它不消灭集中表现在它本身处境中的现代社会的一切非人性的生活条件，它就不能消灭它本身的生活条件。（文集1:261—262）

其次，无产阶级身受"现代社会的一切非人性的生活条件"的根源是资本主义私有制，因此，"无产阶级作为无产阶级，不得不消灭自身，因而也不得不消灭制约着它而使它成为无产阶级的那个对立面——私有财产"（文集1:260）。

无产阶级要消灭的不是一般意义上的私有财产，而是把历史上所有私有财产发展到顶端的最集中的资本主义私有财产。马克思在批判黑格尔法哲学时已经知道，历史上的一切权利都是被私有财产的性质所规定的权利，无产阶级要消灭私有制的权利只能是回复完全人性亦即回复人本身的权利，或者说，实现人类的解放。

人性甚至人的外观都已经被剥夺的无产阶级如何能够承担解放人性的历史使命呢？马克思说：

无产阶级并不是白白地经受那种严酷的但能使人百炼成钢的劳动训练的。问题不在于某个无产者或者甚至整个无产阶级暂时提出什么样的目标，问题在于无产阶级究竟是什么，无产阶级由于其身为无产阶级而不得不在历史上有什么作为。

它的目标和它的历史使命已经在它自己的生活状况和现代资产阶级社会的整个组织中明显地、无可更改地预示出来了。（文集1:262）

《神圣家族》是部论战性著作,没有篇幅正面回答"无产阶级究竟是什么"、"在历史上有什么作为"的问题。马克思稍前写的《1844年经济学哲学手稿》中已经辩证地解决了这个问题。

（二）逻辑论证

1848年手稿中还没有出现"无产阶级"的术语,而借助黑格尔的"劳动"、"异化"和"扬弃"等辩证概念,论证了工人消灭私有制的历史使命。论证可被概括为三个步骤。

第一步从三方面考察了工人的异化

（1）工人和他的劳动产品的异化:

工人生产的财富越多,他的生产的影响和规模越大,他就越贫穷。工人创造的商品越多,他就越变成廉价的商品。物的世界的增值同人的世界的贬值成正比。（文集1:156）

（2）工人和他的生产行为的异化:

他在自己的劳动中不是肯定自己,而是否定自己,不是感到幸福,而是感到不幸,不是自由地发挥自己的体力和智力,而是使自己的肉体受折磨、精神遭摧残。（文集1:159）

因此,结果是,人(工人)只有在运用自己的动物机能——吃、喝、生殖,至多还有居住、修饰等等——的时候,才觉得自己在自由活动,而在运用人的机能时,觉得自己只不过是动物。动物的东西成为人的东西,而人的东西成为动物的东西。（文集1:160）

（3）异化劳动把人的类本质异化:

人的类本质,无论是自然界,还是人的精神的类能力,都变成了对人来说是异己的本质,变成了维持他的个人生存的手段。

人同自己的劳动产品、自己的生命活动、自己的类本质相异化的直接结果就是人同人相异化。(文集1:163)

"人同人相异化"是"工人通过异化的、外化的劳动",生产出"同劳动疏远、站在劳动之外"的劳动主宰,即私有财产占有者主宰劳动的私有制。

第二步从异化劳动引申出两个结论

关于第一个结论,马克思说:

我们通过分析,从外化劳动这一概念,即从外化的人、异化劳动、异化的生命、异化的人这一概念得出私有财产这一概念。(文集1:166)

虽然私有财产古已有之,但异化劳动与私有制的关系直到资本主义阶段,通过国民经济学才被揭示出来。

私有财产只有发展到最后的、最高的阶段,它的这个秘密才重新暴露出来,就是说,私有财产一方面是外化劳动的产物,另一方面又是劳动借以外化的手段,是这一外化的实现。(文集1:166)

马克思用不同阶段的国民经济学证明,私有制与异化劳动之间的矛盾,最后只能通过异化劳动的主体——工人来解决。

论证的第二个结论是:

从异化劳动对私有关系可以进一步得出这样的结论:社会从私有财产等等解放出来、从奴役制解放出来,是通过工人解放这种政治形式来表现的。(文集1:278)

第三步把"工人解放的政治形式"归结为现实的共产主义运动

运用黑格尔的"扬弃"概念,马克思按照发展顺序区分了三种共产主义:第一种是简单否定私有制的"粗陋的共产主义",马克思说那"不过是私有财产的卑鄙性的一种表现形式";第二种是要用民主或专制或无政府来代替现存私有制的共产主义,马克思说"它还没有理解私有财产的积极的本质,也还不了解需要所具有的人的本性,所以它还受私有财产的束缚和感染。它虽然已经理解私有财产这一概念,但是还不理解它的本质"。最重要的,第三种共产主义"是对私有财产即人的自我异化的积极的扬弃,因而是通过人并且为了人而对人的本质的真正占有,因此,它是人向自身、也就是向社会的即合乎人性的人的复归,这种复归是完全的复归,是自觉实现并在以往发展的全部财富的范围内实现的复归"(文集 1:185)。

马克思说,对私有财产的"积极的扬弃"是"否定的否定的肯定"(文集 1:197),"整个革命运动必然在私有财产的运动中,即在经济的运动中,为自己既找到经验的基础,也找到理论的基础"。不仅在经济运动中,而且积极地扬弃意识和外部世界的一切异化。这意味着:

> 作为对人的生命的占有,是对一切异化的积极的扬弃,从而是人从宗教、家庭、国家等等向自己的合乎人性的存在即社会的存在的复归。(文集 1:186)

马克思还指出,扬弃私有制的共产主义只是向合乎人性的社会存在复归的中介,"并不是人类发展的目标,并不是人类社会的形态"(文集 1:197)。共产主义应该是怎样的人类社会形态? 我们将在"未来维度"中介绍。

(三) 唯物史观论证

在 1857—1858 年手稿中,马克思说资本主义商品经济"事实上是自由平等制度"(全集 30:208),它是这样一种典型:

> 平等和自由不仅在以交换价值为基础的交换中受到尊重,

> 而且交换价值的交换是一切平等和自由的生产的、现实的基
> 础。作为纯粹观念,平等和自由仅仅是交换价值的交换的一种
> 理想化{观念化}的表现;作为在法律的、政治的、社会的关系上
> 发展了的东西,平等和自由不过是另一次方上的这种基础而
> 已。(全集 30:200)

马克思依据社会物质生产方式的变化看待自由平等制度与古代政
治经济政治制度的对立,他说:

> 古代世界的基础是直接的强制劳动;当时共同体就建立在
> 这种强制劳动的现成基础上;作为中世纪的基础的劳动,本身
> 是一种特权,是尚处在特殊化状态的劳动,而不是生产一般交
> 换价值的劳动。[资本主义社会里的]劳动既不是强制劳动,也
> 不是中世纪那种听命于作为上级机构的共同组织(同业公会)
> 的劳动。(全集 30:200)

从唯物史观观点看,财产的生产、占有和交换、分配构成"生产关系
的总和",而"强制""特权"及其反面"自由""平等"等法权关系属于"政
治法律的上层建筑"。但马克思并没有把"经济基础决定上层建筑"当
作解释所有社会历史经验的公式,也没有把财产关系和法权关系分别
分配给经济基础和上层建筑的范畴。马克思把两者都看作经济基础和
上层建筑相适应的关系加以分析。"占有"表示财产关系的"比较简单
的范畴",而"所有权"是"比较具体的法的范畴"。简单的占有(如家庭
和部落整体集体占有)虽然可以先于法权关系而存在,但"在深度和广
度上的充分发展恰恰只能属于一个复杂的社会形式"(文集 8:27),即
资本主义的形式。前资本主义是统治者通过政治特权直接占有生产者
劳动的财产关系,而资本主义生产关系是通过平等交易及其法权制度
占有增值财产的关系。但是,它的自由平等制度同时包含内在的、必
然的矛盾:

　　这个制度更进一步的发展中对平等和自由起干扰作用的，是这个制度所固有的干扰，这正好是平等和自由的实现，这种平等和自由证明本身就是不平等和不自由。（全集30:204）

　　由此，马克思从经济关系和政治关系的根源上，证明了前述社会三阶段逐步朝向全面的平等和自由发展的趋势。

三、阶级斗争的纲领

　　马克思在1852年3月致魏德迈信中说：

　　　　无论是发现现代社会中有阶级存在或发现各阶级间的斗争，都不是我的功劳。在我以前很久，资产阶级历史编纂学家就已经叙述过阶级斗争的历史发展，资产阶级经济学家也已经对各个阶级作过经济上的分析。我所加上的新内容就是证明了下列几点：（1）阶级的存在仅仅同生产发展的一定历史阶段相联系；（2）阶级斗争必然导致无产阶级专政；（3）这个专政不过是达到消灭一切阶级和进入无阶级社会的过渡。（文集10:106）

　　马克思这里表现了罕见的谦虚。马克思所说的阶级斗争和阶级与过去的历史叙事和经济分析根本不同。从崭新的前提出发，马克思才能增加他所说的三点新内容。马克思关于阶级和阶级斗争的历史叙事、经济分析和行动纲领在历史上第一次提出了阶级斗争的理论。这个理论第一次在《共产党宣言》里得到完整表达。可以说，马克思对资本主义现实的政治批判都是围绕阶级斗争理论展开的。

　　"至今一切社会的历史都是阶级斗争的历史。"（文集2:31）《共产党宣言》开始一句拉开了宏大历史的序幕。在寥寥数语交代古代社会和中世纪社会阶级斗争之后，马克思叙述了资产阶级在经济和政治上成为社会统治阶级的历史进程。他从肯定"资产阶级在历史上曾经起过非常革命的作用"(文集2:33)开始,到"资产阶级的灭亡和无产阶级的胜利是同样不可避免的"(文集2:43)结束,字里行间有一个环环相扣的推论,如下所示。

前提一:

> 资产阶级在它的不到一百年的阶级统治中所创造的生产力,比过去一切时代创造的全部生产力还要多,还要大。(文集2:36)

前提二:

> 随着工业的发展,无产阶级不仅人数增加了,而且它结合成更大的集体40;
>
> 他们并不是随着工业的进步而上升,而是越来越降到本阶级的生存条件以下。工人变成赤贫者,贫困比人口和财富增长得还要快。(文集2:43)

前提三:

> 资产阶级生存和统治的根本条件,是财富在私人手里的积累,是资本的形成和增殖;资本的条件是雇佣劳动。雇佣劳动完全是建立在工人的自相竞争之上的。(文集2:43)

前提四:

> 资产阶级无意中造成而又无力抵抗的工业进步,使工人通过结社而达到的革命联合代替了他们由于竞争而造成的分散状态。(文集2:43)

结论:

> 随着大工业的发展,资产阶级赖以生产和占有产品的基础自身也就从它的脚下被挖掉了。它首先生产的是它自身的掘

墓人。资产阶级的灭亡和无产阶级的胜利是同样不可避免的。

（文集 2:43）

《共产党宣言》是一个政治纲领,语言十分精炼,没有也无需为上述推理的前提提出理论证明,只要当时参加"共产主义同盟"工人代表们感性认识的认可,便能产生政治效用和影响。但马克思知道理论对于实践、系统的证明对于科学理论的重要性。为了提供这样的理论证明,他从 1852 年在伦敦重新开始政治经济学研究,研究的成熟结果发表于《资本论》第一卷。马克思是否完成了对上述前提的证明呢? 本书最后将揭晓答案。

四、阶级斗争理论的检验

1848—1859 期间,马克思恩格斯密切关注欧洲和世界动荡的时局,总是用阶级斗争的观点观察、分析和预测政治事件。这些事件并非无产阶级单独反抗资产阶级的革命,而呈现出纷纭复杂的乱象:有的是资本主义先进国家内的大资产阶级与小资产阶级、封建势力和无产阶级的混战,有的是欧洲其他落后国家争取民族独立的革命,有的是资本主义国家争夺霸权的战争,有的是资本主义势力对殖民国家的侵略和压迫引起的反抗。马克思恩格斯运用阶级斗争观点和阶级分析方法,在政治动乱中看到资本主义世界扩张引起内外冲突,对无产阶级革命直接和间接的影响。

（一）预测和检验

在大量的政论时评中,马克思 1852 年写的《路易・波拿巴的雾月十八日》堪称典范。恩格斯称"这是一部天才的著作",马克思最先发现了"重大历史运动的规律",并用法国的历史检验了这个规律,"这个检验获得了辉煌的成果"（文集 2:468—469）。恩格斯所说的检验,指 1851 年 12 月 2 日,拿破仑的侄子路易・波拿巴发动政变,解散国会和国务会议,宣布为法国皇帝,号称拿破仑第三。这一事变犹如一个晴天霹雳震动了整个西方世界。而马克思则在 1849—1950 年底在《新莱茵报》上发表的《1848 年至 1850 年法兰西阶级斗争》的系列时评中预言,资产阶级各个集团准备抛弃立宪共和国形式,"后退到低级的、不完备的、较软弱的形式即君主国去"(文集 2:171)波拿巴政变之后,马克思为魏德迈的期刊撰写的政论《路易·波拿巴的雾月十八日》,回述了从 1848 年二月革命到波拿巴称帝的过程和原因。

有人也许要质疑恩格斯:怎么! 一次成功的预测就能检验一个理论吗? 按照经验主义的归纳法确实不能,需要大量符合一个理论预测结果的事件的检验才能证实这个理论为真。但是按照 20 世纪科学哲学家卡尔·波普尔提出的试错法,有决定意义的经验检验不是证实而是证伪,一个假说所预测的事件,按照现有的理论几乎不可能发生,但哪怕只发生一次,那么这个假说就通过了经验检验而成为比现有理论更加接近真理的科学理论。比如,按照牛顿力学,光线不可能弯曲;但爱因斯坦的狭义相对论认为光线受到重力吸引会发生弯曲;果然,科学家在 1901 年日蚀时刻观察到爱因斯坦预测的光线弯曲现象,爱因斯坦假说通过一次性严格检验而成为公认的科学理论。[1]

恩格斯 1885 年是在与自然科学同样的意义上肯定阶级斗争理论的检验,他说,马克思发现的阶级斗争规律"对于历史,同能量转化定律对于自然科学具有同样的意义。这个规律在这里也是马克思用以理解法兰西第二共和国历史的钥匙。在这部著作中,他用这段历史检验了他的这个规律"(文集 2:468)。经过这次严格检验,阶级斗争不再仅仅是一个政治纲领,而成为值得重视的社会科学理论。

(二)革命的悲剧和反革命的闹剧

《路易·波拿巴的雾月十八日》开始说:

　　　人们自己创造自己的历史,但是他们并不是随心所欲地

---

① 波普尔:《无穷的探索》,邱仁宗等译,福建人民出版社 1983 年版,第 34—36 页。

创造,并不是在他们自己选定的条件下创造,而是在直接碰到的、既定的、从过去承继下来的条件下创造。一切已死的先辈们的传统,像梦魇一样纠缠着活人的头脑。当人们好像刚好在忙于改造自己和周围的事物并创造前所未有的事物时,恰好在这种革命危机时代,他们战战兢兢地请出亡灵来为自己效劳,借用它们的名字、战斗口号和衣服,以便穿着这种久受崇敬的服装,用这种借来的语言,演出世界历史的新的一幕。（文集 2:471—472）

这段话引出了马克思对法国 1830 年之后历史的解释:政治舞台上的各派力量无不打出历史的亡灵的旗帜。他们与法国大革命时期的人物的类比,可用下图表示。

1789—1818 年	1830—1851 年
路易十六的波旁王朝	路易·菲利普的波旁王朝
	奥尔良公爵的七月王朝
第一共和国	第二共和国
立宪派	共和派
吉伦特派	保皇派
雅各宾派	山岳党
拿破仑执政	路易·波拿巴当选为总统
拿破仑称帝	路易·波拿巴称帝

历史不会重复,但也不会不走回头路。虽然表面看来,"一切伟大的世界历史事变和人物,可以说都出现两次",但实际上,"第一次是作为悲剧出现,第二次是作为笑剧出现"(文集 2:470)。悲剧之所以变成闹剧,因为法国大革命的阶级斗争与第二共和国时期大不相同。推动法国大革命的立宪派、吉伦特派和雅各宾派,"每一个党派,都是以更先进的党派为依靠。每当某一个党派把革命推进得很远,以致它既不能跟上,更不能领导的时候,这个党派就要被站在它后面的更勇敢的同盟者推开并

且送上断头台。革命就这样沿着上升的路线行进"（文集 2:494）。

马克思在稍早的政论中写道，法国大革命虽然是为实现资产阶级的利益而斗争，但它"采用的并不是资产阶级的方式。全部法兰西的恐怖主义，无非是用来对付资产阶级的敌人，即对付专制制度、封建制度以及市侩主义的一种平民方式而已"。他说：

> 当时资产阶级的胜利意味着新社会制度的胜利，资产阶级所有制对封建所有制的胜利，民族对地方主义的胜利，竞争对行会制度的胜利，遗产分割制对长子继承制的胜利，土地所有者支配土地对土地所有者隶属于土地的胜利，启蒙运动对迷信的胜利，家庭对宗族的胜利，勤劳对游手好闲的胜利，资产阶级权利对中世纪特权的胜利。（文集 2:74）

第二共和国的情形完全相反。恩格斯说："法国从 1789 年起的经济发展和政治发展使巴黎在最近 50 年来形成了这样的局面：那里爆发的每一次革命都不能不带有某种无产阶级的性质。"（文集 3:101）1830 年工人和小资产阶级发动的七月革命推翻了复辟的波旁王朝，被金融贵族和大资本家的七月王朝所取代。代表 1848 年 2 月工人发动推翻七月王朝的革命，工人控制政权之后在巴黎街头贴满"法兰西共和国！自由，平等，博爱！"的口号（文集 2:86），但结果是资产阶级共和派篡夺胜利成果成立第二共和国。此后，无产阶级政党、小资产阶级民主派、资产阶级共和派、金融资产阶级和大土地所有者的保皇党相继开倒车，"每个党派都向后踢那挤着它向前的党派，并向前伏在挤着它后退的党派身上。无怪乎它们在这种可笑的姿势中失去平衡，并且装出一副无可奈何的鬼脸，奇怪地跳几下，就倒下去了。革命就这样沿着下降的路线行进"（文集 2:495）。

这些阶级和政党，用旧社会的格言"财产、家庭、宗教、秩序"作为反对无产阶级的口号（文集 2:479），路易·波拿巴被"秩序党"推选为共和国总统,最后在小农和流氓无产者的支持下爬上帝位,用第二帝国取代了第二共和国,"把共和国的'自由,平等,博爱'这句格言代以毫不含糊的'步兵,骑兵,炮兵!'"(文集 2:509)。

（三）小农的阶级分析

马克思的阶级斗争理论没有拘泥于无产阶级与资产阶级的斗争,而是根据具体情况分析错综复杂的阶级关系,承认无产阶级以外的阶级也能起主导作用。第二共和国历史上,虽然发生了二月革命这样的"漂亮的革命"(文集 2:103),巴黎无产阶级六月起义这样的"带着进行过世界历史性的伟大斗争的光荣",但"无产阶级从这次失败之后,就退到革命舞台的后台去了"(文集 2:478)。资产阶级各派也不能控制局面,最后起决定力量的是小农阶级和流氓无产者。

《共产党宣言》说:"流氓无产阶级是旧社会最下层中消极的腐化的部分"(文集 2:41)。小农阶级的社会地位仰仗皇权统治,小农是"波拿巴代表的一个阶级,并且是代表法国社会中人数最多的一个阶级"(文集 2:566)。他们支持一个皇帝是由小农的阶级状况所决定的。马克思这样分析小农状况:

> 小农人数众多,他们的生活条件相同,但是彼此间并没有发生多种多样的关系。他们的生产方式不是使他们互相交往,而是使他们互相隔离。……这样,法国国民的广大群众,便是由一些同名数简单相加而形成的,就像一袋马铃薯是由袋中的一个个马铃薯汇集而成的那样。……而各个小农彼此间只存在地域的联系,他们利益的同一性并不使他们彼此间形成共同关系,形成全国性的联系,形成政治组织,就这一点而言,他们又不是一个阶级。因此,他们不能以自己的名义来保护自己的阶级利益,无论是通过议会或通过国民公会。他们不能代表自己,一定要别人来代表他们。他们的代表一定要同时是他们的主宰,是高高站他们上面的权威,是不受限制的政府权力,这种

权力保护他们不受其他阶级侵犯,并从上面赐给他们雨水和阳
光。(文集 2:566—567)

小农之所以支持拿破仑的侄子当皇帝,还由于"拿破仑观念"的意识
形态。《拿破仑法典》保障了小农在大革命期间分到的土地的权利。拿
破仑之后,小农的利益受到资产阶级和大土地所有者的侵害,他们以为
拿破仑的继承人可以用至高无上的权力保护他们的利益不受其他阶级
侵犯。

军队是波拿巴主义的另一个社会基础。在拿破仑时代,"军队是小
农的光荣,军队把小农造就成为英雄,他们保护新得的财产免受外敌侵
犯,颂扬他们刚获得的民族性,掠夺世界并使之革命化。军服是他们的
大礼服,战争是他们的诗篇,在想象中扩大和完整起来的小块土地是他
们的祖国,而爱国主义是财产观念的理想形态。"

但是,现在的军队已经不比当年了,马克思说:

军队本身已不再是农民青年的精华,而是农民流氓无产阶
级的败类了。军队大部分都是招募来的新兵,都是些顶替者,
正如第二个波拿巴本人只是一个招募来的人物,只是拿破仑的
顶替者一样。现在军队是在执行宪兵勤务围捕农民时树立英
雄业绩的。(文集 2:572)

虽然军队的"拿破仑观念"已经沦为"空话的词句"和"幽灵的魂魄",
它作为意识形态还在流行,因为它反映了这样的现状:

现代社会所需要的国家中央集权制,只能在军事官僚政府
机器的废墟上建立起来,这种军事官僚政府机器是在同封建制
度的对立中锻造而成的。(文集 2:573)

马克思还预言,波拿巴第三不能兑现"拿破仑观念"的承诺,法国政
局将越来越糟糕:

　　　波拿巴既被他的处境的自相矛盾的要求所折磨,同时又像
　　个魔术师,不得不以不断翻新的意外花样吸引观众把视线集中
　　在他这个拿破仑的顶替者身上,也就是说,他不得不每天发动
　　小型政变,使整个资产阶级经济陷于混乱状态,侵犯一切在
　　1848 年革命中显得不可侵犯的东西,使一些人容忍革命而使另
　　一些人欢迎革命,以奠定秩序为名造成无政府状态,同时又使
　　整个国家机器失去圣光,渎犯它,使它成为可厌而又可笑的东
　　西。(文集 2:577)

在文章最后,马克思预料他玷污拿破仑一世名誉的下场:

　　　如果皇袍终于落在路易·波拿巴身上,那么拿破仑的铜像
　　就将从旺多姆圆柱顶上倒塌下来。(文集 2:577—578)

　　后来事态发展证明了马克思的预言。波拿巴第三当政期间,国内的
经济繁荣和贪污舞弊达到空前未有的程度,沙文主义膨胀,对外发动战
争,包括侵华的第二次鸦片战争,1870 年挑起普法战争,兵败被俘,成为
名声扫地的末代皇帝。

　　马克思在 1869 年说,他当年证明了"法国阶级斗争怎样造成了一种
局势和条件,使得一个平庸而可笑的人物有可能扮演了英雄的角色"(文
集 2:466)。马克思对这个典型案例的分析表明,阶级斗争理论不是公
式,也不是无产阶级和资产阶级两军对垒的简单模式,而要考虑各个不
同阶级的利益博弈、意识形态和传统观念的影响、政治时局的变化等复
杂因素,充分占用经验材料。只有这样,阶级斗争理论才能解释历史,指
导现实,预测未来。

五、自由权的批判和实现

　　《论犹太人问题》把法国大革命《人权宣言》宣布为"平等,自由权,安
全,财产"市民的利己的权利。马克思在那里批判说:"自由权的实际应

用就是私有财产这一人权",平等的自由权无非是说"每个人都同样被看成那种独立自在的单子","安全是它[市民社会]的利己主义的保障"(文集 1:41,42)。《资本论》中有一段一脉相承的批判:

> 劳动力的买和卖是在流通领域或商品交换领域的界限以内进行的,这个领域确实是天赋人权的真正伊甸园。那里占统治地位的只是自由、平等、所有权和边沁。自由! 因为商品例如劳动力的买者和卖者,只取决于自己的自由意志。他们是作为自由的、在法律上平等的人缔结契约的。契约是他们的意志借以得到共同的法律表现的最后结果。平等! 因为他们彼此只是作为商品占有者发生关系,用等价物交换等价物。所有权! 因为每一个人都只支配自己的东西。边沁! 因为双方都只顾自己。使他们连在一起并发生关系的唯一力量,是他们的利己心,是他们的特殊利益,是他们的私人利益。正因为人人只顾自己,谁也不管别人,所以大家都是在事物的前定和谐下,或者说,在全能的神的保佑下,完成着互惠互利、共同有益、全体有利的事业。(文集 5:204—5)

如果把边沁的功利原则理解为市民社会利己主义的公共保障,那么可以看出,马克思把对《人权宣言》的批判转换为对资本主义商品社会的自由权的批判。

时隔 20 年著作中的相似不是偶然的,马克思恩格斯著作中不下数十次揭露资产阶级国家自由权的利己本性。能不能说马克思改变了早期捍卫自由权的自由思想呢? 青年马克思对自由解放的追求只是不成熟的任性呢? 我不这样认为。当我们说自由解放是马克思毕生的追求,首先要对"自由"(Freiheit)、"解放"(Emanzipation)、"自由权"(liberalen Recht)这三个相互联系又也区别的三个概念做一点词义梳理的工作。

"自由"和"解放"从不同方面表示同一意义:"解放"是从奴役的禁锢

中解脱出来，"自由"是有目的地、自主地做或不做某些事情。伯林（Isaiah Berlin）提出了消极自由和积极自由的著名区分。[1] 消极自由是免除（freedom from）奴役的自由，其主要内容是美国总统富兰克林·罗斯福于1941年概括的四项"人类的基本自由"，即言论和表达意见的自由、信仰自由、免除匮乏的自由和免除恐惧的自由。自由主义者把公民的自由权（liberty）等同为消极自由，他们把积极自由视为个人的爱好，与政治和公共事务无关；政府的权力只能用来保护个人的消极自由或自由权，而不能规划某种特定的积极自由，自由主义的基调是"各人追求自己的幸福，政府为他们铲除祸害"。但是，麦金太尔（Alasdair MacIntyre）却有不同的说法。他评价说："自由主义者拒绝承认自由主义消极方面的不全面特征。自由主义的规范给予政治活动以一定的限制，但它没有为政治活动赋予理想或远见。它从不告诉人民做些什么。因此，没有一种政治建制和活动是仅仅或主要靠自由主义就能发起的。当某一社会机制和活动自己声称是如此发起时，如像'自由'大学或'自由'国家那样，那总是一种欺骗。"[2]

当马克思指出个人的自由权是资本主义社会的产物，他的意思决不是说，这些只是资产阶级才享有的权利。如果人们在现实中不能享有自由权，这也不是因为它是虚幻和欺骗，而是因为两种情况：第一，由于封建贵族专制的干预和阻挠，包括资产阶级在内的民众不能在现实中充分享有自由权，如我们在马克思对普鲁士专制的批判时看到的那样；第二，因为资产阶级专政违背了人民的意志，如《1848年至1850年的法兰西阶级斗争》中所说：

> 资产阶级既然将它一向用来掩饰自己并从中汲取无限权力的普选权抛弃，也就是公开承认"我们的专政以前是依靠人

[1] I. Berlin，"Two Concepts of Liberty"，in *Four Essays on Liberty*，Oxford University Press，2002.
[2] A. MacIntyre，*Against the Self-Image of the Ages*，Notre Dame，1987，p. 283.

民意志而存在的,现在它却必须违背人民意志而使自己巩固起来。"(文集 2:170)

当无产阶级登上历史舞台,也要争取和保卫自由权。恩格斯说:"政治自由、集会结社的权利和新闻出版自由是我们的武器。"(文集 3:225)自由权不但是反对资产阶级专政的权宜之计,而且是工人争取的自身权利和义务。马克思起草的《国际工人协会章程》庄严宣布:

> 工人阶级的解放斗争不是要争取阶级特权和垄断权,而是要争取平等的权利和义务。(文集 3:227)

> 加入协会的一切团体和个人,承认真理、正义和道德是他们彼此间和对一切人的关系的基础,而不分肤色、信仰或民族。(文集 3:228)

恩格斯把表达自由视为工人运动自身"生命的要素",他批评德国压制批评的社会民主党领导人说:"工人运动本身怎么能逃避批评,禁止争论呢?难道我们要求别人给自己以言论自由,仅仅是为了在我们自己队伍中又消灭言论自由吗?"(文集 10:580)

马克思恩格斯对待自由权的态度表明,他们从来没有把"消极自由"(解放的自由权)和积极自由("每个人的自由发展是一切人的自由发展的条件")割裂开来。行使自由权总是为了维护和发展一定阶级或全社会的利益,资产阶级代表全社会利益反对封建特权,他们取得的自由权是人民的权利。当他们利用自由权为自己狭隘私利服务、马克思就揭露说:

> 先生们,不要一听到自由这个抽象字眼就深受感动! 这是谁的自由呢? 这不是一个人在另一个人面前享有的自由。这是资本所享有的压榨工人的自由。(文集 1:757)

工人阶级在揭露资产阶级对自由权的私人使用的同时,也维护和发展自由权的公共使用。自由权的公共使用是为了全社会的自由,当然不包括维护私有制的权利。但是,在没有私有制的条件下,虽然"各尽所能,按劳分配"的平等权利仍然是"资产阶级权利"(文集 3:434),那也是人民享有的平等的自由权。总之,除了用来压榨工人自由的财产权外,工人阶级应该而且必须拥有和维护自由权,如果自由权都丧失了,遑论工人阶级乃至全社会的解放和自由呢?

六、批判工人阶级内部宗派

《共产党宣言》把当时流行的社会主义思潮分为三类五种:反动的社会主义(包括封建的社会主义、小资产阶级的社会主义、"真正的"社会主义),保守的或资产阶级的社会主义,以及批判的空想的社会主义。时至今日,世界上形形色色的社会主义也没有超出上述类别。

在以马克思为"灵魂"的第一国际内部,始终存在分裂的危险,马克思恩格斯前后与蒲鲁东主义、工联主义、拉萨尔主义、马志尼主义和巴枯宁主义进行了斗争,这些宗派也属于上述社会主义类别。1872 年第一国际海牙大会开除了巴枯宁宗派集团,大会同时接受马克思倡议,把第一国际总委员会迁到纽约,第一国际从此名存实亡。马克思为什么要解散他亲手缔造的第一国际? 他在 1973 年 9 月致左格尔的信中说出心中想法:

> 鉴于欧洲的形势,我认为,暂时让国际这一形式上的组织退到后台去,是绝对有利的,但是,如果可能的话,不要因此就放弃纽约的中心点而让培列之流的白痴或克吕泽烈之流的冒险家篡夺领导权并败坏整个事业。(文集 10:396)

"白痴"和"冒险家"很可能指巴黎公社失败后流亡到伦敦的布朗基主义者。恩格斯在《流亡者文献》中批判布朗基主义说:"布朗基是过去一代的革命家","他只是在感情上,即在同情人民的痛苦这一点上,才是一个社会主义者,但是他既没有社会主义的理论,也没有改造社会的确定的实际的建议。"他是靠少数人密谋和突袭发动革命的"实干家"。恩格斯指出：

> 由于布朗基把一切革命想象成由少数革命家所进行的突袭,自然也就产生了起义成功以后实行专政的必要性,当然,这种专政不是整个革命阶级即无产阶级的专政,而是那些进行突袭的少数人的专政,而这些人事先又被组织起来,服从一个人或某几个人的专政。(文集3:358)

流亡者是这样的冒险家："我们的布朗基主义者与巴枯宁主义者有一个共同的特点,这就是他们都想成为走得最远、最极端的派别的代表者。"(文集3:361)

马克思1872年在宣布第一国际迁址的阿姆斯特丹大会上,针对巴黎公社之后冒险主义,提出了工人运动发展方向的问题。马克思强调"必须考虑到各国的制度、风俗和传统",在美国、英国,也许还可以加上荷兰,"工人可能用和平手段达到自己的目的。然而,并不是在一切国中情况都是这样的"。在一些国家,暴力还是必要的。(全集中文1版18:179)

马克思呼吁国际工人的团结。他说：

> 巴黎公社之所以失败,就是因为在一切主要中心,如柏林、马德里以及其他地方,没有同时爆发同巴黎无产阶级斗争的高水平相适应的伟大的革命运动。(全集中文1版18:180)

马克思对群众只是指出了现象,而没有分析产生这些现象的条件。为什么工人在一些国家可能用和平手段,在另一些国家要使用暴力呢?西欧其他中心城市为什么没有发生巴黎公社那样的革命呢?其根本原因要到马克思1859年概述的唯物史观基本原则之中寻找到：

> 无论哪一个社会形态,在它所能容纳的全部生产力发挥出来以前,是决不会灭亡的;而新的更高的生产关系,在它的物质

存在条件在旧社会的胎胞里成熟以前,是决不会出现的。(文
集 2:592)

关于无产阶级革命的条件、手段和目标的理论,必须建立在正确判
断资本主义生产力发展水平和社会主义公有制存在条件成熟的基础之
上。而巴枯宁、布朗基等宗派在不具备这些条件的情况下,以密谋和街
头暴力方式,武装夺取政权起义。

七、社会主义取代资本主义方式的问题

马克思恩格斯与急于使用武装暴力夺取政权的工人阶级宗派在理
论上产生分歧,提出了三个问题:第一,《共产党宣言》提出"用暴力推翻
全部现存政权"(文集 2:66)是否只是指武装的暴力革命? 第二,在资本
主义制度内部,是否有可能孕育社会主义公有制的胚胎? 第三,在这些
胚胎逐渐成长的过程中,工人阶级是否有可能通过和平方式掌握国家政
权,再借助国家政权的力量,用社会主义公有制全面替代私有制?

在马克思恩格斯著作中,都可以找到对上述三个问题的答案。

何谓暴力? 马克思谈及资本原始积累的种种方法时说:

> 所有这些方法都利用国家权力,也就是利用集中的、有组
> 织的社会暴力,来大力促进从封建生产方式向资本主义生产方
> 式的转化过程,缩短过渡时间。暴力是每一个孕育着新社会的
> 旧社会的助产婆。暴力本身就是一种经济力。(全集 44:861)

马克思所说的暴力不仅指有组织的武装暴力,而且经济力、生产力
的迅猛发展也是突破旧的生产关系桎梏的暴力。可以这样来理解马克
思的意思:武装暴力并不能孕育新的生产关系,但可以把经济力孕育的
新的生产关系催生出来。

公有制的胚胎 上述马克思的话是在缩短从封建社会到资本主义
社会的过渡时间的语境中说的。"暴力是孕育新社会的助产婆"的话是

否也适用于从资本主义到社会主义社会的过渡呢？关于这个问题，马克思明确说，发达资本主义孕育着公有制的生产关系。他说：

> 工人自己的合作工厂，是在旧形式内对旧形式打开的第一个缺口，虽然它在自己的实际组织中，当然到处都在生产并且必然会再生产出现存制度的一切缺点。但是，资本和劳动之间的对立在这种工厂内已经被扬弃……资本主义的股份企业，也和合作工厂一样，应当被看做是由资本主义生产方式转化为联合的生产方式的过渡形式，只不过在前者那里，对立是消极地扬弃的，而在后者那里，对立是积极地扬弃的。（全集 46:499）

和平过渡问题　在合作工厂和股份制企业等扬弃了资本和劳动的新的生产关系胚胎的基础上，资本主义能否和平地过渡到社会主义社会。巴黎公社失败后马克思代表第一国际与《世界报》记者谈话时说，工人阶级"必须改造社会。这就是每一个大家知道的工人组织的共同目的，土地和劳动同盟，工会和互助会，合作商店和合作生产，都不过是实现这一共同目的的手段。在这些组织间建立充分的团结，便是国际协会的事情"（文集 3:612）。

这些以及其他谈到和平过渡可能性的话语，都是在一定时期、针对一定情况、面对特定读者所说的。没有一个确定原理可以决定何时使用武装暴力或和平手段。恩格斯在 1890 年 9 月致布鲁赫的信中说，如果唯物史观"把理论应用于任何历史时期，就会比解一个简单的一次方程式更容易了"（10:592）。在资本主义如何向社会主义过渡的问题上，马克思恩格斯在具体的环境和条件下审时度势，具体地分析和决策。唯物史观如同任何政治哲学一样不可能提供一个解决社会政治问题的确定答案。如果认为"武装革命"与"和平过渡"是非此即彼的、适用于所有情况的唯一正确决定，那就形成了工人阶级政党的路线和政策经常在"左倾"和"右倾"之间摇摆的一个重要原因。

第四节　政治批判的未来维度

如前所述,马克思否认社会主义的公有制是乌托邦,因为无产阶级和资产阶级的阶级斗争现实必然导致无产阶级专政,并必然导致没有阶级的自由人的共同体。这两个"必然导致"的社会虽然是尚未实现的未来状态,但马克思对未来社会的描述不限于对共产主义美好理想的憧憬,而是依据必要的经验证据做出合理推测的学说。

一、巴黎公社的预演和未来社会解放政治形式

在巴黎公社之前,马克思没有无产阶级专政的感性经验。1871 年以工人为主的国民自卫军夺取了政权,在两个月的执政期间采取的政治和经济措施使马克思看到无产阶级专政的前景,写下《法兰西内战》的历史篇章,按巴黎公社的经验来预测未来无产阶级革命和专政的形式。

(一)无产阶级专政和废除国家机器

恩格斯写的"1891 年版的序言"里阐明工人夺取政权以后"打碎旧的国家政权而以新的真正民主的国家政权来代替"(文集 3:111),并说巴黎公社"就是无产阶级专政"。但在《法兰西内战》以及马克思为第一国际写的宣言里,没有"无产阶级专政"字眼,而把巴黎公社称作"使工人阶级作为唯一具有社会首创能力的阶级得到公开承认的第一次革命"。马克思也没有新旧"国家政权"之分,恩格斯所说的"旧的国家政权",马克思称作"现成的国家机器"(文集 3:151)、"国家本身"、"不管哪一种国家形式"(文集 3:191)、"具有最后的、最完备的形式的政府权力本身"(文集 3:221);而恩格斯所说的"新的国家政权",马克思称作"社会解放的政治形式"(文集 3:197)、"公社的政治组织形式"(文集 3:199)。

文字上的差别当然不能说明马克思放弃了 1859 年致魏德迈信中强调的无产阶级专政概念。在工人阶级武装夺取政权之后单独进行政治

统治的意义上，马克思和恩格斯一样把巴黎公社当作无产阶级专政的典范。

但是，马克思和恩格斯对国家的形式和功能显然有不同理解。马克思认为国家是剥削阶级专有的机器，没有新旧之分，工人阶级不能运用任何形式的国家机器，而要用历史上从未有过的政治组织取代国家机器；恩格斯认为"国家无非是一个阶级镇压另一个阶级的机器"，无产阶级为了镇压资产阶级就不得不继承国家这个祸害，只是无产阶级国家政权可以"尽量除去这个祸害的最坏方面，直到在新的自由的社会条件下成长起来的一代有能力把这国家废物全部抛掉"（文集 3：111）。而马克思的态度激进得多，与早年主张社会革命"自由人的共同体"和"人的解放的政治共同体"的目标相连贯，他晚年主张工人阶级夺取政权之后立即割除"国家本身"这个缠绕在社会上的"超自然的怪胎"（文集 3：193），工人阶级的统治应克服政权与社会的分离，而不采取任何国家形式，即使是冠以美好名称的国家。

马克思没有直接说"废除国家"，是为了与无政府主义划清界限。巴枯宁批判"马克思和拉萨尔"建议工人建立"人民国家"。马克思反驳说，他与拉萨尔领导的德国社会民主党人不同，后者的"人民国家"只是同《共产党宣言》"相抵触的一种胡说"。马克思又说，这个"胡说"不是像巴枯宁歪曲的那样要建立和旧社会一样的少数人专政。马克思接着解释说：

> 这里的意思只不过是由无产阶级在为摧毁旧社会而斗争的时期还是在旧社会的基础上进行活动，因此自己的运动还采取多少同旧社会相适应的政治形式。（文集 3：408）

马克思与无政府主义的区别不在于工人是否应当废除国家，而在于：是否用工人阶级专政的社会政治组织替代独立的国家机器，新的政治共同体是否保存、以及如何行使多少旧的国家职能。关于"国家机器"

和"国家职能"的区别,我们在《哥达纲领批判》中可以看得更清楚。

(二)现代国家的阶级根源

当马克思说"'现代国家'是一种虚构"(文集 3:444),并不是说国家是无中生有的虚幻,而是强调不能离开现代社会的基础来建构国家的独立存在,不要把"民主共和国看做千年王国"(文集 3:446),而要把现代国家看作是从封建阶级到资产阶级社会历史发展的产物。

《法兰西内战》依据法国历史和实际,概述了资产阶级现代国家的特征和发展的过程。资产阶级国家是中央集权的国家政权及其遍布各地的机构,"这些机关是按照系统的和等级的分工原则建立的"(文集 3:151),它起源于专制君主制时代,"以其无处不在的复杂的军事、官僚、宗教和司法机构像鳞蛇似的把活生生的市民社会从四面八方缠绕起来(网罗起来)的中央集权国家机器,最初是在专制君主制时代创造出来的,当时它是作为新兴的现代社会在争取摆脱封建制度束缚的斗争中的一个武器"(文集 3:191)。法国大革命"从社会基地上清除了那些妨碍建立现代国家大厦这个上层建筑的最后障碍"(文集 3:151),拿破仑时代建立民族国家的中央集权制扫除了中世纪残余,但没有改变系统的等级制国家的组织原则,只是用国家的特权代替了中世纪的特权:

> 中世纪贵族的、城市的和教会的领主特权都转变为一个统一的国家政权的特权;这个统一的国家政权以领薪的国家公职人员代替封建显贵,把掌握在中世纪地主的门客仆从手中和市民团体手中的武器转交给一支常备军队,以实行系统分工和等级分工的国家政权的计划调节代替中世纪的互相冲突的势力所造成的错综复杂的(光怪陆离的)无政府状态。(文集 3:191)

拿破仑时代借助法国大革命消除了政教合一,国家的世俗权力取消了教会权力,盘踞在各社会领域之上,成为比教会权力更有甚者的超自然的神圣权力。马克思说:

这次革命不得不继续进行专制君主制度已经开始的工作，也就是使国家政权更集中更有组织，并扩大国家政权的范围和特权，增加它的机构，提高它对现实社会的独立性，加强它对现实社会的超自然控制，这种控制实际上取代了中世纪的超自然苍天及天上圣徒的作用。由各社会集团的彼此关系产生出来的各个细小的个别的利益，同社会本身相分离并以国家利益的形式固定下来，成为独立于社会而且与社会对立的利益，这种国家利益由担任严格规定的、等级分明的职务的国务祭司们管理。（文集 3:191）

马克思把高度集中、等级分明的国家政权称作"市民社会身上的这个冒充为其完美反映的寄生赘瘤"。他重温了《路易·波拿巴的雾月十八日》中所描写的各社会集团利益如何与社会对立、最后由君主代表的国家利益固定下来的过程，其结果是：

国家政权的最后、最高的表现就是第二帝国：它甚至于践踏统治阶级的利益……在不明真相的人看来，这好像只是行政权力战胜了立法权力，好像只是以凌驾于社会之上的权力自居的阶级统治形式最终击败了以社会自身的权力自居的阶级统治形式。但是，事实上，这只是那个阶级统治的最后的、堕落的、唯一可能的形式，它既给统治阶级用这种统治形式加以束缚的工人阶级带来屈辱，也给统治阶级本身带来屈辱。（文集 3:192—193）

（三）取代现存的共和国形式

在马克思看来，巴黎公社的伟大创举在于用全社会的利益来取代国家政权的一切形式。巴黎工人在 1848 年二月革命提出建立"社会共和国"的口号，只是"表现出这样一种模糊的意向"，而巴黎公社毫不含糊地"要求建立一个不但取代阶级统治的君主制形式、而且取代阶级统治本身的共和国"（文集 3:154）。关于"取代阶级统治本身的共和国"，马克思明确地说：

> 这次革命的对象不是哪一种国家政权形式——正统的、立宪的、共和的或帝制的，而是国家本身这个社会的超自然怪胎……它是为了粉碎这个阶级统治的凶恶机器本身而进行的革命。它不是阶级统治的行政权形式和议会形式之间所进行的无谓的斗争，而是同时对这两种形式进行的反抗，这两种形式是互为补充的，议会形式只是行政权用以骗人的附属物而已。（文集 3:195）

按恩格斯的解读，"行政权形式和议会形式"互为补充的国家制度，指的是"民主共和国"。恩格斯以美国为例，批判两大政党的轮流执政"以最肮脏的手段来达到最肮脏的目的"（文集 3:110）。恩格斯还指出了崇拜国家机器的意识形态根源：

> 按照哲学概念，国家是"观念的实现"，或是译成了哲学语言的尘世的上帝王国，也就是永恒的真理和正义所借以实现或应当借以实现的场所。由此就产生了对国家以及一切同国家有关的事物的盲目崇拜。尤其是人们从小就习惯于认为，全社会的公共事务和公共利益只能像迄今为止那样，由国家和国家的地位优越的官吏来处理和维护，所以这种崇拜就更容易产生。人们以为，如果他们不再迷信世袭君主制而坚信民主共和制，那就已经是非常大胆地向前迈进了一步。实际上，国家无非是一个阶级镇压另一个阶级的机器，而且在这一点上民主共和国并不亚于君主国。（文集 3:111）

恩格斯的这些解读与马克思相一致，但恩格斯进一步把国家的本质归结为"一个阶级镇压另一个阶级的机器"，这一本质不仅适用于迄今为止剥削阶级压迫被剥削阶级的国家机器，即使标榜"共和""民主"的资产阶级国家也不例外,而且按照"即以其人之道还治其人之身"的思路,无产阶级革命也必须建立镇压资产阶级的国家机器。沿着这样的思路,列宁提出了无产阶级专政的国家观。不难看出,列宁在《国家与革命》中对《法兰西内战》的理解,更多依赖的是恩格斯的解读。①

(四)用社会解放的政治形式取代国家政权的巴黎公社经验

马克思把公社看作消除社会与国家机器相对立的"社会解放的政治形式",这是他高度评价巴黎公社政治和经济政策的根本理由。废除常备军而代之以武装的人民,公社的市政委员,以及法官和审判官和其他一切公务人员,均由普选产生,他们对选民负责,随时可以罢免,只能领工人工资的报酬,等等。这样,"社会公职已不再是中央政府走卒们的私有物。不仅城市的管理,而且连先前由国家行使的全部创议权也都转归公社"(文集 3:155),一切教育机构对人民免费开放,"科学也摆脱了阶级偏见和政府权力的桎梏"。"在外省,旧的集权政府就也得让位给生产者的自治政府",地方政府派往国民代表会议的代表也由普选产生,随时可以罢免,这样,国家政权这个"民族躯体上的寄生赘瘤"得以铲除,"而旧政权的合理职能则从僭越和凌驾于社会之上的当局那里夺取过来,归还给社会的承担责任的勤务员"(文集 3:156)。马克思没有像恩格斯那样一概排斥民主形式,而赞扬"公社给共和国奠定了真正民主制度的基础"(文集 3:157)。他明确表示:"如果用等级授职制去代替普选制,那是最违背公社精神不过的"(文集 3:156)。

公社"既进行政治变革,又实行经济改革"(文集 3:198)。公社取消了常备军和国家官吏这两个最大的开支项目,带来"廉价政府"的伴生效应。恩格斯说,公社中由蒲鲁东派负责经济事务,而他们推行的联合合作社政策与蒲鲁东的主张相左。马克思认为联合合作社把"劳动解放"的空谈付诸实现,由工人实施的联合生产是共产主义的经济政策。

---

① 参阅《列宁专题文集·论马克思主义》,人民出版社 2009 年版,第 246—254 页。

他说:

> 如果合作生产不是一个幌子或一个骗局,如果它要去取代
> 资本主义制度,如果联合起来的合作社按照共同的计划调节全
> 国生产,从而控制全国生产,结束无时不在的无政府状态和周
> 期性的动荡这样一些资本主义生产难以逃脱的劫难,那么,请
> 问诸位先生,这不是共产主义,"可能的"共产主义,又是什么
> 呢?(文集3:159)

(五)巴黎公社指向的未来社会

马克思没有在经济上苛责公社的措施超出生产力发展水平,而是积
极评价公社按照经济因素趋向新社会发展要求的革命。他说:

> 工人阶级并没有期望公社做出奇迹。他们不是要凭一纸
> 人民法令去推行什么现成的乌托邦。他们知道,为了谋求自己
> 的解放,并同时创造出现代社会在本身经济因素作用下不可遏
> 止地向其趋归的那种更高形式,他们必须经过长期的斗争,必
> 须经过一系列将把环境和人都加以改造的历史过程。工人阶
> 级不是要实现什么理想,而只是要解放那些由旧的正在崩溃的
> 资产阶级社会本身孕育着的新社会因素。(文集3:159)

这段话否认巴黎公社的理想是乌托邦,把公社的革命当作朝向新社
会因素进行长期斗争的现实解放的一个步骤,同时也是一个具有划时代
意义的步骤。马克思说,在政治上,"这次革命是人民为着自己的利益而
重新掌握自己的社会生活的行动";"公社也是19世纪社会革命的开端。
因此,无论公社在巴黎的命运怎样,它必然将遍立于全世界。"(文集3:3:
195)巴黎公社彻底失败后,马克思写下了《法兰西内战》一半祝福一半诅
咒的预言:

> 工人的巴黎及其公社将永远作为新社会的光辉先驱而为
> 人所称颂。它的英烈们已永远铭记在工人阶级的伟大心坎里。

那些扼杀它的刽子手们已经被历史永远钉在耻辱柱上,不论他

们的教士们怎样祷告也不能把他们解脱。(文集 3:181)

"解放那些……新社会的因素"、"19 世纪社会革命的开端"、"必然将

遍立于全世界"、"新社会的光辉先驱",这些话清楚不过地表明马克思总

结巴黎公社经验指向的未来维度。

二、过渡时期的设想

《哥达纲领批判》提出了一个著名的论断:

在资本主义社会和共产主义社会之间,有一个从前者变为

后者的革命转变时期。同这个时期相适应的也有一个政治上

的过渡时期,这个时期的国家只能是无产阶级的革命专政。

(文集 3:445)

这里所说的资本主义社会和共产主义社会的过渡时期指在工人阶

级取得政权之后,运用公共权力,解放和推广业已崩溃的资本主义社会

本身孕育的公有制胚胎,这与《法兰西内战》中总结的历史经验还不是一

回事,也不等同于现在通行的向共产主义过渡的"社会主义社会"。[1] 应

该注意的是,马克思是在批判了德国社会民主党人"自由国家"、"现代国

家"、"未来国家"之类的荒谬提法的语境中,谈论过渡时期乃至"共产主

义社会中国家制度"(文集 3:444)。他澄清了"未来国家制度"与现有国

家完全不同的意义:

不同的文明国度中的不同的国家,不管它们的形式如何纷

繁,却有一个共同点:它们都建立在现代资产阶级社会的基础

上,只是这种社会的资本主义发展程度不同罢了。所以,它们

---

[1] 关于马克思文本中"共产主义"和"社会主义"术语的意义,详见赵家祥:《东方社会发展道路
与社会主义的理论和实践》,商务印书馆 2017 年版,第 371—377 页。

具有某些根本的共同特征。在这个意义上可以谈"现代国家制度"，而未来就不同了，到那时"现代国家制度"现在的根基即资产阶级社会已经消亡了。于是就产生了一个问题：在共产主义社会中国家制度会发生怎样的变化呢？换句话说，那时有哪些同现在的国家职能相类似的社会职能保留下来呢？这个问题只能科学地回答，否则，即使你把"人民"和"国家"这两个词联接一千次，也丝毫不会对这个问题的解决有所帮助。（文集3：444—445）

接着这一段，马克思做出了前述过渡时期的国家只能是无产阶级专政的论断。这段话的意思很清楚。第一，现代国家的根基是资产阶级社会，第二，资产阶级社会已经消亡后，现有的国家职能还会保存下来，过渡时期乃至共产主义社会的"国家"只是一个词，问题不至于是否使用这个词，而在这个词指示哪些现有的国家职能保留下来。第三，马克思批判德国社会民主党人在没有弄清这个问题的情况下，依然"把'国家'理解为政府机器，或者理解为构成一个由于分工而同社会分离的独特机体的国家"（文集3：446），依然"把国家当做一种具有自己的'精神的、道德的、自由的基础'的独立存在物"（文集3：444）。

第一点和第三点符合《法兰西内战》对国家的否定，而第二点是《哥达纲领批判》的新观点，尤其是"国家机器"与"国家职能"的区分。马克思对本质从不持功能主义的观点。在政治经济学中，他认为人的本质不能被归结为人的功能，即使机器能够替代人的劳动功能，人的活劳动也不能被归结为机器的"死劳动"。同样，国家的本质也不能被归结为国家的职能，过渡时期的社会管理组织仍保留现存国家的某些职能，但本质上不是任何意义的国家。德国社会民主党人由于不明白这些关键点，才制定出忽"左"忽"右"的纲领。那么，过渡时期的社会管理组织保留了哪些它所取代的资产阶级国家的职能呢？

国家的经济职能　社会民主党人把"不折不扣的劳动所得"当作"平

等的权利"和"公平的分配"。马克思指出,第一,既然过渡时期依然保留着现有国家的社会职能,就必须从劳动所得中扣除这些社会职能所需的开支,劳动者得到的只是扣除了这些开支的剩余;虽然这些扣除不是归资本家私人所有的剩余价值,但毕竟是任何社会得以维持运行的经济基础,资产阶级社会、社会主义或共产主义社会概莫能外;在此意义上可以谈论推翻资产阶级统治后未来社会的"国家制度"。第二,扣除公共开支之后的公正分配是按照商品交换规律的等价物的交换,"各尽所能,按劳分配"的分配原则虽然不承认阶级差别,不允许任何人剥削,"但是它默认,劳动者的不同等的个人天赋,从而不同等的工作能力,是天然特权。所以就它的内容来讲,它像一切权利一样是一种不平等的权利"(文集 3:435)。

国家的政治职能 由于把国家理想化,社会民主党人向国家承诺"用合法手段","要求只有在民主共和国里才有意义的东西"(文集 3:446)。马克思总结说:

> 整个纲领,尽管满是民主的喧嚣,却彻头彻尾地感染了拉萨尔宗派对国家的忠顺信仰,或者说感染了并不比前者好一些的对民主奇迹的信仰,或者说得更确切些,整个纲领是这两种对奇迹的信仰的妥协,这两种信仰都同样远离社会主义。(文集 3:447)

马克思在《法兰西内战》中已经对"民主共和国"的资产阶级本质进行了彻底批判。《哥达纲领批判》中的上述话,进一步明确地肯定无产阶级专政镇压资产阶级反抗和实现人民自主管理社会权利的国家职能。

三、实现人的全面发展的条件

《德意志意识形态》中说:

> 共产主义对我们来说不是应当确立的状况,不是现实应当

与之相适应的理想。我们所称为共产主义的是那种消灭现存
状况的现实的运动。这个运动的条件是由现有的前提产生的。
（文集 1:519）

马克思强调共产主义是运动，但运动不是一切，运动是有目标的。
伯恩斯坦说"运动就是一切，目的是没有的"，这个公式违反了共产主义
运动。共产主义运动的目标是《共产党宣言》中宣布的"每一个人的自由
发展是一切人的自由发展的条件"。问题是：实现这个目标需要什么条
件？这些条件从哪些以及如何从现有的前提产生出来？解决了这些问
题，马克思才能胸有成竹地宣布共产主义不是理想，而是现实的运动。
马克思从不同的角度，提出了解决这些问题的三个方案。

唯物史观的方案：消灭分工　在《德意志意识形态》中，马克思认为，
一切历史的现有条件是"生产力、社会状况和意识"三个相互矛盾的社会
要素，而产生矛盾的根源是分工，"因为分工使精神活动和物质活动、享
受和劳动、生产和消费由不同的个人来分担"，社会三要素之间的矛盾
"不仅成为可能，而且成为现实，而要使这三个因素彼此不发生矛盾，则
只有再消灭分工"（文集 1:535）。马克思考察分工如何产生不同社会形
态的生产关系，认为共产主义就是消灭分工及其产生的生产方式和交往
方式矛盾的现实运动。经过这番分析之后，马克思举例说明消灭分工之
后的人的新的生活方式：

> 在共产主义社会里，任何人都没有特殊的活动范围，而是
> 都可以在任何部门内发展，社会调节着整个生产，因而使我有
> 可能随自己的兴趣今天干这事，明天干那事，上午打猎，下午捕
> 鱼，傍晚从事畜牧，晚饭后从事批判，这样就不会使我老是一个
> 猎人、渔夫、牧人或批判者。（文集 1:537）

这个例子是对共产主义社会人的全面发展的生动描述。消灭分工
只是一个引子，它引出了马克思关于消灭分工何以可能和具体途径的更

多思考。

自由解放方案：自由个性的普遍性和全面性　在 1857—1859 年手稿中，马克思把人类社会发展分为三个阶段：

> 人的依赖关系（起初完全是自然发生的），是最初的社会形式，在这种形式下，人的生产能力只是在狭小的范围内和孤立的地点上发展着。以物的依赖性为基础的人的独立性，是第二大形式，在这种形式下，才形成普遍的社会物质变换、全面的关系、多方面的需要以及全面的能力的体系。建立在个人全面发展和他们共同的、社会的生产能力成为从属于他们的社会财富这一基础上的自由个性，是第三个阶段。第二个阶段为第三个阶段创造条件。（文集 8：52）

第一个阶段是前资本主义社会，这是"家长制的，古代的（以及封建的）"人身依附状态，毫无平等和自由的个性可言。第二个阶段是人依赖于物（商品）的资本主义社会，这是"商业、奢侈、货币、交换价值"获得发展的现代社会，现代社会虽然有个人的自由，但个人自由仍然是商品分工和交换的异化的产物，资产者和无产者同样被异化。第三阶段无疑是马克思向往的共产主义社会。马克思强调第二阶段为第三阶段创造了条件。关于这一点，马克思有具体说明：

> 全面发展的个人——他们的社会关系作为他们自己的共同的关系，也是服从于他们自己的共同的控制的——不是自然的产物，而是历史的产物。要使这种个性成为可能，能力的发展就要达到一定的程度和全面性，这正是以建立在交换价值基础上的生产为前提的，这种生产才在产生出个人同自己和同别人相异化的普遍性的同时，也产生出个人关系和个人能力的普遍性和全面性。（文集 8：56）

马克思在这里把个性自由归结为个人的全面发展的能力，而个人的全面发展的能力以交换价值普遍化的生产力发展为前提,当人类历史积累的生产力发展到一定程度,就会产生"个人关系和个人能力的普遍性和全面性"。如果说,第二阶段向第三阶段的过渡尚属有待实现的未来,但它是在第二阶段已经实现的个人平等和自由的基础上的必然趋势。

政治经济学的方案:自由时间　《神圣家族》中认识到,自由必须在劳动时间中实现,抽象地论述平等权利只是意识形态家开出的空头支票。马克思在蒲鲁东关于劳动时间和产品价值论述的"充满矛盾"形式中找到了实现人的全面发展的途径:

> 在直接的物质生产领域中,确定某物品是否应当生产,即确定这种物品的价值,主要取决于生产该物品所需要的劳动时间。因为社会是否有时间来实现合乎人性的发展,就取决于时间。甚至精神生产也是如此。如果我想合理地行动,在确定某种精神作品的规模、结构和计划时,难道我不必考虑生产该作品所必需的时间吗?(文集1:270)

随着政治经济学批判的深入,马克思把剩余价值的生产归结为无偿地占有了工人的剩余劳动时间,这是剩余价值得以产生的秘密所在:

> 因为剩余价值首先表现在剩余产品中,而其他一切劳动同生活资料的生产中所使用的劳动时间相比,就已经成为可供支配的时间。(全集32:216)

个人自主支配的时间即自由时间,资本的无限扩张造成的工人的绝对贫困实质上等于剥削了理应属于工人的自由时间的财富,把人变成牛马不如的动物。他说:

> 一个人如果没有自己处置的自由时间,一生中除睡眠饮食等纯生理上必需的间断以外,都是替资本家服务,那么,他就还不如一头役畜。他不过是一架为别人生产财富的机器,身体垮了,心智也变得如野兽一般。(文集3:70)

为了工人的解放,缩短劳动时间不是为了提高剩余劳动的效率;相反,提高剩余劳动的效率是为了归还他们的自由时间。马克思所说的人的全面发展不是要摆脱劳动,而是摆脱异化劳动,使劳动成为第一需要,不但在尽可能缩短的社会必要劳动时间中生产全社会需要的物质产品,而且在可供个人支配的自由时间里从事各有所求的科学艺术创造。

马克思在 1857—1858 年手稿中说,资本主义生产力的发展,以及"采用技艺和科学的一切手段","在社会必要劳动之外,为整个社会和社会的每一个成员创造大量可以自由支配的时间(即为个人生产力的充分发展,因而也为社会生产力的充分发展创造广阔余地)"(文集 8:199)。

马克思所说的个人生产力的充分发展的范例即前引《德意志意识形态》中描写的可以在所有领域自由发展的个人,亦即 1848 年手稿中"具有丰富的、全面而深刻的感觉的人"(1:192);而社会生产力的充分发展指取代自由竞争的合理调节的物质生产,以及取代以科技为资本手段的自由的科学和艺术。

在《资本论》第三卷手稿中,马克思把资本主义到共产主义的过渡看作从必然王国到自由王国的必然发展过程。他说:

> 自由王国只是在必要性和外在目的规定要做的劳动终止的地方才开始;因而按照事物的本性来说,它存在于真正物质生产领域的彼岸。像野蛮人为了满足自己的需要,为了维持和再生产自己的生命,必须与自然搏斗一样,文明人也必须这样做;而且在一切社会形式中,在一切可能的生产方式中,他都必须这样做。这个自然必然性的王国会随着人的发展而扩大,因为需要会扩大,但是,满足这种需要的生产力同时也会扩大。这个领域内的自由只能是:社会化的人,联合起来的生产者,将合理地调节他们和自然之间的物质变换,把它置于他们的共同控制之下,而不让它作为一种盲目的力量来统治自己;靠消耗最小的力量,在最无愧于和最适合于他们的人类本性的条件下

来进行这种物质变换。但是，这个领域始终是一个必然王国。在这个必然王国的彼岸，作为目的本身的人类能力的发挥，真正的自由王国，就开始了。但是，这个自由王国只有建立在必然王国的基础上，才能繁荣起来。工作日的缩短是根本条件。(7:928—929)

　　虽然自由王国的基础是必然王国，但从必然王国到达彼岸的自由王国，从物质生产到作为目的本身的人的全面发展，不能靠意识内部的理想，而要靠物质力量；虽然共产主义社会人的全面发展的条件是孕育在资本主义社会中逐渐成熟的胚胎。在此意义上，这些条件是现实的，但现实的条件转变为现实的社会形态，胚胎的成熟和结果不是自然的生成，而是革命实践的创造。因此，马克思的历史—现实—未来维度批判的政治哲学同时也是实践哲学。

第四章　实践哲学

行动的需要是在先的,对于世界的意识则不是在先的,而是派生的。并不是因为我们要认识,我们才行动,而是因为我们注定要行动,我们才认识,实践理性是一切理性的根基。行动规律对于理性存在物是直接确实的。理性存在物的世界之所以确实,但仅是由于行动规律是确实的。除非整个世界连同我们自己都陷入绝对虚无境地,我们便无法否认这些规律。

费希特:《人的使命》(3:611)

在广泛流行的马克思主义哲学教科书体系中,辩证唯物主义可以看作最高的、普遍的原则;历史唯物主义是辩证唯物主义在社会历史领域的推广和应用。1980年代以来,中国马克思主义哲学界提出了实践唯物主义和历史唯物主义等新解释。无论如何应当承认,马克思主义哲学是唯物主义,如果要追问马克思的哲学为什么是唯物主义? 这好像不成其为问题。人们会说,因为唯物主义是真理,又因为唯物主义代表了先进阶级的利益,马克思当然要信奉唯物主义,而不选择其他的哲学学说。

我们现在可以清楚地看到,对马克思哲学的这种理解并不是马克思本人的观点,其来源是苏共中央主管意识形态的书记日丹诺夫。1947年,日丹诺夫提出了一个哲学史的定义:"科学的哲学史,是科学的唯物主义世界观及其规律底胚胎、发生与发展的历史。唯物主义既然是从与唯心主义派别斗争中生长和发展起来的,那么哲学史也就是唯物主义与唯心主义斗争的历史。"①根据这一定义,"所有的哲学派别分成了两大阵营——唯物主义和唯心主义阵营。唯物主义和唯心主义之间的斗争,进步的唯物主义路线在这一斗争中的形成和发展,是哲学在许多世纪以来全部发展的规律。在唯物主义反对唯心主义的斗争中,表现出社会的进步阶级反对反动阶级的斗争。"②按照"两军对阵"的模式,唯物主义具有内在的真理,是进步阶级的哲学,马克思主义哲学必然是唯物主义学说。现在我们知道,这不是马克思的观点,也不是大多数马克思主义者的观点。

马克思曾经面临各种哲学的选择,他所以选择唯物主义作为他的哲学基础,并不是唯物主义具有某种内在的真理,也不是由于历史上和现实中的唯物主义总是代表先进的阶级。他认为唯物主义和唯心主义作为解释世界的理论,各有各的长处和短处。他的博士论文虽然以公认的唯物主义者德谟克利特和伊壁鸠鲁为题,却丝毫没有提及他们的唯物主义思想。相反,在论文的题词中,他赞扬"令人坚信不疑的、光明灿烂的唯心主义",认为"唯有唯心主义才知道那能唤起世界上一切英才的真理","唯心主义不是幻想,而是真理"(全集 1:9)。直到 1944 年的《经济学哲学手稿》中,他把自己的学说称为"彻底的自然主义或人道主义",并说这一学说"既不同于唯心主义,也不同于唯物主义,同时又是把这两者

---

① 《日丹诺夫同志关于西方哲学史的发言》,东北书店 1948 年 11 月版,第 4 页。
② 罗森塔尔、尤金主编:《简明哲学辞典》,三联书店 1975 年版,第 373—374 页。

结合起来的真理"(文集 1:209)。有人可能会说,这些提法只是表达了他早期思想没有摆脱唯心主义的"错误影响"。那么,我们要问:在被恩格斯称之为包含着新世界观的天才萌芽的《关于费尔巴哈的提纲》中,马克思对旧唯物主义所作的彻底批判,又应该如何理解呢? 在那里以及以后的著作中,马克思对旧唯物主义的批判一点也不比对唯心主义的批判更温和、更留情。相反,他指出,唯物主义所不知道的人的"能动的方面却被唯心主义抽象地发展了"(文集 1:499)。这仍然是在肯定旧唯物主义和唯心主义各有各的长处和短处。

马克思也从来没有像日丹诺夫那样把唯物主义者和先进的阶级画等号。比如,在《黑格尔法哲学批判》中,我们看到,马克思批判"官僚政治的普遍精神"是"粗陋的唯物主义","消极服从的唯物主义","信仰权威的唯物主义"和"某种例行公事、成规、成见和传统的机械论的唯物主义"(全集 3:60)。马克思把他的唯物主义称为"新唯物主义"["新唯物主义的立足点则是人类社会或社会的人类"](文集 1:506),以及"实践唯物主义"["共产主义者即实践唯物主义者"](文集 1:527)。恩格斯也说马克思的唯物主义是"关于现实的人及其历史发展的科学"(文集 4:295)。

本章试图说明,马克思的唯物主义是唯物史观和剩余价值学说的实践观,马克思之所以最终选择唯物主义的主要理由是全面而彻底地实现哲学的自由解放的革命实践,把唯心主义只能在意识领域实现的主体能动性转变为改造世界的物质力量。我们用实践哲学概括马克思从唯心主义经由人本的自然主义到唯物史观递进的三个阶段。这是一个扬弃的过程:第一阶段的黑格尔的唯心主义被第二阶段的费尔巴哈的唯物主义所否定,而黑格尔的实践观被吸收和改造为人本的自然主义实践观;第三阶段的唯物史观否定了费尔巴哈的唯物主义,而第一阶段唯心论的主体能动性和第二阶段的人本的自然主义的实践观被吸收改造为唯物史观和剩余价值学说的实践观。

第一节　黑格尔式的实践观

一、博士论文中实践观的两个命题

马克思在博士论文第一部分的附注中,提出了两个重要观点。第一个观点是:

> 在自身中变得自由的理论精神成为实践力量,作为意志走出阿门塞斯冥国,面向那存在于理论精神之外的尘世的现实,——这是一条心理学规律。(但是从哲学方面来说,重要的是着重说明这些方面的特点,因为从这种转变的一定方式可以反过来推论出一种哲学的内在规定性和世界历史性。这里我们仿佛看到这种哲学的生活道路的集中表现,它的主观要点。)不过,哲学的实践本身是理论的。(全集 1:75)

"哲学的实践本身是理论的" 这个命题来自黑格尔关于实践的态度和理论的态度论述。黑格尔把两者看作意志和思维的关系。他说:

> 思维和意志的区别无非就是理论态度和实践态度的区别。精神一般说来就是思维,人之异于动物就因为他有思维。但是我们不能这样设想,人一方面是思维,另一方面是意志,他一个口袋装着思维,另一个口袋装着意志,因为这是一种不实在的想法。它们不是两种官能,意志不过是特殊的思维方式,即把自己转变为定在的那种思维,作为达到定在的冲动的那种思维。

黑格尔接着说:"形形色色的世界图景摆在我的面前;我面对着它;在我这个理论态度中我扬弃了对立,而把这一内容变成我的";而实践的态度"首先显得跟思想是对立的","自始表示一种分离",但它依然"从思维即从自我自身开始"，因为"在我是实践的或能动的时候，就是说，在我做一件事情的时候，我就规定着我自己。而规定自己就等于设定差别"。黑格尔说人的实践不等于动物的实践：

> 动物按本能而行动，受内在的东西的驱使，从而也是实践的。但动物不具有意志，因为它并不使自己所渴望的东西出现在想象中。同样，人不可能没有意志而进行理论的活动或思维，因为在思维时他就在活动。

由此，黑格尔得出结论说，理论的态度与实践的态度"是不可分割的，它们是一而二，二而一。在任何活动中，无论在思维或意志中，都可找到这两个环节"①。

马克思和黑格尔一样把实践看作区别于动物的人类活动，马克思把黑格尔强调的意志看作人类的心理现象，把从理论的精神走向意志的实践精神看作"一条心理学规律"，由于意志不愿被束缚，要走出理论精神的"冥门"来到尘世，马克思把这条心理学规律视为"哲学的生活道路的集中表现"，即哲学理论的内在性规定性导向世界历史的实践。由此，哲学的实践和理论是统一的。

"世界的哲学化同时也就是哲学的世界化"　第二个观点是对黑格尔"凡是合乎理性的都是现实的，凡是现实的都是合乎理性的"命题的发挥。按黑格尔解释，那句话表明"哲学科学的最高目的"是"达到自觉的理性与实存的理性或现实性的和解"②。恩格斯晚年说，黑格尔的那个重要命题表明了黑格尔哲学的"真实意义和革命性质"。他说：

> 黑格尔的这个命题，由于黑格尔的辩证法本身，就转化为自己的反面：凡在人类历史领域中是现实的，随着时间的推移，都会成为不合理性的，就是说，注定是不合理性的，一开始就包含

---

① 黑格尔：《法哲学原理》，范扬、张企泰译，商务印书馆 2014 年版，第 12—13 页。
② 黑格尔：《小逻辑》，贺麟译，商务印书馆 1980 年版，第 43 页。

着不合理性,凡在人们头脑中是合乎理性的,都注定要成为现实的,不管它同现存的、表面的现实多么矛盾。按照黑格尔的思维方法的一切规则,凡是现实的都是合乎理性的这个命题,就变为另一个命题:凡是现存的,都一定要灭亡。(文集4:269)

恩格斯是在"引起近视的政府的感激和同样近视的自由派的愤怒"的历史背景中说这番话的。青年马克思也是联系黑格尔之后自由派和保守派的哲学立场来看待黑格尔那个命题的意义。青年黑格尔派是自由派,谢林代表的实证哲学是保守派。马克思说,自由派"坚持把哲学的概念和原则作为主要的规定",而实证哲学"坚持把哲学的非概念即实在性的环节作为主要的规定"。这两个派别的差别在于:

> 第一个派别的活动就是批判,也正是哲学转向外部;第二个派别的活动是进行哲学思考的尝试,也就是哲学转向自身,因为第二个派别认为,缺点对哲学来说是内在的,而第一个派别却把它看作是世界的缺点,必须使世界哲学化。(全集1:76—77)

青年黑格尔派的批判要求外部世界必须合乎哲学理性,"使世界哲学化",而实证哲学认为哲学有内在缺点,必须批判自身的内在缺点,以合乎外部世界的现实,这无异于要求哲学世界化。

马克思承认两派都有合理性,都是"个别的自我意识"的"一个双刃的要求",两者相反相成。理性哲学要求世界哲学化,把哲学实现在外部世界中,"哲学的实现同时也就是它的丧失";而实证哲学要求使哲学世界化,"出现了颠倒,也可以说是真正的错乱",即出现了现实和理性的错乱,因为他们把现实的缺点归咎为理性的缺点,认为"哲学在外部所反对的东西就是它自己内在的缺点",于是在理性内部的斗争中,"它本身陷入了它所反对的缺陷之中,而且只有当它陷入这些缺陷之中时,它才能消除这些缺陷"(全集1:76)。马克思承认,理性哲学确有内部缺陷,因为理性不能在理性或个别的自我意识内部克服缺陷,否则就会陷入个别的自我意识的矛盾不可自拔。因此,马克思得出结论:只有在批判外部世界的同时批判自身,在使世界哲学化的同时使哲学世界化,以达到黑格尔所说的既使现实合乎理性、也使理性自身合乎实存的现实的"哲学的最高目的"。

马克思认为"只有自由派才能获得真实的进步"(全集 1:77)。他赞赏青年黑格尔派在批判外部世界时,"这些自我意识把世界从非哲学中解放出来,同时也就是把它们自己从作为一定的体系束缚它们的哲学中解放出来"。这里所说的体系指黑格尔体系。但马克思从一开始就看到青年黑格尔派的不成熟,他们仍在自我意识内部克服理性和现实的矛盾。马克思说:

> 自我意识本身仅仅处在发展的过程中,并为发展的直接力量所掌握,因而在理论方面还未超出这个体系的范围,所以,它们只感觉到同体系的有伸缩性的自我等同的矛盾,而不知道当它们转而反对这个体系时,它们只是实现了这个体系的个别环节。(全集 1:76)

当马克思还在青年黑格尔派阵营时,他已经看出他们没有摆脱黑格尔体系的缺陷,他们只是从黑格尔体系的一个环节出发,不能实现世界哲学化的实践目的。这里已经埋下了马克思与青年黑格尔派决裂的种苗。当马克思与青年黑格尔派决裂之后,他在《德意志意识形态》中更尖锐地批判说:

> 在这些新出现的批判家中甚至没有一个人试图对黑格尔体系进行全面的批判,尽管他们每一个人都断言自己已经超越黑格尔哲学。他们和黑格尔的论战以及他们相互之间的论战,只局限于他们当中的每一个人都抓住黑格尔体系的某一方面,用它来反对整个体系,也反对别人所抓住的那些方面。起初他们还是抓住纯粹的、未加伪造的黑格尔的范畴,如"实体"和"自我意识",但是后来却用一些比较世俗的名称如"类"、"唯一

者""人"等等,使这些范畴世俗化。(文集 1:514)

二、面向未来的世界哲学

《莱茵报》期间,马克思进一步认识到青年黑格尔派的"自由人"的批判不是针对不合理的外部世界,而是"意识"和"自我意识"的空谈。"要求他们:少发不着边际的空论,少唱些高调,少来些自我欣赏,多说些明确的意见,多注意一些具体的事实,多提供一些实际的知识。"(文集 10:3)我们已经看到,马克思在《莱茵报》上的一系列论文都把明确的意见、具体的事实和实际的知识融为一体。马克思还要求"自由人":"少炫耀'无神论'招牌(这看起来就像有些小孩向一切愿意听他们讲话的人保证自己不怕鬼怪一样),而多向人民宣传哲学的内容"(文集 10:4)。马克思写的评论"《〈科隆日报〉第 179 号的社论》"一文是"在批判政治状况当中来批判宗教""多向人民宣传哲学的内容"的范文。

《科隆日报》主编海尔梅斯自称"新闻出版自由的忠诚朋友",写的是"自由主义的社论"。马克思尖锐批判海尔梅斯用自己的"宗教哲学"为普鲁士政教合一的制度服务,批判他要求禁止在报刊上讨论"哲学和宗教观点"是虚伪和自相矛盾的。马克思说:

> 哲学谈论宗教问题和哲学问题同你们不一样。你们没有经过研究就谈论这些问题,而哲学是在研究之后才谈论的;你们求助于感情,哲学则求助于理智;你们是在咒骂,哲学是在教导;你向人们许诺天堂和人间,哲学只许诺真理;你们要求人们信仰你们的信仰,哲学并不要求人们信仰它的结论,而只要求检验疑团;你们在恐吓,哲学在安慰。的确,哲学非常精明老练,它知道,自己的结论无论对天堂的或人间的贪求享受和利己主义,都不会纵容姑息。而为了真理和知识而热爱真理和知识的公众,是善于同那些愚昧无知、卑躬屈节、毫无操守和卖身

求荣的文丐来较量判断力和德行的。(全集1:222)

针对《科隆日报》等半官方报刊"对黑格尔和谢林、费尔巴哈和鲍威尔、《德国年鉴》等等大肆喧嚷"、"要由官署出面给哲学规定一个合法的模式",马克思用哲学史知识说明,国家不能规定哲学的模式,相反,现代哲学为国家奠定了理论基础。他说:

> 差不多和哥白尼的伟大发现(真正的太阳系)同时,国家的引力定律也被发现了:国家的重心是在它本身中找到的。欧洲各国政府企图在确立国家间的均势方面运用这个结论。(全集1:227)

马克思在这里还强调,现代政治哲学的理论虽然对国家自身采取的"带有实践的最初的肤浅特点",但对国家的理性均衡策略有实践作用,但这些理论,特别是德国古典哲学囿于各自体系而未能被人民所理解,因而没有在民众中产生广泛影响,没有发挥应有的实践功能。他说:

> 哲学,尤其是德国哲学,爱好宁静孤寂,追求体系的完满,喜欢冷静的自我审视;所有这些,一开始就使哲学同报纸那种反应敏捷、纵论时事、仅仅热衷于新闻报道的性质形成鲜明对照。哲学,从其体系的发展来看,不是通俗易懂的;它在自身内部进行的隐秘活动在普通人看来是一种超出常规的、不切实际的行为;就像一个巫师,煞有介事地念着咒语,谁也不懂得他在念叨什么。(全集1:119)

马克思接着指出,哲学思辨难懂的内在形式不符合自身的实践内容。他指出哲学和外部世界的关系应该是这样的:

> 哲学家并不像蘑菇那样是从地里冒出来的,他们是自己的时代、自己的人民的产物,人民的最美好、最珍贵、最隐蔽的精髓都汇集在哲学思想里。正是那种用工人的双手建筑铁路的精神,在哲学家的头脑中建立哲学体系。哲学不是在世界之

外,就如同人脑虽然不在胃里,但也不在人体之外一样。当然,哲学在用双脚立地以前,先是用头脑立于世界的;而人类的其他许多领域在想到究竟是"头脑"也属于这个世界,还是这个世界是头脑的世界以前,早就用双脚扎根大地,并用双手采摘世界的果实了。(全集1:119—220)

马克思在这里使用了两个比喻:"工人的双手"比喻说明哲学家在头脑中建立哲学体系同样是一种实践活动;"双脚"和"头脑"的比喻说明实践对于理论的优先性。

根据对哲学实践性的理解,马克思宣告哲学的未来发展的方向:

任何真正的哲学都是自己时代的精神上的精华,因此,必然会出现这样的时代:那时哲学不仅在内部通过自己的内容,而且在外部通过自己的表现,同自己时代的现实世界接触并相互作用。那时,哲学不再是同其他各特定体系相对的特定体系,而变成面对世界的一般哲学,变成当代世界的哲学。各种外部表现证明,哲学正获得这样的意义,哲学正变成文化的活的灵魂,哲学正在世界化,而世界正在哲学化。(全集1:220)

"哲学是自己时代精神的精华"来自黑格尔《哲学史讲演录》"导言"。黑格尔在解释哲学的时代精神时还说,一方面"没有人能够真正超出他的时代",另一方面,哲学作为知识也可以说超出它的时代。[1] 黑格尔的"时代精神"表示"哲学在各个文化形态中的地位",说明"其他各种文化形态如何在一个与哲学有内在联系的精神领域内去表现那同一的精神原则"。[2] 马克思也把哲学的时代精神看作"文化的活的灵魂"。在马克思的博士论文中,我们已经看到,哲学和世界是互为内外的关系,即哲学的世界化和世界的哲学化。如果说哲学适应外部世界的内在理论不能

① 黑格尔:《哲学史讲演录》第1卷,商务印书馆1981年版,第57页。
② 同上书,第56页。

超出时代,那么哲学改造外部世界的外在实践必然超出时代。马克思更强调后者。在充分阐明哲学实践性之后,马克思用历史的事实验证哲学改造外部世界的实践力量。他说:

> 人们可以查阅任何一本历史书,他们将会发现,最简单的外部形式都一成不变地重复着,而这些外部形式很清楚地说明,哲学已进入沙龙、教士的书房、报纸的编辑室和朝廷的候见厅,进入同时代人的爱与憎。哲学是被它的敌人的叫喊声引进世界的;哲学的敌人发出了要求扑灭思想烈火的呼救的狂叫,这就暴露了他们的内心也受到了哲学的感染。对于哲学来说,敌人的这种叫喊声就如同初生婴儿的第一声啼哭对于一个焦急地谛听孩子哭声的母亲一样;这是哲学思想的第一声喊叫。哲学思想冲破了令人费解的、正规的体系外壳,以世界公民的姿态出现在世界上。(全集1:219—220)

未来的哲学世界化与文艺复兴、宗教改革、现代革命的形式一样,都是通过哲学真理在上层社会和普通民众中广泛传播,在其追求者与反对者的爱与憎的斗争中,发挥出哲学改造世界的巨大实践作用。

在马克思时代,"实证"一词的意义是含糊的。谢林晚期的"实证哲学"的意义是"肯定的哲学",而与黑格尔辩证法"否定的哲学"相对立。正如马克思揭露的那样,谢林的肯定是一种折中主义,"把哲学和神学结合起来了","把肉体和观念结合起来了",在政治上则把哲学"变成了应付一切场合的外交手腕","谢林的哲学就是哲学掩盖下的普鲁士政治"(文集10:12)。"实证"的另一意义是"经验",在此意义上,马克思反对历史法学派认为"实证的事物是不合理性的"说法,认为他们所说的"更高级的'实证'理性"是"非历史的臆想、模糊的空想和故意的虚构"(全集1:230,238)。在马克思的术语中,"外部世界"即经验世界,实证的东西即经验事物,实践即经验感觉到的物质作用。由于坚信实践的经验性质和

物质力量,马克思离开了黑格尔以思维为中心的唯心论的实践观。早期
"世界哲学化"和"哲学世界化"的互动,在下一阶段转变为"哲学不消灭
无产阶级,就不能成为现实;无产阶级不把哲学变成现实,就不可能消灭
自身"(文集 1:18)的行动纲领。

第二节　走向唯物论的实践观

　　1842—1844 年是马克思哲学迅速发展的时期,他在《德法年鉴》上发
表文章,与恩格斯合作的《神圣家族》,以及《黑格尔法哲学批判》手稿和
《1844 年经济学哲学手稿》,不但与青年黑格尔派彻底决裂,而且把他们
的根源追溯到黑格尔的思辨唯心论,对黑格尔哲学的"神秘主义"和颠倒
主体与客体的唯心论性质进行批判。马克思这一时期受费尔巴哈的自
然主义和人本主义影响,采用一些费尔巴哈术语批判黑格尔,如我们已
经在《黑格尔法哲学批判》中看到的那样。《1844 年经济学哲学手稿》中
肯定"费尔巴哈是唯一对黑格尔辩证法采取严肃的、批判的态度的人"
(文集 1:199),赞扬"费尔巴哈的伟大功绩"在于:

> 　　创立了真正的唯物主义和实在的科学,因为费尔巴哈使社
> 会关系即"人与人之间的"关系也同样成为理论的基本原则(文
> 集 1:200)。
> 　　我们同时也看到,只有自然主义能够理解世界历史的行
> 动。(文集 1:209)

令人疑惑的是,如同马克思一年后立即指出的那样,费尔巴哈的缺
陷恰恰是没有创立真正的唯物主义,他的人道主义没有使社会关系成为
理论的基本原则,他的自然主义恰恰不能理解世界历史的行动。马克思
归功于费尔巴哈的适用于社会关系和世界历史的真正的唯物主义,恰恰
是马克思即将创立的唯物史观。如果不拘泥于文字,1844 年手稿中的马
克思已经离开了费尔巴哈,无论他在多大程度上意识到这一点。

　　联系马克思这一时期写的著述和手稿,可以发现唯物主义的实践观是马克思先接受而后离开费尔巴哈以及历史上旧唯物主义的理由,也是他批判黑格尔神秘主义的主要理由,并且还使他得以应用黑格尔主观能动的辩证法,以解释人的实践改造自然、社会和人自身的现实过程。

一、费尔巴哈的影响

　　《1844年经济学哲学手稿》开宗明义:

> 　　对国民经济学的批判,以及整个实证的批判,全靠费尔巴哈的发现给它打下真正的基础。从费尔巴哈起才开始了实证的人道主义的和自然主义的批判。费尔巴哈的著作越是得不到宣扬,这些著作的影响就越是扎实、深刻、广泛和持久;费尔巴哈著作是继黑格尔的《现象学》和《逻辑学》之后包含着真正理论革命的唯一著作。(文集1:112)

　　1844年手稿的"序言"为一部计划正式出版的著作而写,上面的话表明了马克思创立唯物史观的过程中从费尔巴哈的自然主义人本学和从黑格尔辩证法中吸收的实践要素和社会历史观。马克思对黑格尔《精神现象学》和《逻辑学》的评论和改造将在下一章"辩证哲学"中阐释,这里先谈马克思与费尔巴哈处置黑格尔辩证法的不同态度。

　　以下表格列出1844年手稿中与费尔巴哈著作论述的对应之处。

序号	马克思	费尔巴哈
1	费尔巴哈是唯一对黑格尔辩证法采取严肃的、批判的态度的人,只有他在这个领域内作出了真正的发现,总之,他真正克服了旧哲学。(文集1:199)	黑格尔哲学是近代哲学的完成。因此新哲学的历史必然性及其存在理由,主要是与对黑格尔的批判有联系的。①

---

① 《费尔巴哈著作选集》上卷,荣震华、李金山等译,商务印书馆1984年版,第147页。

（续表）

2	费尔巴哈的伟大功绩在于：证明了哲学不过是变成思想的并且通过思维加以阐明的宗教，不过是人的本质的异化的另一种形式和存在方式；因此哲学同样应当受到谴责（文集1：200）。	近代哲学的任务，是将上帝现实化和人化，就是说，将神学转变为人本学，将神学溶解为人本学。 思辨哲学是真实的、彻底的、理性的神学。①
3	他扬弃了无限的东西，设定了现实的、感性的、实在的、有限的、特殊的东西。（哲学，对宗教和神学的扬弃。）（文集1：200）	新哲学将我们所了解的存在不只是看作思维的实体，而是看作实际存在的实体……就是感性的存在，直观的存在，感觉的存在，爱的存在。②
4	他重新扬弃了肯定的东西，重新恢复了抽象、无限的东西。宗教和神学的恢复。（文集1：200）	新哲学对理论的独立性和尊严性并无妨碍，甚至与理论高度协调，本质上具有一种实践倾向，而且是最高意义下的实践倾向。新哲学替代了宗教，它本身包含着宗教的本质，事实上本身就是宗教。③
5	彻底的自然主义或人道主义，既不同于唯心主义，也不同于唯物主义，同时又是把这二者结合起来的真理。（文集1：209）	唯物主义、唯心主义、生理学、心理学都不是真理；具有人本学是真理，只有感性、直观的观点是真理。④
6	［费尔巴哈］创立了真正的唯物主义和实在的科学，因为费尔巴哈使社会关系即"人与人之间的"关系也同样成为理论的基本原则。（文集1：200）	新哲学将人连同作为人的基础的自然当作哲学的唯一的、普遍的最高的对象——因而也将人本学连同自然学当作普遍的科学。 人的本质只是包含在团体之中，包含在人与人的统一之中。⑤
7	人作为对象性的、感性的存在物，是一个受动的存在物；因为它感到自己是受动的，所以是一个有激情的存在物。激情、热情是人强烈追求自己的对象的本质力量。（文集1：211）	没有限制，没有时间，没有痛苦的地方，也就没有性质，没有力量，没有精神，没有热情，没有爱。⑥

① 《费尔巴哈著作选集》上卷，荣震华、李金山等译，商务印书馆1984年版，第122—123页。
② 同上书，第167页。
③ 同上书，第186页。
④ 同上书，第205页。
⑤ 同上书，第184—185页。
⑥ 同上书，第110页。

（续表）

序号	马克思	费尔巴哈
8	饥饿是我的身体对某一对象的公认的需要，这个对象存在于我的身体之外，是使我的身体得以充实并使本质得以表现所不可缺少的。（文集1:210）	在饥饿的时候，我的胃给我的感觉，或者在思索的时候，我的脑给我的感觉，只是我自身的对象……生命、感觉、表象，就其本身说来只能直接感知，是不能与生存着的、感觉着的、表象着的本质、主体或器官分开、游离的。①
9	思维和存在虽有区别，但同时彼此又处于统一中。（文集1:189）	思维与存在的统一，只有在将人理解为这个统一的基础和主体的时候，才有意义，才是真理。②
10	吃、喝、生殖等等，固然也是真正的人的机能。但是，如果加以抽象，使这些机能脱离人的其他活动领域并成为最后的和唯一的终极目的，那它们就是动物的机能。（文集1:160）	假如人在感觉中和畜牲没有区别，那么人在思维中和畜牲也不能有所区别。……差别正在于此：他作为人而具有那些动物所没有的东西。动物的感觉是动物的，人的感觉是人的。③
11	感性（见费尔巴哈）必须是一切科学的基础。科学只有从感性意识和感性需要这两种形式的感性出发，因而，科学只有从自然界出发，才是现实的科学。（文集1:194）	哲学必须重新与自然科学结合，自然科学必须重新与哲学结合。这种建立在相互需要和内在必然性上的结合，是持久的、幸福的、多子多孙的，不能与以前那种哲学与神学的错配同日而语。④
12	费尔巴哈这样解释了黑格尔的辩证法（从而论证了要从肯定的东西即从感觉确定的东西出发）（文集1:200）	在抽象的黑暗中承认现实的光明，乃是一种矛盾——在否定现实中肯定现实。新哲学是不以抽象的方式，而是以具体的方式思想具体事物的。⑤

---

① 《费尔巴哈著作选集》上卷，荣震华、李金山等译，商务印书馆1984年版，第194页。
② 同上书，第181页。
③ 同上书，第212页。
④ 同上书，第118页。
⑤ 同上书，第164页。

二、与费尔巴哈相异之处

以上的对比表只是列举了马克思和费尔巴哈的一些表面上相似的12条说法,但几乎每一条背后的理由差异很大。让我们逐条分析。

(一)宗教批判的实践目的

第1—4条通过对终结于黑格尔的旧哲学的批判来开创新哲学,费尔巴哈的批判通过对有神论、泛神论和无神论三者关系的阐述,建立把上帝的本质还原为人的本质的人本学的新哲学,他在宗教领域内扬弃了基督教神学的批判,最终指向黑格尔哲学。费尔巴哈因此说:"谁不扬弃黑格尔哲学,谁就不扬弃神学。"①新哲学以"爱的真理,感觉的真理"取代黑格尔的思辨哲学,以崇尚人的本质的"最高意义下的实践"的新宗教取代基督宗教。

马克思说费尔巴哈批判黑格尔辩证法的结果是"宗教和神学的恢复",暗含对费尔巴哈的批判。恩格斯后来明确地说:费尔巴哈的下面这个论断是绝对错误的:人类的各个时期仅仅由于宗教的变迁而彼此区别开来。恩格斯并说:"费尔巴哈想以一种本质上是唯物主义的自然观为基础建立真正的宗教,这就等于把现代化学当做真正的炼金术。"(文集4:288)

我们看到,马克思早在1842年业已要求:"更多地在批判政治状况当中来批判宗教,而不是在宗教当中来批判政治状况。"(文集10:3—4)马克思和恩格斯一直在启蒙的传统中评价近代哲学的价值。1844年手稿把18世纪法国唯物主义的无神论看作人的自由解放过程中的一个"已不再有任何意义"的历史环节;马克思接着说:

> 因为无神论是对神的否定,并且正是通过这种否定而设定人的存在;但是,社会主义作为社会主义已经不再需要这样的

①《费尔巴哈著作选集》上卷,荣震华、李金山等译,商务印书馆1984年版,第114页。

209

中介;它是从把人和自然界看做本质这种理论上和实践上的感
性意识开始的。社会主义是人的不再以宗教的扬弃为中介的
积极的自我意识,正像现实生活是人的不再以私有财产的扬弃
即共产主义为中介的积极的现实一样。(文集 1:197)

以上分析表明,费尔巴哈建立人本学的途径是旧的宗教哲学的扬
弃,目的是具有最高意义实践的新宗教;而马克思同意费尔巴哈人本主
义的理由是以人为本的自由解放,为此目的,必须扬弃鄙视人、漠视人的
政治制度和经济制度;对形形色色的旧宗教和哲学的批判始终是为了改
变社会制度的实践。批判途径和目的的实践意义,决定性地把马克思与
费尔巴哈的人本主义区别开来。

(二)唯物主义的感性直观

第 5 条表明,马克思和费尔巴哈一样,没有把自己的学说归结为一
般意义的唯物主义,而是与唯心主义相结合的唯物主义、与人道主义相
等同的自然主义。第 6—12 条表明,马克思和费尔巴哈主张的实际上是
以感性直观为对象的唯物主义或自然主义,但他们对感性直观的理解大
不相同。

费尔巴哈依循"研究对象决定学科性质"的传统科学理念,把人连同
自然当作感性直观对象,因此说,人本学和自然学的"新哲学是正大光明
的感性哲学"(文集 1:169)。马克思同意说人和自然是感性直观对象,但
这不是因为它们如费尔巴哈所说是"世俗的,一目了然的,无思想的,自
明的东西"①,而是因为人的实践活动把人和自然"对象化"为感性直观对
象。"对象化"是黑格尔说明主体与客体关系的一个概念,黑格尔认为意
识把外在客体对象化为意识对象。费尔巴哈只是强调人和自然不是思
维或意识实体,却不知道对象与对象化的辩证法。

马克思强调自然对象和人本身的感性特征来自人在理论领域和实

①《费尔巴哈著作选集》上卷,荣震华、李金山等译,商务印书馆 1984 年版,第 174 页。

践领域的生命活动：

> 从理论领域来说，植物、动物、石头、空气、光等等，一方面作为自然科学的对象，一方面作为艺术的对象，都是人的意识的一部分，是人的精神的无机界，是人必须事先进行加工以便享用和消化的精神食粮；同样，从实践领域来说，这些东西也是人的生活和人的活动的一部分。人在肉体上只有靠这些自然产品才能生活，不管这些产品是以食物、燃料、衣着的形式还是以住房等等的形式表现出来。在实践上，人的普遍性正是表现为这样的普遍性，它把整个自然界——首先作为人的直接的生活资料，其次作为人的生命活动的对象（材料）和工具——变成人的无机的身体。自然界，就它自身不是人的身体而言，是人的无机的身体。人靠自然界生活。这就是说，自然界是人为了不致死亡而必须与之处于持续不断的交互作用过程的、人的身体。所谓人的肉体生活和精神生活同自然界相联系，不外是说自然界同自身相联系，因为人是自然界的一部分。（文集1:161）

"笔记本 I"中使用的"对象化"的概念，指人的意识对自然对象的"加工"；而生产的"精神食粮"，以及人的劳动把自然界作为"人的直接的生活资料"、"人的生命活动的对象（材料）和工具"、人和自然界"持续不断的交互作用过程"等语表达了"对象"和"对象化"在人的实践活动中的统一。

（三）克服异化的实践

马克思和费尔巴哈一样，认为人的本质被异化。但对异化的根源看法大相径庭。巴斯克斯的《实践哲学》一书列举了 1844 年手稿中马克思与费尔巴哈在异化问题上的异同。①

----

① 阿道夫·桑切尔·巴斯克斯：《实践的哲学》，白亚光译，张峰校，黑龙江人民出版社 1987 年版，第 382 页。

	费尔巴哈	马克思
异化的主体	一般的人	工人（和资本家）
主体活动的性质	理论活动	实践活动
主体活动的产物	观念对象:上帝	现实对象:劳动产品
异化领域	人类意识	人类劳动
异化内容	人的非人化	工人的非人化
对象对主体的反作用	上帝统治人	劳动产品转而反对它的生产者
异化的复归	人的本质	人的本质

需要强调的是,马克思和费尔巴哈对克服异化的实践活动的理解根本不同。马克思把实践活动理解为改造自然和人自身的物质生产劳动,这决定性地把他与费尔巴哈区别开来。

费尔巴哈所说的表现人的本质的"团体"和"统一性"是"爱的宗教"的团体,而马克思强调:

> 共产主义是对私有财产即人的自我异化的积极的扬弃,因而是通过人并且为了人而对人的本质的真正占有,因此,它是人向自身、也就是向社会的即合乎人性的人的复归(文集 1:185)。

费尔巴哈所说的感觉的受动和主动的关系是身体与头脑、"存在与本质的结合、直观与思维的结合、被动与主动的结合、法国感觉主义和唯物主义的反经院派的热情原则与德国形而上学的经院派的冷谈态度结合起来".① 而马克思强调的是"现实的、肉体的、站在坚实的呈圆形的地球上呼出和吸入一切自然力的人"的"对象性的本质力量的主体性"(文集 1:209)。

在《反对身体和灵魂、肉体和精神的二元论》一文中,费尔巴哈在心理学和生理学、思维与心情的基础上阐述思维与存在的统一。而马克思

---

① 《费尔巴哈著作选集》上卷,荣震华、李金山等译,商务印书馆 1984 年版,第 111 页。

则说,被动的需要和追求满足欲望的激情是"人强烈追求自己的对象的本质力量"(文集 1:211)。在马克思看来,人的思维之所以与存在相统一,是因为:

> 作为类意识,人确证自己的现实的社会生活,并且只是在思维中复现自己的现实存在;反之,类存在则在类意识中确证自己,并且在自己的普遍性中作为思维着的存在物自为地存在着。(文集 1:188)

费尔巴哈一般地谈论人的感觉与动物感觉的不同。马克思则强调:

> 不仅五官感觉,而且连所谓精神感觉、实践感觉(意志、爱等等),一句话,人的感觉、感觉的人性,都是由于它的对象的存在,由于人化的自然界,才产生出来的。(文集 1:191)

马克思和费尔巴哈都要求哲学与自然科学的结合。费尔巴哈的理由是人本学和自然学是统一科学的"相互需要和内在必然性"。而马克思的理由则是自然科学和人的实践相联系的历史必然性。他说:

> 自然科学却通过工业日益在实践上进入人的生活,改造人的生活,并为人的解放作准备,尽管它不得不直接地使非人化充分发展。工业是自然界对人,因而也是自然科学对人的现实的历史关系。(文集 1:193)

(四)具体的实现过程

第 12 条表明:费尔巴哈要求"以具体的方式思想具体事物",而马克思认为这是要求"从感觉确定的东西出发"。费尔巴哈要求"将现实提升为哲学的原则和对象"。费尔巴哈所说的现实原则与黑格尔的实现过程没有共同之处。费尔巴哈要把感性对象直接地肯定为现实存在;而黑格尔辩证法从"感性确定性"最抽象的形式开始,经过一系列否定,达到越来越具体的现实。

　　马克思认为,"新哲学才是黑格尔哲学的真理。"(文集 1:164)他把《精神现象学》解读为:"黑格尔是站在现代国民经济学家的立场上的。他把**劳动**看做人的**本质**,看做人的自我确证的本质",不错,"黑格尔唯一知道并承认的劳动是**抽象的精神**的劳动"(文集 1:205)。但马克思只要把它颠倒为物质生产劳动,那么劳动的"对象化"、"异化"和"外化"(这里暂且撇开这三个概念含义的差异不谈)就可以被合理地理解为人类实践改变自然和人自身的一致性。即,"通过实践创造对象世界,改造无机界,人证明自己是有意识的类存在物"(文集 1:162)。人确证自己类存在的有意识的实践,既是把自然界人化的过程,也是人自身被对象化为感性的自然的过程,这两个过程同时同步发生。通过劳动实践的过程,马克思如同黑格尔那样,把感性存在的人与认识到历史的人统一起来,把人看作"一种有意识地扬弃自身的形成过程。历史是人真正的自然史"(文集 1:211)。通过把黑格尔"劳动"和"异化"综合为改造自然、社会和人自身的历史实践,马克思实际上克服了费尔巴哈消极的、直观的自然主义和人本主义,已经站在进入唯物史观的门槛上。

三、唯物主义的社会实践

　　1844 年手稿"序言"中提到,青年黑格尔派"归根结底不外是旧哲学的、特别是黑格尔的超验性被歪曲为神学漫画的顶点和结果"(文集 1:113)。马克思恩格斯次年在《神圣家族》中对他们的"神学漫画"展开批判。他们依然以"现实人道主义"的名义批判鲍威尔等人的思辨唯心主义(文集 1:253),但通过对历史上唯物主义的评论,他们实际上已经明示,他们选择的唯物主义,并不是唯物主义的世界观,而是唯物主义的实践观。比如,马克思如此批判霍布斯的唯物主义:

　　　　唯物主义在以后的发展中变得片面了。霍布斯把培根的唯物主义系统化了。感性失去了它的鲜明色彩,变成了几何学家的抽象的感性。物理运动成为机械运动或数学运动的牺牲品；几何学被宣布为主要的科学。唯物主义变得漠视人了。为了能够在漠视人的、毫无血肉的精神的领域制服这种精神，唯物主义本身就不得不扼杀自己的肉欲，成为禁欲主义者。它以理智之物的面目出现，同时又发展了理智的无所顾忌的彻底性。（文集 1:331—332）

这里不但批判"抽象感性"的唯物主义"漠视人"，而且批判这种唯物主义把物质当作"理智之物"的不彻底性。

再如，马克思赞扬 18 世纪的法国唯物主义，不只是因为他们对 17 世纪形而上学和神学的斗争，更重要的是他们对社会实践的意义。马克思评价说，爱尔维修"使唯物主义获得了真正法国的性质"，因为：

爱尔维修立即把唯物主义运用到社会生活方面（爱尔维修《论人》）。感性的特性和自尊、享乐和正确理解的个人利益，是全部道德的基础。人的智力的天然平等、理性的进步和工业的进步的一致、人的天然的善良和教育的万能，这就是他的体系中的几个主要因素。（文集 1:333）

在《神圣家族》中，马克思反对鲍威尔兄弟"自我意识"的唯心论，因为试图改造社会的社会主义或共产主义的信念"甚至在最老的法国唯物主义者的著作中也可以几乎一字不差地找到"（文集 1:335）。马克思进一步说，即使"粗陋的、不文明的唯物主义"、"成熟的"、"最受欢迎然而也是最肤浅的"和"比较有科学根据的共产主义"都"把唯物主义学说当做现实的人道主义学说和共产主义的逻辑基础加以发展"（文集 1:335），也胜过了青年黑格尔派批判群众、脱离实践的唯心论。

《神圣家族》批判鲍威尔兄弟把工人群众作为批判的对象。马克思把 1844 年手稿中阐明的异化劳动的非人性转化为唯物主义直观感觉的素朴真理。针对埃德加·鲍威尔认为"拥有和不拥有，工资，薪赏，匮乏

和需要,为满足而进行的劳动,都无非是一些范畴而已"的荒谬想法,马克思说:

> 不拥有是最令人绝望的唯灵论,是人的完全的非现实,是非人的完全的现实,是一种非常实际的拥有,即拥有饥饿,拥有寒冷,拥有疾病,拥有罪过,拥有屈辱,拥有愚钝,拥有一切不合人道的和违反自然的现象。但是任何对象,只要它的重要性头一次被人们所充分认识从而成为思考的对象,那它就是最重要的思考对象。(文集1:267—268)

"不拥有是最令人绝望的唯灵论"的意思是,不拥有悲惨是光凭意识(唯灵论)不能摆脱的现实,工人实际拥有的非人的现实。在范畴中成为人的思考对象,但它不是被客观冷静地观察到的对象,而是劳苦大众生死攸关的对象;思考它也不只是为了认识它,更重要的是改变它,摒弃它。

埃德加·鲍威尔认为"一切祸害都只在工人们的'思维'里",只要消灭在思想中不再认为自己是雇佣工人,他们在现实中就不再是雇佣工人了。马克思批驳说:

> 这些群众的共产主义的工人,例如在曼彻斯特和里昂的工场中做工的人,并不认为用"纯粹的思维"就能够摆脱自己的企业主和他们自己实际的屈辱地位。他们非常痛苦地感觉到存在和思维之间、意识和生活之间的差别。他们知道,财产、资本、金钱、雇佣劳动以及诸如此类的东西决不是想象中的幻影,而是工人自我异化的十分实际、十分具体的产物,因此,也必须用实际的和具体的方式来消灭它们,以便使人不仅能在思维中、在意识中,而且也能在群众的存在中、在生活中真正成其为人。(文集1:273)

216

马克思的唯物主义批判与鲍威尔等人唯心主义批判的根本区别在于是否相信群众的、物质的实践。马克思认为,工人和劳苦群众出于亲身感受的真理,势必能动地用物质的力量改变身处的非人的实际的社会地位。而鲍威尔等人则否定群众的实践活动。马克思一针见血地说明他们与群众的对立。在他们眼中,"一方面是群众,他们是历史上的消极的、精神空虚的、非历史的、物质的因素;另一方面是精神、批判、布鲁诺先生及其伙伴,他们是积极的因素,一切历史行动都是由这种因素产生的。改造社会的事业被归结为批判的批判的大脑活动"(文集 1:293)。

究竟群众的批判的实践活动抑或鲍威尔等人批判的大脑活动才是改造社会的事业,答案是一目了然的。群众的"革命的、实践批判的活动"不但克服了青年黑格尔派,也克服了他们的对立面费尔巴哈。

第三节　唯物史观的奠基

恩格斯《费尔巴哈和德国古典哲学终极》的最后一句话是"德国的工人运动是德国古典哲学的继承者"(文集 4:313),而该书标题中的"终结"(Ausgang)有"出口"的意思。恩格斯留下一个悬念:工人阶级是如何从德国古典哲学的出口走向马克思哲学的?恩格斯没有回答这个问题,但他大概感到马克思 1845 年春写的《关于费尔巴哈的提纲》(以下简称《提纲》)对此问题的重要性,遂在该书 1888 年单行本的附录中发表了他称作"包含着新世界观的天才萌芽的第一个文件"的这个提纲(文集 4:266)。恩格斯晚年说,"关于历史唯物主义的起源",马克思《关于费尔巴哈的提纲》"其实就是这一起源!"(文集 10:647)如此看来,《提纲》的思想就不只是"天才萌芽",而是"胸有成竹"了。毫不夸张地说,《提纲》为马克思两大发现——唯物史观和剩余价值学说一举奠定了哲学基础和方法论前提。有人若要质疑:《提纲》区区千余文,真有那么大的威力吗？那就让我们摆一摆哲学史研究的文本证据，以证明《提纲》上承德国唯心论之余绪、下开唯物史观之先河的变革意义。

一、唯心主义是如何发展主体能动性的？

《关于费尔巴哈的提纲》第 1 条对唯物主义与唯心主义的是非得失做出言简意赅总结：

> 从前的一切唯物主义（包括费尔巴哈的唯物主义）的主要缺点是：对对象、现实、感性，只是从客体的或者直观的形式去理解，而不是把它们当做感性的人的活动，当做实践去理解，不是从主体方面去理解。因此，和唯物主义相反，唯心主义却把能动的方面抽象地发展了，当然，唯心主义是不知道现实的、感性的活动本身的。费尔巴哈想要研究跟思想客体确实不同的感性客体，但是他没有把人的活动本身理解为对象性的［gegenständliche］活动（……）因此，他不了解"革命的"、"实践批判的"活动的意义。（文集 1：499）

马克思这里所说的唯心主义主要指德国唯心论。如果说德国唯心论是哲学史舞台上一场瑰丽恢弘的交响乐，那么它的四乐章的主角主题分别是康德、费希特、谢林和黑格尔。《提纲》的关键词"实践"（praktische/Praxis）、"活动"或"主动性"（Tätigkeit）及其形容词"能动"（tätige）、"对象"（Gegenstand）、"客体"（Objekt）、"主体"（Subjekt）、"感性的"（sinnlich）、"直观"（Anschauung）始终是"四乐章"中回旋缭绕的曲调，而"客体"与"主体"、"现实"与"思维"、"世界"与"思想"的关系，以及"理论"与"实践"的关系，则是贯穿全场的旋律。

为了聆听马克思，首先要欣赏德国唯心论。具体地说，为了理解马克思，首先要理解康德到黑格尔如何"从主体方面"、"能动的方面"发展了对实践的理解。只是由于德国唯心论一以贯之的能动实践观，马克思才能在自己学说中把握住费尔巴哈所不懂的革命的实践。

（一）康德实践观的四重意义

康德的三大批判把人的能力区分为知性、理性和判断力，三者都是"主动性"（Tätigkeit）即一个主体（行动者）确定对象的活动。认识的知性是主体用概念活动把握感性材料的活动；实践的理性是主体在"行动中"（in der Tat）表明意志自由①；而判断力则是主体用知性和理性的中介活动来评判情感表象的主动性。

康德按照先天原则，依据对象何以可能的条件，规定了与主体性相对应的对象的现实性（Wirklichkeit）。知性为自然立法，用"自然"的概念统摄全部现象；理性为自由立法②，用"自由"的概念表明道德理性活动的终极目的；而判断力把自然判断为艺术品，或者是合乎知性所把握的自然秩序，或者是合乎人类终极目的的自然安排。在三大批判中，康德从四个层次上论述了实践的意义。

首先是实践的存在意义　康德说："凡是通过自由而可能的东西，都是实践的东西。"③首先和最重要的是，自由是使得道德自律成为可能的实际存在。用康德的话来说：

> 自由当然是道德法则的 ratio essendi［存在根据］，但道德法则却是自由的 ratio cognoscendi［认识根据］。因为如果不是在我们的理性中早已清楚地想到了道德法则，我们就绝不会认为自己有理由去假定像自由这样的东西。但如果没有自由，在

---

① 李秋零主编:《康德著作集》第 5 卷,中国人民大学出版社 2008 年版,第 45 页。括号中德文系笔者对照原文附加。
② 同上书,第 4 卷,第 322 页;第 3 卷,第 536 页。
③ 同上书,第 3 卷,第 511 页。

我们里面也就根本找不到道德法则。①

在康德看来,自由不是一个理念或理想,而是理性的事实,道德的现实存在。实践理性使"自由的主体成为本体"②,达到了本体(自由的事实)和主体(善良意志)、因果性(行动准则)与自因(道德自律)的统一。但这些统一不是某个道德圣贤一蹴而就的,而是在主体性活动中、在人类历史中、在不同程度上达到的。这是把自由设定为终极目的惟一理由。

其次是实践的主观意义 在道德领域,除有纯粹实践理性自由立法的基础,还有实践的信念。康德在《纯粹理性批判》结尾作了知识、信念与意见的区分,知识具有的充分真理性,意见是没有确定性的臆信,而信念介于中间,缺乏知识的真理性而有意见所不具有的充分确定性。③ 信念有学理的信念与实践的信念。康德说:"在任何地方,只有在实践的关系中,理论上不充分的视之为真才能被称之为信念。现在,这种实践的意图要么是技艺性的意图,要么是道德性的意图,前者关涉任意和偶然的目的,后者则关涉绝对必然的目的。"④道德实践信念把"道德性的体系与幸福的体系密不可分地结合在一起"⑤。"道德性意图"的实践信念被用于建构道德形而上学。而"技艺实践"在《判断力批判》中是审美判断和合目的判断的基础。康德在该书开始说:"如果规定因果性的概念是一个自然概念,那么诸原则就是技艺实践的(technische-praktisch)。"⑥

第三个层次是实践的历史意义 康德在其政治哲学中用道德实践解释启蒙的历史趋势。《判断力批判》中,技艺实践的因果概念和道德实践的自由概念的综合,赋予自然有机体以内在目的性的形式,使得判断

---

① 李秋零主编:《康德著作集》第5卷,中国人民大学出版社2008年版,第5页。
② 同上书,第5卷,第7页。
③ 同上书,第3卷,第524页。
④ 同上书,第3卷,第525页。
⑤ 同上书,第3卷,第516页。
⑥ 同上书,第5卷,第181页。括号中德文系笔者对照原文附加。

力得以赋予人类自然禀赋以在历史中改善和教化自身的道德性。

第四个层次是实践的经验应用 康德把经验应用意义上的"实践"称为"实用的"（pragmatisch）。实用的经验既可以是改变自然的技术规则，也可以是阐发人性的道德学说。康德说，实用的技术规则是"提供自由行为的实用法则，以达到感官像我们推荐的目的"①。实用的道德学说是康德长期讲授的实用人类学。在人类学这门学科上，康德承认实用的经验世界知识比理论人类学的先验伦理知识更有益于人类改造世界的活动。他说，实用人类学"包含着作为**世界公民**的人的知识"，"关涉到人作为自由行动的存在者使自己成为或者能够并使自己作什么研究"，因此需要"**认识**世界和**拥有**世界"。不过，康德又说："这两个表述在含义上相距甚远，因为前者只是**理解**他所旁观到的活动，后者则是**参与**这一活动。"②

（二）费希特的"实践优先"

费希特的知识学按照康德的体系，分为理论哲学和实践哲学两部分。在理论哲学部分，费希特突出了自我的主动活动。知识学的第一原理不是笛卡尔的"我思故我在"，也不是康德的综合感性直观对象的自我意识，而是"自我设定自身"的理智直观。费希特说："自我由自己所作的设定，是自我的纯粹活动。""纯粹活动"意味着：

> 它同时既是行动者（das Handelnde），又是行动的产物；既是活动着的东西（das Tätige），又是由活动制造出来的东西；行动与事实（Tat），两者是同一个东西，而且完全是同一个东西。③

费希特承认，自我对自身以外对象的直观是感性直观，但他不承认感性直观来自不可知物的给予或消极接受的感性。相反，感性对象只能被合理地理解为自我活动自身的对立面。自我活动既是"冲动"（Anlaß）

---

① 李秋零主编：《康德著作集》，第 3 卷，中国人民大学出版社 2008 年版，第 511 页。
② 同上书，第 7 卷，第 114 页。
③ 梁志学主编：《费希特著作选集》第 1 卷，商务印书馆 1997 年版，第 505 页。括号内德文系笔者依据原文附加。

或"刺激"（Anregung），又是"障碍"（Hindernis）或"抵抗"（Hemmung）。费希特说：

> 没有自我的活动，就没有障碍。反过来说，自我出于自己本身的规定活动就应该是受障碍制约的；没有障碍就没有自身规定。——进一步说，没有自我规定，就没有客观的东西。①

费希特把自我活动的障碍和抵抗当作非我，自我和非我是统一的，犹如作用力和反作用力的平衡。那么，自我和非我何者是第一原则呢？费希特承认，斯宾诺莎主义断定物独立于自我的"独断论"和法国唯物论与唯心论在思辨方面似乎具有同样的价值，其中任何一方都不能克服另一方。对立的两方究竟何方有真理性？费希特说，这是一个兴趣问题："唯心论者与独断论者的差别的最后根据，就在于他们的兴趣不同"；或者说，两方的争论归结为这样一个实践问题："为了自我的独立性是否应当牺牲自我的独立性，或者相反，为了物的独立性是否应当牺牲自我的独立性？"②

知识学的实践哲学解决了理论哲学不能解决的问题，只有在实践哲学及其基础之上的伦理学，才能最终驳倒独断论。费希特说："每一个彻底的独断论者必然是一个宿命论者"，"必然也是唯物论者"③。唯物论与无神论伦理学家如爱尔维修等人认为人的天性是自私，费希特说："这样的立论就把追求任何高尚东西的努力都变得索然无味和毫无可能了"④。而哲学家就是意识到自我存在于行动、并把行动付诸于实践的人。费希特说，在实践哲学里，自我的能力"被归结为一种更高的能力"⑤。这就是

---

① 梁志学主编：《费希特著作选集》第1卷，商务印书馆1997年版，第628页。
② 梁志学主编：《费希特著作选集》第2卷，第664—666页。
③ 同上书，第746页。
④ 梁志学主编：《费希特著作选集》，第3卷，第188页。
⑤ 同上书，第1卷，第633页。

"为自由和争自由的冲动"①。实践的冲动是"努力"(streiten)，努力突破了意识内部自我冲动与非我阻力的交替平衡，前后相继地为渴望的自由而不懈奋斗。费希特的哲学遵循实践优先的原则，是努力实现人的使命和自由的奋斗哲学(Strebensphilosophie)。

（三）谢林的历史发展观

谢林的哲学体系可谓德国唯心论交响乐中一曲浪漫主义的咏歌。浪漫主义强调全体是相互渗透的有机整体，张扬把实在与理想、现实与想象、事实与虚拟整合在一起的天才的艺术创造。谢林第一次从"存在与思维同一"的原则出发，把自然、历史和艺术表述为一以贯之的体系。

谢林的《先验唯心论体系》用思辨演绎的方式发展了康德、费希特的主体性原则，用自由的创造充实了德国唯心论的实践概念。从理智直观开始，自我意识经历了对自然的感性直观、在历史中的意志活动和艺术直观的创造过程，描述了"自我意识的一部历史"②。谢林体系中的自然哲学反对把自然等同为惰性物质的机械论俗见，在自然中读出了生意盎然的精神，如他所说："自然是可见的精神，精神是不可见的自然。"③体系中的历史哲学解释了人的任性而有意识活动所体现的客观必然性，如他所说："历史的主要特点在于它表现了自由与必然的统一，并且只有这种统一才使历史成为可能。"④谢林体系特别重视艺术哲学，颇为浪漫地描述了艺术作品中天才创造与理智直观的统一。他说：

艺术好像给哲学家打开了至圣所……去掉那层看不见的、把现实世界和理想世界分割开来的隔膜，打开一个缺口，让那个只是若明若暗地透过现实世界而闪烁出来的理想世界的人

① 梁志学主编：《费希特著作选集》，第3卷，商务印书馆1997年版，第142页。
② 谢林：《先验唯心论体系》，梁志学、石泉译，商务印书馆1981年版，第63页。
③ F. W. J. Schelling, *Ideas for a Philosophy of Nature*, trans. E. Harris and P. Heath, Cambridge University Press, 1988, p. 42.
④ 谢林：《先验唯心论体系》，第243页。

物形象和山川景色完全祖露出来——一切壮丽的画卷仿佛都是这样产生了。①

后期谢林借助神学语言,把绝对唯心论表述为哲学泛神论,力图用上帝创世的"肯定哲学"来取代黑格尔的否定辩证法,自觉或不自觉地顺应普鲁士王国力求消除黑格尔哲学"有害"影响的政治图谋。青年马克思揭露说:"谢林的哲学就是哲学掩盖下的普鲁士政治",同时区分了"谢林的真诚的青春思想"与"善于把哲学和外交结合起来"的后期谢林。(全集 47:68,69)

尤为重要的是,恩格斯把谢林首先表述的"存在与思维同一性"当作哲学基本问题的第二个方面,并说"绝大多数哲学家对这个问题都做出肯定的回答"(文集 4:278)。其实,绝大多数的肯定回答只是因为谢林把同一性作为首要原则,在此之前,主流哲学家如休谟、康德的回答都不是肯定的。只是因为费希特把唯心论与唯物论的对立主题化,谢林把存在与思维是否有同一性的问题主题化,恩格斯综述的"哲学基本问题"才能成为马克思主义的主题。

(四)黑格尔的主客观相一致的能动性

黑格尔把费希特、谢林的主体—客体、实体—自我的统一体总称为精神,更重要的是,黑格尔发现了精神分离与统一活动是异化与扬弃的辩证过程。在黑格尔看来,异化与扬弃不是从外面加诸意识的先验原则,而是精神自身的存在、本质和活动。传统上把上帝当作精神自身,"但是,"黑格尔说,"如果其中缺少了否定性的严肃、痛苦、容忍和劳作,它就沦为一种虔诚,甚至于沦为一种无味的举动。"②

自我意识尤其是"严肃、痛苦、容忍和劳作"的实践活动。自我意识的类本质统一于自我与他人的相互承认。统一之后的分离是为相互承

① 谢林:《先验唯心论体系》,第 276 页。
② 黑格尔:《精神现象学》上卷,贺麟、王玖兴译,商务印书馆 1978 年版,第 11 页。

认而进行的斗争,斗争的结果是主人意识与奴隶意识的对立。黑格尔高度评价奴隶劳动改造自然和塑造文化(包括艺术和宗教)的历史意义。他说:"劳动是受到限制或节制的欲望,亦即延迟了的满足的消逝,换句话说,劳动陶冶事物。"①通过劳动,奴隶意识瓦解了"主人意识",成为古代社会的意识形态。在此之后,自我意识继续在世界历史中不断地异化、扬弃和重组。

在《哲学全书》中,黑格尔用实践的观点,逻辑地解释意识的起源、发展和自我实现。该书第 245 节把康德《判断力批判》中"技术性实践"与"道德性实践"归结为"人以实践态度对待自然"。黑格尔区分两种态度:"对自然的实践态度一般是由利己的欲望决定的;需要所乞求的,是为我们的利益而利用自然,砍伐它,消灭它,一句话,毁灭它。"与此相反,"真正的目的论考察在于把自然看做在其特有的生命活动内是自由的,这种考察是最高的"②。

从实践的观点看,黑格尔全景式地刻画了从有机自然到人的生命、从劳动到自由意志的合目的发展过程。这个自然历史的全过程有四次重要的质变,每次质变的节点被概括为一个逻辑范畴。

实践关系　从自然演变到动物实践是生命有机体的质变,其节点是《哲学全书》第 359 节开始论述的"实践关系"范畴。黑格尔把感觉理解为动物机体"同无机自然界的实践关系",动物活动的"实践过程是对外部无机自然界的独立物质存在的改变和扬弃"③。

自由意志　人的理论态度和实践态度是人脱离动物界的质变,其节点是人的自由意志。黑格尔在《哲学全书》第 481 节论述"自由精神"和《法哲学原理》第 4 节论述"意志自由"中时说:"现实的、自由的意志是理论和实践精神的统一"④,"人不可能没有意志而进行理论的活动或思维,

---

① 黑格尔:《精神现象学》上卷,贺麟、王玖兴译,商务印书馆 1978 年版,第 124—125 页。
② 黑格尔:《自然哲学》,梁志学等译,商务印书馆 1986 年版,第 6,8 页。
③ 同上,第 536,539 页。
④ 黑格尔:《精神哲学》,杨祖陶译,人民出版社 2006 年版,第 309 页。

因为在思维时他就在活动","意志不过是特殊的思维方式"①。

所有权 相互承认的权利是人从自然存在进入社会存在的质变,其节点是《法哲学原理》第41节开始论述的"所有权"。黑格尔说,人占有物的所有权是实现在物中的意志自由,人占有物的权利意味着"每一个人都有权把他的意志变成物,或者物变成他的意志,换句话说,他有权把物扬弃而把它改变为自己的东西"②。

国家 人最终实现自由意志的质变,其节点是《哲学全书》第535节和《法哲学原理》第257—259节论述的"国家"。黑格尔说:"国家是自我意识的伦理实体,家庭原则和市民社会原则的结合"③,"自在自为的国家就是伦理性的整体,是自由的现实化"④。就是说,作为自由主体与伦理实体的统一,国家实现了人的实践活动的最高或最后的目标。既然黑格尔认为他所处的现实国家达到了自我意识的自由意志的最后目标,他就不啻自行宣告了他的哲学体系的终结。

二、旧唯物主义到唯物史观实践观的转折

1845年春写的《提纲》处在唯物史观诞生前夜。据研究《德意志意识形态》著名学者巴加图里亚考证,《提纲》写在1844—1847年一个笔记本的第51—55页。原稿的标题是:

Ⅰ)关于费尔巴哈

1)

以下是11条提纲,在第10条与第11条之间,马克思划了一条线。⑤《提纲》也许是一部未完成的"关于费尔巴哈"著作的写作大纲,手稿"1)"

---

① 黑格尔:《法哲学原理》,范杨、张企泰译,商务印书馆1979年版,第12—13页。

② 同上书,第59页。

③ 黑格尔:《精神哲学》,杨祖陶译,人民出版社2006年版,第341页。

④ 同上书,第260页。

⑤ Г·А·巴加图里亚:《〈关于费尔巴哈的提纲〉和〈德意志意识形态〉》,载中央编译局编:《马克思主义研究资料》1984年第1期(总第31辑),人民出版社1984年版,第22,28页。

以下的 11 条提纲之后应该是 2）、3）……等等正文。巴加图里亚《〈关于费尔巴哈的提纲〉和〈德意志意识形态〉》一文列出两书中对应部分说明，《德意志意识形态》的"费尔巴哈章"可以读作 11 条提纲的展开。① 他的证据有说服力。我们以《提纲》第 1 条为中心，重点阐释从费尔巴哈代表的旧唯物主义向新唯物主义实践观的转折。

《提纲》说："费尔巴哈不满意**抽象的思维**而喜欢**直观**；但是他把感性不是看做**实践的**、人的感性的活动。"（文集 1：501）马克思认为，费尔巴哈虽然正确地看到主体性不过是人的感性，自我意识不过是感性的人；但他没有把人的感性看作人的感性活动，没有把人类看作实践的主体。因此，费尔巴哈没有克服旧哲学，既没有克服旧唯物主义，也没有克服唯心论的抽象思维，更糟糕的是，他抛弃了黑格尔的辩证法。

《提纲》在批判费尔巴哈的基础上，把德国唯心论发展的自我意识或精神实践的思辨形式转化为具体的"社会化人类"的实践活动。（1）德国唯心论的"存在与思维同一性"被转化为以实践为检验标准的真理观："人应该在实践中证明自己思维的真理性，即自己思维的现实性和力量"（第 2 条）；（2）《提纲》把德国唯心论的"实体—主体"或"主体—客体"关系转化为："环境的改变和人的活动或自我改变的一致，只能被看做是并合理地理解为**革命的实践**"（第 3 条）；（3）最后也是更重要的是，《提纲》把哲学家们的世界观转化为理论改变世界的实践观："哲学家们只是用不同的方式**解释**世界，问题在于**改变**世界。"（第 11 条）我们用《1848 年经济学哲学手稿》和《神圣家族》《德意志意识形态》这三部与《提纲》前后相连的著作中的文本证据阐明这三个转化。

（一）*"存在与思维同一性"转化为以实践为检验标准的真理观*

马克思辩证地阐发存在与思维的关系。一个明显的事实是，存在与思维的差别是人的感性现实差别，如前述《神圣家族》中说，**存在和思维**

---

① Г·А·巴加图里亚：《〈关于费尔巴哈的提纲〉和〈德意志意识形态〉》，第 43—46 页。

之间、**意识**和**生活**之间的**差别**"是工人自我异化的十分实际、十分具体的产物,因此,也必须用实际的和具体的方式来消灭它们,以便使人不仅能在**思维**中、在**意识**中,而且也能在群众的**存在**中、在生活中真正成为人"(文集1:274)。在意识、生活和群众的存在中真正成为人!这就是马克思所理解的"存在与思维的同一性"的实践要求,也是《黑格尔法哲学批判导言》提出的革命的"绝对命令":"必须推翻使人成为被侮辱、被奴役、被遗弃和被蔑视的东西的一切关系"(文集1:11)。

既然存在与思维的差别是劳动异化的产物,那么存在与思维的统一只有通过消除劳动异化的实践才能达到。但是实现思维与存在相统一的实践是一个漫长的活动过程,在此过程中,思维与存在的关系表现为思想在特定程度和具体条件下符合现实存在的对象。传统哲学认为真理即"思想符合对象"。马克思并不否认"符合论"的真理观,但强调说,思想与对象是否符合是一个"实践问题",即实践本身提出和解决的问题。就是说,实践活动过程在其发展的一定阶段达到了思想与对象某种程度的符合,又提出两者在其发展的后来阶段可能达到的更高程度的符合;各种理论不过是人的思维对实践已经解决的问题和提出的新任务的不同解释,"人应当在实践中证明自己思维的真理性"。马克思说:"**理论**的对立本身的解决,只有通过实践方式,**只有**借助人的**实践**力量,才是可能的;因此,这种对立的解决绝对不只是认识的任务,而是**现实**生活的任务,而**哲学**未能解决这个任务,正是因为哲学把这仅仅看作理论的任务。"(文集1:192)

注意这句话中"只有……才能"是必要条件句,就是说,实践是判断理论是非的必要标准。我们不能因此用"现实生活"取代"理论"、用"实践方式"取消"哲学",或者以为前者是后者的充分条件。相反,随后两个论题可以看到马克思对这两者关系更多的辩证论述。

(二)"主体—客体"关系转化为实践改变环境与人的活动和自我改变的一致

《提纲》一开始说,费尔巴哈"没有把人的活动本身理解为**对象性的**

活动"（文集1:499），这句话点明了不知道实践的对象性是"直观的唯物主义"的要害。《德意志意识形态》中说，由于没有把自然界看作人的实践的对象，"他没有看到，他周围的感性世界决不是某种开天辟地以来就直接存在的、始终如一的东西"，"甚至连最简单的'感性确定性'的对象也只是由于社会发展、由于工业和商业交往才提供给他的"；由于没有把社会关系看作实践造成的和不断改变的现实，他把人与人关系直观地看作**"过去一直是相互需要的"**，而不知道共产主义者恰恰要在实践中改变现存的社会关系，在这一点上，"费尔巴哈是多么错误"。（文集1:528，548—549）

费尔巴哈不理解辩证法，而辩证法把自然和历史看作人的对象化活动的产物。《德意志意识形态》很少使用"扬弃"、"异化"等术语，自然、历史通常被称为"环境"，而"人"表示人的意识和人际关系；但总的意思仍然是生产劳动实践同步地改变环境和人自身。马克思说："发展着自己的物质生产和物质交往的人们，在改变自己的这个现实的同时也改变着自己的思维和思维的产物"；"人改造自然。另一方面，是人改造人"；"人创造环境，同样，环境也创造人"。（文集1:525,540,545）这些表述唯物史观原理的通俗但经典的句子，只有在超越费尔巴哈和理解黑格尔辩证法的基础上，才能被深刻地把握。

（三）青年黑格尔派解释方式转化为理论改变世界的实践

巴加图里亚《〈关于费尔巴哈的提纲〉和〈德意志意识形态〉》一文重点讨论一个核心观点："最有意义和最重要的是探讨：在《德意志意识形态》中是怎样利用和发挥最重要的结论性的第十一条的"[1]。他用充分证据说明：第11条的意思是："应当了解世界，以便改造世界，而不是以这种或那种方式解释世界，以便同现存的东西调和。"[2]

---

[1] Г·А·巴加图里亚：《〈关于费尔巴哈的提纲〉和〈德意志意识形态〉》，载中央编译局编：《马克思主义研究资料》1984年第1期（总第31辑），人民出版社1984年版，第46页。
[2] 同上书，第46—47页。

巴加图里亚的这个澄清非常必要和重要。时至今日,很多人仍从字面上把马克思的这句至理名言理解为哲学家解释世界既无必要,也没用处,似乎马克思主义只推崇改造世界的行动。把"解释世界"与"改造世界"对立起来的片面理解,不符合马克思大量论述,如巴加图里亚的论文所示。我们还可以立即补充说,即使在《提纲》之中,这种片面理解与马克思对革命实践的理解背道而驰。

第 11 条并不是对哲学家们的全称判断。在《德意志意识形态》和以后不少场合,"哲学家们"(Die Philosophen)是"德意志意识形态家们"(deutsche Ideologen)的代名词。马克思恩格斯从来没有说历史上的哲学家们只是解释世界,而没有改造世界。且不说马克思早期如何肯定苏格拉底、伊壁鸠鲁对现实世界的影响,只要看一看《神圣家族》如何肯定英法哲学家在启蒙运动中巨大的社会作用,恩格斯肯定 18 世纪启蒙学者"本身都是非常革命的","卢梭的社会契约在实践中表现为,而且也只能表现为资产阶级的民主共和国"(文集 3:523,524)。所有这些岂不是哲学家通过解释世界而改变世界的范例吗?

在批判德意志意识形态的上下文中,马克思说"哲学家们只是用不同的方式解释(interpretiert)世界",特指脱离现实与实践的解释方式,即只改变意识和言语而对改变现实毫不关心的各种解释,亦即只图适应、承认和迎合现存关系而对改造世界毫无影响的各种解释。青年黑格尔派代表的意识形态家们的解释五花八门,但万变不离其宗,他们"改变意识的要求,就是要求用另一种方式来解释(interpretieren)存在的东西,也就是说,借助另外的解释(Interpretation)来承认它"(文集 1:516)。比如,鲍威尔把"这个世界作为范畴、作为观点的存在",他的自我意识只是"改变了我自己的主观意识而没有用真正的对象性的方式改变对象性现实"(文集 1:358);再如,施蒂纳"要做的全部事情就是编造新的词句来解释现存的世界","所不同的只是解释、'看法'"(全集中文 1 版,3:461,474);甚至费尔巴哈也"只是希望确立对**现存的**事实的正确理解","既承

认现存的东西同时又不了解现存的东西",马克思说:"这一点始终是费尔巴哈和我们对手的共同之点。"(文集 1:549)

我们看到,青年马克思说:"哲学的实践本身是理论的。"没有理由说马克思后期放弃了这个看法。青年马克思说的"世界的哲学化"相当于相对于哲学改造世界,"哲学的世界化"相当于哲学解释世界,两者是一致的。《德意志意识形态》中说:"对实践的唯物主义者即共产主义者来说,全部问题都在于使现存世界革命化,实际地反对并改变现存的事物。"(文集 1:527)"现存世界革命化"要求用理论与实践相一致的哲学反对并改变现存事物,"实践唯物主义"的提法丝毫不排斥合理解释和理解现实的理论。

《提纲》谈到"实践中证明(beweisen)"(第 2 条)、"合理地理解"(rationell verstanden)(第 3 条)、"实践的把握(Begreifen,中译本译作'理解')"、"合理的(rationelle)解决"(第 8 条)。《德意志意识形态》说,唯物史观的考察"表象(Darstellung,中译本为'解释')这个能动的生活过程"(文集 1:525),这一考察"不过是从对历史发展的考察中抽象(abstrahieren)出来的最一般的结果的概括(allgemeinsten)"(文集 1:526)[1];唯物史观"不是从观念出发来说明(erklärt,中译本为'解释')实践,而是从物质实践出发来说明(erklärt)各种观念形态"(文集 1:544)[2]。马克思积极肯定并身体力行的"合理"的"理解"、"证明"、"把握"(尤其是"概念[Begriff]把握"),以及"表象"、"抽象"、"概括"、"说明"等等,都是哲学的理论活动和方法。诚然,马克思没有在"解释"与"理解"、"说明"与"证明"、"表象"与"抽象"、"把握"与"概括"之间做出区分。这些细致的区分是 20 世纪现代哲学的工作,但没有理由说马克思排斥哲学解释和哲学方法。

---

① 括号内德文系笔者依据原文的附加。
② 有改动。括号内德文系笔者依据原文的附加。

对马克思而言,重要的不是言语上的差别,而是理论态度与实践态度的统一。康德说这两者统一于道德自律,费希特说统一于"自我"的奋斗,谢林说统一于艺术直观,黑格尔说统一于自由意志。马克思则说,统一于改造世界的实践,哲学家们不仅只是解释世界,可以且应当改造世界。在此意义上,《提纲》与其说包含着"新世界观的天才萌芽",不如说是精辟地总结了古往今来哲学活动的新实践观。马克思在 1843 年 10 月业已认识到,"人类不是在开始一项**新的**工作,而是自觉地完成自己原来的工作"(全集 47:66—67)。经过一番探索,《提纲》达到的最后结论是,人类需要自觉完成的原来的工作,就是历史上所有伟大哲学家共同追求的、把解释世界和改造世界统一起来的工作,马克思哲学的理论和实践是这项工作的继续。

第四节　唯物史观的实践哲学

《德意志意识形态》之后,马克思哲学以唯物史观为基础。如前所述,马克思在第一阶段把握了伊壁鸠鲁唯物主义的自由精神,在第二阶段对 17—18 世纪英法的唯物主义史做过梳理,突出它的人性观与人的自由解放的不可分割联系,并且吸收和批判了同时代费尔巴哈人本学和自然学中的唯物主义思想。《关于费尔巴哈的提纲》显示,他即将创立的唯物史观不属于过去任何一种唯物主义形态,甚至不是它的所有形态的综合。关于唯物史观一般性质和内容,人们不禁提出唯物史观是社会历史观,还是本体论(世界观)、认识论(方法论)的问题,以及唯物史观与唯物辩证法或辩证唯物主义有何关系、唯物史观与唯心论有何关系等问题。然而,马克思没有在任何意义的体系框架中谈论过这些问题,以至于那些把哲学等同为哲学史体系的人认为唯物史观算不上哲学。其实这只能表明,马克思用"生产方式"这个崭新的哲学范畴改变了传统哲学的"实践"范畴,以致任何哲学体系都难以成为唯物史观的哲学标签。只有一个例外,那就是马克思在一处提到的"实践唯物主义者即共产主义者"大概可以成为唯物史观理论与实践相结合的哲学旗帜。

"实践唯物主义"的旗帜与"辩证唯物主义和历史唯物主义"并无实质区别,只是提供了解释马克思哲学的不同方法。在人们试图使用"实践唯物主义"解释之前,"辩证唯物主义和历史唯物主义"俨然早已是马克思主义哲学的系统,这一体系以马克思经典作家的文本为依据,有选择地把马克思主义发展史的重要观点连贯成一个体系,但毕竟是一个"言之成理、持之有故"的解释体系。而"实践唯物主义"是主要依据马克思文本的解释,众说纷纭,至今尚未形成体系的解释。本章尝试要以马克思的实践观为基础和中介,达到"辩证唯物主义和历史唯物主义"与"实践唯物主义"的理论和解。和解的途径是"下降的道路"和"上升的道路"的汇合。具体地说,"下降的道路"把"辩证唯物主义"体系阐述的物质观、运动观和辩证法的规律和认识等主题,归结为社会存在与社会意识、人与自然、人与人的实践关系;"上升的道路"把"历史唯物主义"体系阐述的生产力与生产方式、经济基础与上层建筑、人类社会形态演进等主题,上升到唯物论与观念论、本体论和认识论、自然观与历史观、客体和主体相一致的高度。

在我看来,"实践唯物主义"不应只是一个旗帜,实践的观点也不只是一个简单的名义。我们应该"循名责实",用实践的观点为中心,比较系统地阐述马克思唯物史观的实践观。我们的解释主要依据马克思1846年以后的文本,但不可避免地涉及前两节的重要文本,因为马克思的实践观贯穿于马克思哲学全过程,尤其重要的是从唯物史观的肇始到剩余价值论完成的过程。

一、物质一元论

唯物史观是前所未有的唯物主义,很难在唯物主义传统之内为它定位或定性。阿尔弗莱德·施密特在其名著《马克思的自然概念》中说:

"如果在唯物主义里找一个统一的概念,把唯物主义的历史纯粹看作是一个内在思想的发展,那么这种人一开始就走错了道。如果把整个唯物主义哲学中某种特有的形式撇开不谈,唯物主义在它的方法上,在它的特殊兴趣,最后在它的内容的重要特征方面,都会随着历史的变化而变化。在上一世纪里最重要特征的东西,在下一世纪里则可能被证明是次要的了。"①当然,唯物史观之所以是唯物主义,因为它和其他唯物主义有共同的形式,这就是物质一元论的学说。然而,"物质一元论"只是抽象的概括。"物质"的范畴与西方哲学史中其他基本范畴,包括"所是"(Being)、"存在"(existence)、"本质"(essence)、"本体"(substance)、"实在"(reality)等交织在一起。"物质一元论"的笼统说法不能解释马克思主义哲学何以能够用"物质"来消解其他那些基本范畴,因为那些基本范畴与"物质"范畴有密切的联系。马克思哲学的创新之处不在于把"物质"置于中心地位,而在于在实践的基础上,把"物质"与其他哲学范畴更加紧密地重新联系在一起。因此,为了理解马克思哲学的变革意义,有必要理解西方哲学史上的基本范畴与"物质"概念有何种联系,②然后才能得知马克思何以能够以"物质"范畴为联系其他基本范畴的枢纽,因而形成与历史上所有唯物主义不相同的、立足于"人类社会或社会的人类"的"新唯物主义"。

"质料"的概念　希腊哲学包含着以后一切哲学概念的萌芽,预示着后来的"物质"概念的希腊哲学概念是"质料"(hyle)。hyle 在希腊文中的原意是"木材",哲学家借用这个生活用语表示世界万物构成的原材料。亚里士多德说,最早一批哲学家都主张质料是世界的本原,"质料"于是成为一个物理学和形而上学的概念。hyle 在中世纪被翻译为matter,但其基本意义仍然是"质料"。直到近代哲学中,西文中的 matter

---

① 阿尔弗莱德·施密特:《马克思的自然概念》,欧同力、吴仲昉译,赵鑫珊校,商务印书馆 1988 年版,第 21 页。
② 西方哲学史的物质观,参见拙著《西方哲学简史》(北京大学出版社 2014 年版)相关章节。

才表示"物质"的意义。因为"质料"与"物质"在现代西文中是同一个词，人们便把最早一批主张世界本原是"质料"的哲学家说成是"唯物主义者"。"质料"虽然不是"物质"，却包含着近代哲学的"物质"概念的萌芽。这表现在以下几个方面：

首先，亚里士多德虽然认为质料既不是可以直接感知，也不是可以用概念加以描述现实，但他承认，可以用"类比"（analogia）方法来把握它。这就是把"质料"类比为有形的材料。比如，他在举例说明"质料"意义时，说"铜"是"铜像"的"质料因"。也是在把"质料"类比为"有形物"的意义上，他把早期自然哲学家所说的"水"、"火"、"气"等概括为"质料"。他在《大伦理学》第 5 章中更明确地把"质料"说成是有形状大小的东西。"质料"的"有形"类比意义即后世所说的"广延"。

其次，在《物理学》中，亚里士多德把"质料"当作事物运动变化的载体。他认为，运动变化是在不变的载体的基础之上，既有形式朝向它所缺乏的形式的过渡、转化。变化的只是形式，如，水变成气时，构成水或气的质料不变，变化的只是水的"湿性"变成了气的"热性"。同样，在位移运动中，变化的只是事物的位置，构成事物的质料并不变化。亚里士多德的物理学把质料视为运动载体的观点，与近代力学把物质视为运动的刚体的观点是一致的。

更重要的是，亚里士多德在《形而上学》中，把"质料"与"所是"、"本体"、"本质"等形而上学基本概念联系在一起。亚里士多德说，形而上学的研究对象是"所是自身"（to on qua to on），"所是"的中心意义是"本体"（ousia）。但是，"本体"的基本意义是什么呢？亚里士多德在《形而上学》第 6 卷中，首先说明"质料"非常接近于"本体"的意义，因为本体是一切属性所依附的"基质"或"支撑"（hypokeimenon）。他做了一个思想实验：如果把依附在本体上所有属性都剥离之后，那么最后的剩余必定是本体。他说："把其他一切都剥离之后，剩下的只有质料。"如此看来，质料应该是本体。但亚里士多德笔锋一转："这是不可能的，因为可分离性和'这一个'是本体的主要特征。"他的意思是说,没有任何属性的质料只是一团混沌,不能彼此区分开来,不是独立的个别存在;我们甚至不能说质料"是"一个什么样的东西,当然不能成为"所是"中心意义,因此不可能是"本体"。

在以后的论述中,亚里士多德虽然说,形式或本质是主要的、基本的本体,但这只是从可定义的认知角度来论述的。他承认,在现实中,可感的本体都是质料和形式的复合物;没有质料的形式与没有形式的质料一样,不可能是具体存在的本体。总之,亚里士多德的质料观建立在"载体"或"基质"、"所是"、"本体"、"形式"等形而上学基本概念的基础之上。这些也是后来的"物质"观念的基础。

"质料"与"存在"的关联 中世纪的神学家把质料解释为上帝创世时最初创造的原材料。奥古斯丁解释《创世记》中"上帝创造了天和地"这句话时说,"地"就是质料;质料"近乎虚空",但不完全是虚空,因为最初的质料已经具有形状。

托马斯进一步区分了"共同质料"或"原初质料"与"能指质料"。原初质料是不可区分的一团混沌,"能指质料"(materia signata)却是可以区分出形状大小的东西。托马斯明确地说:"所谓能指质料,我指的是按照一定的形状来规定的质料。"亚里士多德虽然以"形状"来类比"质料"的意义,但托马斯首次明确地把"形状"作为"能指质料"的属性。这是朝向近代哲学的"物质"概念迈开的重要步骤。

托马斯的另一个贡献是在"所是"的意义中区分了"存在"和"本质"。中世纪哲学家用拉丁文 esse 表示希腊文 to on(所是),兼有"存在"(existentia)和"本质"(essensia)的意思。托马斯用 esse 表示本质,用 ens 表示存在。他说,"存在"(ens)的意义来自动词"是"(est),"'是'的纯粹意义是'在行动',因而才表现出动词形态。"存在高于、优于和先于本质。本质依赖存在,没有存在,就没有实在的本质。托马斯所说的"存在"(ens)仍是拉丁文"是"动词的名词形式,直到 16 世纪,经院哲学家才创

造出拉丁文 existens 代替 ens 的意思。从构词法上就能看出,existens
(存在)与 substens(本体)有不同的前缀。"本体"中的 sub-表示属性"之
下"的支撑点或基体,"存在"中的 ex-表示"走出"这一基体,即走出本体
的范围,"存在"的意义就是在不断超出自身的活动过程中创造自身。

　　物质本体论　　自从区分了"存在"与"本质"之后,哲学家遇到的问题
是:"本体"的首要意义究竟是存在还是本质?被称为近代哲学之父的笛
卡儿首先回答这一问题。他对"本体"的定义是:"一个不依赖其它任何
东西而自身存在的东西。"他承认,严格地说,只有上帝才是不依赖于任
何东西的存在,上帝是唯一的本体。但他又说,"本体"是多义词,它可以
在相近的意义上运用于不同的对象。在与"本体"的定义相近的意义上,
心灵和物质也是本体,因为除了上帝之外,它们不需要其他任何东西而
存在。

　　笛卡儿还认为,我们只能通过属性认识本体,"上帝"这一本体的属
性是"无限完满","心灵"的属性是"思想",而"物质"的属性是"广延"。
"思想"和"广延"是清晰、明白的、最为广泛的属性,因此,从认识论的意
义上说,只有心灵和物质才是本体。

　　笛卡儿开启了"心灵"与"物质"的二元论,同时也引发了关于心灵与
物质关系这一重要的哲学问题。斯宾诺莎按照笛卡儿的逻辑推理说,如
果只有"上帝"才是严格意义上的本体,为什么不始终如一地坚持上帝是
惟一本体的一元论呢?既然"物质"和"心灵"只是通过其属性才能被认
识,为什么不把"广延"和"思想"看作惟一本体的两个平行的属性,而把
有形物体和心灵观念分别看作具有"广延"和"思想"属性的一一对应的
"样式"呢?

　　在唯理论者以外,经验论者也就"物质"是不是本体的问题展开讨
论。洛克为物质本体辩护。他的理由主要有两点:第一,物质的存在是
所有属性的"基体"或"支撑点",虽然不可感觉,但必须设定为"名义本
体";第二,物质的"广延"及其相关的"运动"、"不可入性"等可感属性是

不依赖于人的主观能力的"第一性的质",与依赖人的主观能力的颜色、声音、气味、滋味等"第二性的质"相区别。贝克莱通过推翻这两点理由,否定了"物质本体"的概念。而休谟则得出所有的"本体"都是不可知的彻底的经验论结论。

18世纪的法国唯物主义是历史上典型的物质一元论。它明确地把"广延"归结为可感属性。如拉美特利说:"我睁开眼睛就看到我的周围只是物质,只是具有广袤的东西,可见广袤这种属性是属于一切物质……这种特性的前提是形体的本体有三度,即长、宽、高。"①18世纪的唯物主义者的卓越之处在于,他们所说的物质的可感属性不但包括物理属性,更重要的是生理的、心理的属性,由此肯定了物质有活动能力、物质能够思想的结论。狄德罗用"感受性"代替了物质的"机械性"。他说:"我们就是赋有感受性和记忆的乐器,我们的器官就是键盘,我们周围的自然界弹它,它自己也常常弹自己。"②

自然本体论 费尔巴哈摆脱了把"物质"等同于可感属性的观点,他不赞成把自己的学说称作唯物主义,他建立了一个以自然为本体的一元论。费尔巴哈的本体论从分析"所是"的意义开始。他说:"任何一个本质,都只是在被规定为它所是的";又说:"哲学是关于存在物的知识。"③就是说,"本质"和"存在"都为"所是"。黑格尔哲学开端也是"所是"。按费尔巴哈的分析,黑格尔所说的"所是"(Sein)的规定性不是来自具体的存在物,而是在辩证法的概念活动中赋予的。在此意义上,费尔巴哈批判黑格尔把"思维"(Danken)当作主词,把"所是"(Sein)当作宾词。他认为这完全颠倒了主次关系:"思维与所是的真正关系是这样的:所是是主词,思维是宾词。"④这里的关键在于,费尔巴哈把"所是"(Sein)理解为

---

① 《十八世纪法国哲学》,北京大学外国哲学史教研室编译,商务印书馆1979年版,第199页。
② 《西方哲学原著选读》下卷,北京大学外国哲学史教研室编译,商务印书馆1981年版,第145页。
③ 《费尔巴哈哲学著作选集》上卷,荣震华、李金山等译,商务印书馆1984年版,第312,108页。
④ 同上书,第115页。

"存在"(Existenz),而又把"存在"理解为自然界的存在物。他说:"自然界这个无意识的本体,是非发生的永恒的本体,是第一性的本体。"①人和人的思维都是自然界的产物,也是存在,但却是第二性的存在。黑格尔的错误在于"把第二性的东西当作第一性的东西,而对真正第一性的东西或者不予理会,或者当作从属的东西抛在一边"②。以上分析表明,费尔巴哈把"所是"的意义归结为"存在",并把"存在"归结为"自然界"这一"本体",他才得以得到"存在第一性,思维第二性"区分。

费尔巴哈也承认思维与存在的统一。他说:"只有将人理解为这个统一的基础和主体的时候,才有意义,才有真理。"③就是说,只有人才是思维与自然物的统一,只有人才能以思维与自然物和他人发生联系。但他所说的思维指理性、意志和爱,都带有感性直观的特点。这是因为:费尔巴哈所说的"自然"与18世纪唯物主义者所说的"物质"一样,都以可感的属性为本质特征。正如他所说:"自然界是形体的、物质的、感性的","空间的存在是最初的存在,是最初的确定的存在","一切都有广延和运动"。④ 费尔巴哈的自然主义逻辑是,自然界所具有的广延和运动是感性的存在,它们也只能被感性的思维所认识。

二、马克思的社会存在论

马克思用以表达唯物论最高原理的范畴和概念,如"存在"、"物质"、"自然"、"社会关系"、"人性"等等,都是理论的抽象,但这些是具体的抽象,主要是从人类社会历史事实中概括出来的,而不仅是物理学和生物学等自然科学知识的概括和总结。马克思所说的物质存在和自然存在是社会存在(gesellschftliches Sein),马克思的物质观和自然观是社会存

---

① 《费尔巴哈哲学著作选集》下卷,荣震华、李金山等译,商务印书馆1984年版,第523页。
② 同上书,上卷,第63页。
③ 同上书,第181页。
④ 《费尔巴哈哲学著作选集》上卷,第175,下卷,第620页。

在论。

　　劳动实践为自然和社会这两种物质存在从具体到抽象的理论概括提供了必不可少的中介。如果没有劳动实践的中介,自然和社会将被看作直接同一的抽象的"本体"或"属性"。我们看到,马克思说:"以前一切唯物主义——包括费尔巴哈的唯物主义——的主要缺点是:对对象、现实、感性,只是从客体的或者直观的形式去理解,而不是把它们当作人的感性活动,当作实践去理解,不是从主体方面理解。"(文集1:499)这一批评针对的是以前的唯物主义不理解劳动实践,因而把"物质"理解为自然本体、把物质的本质属性等同广延、运动等感性直观的对象的共同倾向。但是,如果片面强调劳动创造人和自然界,那就会把"劳动"当作抽象的独立存在的,导致荒谬的结论。马克思说不要提出"谁生出了第一个人和整个自然界"的问题,"因为一旦你那样想、那样提问,你就会把自然界的存在和人的存在抽象掉,这是没有任何意义的"(文集1:196)。马克思这里反驳的是"实践本体论"的想法。在马克思看来,无论劳动实践,还是自然和社会,都有物质属性和感性直观的特点,由此作出了历史上从未有过的独特的唯物主义表述:"现实的、肉体的、站在坚实的呈圆形的地球上呼出和吸入一切自然力的人[……]证实了它的活动是对象性的自然存在物的活动。"(文集1:209)

　　如果说马克思在1844年手稿中的表述过于精炼且带有思辨色彩,那么在创建唯物史观之后,他用生产劳动的要素和关系更加丰富、具体地刻画了实践对于他的社会存在论的基本意义,针锋相对地批判了物质本体论。

　　《哲学的贫困》的主旨是揭穿蒲鲁东拙劣的经济学披戴的黑格尔辩证法的伪装,蒲鲁东玩弄辞藻不只是伪装博学。马克思的批判触及到一个重要的哲学问题:西方哲学把"本体"归结为抽象的逻辑系词"所是"的形而上学抽象。马克思在批判蒲鲁东责备经济学家们不了解"社会人格化"这种集合体的个性时,借用了一段话:

美国有一位经济学家从完全相反的角度来责备别的经济学家,我们认为有必要引用他的一段话来和蒲鲁东先生的话作对照:

"人们给被称为社会的精神实体(the moral entity)——即文法的存在(the grammatical being),硬加上一些实际上只存在于那些无中生有的人们的想象中的属性……这就在政治经济学中引起许多困难和可悲的误解。"(托·库伯"论政治经济学的要素"1826 年哥伦比亚版56)(全集中文 1 版 4:128)①

马克思显然赞同库伯反对把"精神实体"的意义归结为"文法的存在"即逻辑系词"是"。更重要的是,这个在政治经济学中引起许多困难和误解的根源是西方形而上学传统。我们看到,西方形而上学从一开始就把系词"是"当作存在的一般意义,再把存在的一般意义归结为"实体"的中心意义,又把实体分为"精神实体"和"物质实体"。在启蒙时代,休谟否认了"实体"概念的可知性,康德把"存在"的实在意义与系词文法意义作了区别。②

马克思不但反对把存在的意义归结为系词"是"的文法意义,而且否定存在是什么一成不变的绝对的实体,即不是精神实体,也不是物质实体。针对旧唯物主义的自然本体论,马克思说:"被抽象地理解的、自为的、被确定为与人分离开来的自然界,对人来说是无。"(文集 1:221)在人类社会中,没有纯粹的自然物,自然界都与人的实践有关,或是人的生产资料,或是生产劳动产品。这是马克思一贯的唯物主义的实践观。

马克思在《关于费尔巴哈的提纲》中,费尔巴哈"把感性不是看做实践的、人类感性的活动"(文集 1:501)。在《德意志意识形态》中更加明确地说,费尔巴哈承认人是"感性的对象",比"'纯粹的'唯物主义有很大的

---

① 编者注:Th. Cooper.《Lectureson the Elements of Political Economy》.该书第 1 版于 1826 年在哥伦比亚出版;第 2 版增订版于 1831 年在伦敦出版。
② 参见拙著《回到思想的本原》,北京师范大学出版社 2006 年版,第 243—252 页。

优点"。但他接着批评说：费尔巴哈"从来没有看到真实存在着的、活动的人，而是停留在抽象的'人'，并且仅仅限于在感情范围内承认'现实的、单个的、肉体的人'"。（文集1：530）

显然，"感性"在这里有两种不同含义。其一，指人作为自然物的感性属性。费尔巴哈认为，人的本质以自然界赋予人类的感性能力为基础，并达到了"类意识"的高度。他的"人本学"用感性恢复了人在自然界的地位，受到马克思的赞扬。其二，指人的实践的感性活动。人的感性活动不像动物那样消极地接受和适应自然界，更重要的是对自然的改造。马克思批评费尔巴哈说：

> 他没有看到，他周围的感性世界决不是某种开天辟地以来就直接存在的、始终如一的东西，而是工业和社会状况的产物，是历史的产物，是世世代代活动的结果，……甚至连最简单的"感性确定性"的对象也只是由于社会发展、由于工业和商业的交往才提供给他的。（文集1：528）

就是说，在人类社会，没有不受人的实践影响的感觉对象或自然物，包括人自身。这些观点表明，马克思的唯物主义反对离开人的社会实践来谈论自然界，这是他批判旧唯物主义"物质本体论"的出发点。

三、劳动的物质前提和基质

马克思虽然抛弃了"物质本体论"，却保留了传统形而上学的"质料"的概念，但把"质料"改造为劳动实践依赖的是不变的基质。我们可把马克思的物质基质论归纳为两个方面：第一，劳动的自然能力和物质前提；第二，劳动过程需要的材料。

（一）劳动的自然能力和物质前提

早在《神圣家族》中，马克思业已提出物质基质的概念："人并没有创造物质本身。甚至人创造物质的这种或那种的生产能力，也只是在物质预先存在的条件下才能进行。"(全集中文 1 版 2:58)马克思在 1844 年手稿中解释了为什么人的生产能力需要"物质预先存在的条件"。他说：

> 人直接地是自然存在物。人作为自然存在物,而且作为有生命的自然存在物,一方面具有自然力、生命力,是能动的自然存在物；这些力量作为天赋和才能、作为欲望存在于人身上；另一方面,人作为自然的、肉体的、感性的、对象性的存在物,同动植物一样,是受动的、受制约的和受限制的存在物,就是说,他的欲望的对象是作为不依赖于他的对象而存在于他之外的；但是,这些对象是他的需要的对象；是表现和确证他的本质力量所不可缺少的、重要的对象。（文集 1:209）

人是能动的和受动的自然存在物,人的劳动力是自然的能力和要素。马克思说："一个存在物如果在自身之外没有自己的自然界,就不是自然存在物,就不能参加自然界的生活。"（文集 1:210）

唯物史观把劳动力看作社会生产方式中最活跃的要素,但马克思同时也坚持劳动力是自然能力。《资本论》中说：

> 人本身单纯作为劳动力的存在来看,也是自然对象,是物,不过是活的有意识的物,而劳动本身则是这种力在物上的表现。（文集 5:235）

马克思又说,劳动的创造不是"无中生有"：

> 卢克来修说,"无中不能生有",这是不言而喻的。"价值创造是劳动力转化为劳动,而劳动首先又是转化为人的机体的自然物质。（文集 5:249 注 28）

（二）劳动过程需要的材料

马克思著作中的"自然材料"、"自然事物"、"大地"、"劳动对象的存在基因"和"实在的（sachlich）条件"等术语指劳动所需的材料和加工对象。1857—1858 年手稿把土地当作原始部落"自己的实验场"和"外在的原始生产条件"(全集 30:484)。在《资本论》中,马克思把劳动对象区分为土地、天然存在的劳动对象和原料三类。马克思说:

> 土地(在经济学上也包括水)最初以食物,现成的生活资料供给人类,它未经人的协助,就作为人类劳动的一般对象而存在。所有那些通过劳动只是同土地脱离直接联系的东西,都是天然存在的劳动对象。例如从鱼的生活要素即水中,分离出来的即捕获的鱼,在原始森林中砍伐的树木,从地下矿藏中开采的矿石。相反,已经被以前的劳动可以说滤过的劳动对象,我们称为原料。例如,已经开采出来正在洗的矿石。一切原料都是劳动对象,但并非任何劳动对象都是原料。劳动对象只有在它已经通过劳动而发生变化的情况下,才是原料。(文集 5:208—209)

就是说,无论自然生成的"材料"(注意:材料是"质料"的原初意义),还是人类获取和加工自然材料而获得的原料,马克思都保留了所有唯物主义者把个别的、可感的形体看作都是物质存在的样式或形式的共同主张,但不像旧唯物主义把自然形体当作不依赖人类的独立存在,而是当作人类的劳动对象。劳动实践的观点是唯物史观赋予唯物主义新面貌。

在人类劳动实践的历史过程中,不借人力生存的自然材料越来越多地转变成经过劳动加工的原料,变成人类消费或进一步加工的劳动对象。在此意义上,马克思在 1844 年手稿中提出了"人化的自然"的思想。但这是否意味着自然界依赖人类实践,或者社会财富都是劳动的产物呢? 当然不是。在 1844 年手稿中,马克思同样强调自然界和物质材料的独立存在:"没有自然界,没有感性的外部世界,工人就什么也不能创造。"(文集 1:158)

在 1857—1858 年手稿中,马克思说:生产过程"所有三个要素:材料、工具、劳动,融合成为一个中性的结果——产品"。劳动的材料、工具,乃至劳动力都是物质的存在形式,这三个要素在生产过程中被转化成人工产品。马克思说:

> 因而,整个过程表现为生产消费,也就是表现为这样的消费,它的结局既不是无,也不是对象的单纯主体化,而是它本身再表现为某种对象。……但是作为产品,生产过程的结果是使用价值。(全集 30:258—259)

马克思明确说,劳动生产过程消费物质要素不是消灭物质,也不是劳动对象的"主体化",而是"物质的扬弃",即物质的一种形式转变为另一种形式,因此是"物质的肯定"。即,把作为生产劳动对象、工具和能力等物质要素转变为人的生活中有用的物质属性——产品的使用价值。就是说,在人类生产和消费的过程中,物质的这种或那种属性或形式始终存在,人的劳动实践只能利用、转化和使用物质的形式。在此意义上,马克思说生产的过程"在对象上消费对象,——与形式无关,——消费活动的主体的东西;它赋予对象以形式,使活动物质化"(全集 30:259)。

《资本论》用不同的术语表达了劳动的"不变的物质基质"的意思。那里把生产过程的要素称作"有用劳动的总和",劳动产品是使用价值,产品的使用价值是"自然物质和劳动这两种要素的结合"。马克思说:

> 如果把上衣、麻布等等包含的各种不同的有用劳动的总和除外,总还剩有一种不借人力而天然存在的物质基质。人在生产中只能象自然本身那样发挥作用,就是说,只能改变物质的形态。不仅如此,他在这种改变形态的劳动中还要经常依靠自然力的帮助。因此,劳动并不是它所生产的使用价值即物质财富的唯一源泉。(文集 5:56)

《哥达纲领批判》批判的第一条就是"劳动是一切财富和一切文化的源泉"。马克思批判说:

　　　　劳动不是一切财富的源泉。自然界同劳动一样也是使用
　　价值(而物质财富就是由使用价值构成的!)的源泉,劳动本身
　　不过是一种自然力即人的劳动力的表现。(文集 3:428)

马克思认为,在工人阶级政党的纲领中写进"在一切儿童识字课本里都可以找到"的那句话,是不可容忍的错误。因为在有产者占有"一切劳动资料和劳动对象的第一源泉,把自然界当做属于他的东西来处置"的前提下,"他的劳动才成为使用价值的源泉,因而也成为财富的源泉。资产者有很充分的理由硬给劳动加上一种超自然的创造力"。(同上)

对于劳工大众而言,"劳动创造一切"似乎是向资产者夺回一切劳动成果的天经地义的真理。但马克思在这里敏锐地看到了史观唯心的危险。首先,这句话忽视了自然界及其转化而来的劳动资料和劳动对象才是一切财富的"第一源泉";其次,如果无视凭借占有生产资料的剥削,资产者也可以把千方百计赚取剩余价值的活动当作创造"一切财富和一切文化"的劳动,从而"硬给劳动加上一种超自然的创造力"。《资本论》中揭露了夸大社会统治者"劳动"的唯心史观:"正如在资产阶级社会里,将军或银行家扮演着重要的角色,而人本身则扮演极卑微的角色一样,人类劳动在这里也是这样。"(文集 5:57—58)

马克思的批判表明,劳动的物质基质的优先性是唯物史观"物质第一"的实践原理,它既避免了把物质当作独立存在的自然本体或属性的旧唯物主义的消极直观,也与不顾物质生产条件、片面夸大社会角色主观能动性的唯心史观划清界限。

四、物质生产关系

在马克思的著作中,"物质"在绝大多数场合都是表示人的社会实践的行为和关系的形容词(material, materiell, materialistisch,等),如"物质生产"、"物质力量"、"人的物质关系"、"物质生活条件",等等。我们已经看到看到,唯物史观既坚持物质基质的自然性,也强调物质关系的社

会性。但两者不是共存或平行的两种物质属性,而在人在生产劳动中形成的人与自然和人与人之间的相互联系。早在《神圣家族》中,马克思说:"实物是为人的存在,是人的实物存在,同时也就是人为他人的定在,是他对他人的人的关系,是人对人的社会关系。"①(全集中文 1 版 2:52)这里的"实物"(Ding)、"定在"(Dasein),相当于物质存在,但马克思没有把它当作不依赖于人的存在,而是人与人的社会关系。1844 年手稿中写道:

> 只有在社会中,自然界对人来说才是人与人联系的纽带,才是他为别人的存在和别人为他的存在,只有在社会中,自然界才是人自己的合乎人性的存在的基础,才是人的现实的生活要素。只有在社会中,人的自然的存在对他来说才是人的合乎人性的存在,并且自然界对他来说才成为人。(文集 1:187)。

问题在于,人的社会关系和人与自然的关系如何结合? 直到《资本论》中,马克思才用商品价值的二重性解决了这一关键问题。《资本论》逻辑地阐述商品的价值形式,但商品价值的物质内容是社会的、实践的关系。下一章将解释商品的价值形式,以下把《资本论》第一章关于商品价值物质内容的论述,阐释为人的社会关系和人与自然的关系的结合。马克思的论述有以下几个步骤:

1. 商品具有使用价值和交换价值两重性。

1(a). 生产使用价值的劳动以自然物的独立存在为前提;

1(b). 商品价值的劳动是资本主义的社会属性。

2. 商品价值体现的唯物主义的实践观。

2(a). 承认唯物主义的一般原则;

2(b). 以实践的观点看待人与人的社会关系。

3. 商品的使用价值和交换价值是统一的;2(a)和 2(b)也是统一的。

---

① 《马克思恩格斯全集》第 2 卷,第 52 页。

4. 因此,关于自然和人的唯物主义同时也是关于实践的社会关系观念论。

我们用《资本论》的论述来展开上述推论。

1. 商品使用价值和交换价值两重性 马克思写道:

> 商品中包含的劳动的这种二重性,是首先由我批判地证明的。这一点是理解政治经济学的枢纽(文集5:54—55)。

商品二重性既然是马克思发现的"政治经济学的枢纽",必然与马克思发现的唯物史观的实践观有不可分割的联系。

1(a). 生产使用价值的劳动以自然物的独立存在为前提 马克思写道:

> 商品首先是一个外界的对象,一个靠自己的属性来满足人的某种需要的物。这种需要的性质如何,例如是由胃产生还是由幻想产生,是与问题无关的。这里的问题也不在于物怎样来满足人的需要,是作为生活资料即消费品来直接满足,还是作为生产资料来间接满足。(文集5:47—48)

> 物的有用性使物成为使用价值。但这种有用性不是悬在空中的。它决定于商品体的属性,离开了商品体就不存在。因此,商品体本身,例如铁、小麦、金刚石等等,就是使用价值,或财物。商品体的这种性质,同人取得它的使用属性所耗费的劳动的多少没有关系。(文集5:48)

马克思又说:

> 使用价值只是在使用或消费中得到实现。不论财富的社会形式如何,使用价值总是构成财富的物质的内容。在我们所要考察的社会形式中,使用价值同时又是交换价值的物质承担者。(文集5:49)

　　商品的使用价值只是"物的有用性",它能够满足人的需要,与人的生理属性或心理属性无关,与生活资料或生产资料的社会性无关,商品作为有用的物体"同人取得它的使用属性所耗费的劳动的多少没有关系"。使用价值的这些规定性把人的社会属性和实践性排除在外,所剩的只是"构成财富的物质的内容","交换价值的物质承担者"。"物质的内容"指"商品的几何的、物理的、化学的或其他的天然属性",这些物体属性"使商品有用"(文集 5:50);而"物质承担者"指劳动过程和产品的物质"载体"或"基质"。《资本论》用"商品体的可感觉的粗糙的对象性"表示劳动产品的"基质"的概念,它是劳动过程可以转变到不能消灭的物质载体。如马克思所说:

　　　　很明显,人通过自己的活动按照对自己有用的方式来改变自然物质的形态。例如,用木头做桌子,木头的形状就改变了。可是桌子还是木头,还是一个普通的可以感觉的物。(文集 5:88)

1(b). 商品价值的劳动是资本主义的社会属性　马克思说,商品的交换价值"不包含任何一个使用价值的原子"(文集 5:50),"连一个自然物质原子也没有"(文集 5:61)。"原子"指商品的物质的"基质"。为什么交换价值没有物质的基质或载体呢? 马克思说使用价值和交换价值分别是商品的"自然形式"和"价值形式"。关于两者的区分,马克思说:

马克思描述了这个抽象的过程:

　　　　如果把商品体的使用价值撇开,商品体就只剩下一个属性,即劳动产品这个属性。可是劳动产品在我们手里也已经起了变化。如果我们把劳动产品的使用价值抽去,那么也就是把那些使劳动产品成为使用价值的物体的组成部分和形式抽去。它们不再是桌子、房屋、纱或别的什么有用物。它们的一切可以感觉到的属性都消失了。它们也不再是木匠劳动、瓦匠劳动、纺纱劳动或其他某种一定的生产劳动的产品了。随着劳动

产品的有用性质的消失,体现在劳动产品中的各种劳动的有用
性质也消失了,因而这些劳动的各种具体形式也消失了。各种
劳动不再有什么差别,全都化为相同的人类劳动,抽象人类劳
动。(文集5:50—51)

首先,马克思从商品的使用价值(即物质的形状和形式)中抽象出使
得这些有形物成为有用物的有用劳动,即劳动的不同属性,如木工、瓦
工、纺织工。如前所述,有用劳动作为自然能力和生产过程,仍然是可感
的物质属性和活动。

然后,马克思从不同属性的有用劳动中抽象出劳动的生理耗费:

如果把生产活动的特定性质撇开,从而把劳动的有用性质撇
开,劳动就只剩下一点:它是人类劳动力的耗费。尽管缝和织是
不同质的生产活动,但二者都是人的脑、肌肉、神经、手等等的生
产耗费,从这个意义上说,二者都是人类劳动……商品价值体现
的是人类劳动本身,是一般人类劳动的耗费。(文集5:57)

"一般人类劳动的耗费"即"抽象人类劳动",这个抽象是非物质的,
也是不可感的。

正因为商品使用价值的物质性、可感性与交换价值的非物质性、不
可感性的二重性,使得商品这种最初看来"好像是一种简单而平凡的东
西"成为"一种很古怪的东西"。比如,马克思说,桌子"是一个普通的可
以感觉的物。但是桌子一旦作为商品出现,就转化为一个可感觉而又超
感觉的物了。它不仅用它的脚站在地上,而且在对其他一切商品的关系
上用头倒立着,从它的木脑袋里生出比它自动跳舞还奇怪得多的狂想"
(文集5:88)。

马克思阐明,商品二重性产生的"可感觉而又超感觉"的假象是商品
拜物教的秘密:

商品形式在人们面前把人们本身劳动的社会性质反映成

劳动产品本身的物的性质,反映成这些物的天然的社会属性,从而把生产者同总劳动的社会关系反映成存在于生产者之外的物与物之间的社会关系。(文集5:89)

2. 商品价值二重性体现的唯物主义的实践观　如上所述,马克思坚持唯物主义关于物质"基质"优先性的基本原则。马克思关于商品使用价值物质属性和自然形式的论述,从劳动实践的观点出发,坚持和发展唯物主义的基本原则,由此2(a)证迄。而马克思对交换价值的劳动量的论述把被商品物质属性所掩盖的商品生产的社会关系揭示出来,由此2(b)证迄,商品的交换关系即人与人的劳动实践关系。

3. 使用价值和交换价值的统一　马克思首先说明,商品生产是资本主义的特有产物。在资本主义生产之前,劳动产品不是商品,有使用价值而无交换价值,"发现物的多种使用方式,是历史的事实"(文集5:48)。马克思说:

> 一个物可以是使用价值而不是价值。在这个物不是以劳动为中介而对人有用的情况下就是这样。例如,空气、处女地、天然草地、野生林等等。一个物可以有用,而且是人类劳动产品,但不是商品。谁用自己的产品来满足自己的需要,他生产的虽然是使用价值,但不是商品。(文集5:54)

就是说,使用价值的生产,在时间上先于商品生产。商品生产需要一定的历史条件:

要生产商品,他不仅要生产使用价值,而且要为别人生产使用价值,即生产社会的使用价值。

> ……并不因为是为别人生产的,就成为商品。要成为商品,产品必须通过交换,转到把它当做使用价值使用的人的手里。最后,没有一个物可以是价值而不是使用物品。如果物没有用,那么其中包含的劳动也就没有用,不能算做劳动,因此不

形成价值。(文集 5:54)

资本主义实现了产品转变为商品的三个条件:第一,经过劳动生产才能获得的有用物;第二,商品生产者为别人生产这种有用物;第三,各人把自己的劳动产品相互交换。

马克思坚持产品使用价值先于商品价值,并说使用价值是交换价值的物质承担者(文集 5:49)。这就坚持了物质载体或基质优先性的唯物主义基本原理。但《资本论》的重点不是考察资本主义的历史起源,而是考察资本主义生产方式的本质。或者说,商品生产的唯物主义基础是历史前提,在此前提下,马克思强调商品价值的抽象形式或非物质性,而且强调商品价值二重性的物质性和非物质性的统一。马克思说:

> 如果我们说,商品作为价值只是人类劳动的凝结,那么,我们的分析就是把商品化为价值抽象,但是并没有使它们具有与它们的自然形式不同的价值形式。在一个商品和另一个商品的价值关系中,情形就不是这样。在这里,一个商品的价值性质通过该商品与另一个商品的关系而显露出来。(文集 5:64—65)

马克思在这里区别单个商品的"价值形式"与商品之间的"交换形式"。单个商品的价值形式是凝结在这个商品中的"抽象人类劳动",因此是"价值抽象";但是,这是从生产使用价值的个别的、具体的有用劳动抽象出来的,因此这种价值抽象并不是与商品的自然形式和人类劳动的自然能力的分离。但是,商品交换的形式则不同,它是凝结在不同商品之中劳动量的比例关系,它不是价值抽象,而是社会关系的具体化。马克思说:

> 商品形式和它借以得到表现的劳动产品的价值关系,是同劳动产品的物理性质以及由此产生的物的关系完全无关的。这只是人们自己的一定的社会关系。(文集 5:89—90)

需要回答两个问题：第一，为什么比例关系是与物的关系无关？第二，为什么这种比例关系是一定的社会关系？

关于问题一，马克思用一个简单的几何学例子说明物的关系和比例关系的区别：

> 为了确定和比较各种直线形的面积，就把它们分成三角形，再把三角形化成与它的外形完全不同的表现——底乘高的一半。各种商品的交换价值也同样要化成一种共同东西，各自代表这种共同东西的多量或少量。（文集 5：50）

如果说三角形用线条关系代表物体形状，而计算直角三角形面积是底乘高的一半的比例关系。前者是物的关系的抽象，而后者与物的关系无关。

关于问题二，马克思的回答是，一般的或抽象的人类劳动耗费虽然不是可感的物质属性或形式，却是可计量的关系，即："各种劳动化为当做它们的计量单位的简单劳动的不同比例"，凝结在商品价值的"抽象人类劳动"的比例关系可以用"生产商品的社会必要劳动时间"来衡量：

> 一种商品的价值同其他任何一种商品的价值的比例，就是生产前者的必要劳动时间同生产后者的必要劳动时间的比例。（文集 5：53）

"社会必要劳动时间"的比例关系不但把商品的使用价值和交换价值统一为可计量的价值形式，而且揭开资本主义商品拜物教假象掩盖的资本主义社会关系的本质，即剩余价值的生产是对劳动者时间的占有和剥削。马克思的系统说明和论证留待下一章展开。最后着重说明《资本论》关于商品价值论述的哲学意蕴。

4. 自然和人的唯物论与社会关系观念论的一致性 首先应当理解《资本论》第一章关于价值形式的论述是何种意义的观念论。马克思在1857—1858 年手稿中说，感性直观的对象只是个人与个人的交往和个人对物的依赖,在经济关系不发达的时期,人们相互依赖并都依赖于物。经济关系"无非是与外表上独立的个人相对立的独立的社会关系,也就是与这些个人本身相对立而独立化的、他们互相间的生产关系"。马克思接着说,在资本主义社会,"个人现在受抽象统治,而他们以前是互相依赖的。但是,抽象或观念,无非是那些统治个人的物质关系的理论表现"(全集 30:114)。也就是说,前资本主义时期人们感性直观到的生产关系和资本主义时期用观念把握的生产关系,都是物质的关系,前者是直接的、个别的对象,后者是理论抽象的产物。马克思以资本主义生产关系为主要研究对象,当然要用科学和哲学的抽象观念把握资本主义社会方方面面的个别现象。虽然《资本论》用社会平均劳动的标准来衡量商品的交换价值,马克思指出"在规定单个商品的价格时,单个商品只是表现为总产品(资本在这些总产品中再生产出来)的观念部分;并说社会平均劳动时间是"观念上的估价"(全集中文 1 版 49:10)。

马克思观念论的研究对象是物质的社会关系,而且只有观念才能通过资本主义社会关系把握物质生产的本质,"材料的生命一旦观念地反映出来,呈现在我们面前的就好像是一个先验的结构了"(文集 5:22)。"材料的生命"指质料的本质,而"先验的结构"是观念论的把握。马克思同时用"好像"一词提醒我们,社会关系观念论不等于"观念的统治"的唯心论。在 1857—1858 年手稿中,马克思强调社会关系的观念论要防止唯心史观和意识形态的歪曲,他说:

> 关系当然只能表现在观念中,因此哲学家们认为新时代的特征就是新时代受观念统治,从而把推翻这种观念统治同创造自由个性看成一回事。从意识形态角度来看更容易犯这种错误,因为上述关系的统治(上述物的依赖关系,不用说,又会转变为摆脱一切幻想的、一定的、人的依赖关系)在个人本身的意识中表现为观念的统治,而关于这种观念的永恒性即上述物的依赖关系的永恒性的信念,统治阶级自然会千方百计地来加

强、扶植和灌输。(文集 30:114)

总之,唯物史观所说的"存在"(Sein/Being),既不是"文法的存在",也不是与人无关的自然界"物质"(matter),而首先并主要是"社会存在"(social Being)。唯物史观的基本原理"社会存在决定社会意识",它是用人与自然的关系(首先是生产劳动)和人与人的关系(首先是生产关系)的观念把握的,而不只是从自然规律中抽象出来的"物质决定意识"一般性原理的应用。在此意义上,"关系当然只能表现在观念中"。但这不意味着观念统治世界、观念引导历史的观念论的意识形态。唯物史观承认物质和自然能力的优先性和决定作用,与把握社会关系本质的观念论是一致的,两者相一致的基础是物质社会生产的实践。正如马克思所说:

> 一切存在物,一切生活在地上和水中的东西,只是由于某种运动才得以存在、生活。例如,历史的运动创造了社会关系,工业的运动给我们提供了工业产品,等等。(文集 1:600)

这里所说的"运动"是与人的生活和存在不可分离的自然环境的变化,而自然环境又是在人的社会历史实践中变化的。唯物史观中没有唯物论和实践观的隔阂。旧唯物论强调的"物质"本原、实体或自然界中没有人的实践的地位,而马克思所说的物质存在与人的实践不可分离,首先与人类的劳动生产的实践相联系。

社会生产是"整个现存的感性世界的基础"(文集 1:529)。在生产实践的基础上,自然环境和社会环境相一致,环境的改变和人的活动相一致,存在与思维、人的主体性与对象性相一致,自然史和人类史相一致,"人的现实的历史关系"中的自然科学(文集 1:193)与"社会自然历史进程"相一致。关于这些一致性,本章三四节已有阐释,兹不赘述。

虽然在马克思著作中,既有对实践的社会存在的观念论的强调,又有唯物主义的一般论述,但只是前者才表现了马克思哲学的独创性和变革意义。马克思的唯物主义的重心是以物质生产为基础的社会实践,马克思没有、也无意要建立一个物质本体论。如果把马克思关于物质本身的零星论述加以发挥,使之成为系统的物质本体论,那就可能会淡化唯物史观的独创性,既不能与以前的唯物主义有本质上的不同,也不能在学理上有效地抵御唯心论等其他哲学流派对"物质本体"的种种质疑。

五、关于唯物主义的世界观和认识论

马克思主义哲学的唯物主义是否物质本体论的问题,源自恩格斯的一些表述,恩格斯并没有关于物质本体论的著作,他的这方面的思想散见于《反杜林论》和《费尔巴哈和德国古典哲学的终结论》等著作中。恩格斯的物质观基本沿袭费尔巴哈的思路:第一,把传统形而上学对象"是"(Sein)的意义归结为"存在";第二,把"存在"的意义归结为自然界的物质存在;第三,把自然界的存在与人的思维相对照,提出"存在与思维关系"的哲学基本问题,包括何者是第一性和两者有无同一性这两个方面。

(一)世界上"所是"东西都是物质存在

上述第一、二个步骤见诸《反杜林论》。杜林按照西方哲学的传统,把世界的统一性称为 Sein。恩格斯与杜林的分歧首先表现为如何理解 Sein。恩格斯批评杜林把 Sein 理解为"包罗万象的所是"。恩格斯接着说了他对 Sein 的理解。这段话的德文原文是:

> Wenn wir vom *Sein* sprechen, und *bloβ* vom Sein, so kann die Einheit nur darin bestehn, daβ alle die Gegenstände, um die es sich handelt—*sind*, existiren. ①

在中文版里,这段话被翻译为:

> 当我们说到存在,并且仅仅说到存在的时候,统一性只能

---

① Karl Marx, Friedrich Engels Gesamtasusgabe(MEGA), Dietz Verlag Berlin, Bd. I, v. 27, Dietz Verlag, Berlin, s. 250.

在于：我们所说的一切对象是存在的，实有的。（文集 9:47）

这里把 Sein 译为"存在"，结果这句话的意义成了"统一性是存在的"这样一句没有实际意义的同义反复。实际上，Sein 在这里应被翻译为"所是"或"所是"，而文中 existieren 是"实存的"意思。恩格斯的意思是，当我们说到**"所是"**，并且**仅仅**说到"所是"的时候，统一性只能在于：一切对象都是"所是的东西"（sind），也就是实存。注意：这一段把"所是"的意义归结为"存在的东西"，但却没有把这两个词当作同义词来使用。如果把"所是"等同为"存在"，那么下一段的话就有问题了。

在接下来的那一段话中，恩格斯说：

Die Einheit der Welt besteht nicht in ihrem Sein, obwohl ihr Sein eine Voraussetzung ihrer Einheit ist，da sie doch zuerst *sein* muβ，ehe sie *eins* sein kann. ①

这句话应被译为："世界的统一性不在于它的所是，尽管世界的所是是它的统一性的前提，因为世界必须先**"是"**（sein）**"某个东西"**（eins），然后才能"是"（sein）统一的。"

中文版的翻译却是：

世界的统一性并不在于它的存在，尽管世界的存在是它的统一性的前提，因为世界必须先存在，然后才能是统一的。（文集 9:47）

由于 Sein 在中文版中都被等同为"存在"，这一句中的"世界的统一性并不在于它的存在"，与前一句"统一性只能在于：我们所说的一切对象是存在的，实有的"，是相互矛盾的。

如果把系动词的名词形式 Sein 译为"所是"，把其动词形式 sein，

---

① Karl Marx, Friedrich Engels Gesamtasusgabe（MEGA），Dietz Verlag Berlin，Bd. I，v. 27，Dietz Verlag，Berlin，s. 250.

sind 译为"所是的东西"亦即"某个东西",把"Existenz"译为"实存"亦即"存在的东西",那么,这两句就好理解了,没有矛盾了。恩格斯的意思是说,从逻辑的顺序上说,先要把世界看作"所是"(Sein),然后才会有世界统一于什么东西的问题。因此,恩格斯肯定:"世界的'所是'是它的统一性的前提"。由于系词只是逻辑的连词,所以恩格斯接着区分了世界同一性的逻辑前提和实际的意义。他说,逻辑上的前提不能决定世界统一性的实际意义,"在我们的视野范围之外,Sein(所是)甚至完全是一个悬而未决的问题",而世界的统一性的实际意义"是由哲学和自然科学的长期的和持久的发展所证明的"(文集 9:47)。在恩格斯看来,被哲学和自然科学证明了的结论只能是:"世界的真正统一性是在于它的物质性。"

从《反杜林论》上下文来理解,恩格斯区别了"所是"(Sein)与"所是的东西"(sein, sind, eins)或"实存"(Existenz),却没有区分"实存的"(existiren)与"物质性"(Materialität)。他认为,杜林将世界的统一性理解为"所是"是错误的。正确的理解应该是,世界的所是在于它是存在或实存的东西,而一切实存的东西都是物质的。结论因此是:世界的统一性在于它的物质性。

恩格斯没有像马克思那样,把系词的意义只是当作"文法的存在"加以排斥,而是把 Sein 的意义当作世界统一性的逻辑前提,在此前提下,把世界中所有对象和东西都归结为存在东西,然后把存在东西的共同属性等同为物质性,因此构成了一个颇为复杂的物质本体论的论证。

（二）哲学基本问题

在把 Sein 的意义归结为存在,再把存在等同为物质,恩格斯在《费尔巴哈和德国古典哲学的终结》中,才得以把"全部哲学的最高问题"归结为"思维和存在,精神和自然界的关系问题"(文集 4:277)("Die Frage nach dem Verhaltnis des Dekens zum Sein, des Geistes zur Natur")。①

---

① *Marx Engels Werke*, vol. 21, Dietz Verlag, Berlin, s. 275.

恩格斯解释说,这一问题涉及关于世界本原的看法。恩格斯把"存在"和"自然界"作为同义词,"思维"和"精神"作为同义词,这些都是关于"世界本原"的概念,凡是认为精神对自然界来说是本原的,属于唯心主义阵营;凡是认为自然界是本原的,属于唯物主义阵营。恩格斯说,在何者是本原这一问题之外,"唯心主义和唯物主义这两个术语本来没有任何别的意思",如果在别的意思上使用,就会造成思想混乱(文集 4:278)。"本原"(Ursprungliche)即起源。对起源的探讨属于费尔巴哈所说的"发生学"(费尔巴哈说:"发生学观点……对于一个由表象提供的对象……研究其起源"①)。恩格斯把"自然界"和"存在"当作同义词,把"精神"和"思维"当作同义词,按照"本原"和"派生"的发生学标准,作出了"存在第一性,思维第二性"的区分。这是世界观或本体论的区分,承认物质第一性是唯物主义的世界观哲学(Weltanschauungsphilosophie)。另一方面,恩格斯也承认物质和思维的同一性,这意味着思维是否能够认识外部世界,这是一个认识论问题。在认识论领域,唯物主义并不必然地与唯心主义对立,而与怀疑论或不可知论相对立。

恩格斯把"所是"的意义归结为"存在",把"存在"等同于"物质",把"物质"等同于"自然界",提出了自然界与人的思维何者第一性的问题和两者是否有同一性的问题,认为人的思想可以把握自然的本质。这些都是来自费尔巴哈的"自然本体论"的思想,甚至很多表达方式都是费尔巴哈的。恩格斯在谈到费尔巴哈的影响时说,费尔巴哈的《基督教的本质》一书的解放作用,"只有亲身体验过的人才能想象得到。那时大家都很兴奋:我们一时都成为费尔巴哈派了。马克思曾经怎样地欢迎这种新观点,而这种新观点又是如何强烈地影响了他,这可以从《神圣家族》中看出来"(文集 4:275)。但我们在《神圣家族》中却没有看出费尔巴哈有多大的影响。在那里,我们看到马克思的一段话:

① 《费尔巴哈著作选集》上卷,荣震华、李金山等译,商务印书馆 1984 年版,第 76 页。

> 实物是为人的存在,是人的实物存在,同时也就是人为他
> 人的定在,是他对他人的人的关系,是人对人的社会关系。(全
> 集中文1版2:52)

这里的"实物"(Ding)、"定在"(Dasein),相当于物质存在,但马克思没有把它当作不依赖于人的自然界的存在,而是看作人与人的社会关系。倒是在恩格斯的著作中,我们看到了费尔巴哈的"自然本体论"的影子。恩格斯在总结费尔巴哈的唯物主义时说:

> 我们自己所属的物质的、可以感知的世界,是唯一现实的;
> 而我们的意识和思维,不论它们看起来是多么超感觉,总是物
> 质的、肉体的器官即人脑的产物。物质不是精神的产物,而精
> 神本身只是物质的最高产物。

恩格斯评价说:"这自然是纯粹的唯物主义。"(文集4:281)恩格斯并不反对这种"纯粹的唯物主义",只是批评费尔巴哈不能克服"反对唯物主义这个名称的偏见"(文集4:281)。

(三)列宁的认识论定义

在马克思主义发展的下一个阶段,普列汉诺夫和列宁进一步发挥了恩格斯的"自然本体论",使之成为"辩证唯物主义"的主要内容。我们着重来看一看列宁的《唯物主义和经验批判主义》。这是一部论战性著作,其论敌依据物理学的新发现,宣扬"物质消灭了"。其实,物理学中所谓的"物质"指"原子",或原子构成的运动刚体,这种物质观是近代本质主义的实体观的产物。只是在把"物质"的属性等同于"广延"、把"物质"等同于自然形体的情况下,当原子转化为无形体的能量时,"物质消灭"论才能够成立。但是,马克思从来没有把"物质"当作自然界的实体,更谈不上把物质的属性等同为广延。原子与能量的转换与马克思关于社会存在的实践哲学是不相关的,利用"物理学危机"向马克思的唯物主义的挑战是不切题的做法。但是,这对"自然本体论"却构成了一个挑战。从

费尔巴哈开始的"自然本体论"把"存在"解释为自然界,以感性直观的方式提出了"思维与存在的关系",蕴涵或强烈地暗示着无形的内在(思维)与有形的外在(存在)的对立。当自然物的存在失去了形体,这种"自然本体论"需要辩护和进一步的理论解释。

列宁把恩格斯的"存在与思维"的关系更加明确地转化为"物质与意识"的关系。他承认:

> 物质和意识的对立,也只是在非常有限的范围内才有绝对的意义,在这里,仅仅在承认什么是第一性的和什么是第二性的这个认识论的基本问题的范围内才有绝对的意义。超出这个范围,物质和意识的对立无疑是相对的。[①]

列宁的不同之处在于把费尔巴哈的"发生学"和恩格斯的"本原问题"转变为认识论的问题。从认识论的角度来讨论物质与意识的关系问题,早在近代唯物主义那里就开始了。在经历了几百年的漫长争论之后,列宁所能进行更新的空间不是很大。

列宁关于物质的定义基本上重申了感觉反映论的基本原则。他强调:"物质是标志客观实在的哲学范畴";"客观实在"是相当于传统本体论中的"本体"概念。这一定义又强调,物质"为我们的感觉所复写、摄影、反映"。感觉的"复写、摄影、反映"都是感性直观,而感性直观的对象不可能没有形状大小;即使是能量,在仪器的观察中也有运动的轨迹,因此能够被我们的感觉所直观。

列宁的定义并没有否认物质的广延属性,它只是否认物质的广延可以被感官直接把握,并否认物质的广延等于形体大小,承认物质可以是无形体的能量的有形运动;因此可以解释原子转化为能量为什么不是物质的消灭的道理。但是,这一定义仍以感性直观的方式把握物质,因此不能摆脱虽然把物质的属性作为感觉对象的后果,也不能解决现代物理

---

① 《列宁选集》第 2 卷,人民出版社 1975 年,第 147 页。

学中的争论。比如，海森堡提出的测不准定律表明，人们不能同时精确地测定微观粒子的质量和速度。玻尔提出的互补原理表明，量子粒子性（它的时空座标）和波动性（它的动量）只能在互相排斥的实验条件下才能表现出来。海森堡和玻尔都强调基本粒子的性质和人们使用的测量仪器等观察条件有着不可分割的关系。哥本哈根学派由此得出结论：在微观世界里，观察的对象和主体不可区分，用以描述"客观实在"连续性的因果规律的概念不再适用于量子力学。如果只是使用列宁的物质的定义与他们辩论，却于事无补。因为他们的证据恰恰是针对"客观实在能够被感觉所复写、摄影、反映"这一反映论原则的。

以上我们谈到的马克思对费尔巴哈的批判与恩格斯、列宁对费尔巴哈的"自然本体论"的继承，分别代表了马克思主义哲学的物质观的两个发展方向。对马克思和恩格斯的"物质"概念的不同解释而形成的两种观点，都有经典文本的依据，我们现在无须把两者的差异夸大为"党派之争"或"政治思想路线之争"。事实上，马克思从来没有离开唯物主义的一般前提，从来也没有否认，只有在一定的物质条件下，人才能从事改造自然和社会的实践活动。恩格斯也提醒："注意。物质本身是纯粹的思想创造物和纯粹的抽象。"（文集 9:511）恩格斯明确地说：

> "物质"和"运动"这样的词无非是简称，我们就用这种简称把感官可感知的许多不同的事物依照其共同的属性概括起来。因此，只有研究单个的物和单个的运动形式，才能认识物质和运动。（文集 9:501）

恩格斯和马克思一样强调实践，认为工业实践彻底驳斥了不可知论。他们两人的分歧只是强调了他们共同创立的新唯物主义的不同侧重点。如果以文本分析为意义，马克思和恩格斯对物质的不同论述并不是十分明显和重要的分歧。只是在特定的社会历史条件下，面对一些具体问题，这一分歧在理论和实践上才有可能导致明显不同的后果。

第五章　辩证哲学

无论知性如何竭力去反对辩证法,我们却不可以为只限于在哲学意识内才有辩证法或矛盾进展原则。相反,它是一种普遍存在于其他各级意识和普遍经验里的法则。举凡环绕着我们的一切事物,都可以认作是辩证法的例证。……我们可以说,辩证法在同样客观的意义下,约略相对于普通观念所谓上帝的力量。当我们说"一切事物都注定了免不掉矛盾"这话时,我们确见到了矛盾是一普遍而无法抵抗的力量,在这个大力面前,无论表面上如何稳定坚固的事物,没有一个能够持久不摇动。

黑格尔:《小逻辑》

我们意识到,马克思的"辩证哲学"是一个与"辩证唯物主义"不同的提法,但"不同不等于"矛盾或对立。关于两者的差异,如同上一章"实践哲学"的处置,本章不把两者看作标签之争、立场之争,而是循名责实,依据马克思恩格斯文本,用辩证哲学处理辩证唯物主义的世界观、运动观、认识论和方法论等主题。

"辩证哲学"的提法取自恩格斯,他在评论黑格尔辩证法革命性时说:"这种辩证哲学推翻了一切关于最终绝对真理和与之相应的绝对的人类状态的观念。"(文集 4:270)对辩证哲学的任何解释,都不能回避马克思对黑格尔辩证法的批判性的改造吸收,经过批判、改造和吸收,马克思的辩证哲学比黑格尔的更加彻底,更加丰富。

马克思对黑格尔的态度走了一段"之"字形的道路。如本书前面几章所述,黑格尔是马克思进入哲学殿堂的引路人,黑格尔阐述的自由意志的"客观精神"是马克思在《莱茵报》上表达的自由思想的推力。有感于黑格尔法哲学的理论与普鲁士专制的现实之间不可调和的矛盾,马克思在《黑格尔法哲学批判》的笔记中对黑格尔辩证法的神秘主义,以及掩盖、调和矛盾的国家哲学,进行了尖锐激烈的批判。但马克思对黑格尔的批判未能完成,因为他没有触及黑格尔所有权和市民社会学说的核心。在随后的 1844 年手稿中,马克思发现了黑格尔辩证法"神秘外壳中的合理内核",黑格尔的否定、扬弃、劳动、异化和自然等概念中,帮助马克思缕清了市民社会中人与自然、人与物、个人与社会、工人与资产者关系的本质。在 1859 年全面表述唯物史观的《政治经济学批判导言》中,马克思间接承认了黑格尔法哲学对自己思想成熟的积极启发:

> 我写的第一部著作是对黑格尔法哲学的批判性分析……这个物质的生活关系的总和,黑格尔按照 18 世纪的英国人和法国人的先例,概括为"市民社会",而对市民社会的解剖应该到政治经济学中去寻求。(文集 2:591)

在撰写《资本论》的过程中,马克思承认黑格尔的《逻辑学》"在材料加工的方法上帮了我的大忙"(文集 10:143)。《资本论》出版后,德国评论家攻击它是"黑格尔的诡辩"。在 1872 年第二版"跋"中,马克思对自

己批判和吸收黑格尔辩证法的一生做了"盖棺论定"式总结:

> 将近 30 年以前,当黑格尔辩证法还很流行的时候,我就批判过黑格尔辩证法的神秘方面。但是,正当我写《资本论》第一卷时,今天在德国知识界发号施令的、愤懑的、自负的、平庸的模仿者们,却已高兴地像莱辛时代大胆的莫泽斯·门德尔松对待斯宾诺莎那样对待黑格尔,即把他当做一条"死狗"了。因此,我公开承认我是这位大思想家的学生,并且在关于价值理论的一章中,有些地方我甚至卖弄起黑格尔特有的表达方式。辩证法在黑格尔手中神秘化了,但这决没有妨碍他第一个全面地有意识地叙述了辩证法的一般运动形式。在他那里,辩证法是倒立着的。必须把它倒过来,以便发现神秘外壳中的合理内核。(文集 5:22)

文中"30 年以前"显然指 1843 年手稿《黑格尔法哲学批判》中的批判,在写《资本论》时马克思系统地、熟练地运用黑格尔《逻辑学》的逻辑范畴分析资本主义经济形式,成为当之无愧的黑格尔学生。人们对马克思与黑格尔关系有各种各样的猜测和断言,我们应当按照马克思自述的思想发展线索,描述马克思对黑格尔辩证法进行批判、改造、运用三阶段。

第一节 黑格尔法哲学批判(逻辑学部分)

如马克思所言,他的辩证法开始于对黑格尔的批判。在《1844 年经济学哲学手稿》序言里,马克思说,他曾计划发表《黑格尔法哲学批判》的著作,但是:

> 在加工整理准备付印的时候发现,把仅仅针对思辨的批判同针对不同材料本身的批判混在一起,十分不妥,这样会妨碍阐述,增加理解的困难。(文集 1:111)

本书第二章"政治哲学"中,我们把马克思对黑格尔法哲学的批判分为逻辑学批判和政治批判两部分,在那里重点梳理政治批判部分,在此阐释逻辑学批判部分。马克思在自称是"我写的第一部著作"的手稿,标志着马克思辩证哲学的诞生。

一、马克思辩证法批判的三个主题

关于马克思对黑格尔的逻辑学批判,黑格尔法哲学的考证者伊尔亭(K.-H. Ilting)认为,马克思把费尔巴哈批判黑格尔神学的方法和术语应用于对黑格尔的批判,《法哲学原理》第 262 节归结为"逻辑的、泛神论的神秘主义","集法哲学和黑格尔整个哲学的神秘主义之大成",这从一开始就误解黑格尔,因为"马克思的主要关注点是参照法权哲学文本证明费尔巴哈对黑格尔批判的正确性,以致一直忽视黑格尔的一贯思路"[①]。在我看来,马克思此时虽然仍受费尔巴哈影响,但他对黑格尔法哲学的批判基本与费尔巴哈无涉,正如费尔巴哈的自然主义人本学不适于马克思的政治批判,费尔巴哈的宗教神学批判也不适用于马克思的逻辑学批判。

马克思的笔记没有结构,好在他为手稿作了主题索引,只有三个主题词:"体系的发展的二重化","逻辑的神秘主义","作为主体的观念"(全集 3:159)。从字面上看,这些主题词在费尔巴哈《关于哲学改造的临时提纲》中也可看到。费尔巴哈说:"在黑格尔哲学中,对一切事物作两次考察:先作为逻辑学的对象,然后又作为自然哲学和精神哲学的对象",恰如马克思所批判的"体系发展的二重化"。至于"逻辑的神秘主义",费尔巴哈也说:"黑格尔的逻辑学,是理性化和现代化了的神学,是化为逻辑学的神学","将普通神学由于畏惧和无知而远远放在彼岸世界

[①] K.-H. Ilting,"Hegel on State and Marx's Early Critique", in *The State and Civil Society*, ed. Z. A. Pelczynski, Cambridge University Press, 1984, pp. 105,104.

的神圣实体移置到此岸世界中来"①。"作为主体的观念"也是费尔巴哈的批判术语：费尔巴哈认为，"存在是主体，思维是宾词"，而黑格尔却颠倒主体和客体关系，"思维无论在什么时候都被看作主体，客体和宗教则被看成是思想的一个单纯的宾词"。②

但是，马克思以市民社会和政治国家的关系为主题，对黑格尔辩证法所作的批判与费尔巴哈在本体论和宗教神学领域的批判的实质内容完全不同。正如马克思所说，对黑格尔批判的理解"在于把握特有对象的特有逻辑"（全集 3：114）。政治对象与宗教对象的逻辑充其量只有类比关系，而且不只是反比（否定）的比喻，也是正比（肯定）的比喻。比如，马克思在肯定的意义上，用基督教的本质比喻民主制的本质：

> 民主制对于其他一切国家形式的关系，同基督教对其他一切宗教的关系是一样的。基督教是卓越超绝的宗教，宗教的本质，作为特殊宗教的神化的人。基督教也是一样，它是一切国家制度的本质，作为特殊国家制度的社会化的人。（全集 3：40）

在正面意义上谈论基督教与民主制关系，是费尔巴哈从来没有想到的。马克思也在否定意义上使用神学与现代政治关系的类比。比如：

> 现代意义上的政治生活就是人民生活的经院哲学。君主制是这种异化的完备表现。（全集 3：42）

> 官僚政治精神是一种纯粹的耶稣会精神、神学精神。官僚是国家耶稣会教士和国家神学家。（全集 3：59）

恩格斯正确地指出，费尔巴哈"没有批判地克服黑格尔，而是简单地把黑格尔当做无用的东西抛在一边"（文集 4：296）。马克思克服黑格尔辩证法缺陷的严肃批判与费尔巴哈的简单抛弃不可同日而语。手稿中

---

①《费尔巴哈哲学著作选集》上卷，荣震华、李金山等译，商务印书馆 1984 年版，第 103，101 页。
② 同上书，第 115，114 页。

借用的费尔巴哈术语,对批判黑格尔的逻辑学没有实质性意义。

《黑格尔法哲学批判》手稿中对黑格尔辩证法的批判,不局限于马克思早期政治哲学的语境,在而后唯物史观和政治经济学批判中,马克思对黑格尔逻辑学的改造、吸收和应用,以扬弃其"神秘形式"和主客体关系"颠倒"为前提。我们不能把马克思的逻辑学批判和吸收,归结为前期"革命民主主义"与后期"共产主义"的不同政治态度。而要像马克思要求的那样,真正的哲学批判不仅揭露存在着矛盾,"而且解释这些矛盾,了解这些矛盾的形成过程和这些矛盾的必然性。这种批判从矛盾的本来意义上来把握矛盾"(全集 3:114)。

马克思从辩证法本来意义上批判黑格尔法哲学中的逻辑学,与其说推翻了黑格尔的逻辑学,不如说解释和克服了黑格尔逻辑学的内在矛盾。根据马克思的内部批判的方法,我们逐一分析马克思批判黑格尔逻辑学的三个主题。

二、何谓辩证法的"神秘形式"?

黑格尔的著作文字艰深难懂,但黑格尔坚决否认他的思想有神秘之处。《精神现象学》"序言"中反对"只追求在模糊不清的神性上获得模糊不清的享受"的那种"放弃科学的自足自乐的态度";他还说,在科学的康庄大道上,信赖常识的人"穿着家常便服走过","充满了对永恒、神圣、无限的高尚情感的人们,则是要穿着法座的道袍阔步而来";而黑格尔相信:"不管别人的看法如何,事实上优秀的东西所以被人承认为优秀的东西,完全由于科学性。"① 黑格尔向柏林大学青年学子呼吁:"追求真理的勇气,相信精神的力量,乃是哲学研究的第一要求",精神对于"永毅的求知者","将它的财富和奥秘公开给他,让他享受"。② 在《逻辑学》第二版

---

① 黑格尔:《精神现象学》上卷,贺麟、王玖兴译,商务印书馆 1978 年版,第 6、48、49 页。
② 黑格尔:《小逻辑》,贺麟译,商务印书馆 1980 年版,第 39 页。

序言的结尾,黑格尔说,逻辑思维要求的"教养和训练,只有通过深入、钻研和实现全部发展,才能克服"①。马克思肯定知道黑格尔的这些要求并亲身经过这样的训练,但为什么始终认为黑格尔的辩证法是神秘的呢?通过对 1833 年手稿的分析,我们可以理解马克思所谓"神秘"的意思。

首先,马克思和黑格尔一样承认,现实性来自社会历史经验,现实的观念是对现实存在的合理解释。但是,马克思批判说,黑格尔所谓的"现实观念"却是对现实存在的非现实、不合理的解释。在第 262 节,黑格尔在解释国家产生的必然性时说:"现实的观念,精神,把自身分为自己概念的两个理想性的领域:家庭和市民社会……以便从这两个领域的理想性中形成自为的无限的现实的精神。"马克思分析说,黑格尔的命题应该这样解释才是合理的,即:

> 国家划分为家庭和市民社会,这是理想的,就是说,是必然的划分,是国家的本质所在。家庭和市民社会是国家的现实的构成部分,是意志的现实的精神存在,它们是国家存在的方式。家庭和市民社会本身使自身成为国家。它们是动力。

"可是",马克思接着指出:

> 在黑格尔看来又相反,它们是由现实的理念产生的。把它们结合成国家的不是它们自己的生存过程,而是观念的生存过程,是观念使它们从它自身中分离出来。就是说它们才是这种观念的有限性。它们的存在归功于另外的精神,而不归功于自己的精神。(全集 3:11)

马克思认为,黑格尔的"国家"观念的出发点是这样的事实:"国家是从作为家庭的成员和市民社会的成员而存在的这种群体中产生的",然而,"思辨的思维却把这一事实说成是观念的活动"。为了自圆其说,黑

---

① 黑格尔:《逻辑学》上卷,杨一之译,商务印书馆 1976 年版,第 20 页。

格尔把社会经验当作"情况、任性"的"国家材料",作为精神发展的"中介"分配给家庭和市民社会这两个有限环节。马克思说:

> 如果我们把这一段话译成普通的语言,那就是这样:
>
> 国家是从家庭和市民社会之中以无意识的任意的方式产生的。家庭和市民社会仿佛是黑暗的自然基础,从这一基础上燃起国家之光。国家的材料应理解为国家的事务,理解为家庭和市民社会,因为它们是国家的构成部分,它们参与国家本身。
>
> (全集 3:9—10)

马克思用"普通的语言"理解的这段话,后来被表述为"经济基础决定政治上层建筑"。

黑格尔把家庭和市民社会作为国家的"现实的观念"的中介,只是"以便"精神实现从偶然性到必然性、从有限性到无限性的发展。这样,"作为出发点的事实没有被理解为事实本身,而是被理解为神秘主义的结果"(全集 3:12)。其所以是神秘的,因为:

> 观念变成了独立的主体,而家庭和市民社会对国家的现实关系被理解为观念的内在想像活动。家庭和市民社会都是国家的前提,它们才是真正的活动着的;而在思辨的思维中这一切却是颠倒的。可是如果观念变成了主体,那么现实的主体,市民社会、家庭、"情况任性等等",在这里就变成观念的非现实的、另有含义的客观因素。(全集 3:10)

就是说,国家被说成"现实的观念",而使自身成为国家家庭和市民社会反倒只是非现实的"国家的概念领域"。马克思断言:"逻辑的、泛神论的神秘主义在这里已经很清楚地显露出来。"(全集 3:10)

黑格尔为什么要违反社会历史现实对国家的形成做出神秘主义的解释呢?从理论根源上说,黑格尔按照逻辑范畴的秩序规定社会历史发展的过程,按照从特殊性、普遍性、单一性或有限性到无限性的安排,从而"使政治制度同抽象观念建立关系,把政治制度列为它的(观念的)发展史上的一个环节。这是露骨的神秘主义"(全集 3:19)。

这是"神秘主义"的第二层意义。马克思并不否定各种政治制度之间存在必然关系,而是说,应在现实的经验和历史发展过程中概括和证明必然性。他批判黑格尔把经验的关系变成先入为主的逻辑必然性,而无需任何论证。

> 这样一来,各种不同的权力便不是由它们"自己的本性"规定的,而是由异己的本性规定的。同样,必然性也不是从它们自己的本质中汲取的,更不必说得到批判性的证明了。相反,各种不同的权力的命运是由"概念的本性"预先规定好并封存在圣宫(逻辑学)的神圣记录中。(全集 3:19)

逻辑学的范畴运动取代了历史的、现实的政治运动,以致"整个法哲学只不过是逻辑学的补充",只是"逻辑学中的一章"。(全集 3:23)

马克思所说黑格尔逻辑学神秘性第三层意义是"黑格尔文体的一个特点,这个特点随时可见,而且是神秘主义的产物"(全集 3:16)。有时,黑格尔用"由此可见"作未经考察的断言,给人造成"逻辑顺序、演绎和阐释的假象"(全集 3:16);有时,黑格尔"把某种经验的存在非批判地当作观念的现实真理性","造成一种印象:神秘和深奥"(全集 3:51),实际上是过度抽象的荒谬和废话。比如,君王世袭的简单事实被黑格尔说成"是从君王的概念中产生的","这样,国王的最高宪政活动就是他的生殖活动"(全集 3:53);"他儿子的肉体是他自己肉体的再生产,是国王肉体的创作"(全集 3:63),被披上了"上帝人化"(全集 3:51)的神秘的深奥的外衣。

黑格尔逻辑学的"神秘主义"或"神秘"的指责在手稿中比比皆是,无非指上述三种用法。只有在 1843 年手稿的具体例证中,才能理解马克思日后批判黑格尔辩证法的"神秘主义"或"神秘形式"的意义所在。

三、黑格尔逻辑学为什么是"颠倒的体系"?

我们看到,马克思批判黑格尔颠倒家庭、市民社会现实性与国家观念的关系导致神秘的结果。但黑格尔逻辑学作为颠倒的体系,远比费尔巴哈所批判的颠倒存在(主词)和思维(宾词)要复杂得多。

黑格尔在《精神现象学》中说:"一切问题的关键在于:不但把真实的东西或真理理解和表述为实体,而且同样理解和表述为主体。"①马克思把黑格尔关于主体与实体关系理解为颠倒的体系。马克思把黑格尔第270节关于国家目的阐述中逻辑范畴的运用归纳为下面一个推论:

(a)变成主体的是:抽象的现实性、必然性、实体性,因而是些抽象逻辑范畴。

(b)精神成了它的谓词的谓词。

(c)既然出发点是被当作主体,当作现实本质的"观念"或"实体",那现实的主体就只能是抽象谓语的最后谓语。(全集3:21—22)

马克思的批判表明,黑格尔的颠倒不在于颠倒了"主体"(主词)和"实体"(谓词)的关系,而在于把主体和实体理解为抽象的观念或谓词,而主体和实体在精神范围内运动,即表述谓词的"谓词的谓词",最后达到两者的统一是"最后谓词"。按照这样的逻辑,国家制度始终是抽象的观念,根本不是黑格尔想要论证的最高伦理实体或具体的自由。

黑格尔的逻辑学之所以是颠倒的,因为他把现实的主体颠倒为抽象的主体。马克思说:"他不让社会成为现实的决定性的东西,因为这需要一个现实的主体,而他只有一个抽象的主体,一种虚构。"(全集3:151)马克思所说的现实的主体是在社会中"人的本质的客体化"(全集3:52)。

---

① 黑格尔:《精神现象学》上卷,贺麟、王玖兴译,商务印书馆1978年版,第10页。

因此,中世纪等级制度的人是"不自由的人"(全集 3:43);"现代的市民社会是实现了的个人主义原则;个人的存在是最终目的;活动、劳动、内容等等都是手段"(全集 3:101);而在以市民社会为基础的国家,"现实的人就是现代国家制度的私人"(全集 3:102)。黑格尔现实的主体颠倒为抽象的主体是"把主观的东西颠倒为客观的东西,把客观的东西颠倒为主观东西"(全集 3:51)。这是体系性的颠倒,因为:

> 正确的方法被颠倒了。最简单的东西被描述成最复杂的东西;而最复杂的东西又被描述成最简单的东西。应当成为出发点的东西变成了神秘的结果,而应当成为合乎理性的结果的东西却成了神秘的出发点。(全集 3:52)

"颠倒"的一个例子是,黑格尔在 279 节把君主说成是"抽象人格",但实际上,"抽象的人只是在法人即社会团体、家庭等等之中,才使自己的人格达到真正的存在"(全集 3:50)。

马克思接着说明了颠倒抽象人格和真正存在人格的政治含义:

> 如果君主是在自身中包含着国家的抽象的人,那么这无非是说国家的本质就是抽象的人,是私人。国家只是在自己的成熟阶段才泄露本身的秘密。君王是体现在私人对国家的关系的惟一私人。(全集 3:52)

马克思没有抽象地批判黑格尔颠倒了主词和谓词的关系。而是要求如实地理解黑格尔法哲学的意义:

> 如果我们如实地理解意义,即把它理解为特有的规定性,然后把这种意义本身变成主体,这时再比较一下,所谓从属于这种意义的主体是不是这种意义的真正谓语,是不是这种意义的本质和真正的实现,那么我们就能彻底地摆脱这种幻想。(全集 3:104)

与费尔巴哈不同,马克思没有把物质存在当作主词,把人的思维当作谓词,而是把现实的人当作主词的意义,把人的社会政治存在形式当作表述人的本质的真正谓语。在 1843 年手稿中,马克思的主要目标是黑格尔主观和客观颠倒的体系,但也开始与费尔巴哈不理解主观能动性的消极直观的唯物主义拉开距离。

四、"体系的发展的二重化"的矛盾

马克思手稿从第 260 节的评注开始,第 1 页已经丢失,现存笔记从第 261 节开始。马克思在第 261 节笔记中说,在阐述现代国家形成时,黑格尔一方面认为家庭和市民社会是国家的"外在必然性",另一方面认为家庭和市民社会依附于国家的"内在目的",由此造成"一个没有解决的二律背反"(全集 3:7,9)。黑格尔的解决之道是公开与秘密的"一种双重的历程":"内容包含在公开的部分,而秘密的部分所关心的总是在国家中重新找出逻辑概念的历程"。马克思批判说,"双重历程"只是把外在与内在的矛盾转变为公开与秘密的矛盾:在公开的部分,"家庭和市民社会使自身成为国家。它们是动力";但在秘密部分,家庭和市民社会结合成国家又不是自身的存在过程,而是逻辑理念的生成发展过程。(全集 3:11)这个评论表明,"体系的发展的二重化"指经验解释与逻辑解释两者背道而驰,造成康德意义上的"二律背反",即肯定的和否定的解释都貌似合理。黑格尔的"二律背反"在于,一方面经验地阐述家庭和市民社会是先于国家的基础,是组成国家材料并参与国家本身的本质力量,另一方面又在逻辑上把国家说成是现实的观念和精神,预先决定家庭和市民社会必然发展为国家。家庭和市民社会与国家究竟谁决定谁? 这是一个二律背反。

康德在其先验辩证论中把二律背反看作先验幻相的表现。黑格尔认为,"二律背反"是理性的必然矛盾,康德关于理性不可避免地引起矛盾的看法恢复了辩证法的权威;但他又批判说,康德解决矛盾的方法是肤浅的,把矛盾看作世界的本质所不应有的污点是一种"温情主义";而且认为矛盾只有四个,这未免太少,"因为什么东西都有矛盾"。①

因此,问题不在于黑格尔法哲学中是否存在"二律背反"的矛盾,而在于黑格尔如何对待这种矛盾。概览马克思的批判,黑格尔应付现实政治矛盾的方式有三种:一是用逻辑学语词敷衍经验难题,二是以经验事实为由迁就现存的制度,三是借助"中介"调和。以下列举马克思批判的几个例证。

第一,用逻辑学语词敷衍经验难题。马克思表扬黑格尔"把政治国家看作机体,因而把权力的不同不再看作机械的不同,而是看作生命的和合乎理性的不同,——这是前进了一大步。"(全集3:15)"动物有机体"是黑格尔《自然哲学》最高范畴,其特点是"每个体系都潜在地是整体,这整体就是统一体"②。在《法权哲学原理》中,黑格尔再三用动物机体类比国家有机体,如说:"家庭可比之于感受性,市民社会可比之于敏感性,至于第三者即国家是自为的神经系统";国家制度的各部分"正与胃与其他器官的预言相合";国家机体如同生命,"如果离开了生命,每个细胞都变成死的了";历史上的国家是"坏的国家"不是现实,正如"一只被砍下来的手看起来依旧像一只手,而且实存着,但毕竟不是现实的"③。但问题是,政治有机体不是动物有机体,黑格尔如何解决动物有机体与政治有机体的差别呢? 马克思说,在黑格尔逻辑学中,动物有机体和政治机体都是地道的"观念"、"逻辑观念",而现实的主体即政治制度"则变成它们的简单名称",并且"利用'由此可见'这么几个字造成的逻辑循序、演绎和阐释的假象",证明国家制度各种不同权力是机体的方面。针对黑格尔的"因此可见",马克思说:"我们倒要问一问:'何以见得'呢?"(全集3:16)马克思追问到一个明显的事实:

---

① 黑格尔:《哲学史讲演录》第4卷,商务印书馆1981年版,第279页。
② 黑格尔:《自然哲学》,梁志学、薛华等译,商务印书馆1986年版,第497页。
③ 黑格尔:《法哲学原理》,范扬、张企泰译,商务印书馆2014年版,第264,268,293,280页。

> "国家的各个不同方面是各种不同的权力"这一命题是经验的命题,不能冒充为哲学上的发现,也决不能是作为先前阐释的结果产生出来的。(全集 3:18)

"由此可见"根本不是一个逻辑推理得出的理由;相反,"从机体的一般观念通向国家机体或政治制度的特定观念的桥梁并没有架设起来,而且这座桥梁永远也架设不起来"(全集 3:18)。

第二,以经验事实为由迁就现存的制度。《法哲学原理》第 298 节一方面强调"立法权本身是国家制度的一部分,国家制度是立法权的前提,它本身是不由立法权直接规定的","本身处于立法权之外";另一方面又说,"通过法律的不断完善和由于一般政府事务的前进性质",国家制度"得到进一步发展"。马克思分析说,按照第一种说法,国家制度在立法权之外;按照第二种说法:

> 国家制度也毕竟不是由自己产生的,而那些"需要进一步规定"的法律,应该是已经制定出来。立法权应该存在于或已经应该存在于国家制度以前和国家制度以外。(全集 3:70)

国家制度和立法权究竟何者为先? 对黑格尔是一个"二律背反"。马克思认为,黑格尔"以现存的国家为前提"为由,认为国家制度"本身处于立法权的直接规定之外"。马克思批判说:

> 黑格尔是法哲学家,而且是在阐述国家的类概念。他不应该用现存的东西来衡量观念,而应该以观念来衡量现存的东西。(全集 3:70)

马克思并不否定现实的政治经验需要符合逻辑发展发展和合乎理性,而认为逻辑发展的合理性和规律是从社会历史的经验事实中抽象出来的,而不是由颠倒的观念和逻辑的精神本性预先规定的。马克思说:

> 黑格尔应该受到责难的地方,不在于他按现代国家本质现

存的样子描述了它,而在于他用现存的东西来冒充国家本质。合乎理性的东西都是现实的,这一点正好通过不合乎理性的现实性的矛盾得到证明,这种不合乎理性的现实性处处都同它关于自己的说法相反,而它关于自己的说法又同它的实际情况相反。(全集 3:80—81)

黑格尔在理论不能坚持用现实观念的合理性来批判不合理的现状,源于在政治上迁就德国君主制的现状的保守态度。于是,他满足于经验描述,辩证法失去批判性和彻底性:"黑格尔处处都从他的政治唯灵论降到最粗陋的唯物主义"(全集 3:131),"庸俗的批判陷入了相反的教条主义的错误"(全集 3:114),"黑格尔本人的观点也不是首尾一贯的,而这种首尾不一致就是迁就。"(全集 3:119)

比如,黑格尔以"外观上不易觉察并且不具有变化形式"的前进为由,替现存的立法权之外的国家制度辩护。马克思批判黑格尔违背了辩证法的理性和自由精神:

> 按照黑格尔的看法,国家是自由的最高定在,是意识到自身的理性定在。如果说在这样的国家里支配一切的不是法律,不是自由的定在,而是一种盲目的自然必然性,那这样说对不对呢? 再说,既然认识到事物的规律同它在立法上的规定相矛盾,那为什么不承认事物的规律、理性的规律也是国家的法律,为什么要有意识地坚持二元论呢? 黑格尔处处想把国家说成自由精神的实现,而事实上他是要通过同自由相对立的自然必然性来解决一切棘手的冲突。(全集 3:71—72)

马克思说,如果把自由的、理性的规律当作国家的法律,那么正确的问题只能是这样:"人民是否有权为自己制定新的国家制度"(全集 3:73),而这个问题的答案是:"要建立新的国家制度,总要经过一场真正的革命。"(全集 3:72)通过对黑格尔法哲学的批判,马克思把握到辩证法的革命性的政治意义。

第三，借助"中介"调和对立。马克思看到，"黑格尔到处在表述市民社会和国家的冲突"（全集 3：92）；"他处处从各种规定的对立开始，并强调这种对立"，马克思说，这正是"黑格尔的深刻之处"（全集 3：69—70）。但是，在第 300—304 节，黑格尔说："国家制度本质是一种中介体系"（全集 3：322），等级会议是"中介机关"（全集 3：321）。马克思批判黑格尔用"中介"概念调和人民与王权、行政权与立法权、市民社会的"私人等级"与代表国家的"普遍等级"的矛盾。黑格尔所说的"中介"等于推理的"中项"，马克思说，"黑格尔总是把推理理解为中项，理解为一种混合物"：

> 立法权，中项，是由两个极端，即由王权原则和市民社会，由经验单一性和经验普遍性，由主体和谓语所组成的一种混合物。（全集 3：105）

这种逻辑推理的"中项"是由两个极端组成的"混合物"，是"木质的铁，是普遍性和单一性之间的被掩盖了的对立"，根本无力解决政治现实中的"不可调和的矛盾"（全集 3：106，107）。

马克思没有笼统地否认辩证法的中介，而是具体分析了对立的三种情况：第一，"女性和男性，二者都是一个类、一种本质"；第二，北极和南极，"它们都是分化了的本质"，或者说，同一本质的有差别的规定；最后，"真正的、现实的极端是极和非极、人类和非人类"。马克思用三个比喻分别说明这三种情况：第一种情况不需要中介，如果硬要设立中介，就像"夫妻吵架和医生居间调解的故事，可是后来妻子不得不在医生和丈夫之间进行调解，而丈夫又不得不在医生和妻子之间进行调解"；第二种情况不经过中介也会调和，就像不想真打架的两个对手，"使拳头落在给他们劝架的第三者身上，但后来打架双方中的一员又成了第三者，结果由于过分小心，他们始终没有打起来"；第三种情况的中介只是对立中一方掩盖对立的伪装，就像"一个人想打自己的对手，同时又不得不保护自己的对手不致挨打；由于这样一身兼二职，他的打算全部落空了"。"等级会议"就是第三种情况的"中介体系"，它一身兼二职，既要为市民社会服务，又要充当君王的"中介"，就像"在自己和对手之间架起一座驴桥"（编者注："驴桥最初是经验哲学使用的术语，用以提示人们探索逻辑中的中介概念"）。马克思没有停留在对立的不可调和，而得到关于矛盾本质的认识：

> 黑格尔的主要错误在于：他把现象的矛盾理解为观念中、本质中的统一，而这种矛盾当然有某种更深刻的东西，即本质的矛盾作为自己的本质。例如，在这里立法权自身的矛盾只不过是政治国家的矛盾，因而也就是市民社会同自身的矛盾。
> （全集 3：114）

通过批判黑格尔调和矛盾，马克思在现代国家的矛盾中寻找解决矛盾的道路，奠定了唯物史观的政治革命道路；在市民社会自身矛盾中寻找废除私有制的道路，奠定了政治经济学批判的哲学基础。这两个思想发展方向都是对黑格尔辩证法进行进一步批判性改造的结果。

第二节　黑格尔辩证法的"合理内核"

马克思 1843 年写作《黑格尔法哲学批判》手稿一年之后，在《经济学哲学手稿》笔记本 III 重新审视了黑格尔辩证法。时隔一年，虽然马克思仍受费尔巴哈影响，但对黑格尔的态度有了相当大变化；两者都是对黑格尔的扬弃，"扬弃"兼有"摒弃"和"保留"的双重含义，如果说第一个手稿以摒弃为主，那么第二个手稿以发扬为主。这个变化与黑格尔的不同文本相关，也与马克思的参照系有关。《黑格尔法哲学批判》参照德国落后的政治制度，激烈批判黑格尔逻辑学的非现实性、调和性和不彻底性；而《经济学哲学手稿》参照英法政治经济学的前沿知识，在黑格尔《精神现象学》和《哲学百科全书》中发掘出辩证法的合理内核。1843 年和

1844 年的路径都保留在马克思发明的唯物史观和政治经济学批判之中。只有结合两者,才能理解马克思对黑格尔辩证法的批判性吸收和运用。

《1844 年经济学哲学手稿》中,马克思说:"对黑格尔的辩证法和整个哲学的剖析,是完全必要的",这是因为:青年黑格尔派的批判神学家把"黑格尔的超验性""歪曲为神学漫画","对'自我意识'和'精神'抱有唯灵论的偶像崇拜";而与他们争论的"费尔巴哈对黑格尔辩证法的批判还缺少黑格尔辩证法的某些要素,这些要素还没有以经过批判的形式供他使用"(文集 1:112,113)。马克思按照政治经济学批判的需要,在黑格尔《精神现象学》和《哲学百科全书》中发掘"劳动""异化""扬弃""否定""主体性""对象性"等要素,用"经过批判的形式"表述出来。这些经过批判改造的要素,正是马克思在《资本论》中谈到的黑格尔辩证法的"合理内核"。

一、《精神现象学》:精神劳动的生产史

马克思说,理解黑格尔的体系"必须从黑格尔的《现象学》即从黑格尔哲学的真正诞生地和秘密开始"(文集 1:201)。我们知道,《精神现象学》按照从抽象到简单、由片面到复杂的经验概念运动的秩序,描述了世界历史的图景。马克思说:

> 他只是为历史的运动找到抽象的、逻辑的、思辨的表达,这种历史还不是作为既定的主体的人的现实历史,而只是人的产生的活动、人的形成的历史。(文集 1:201)

概括马克思的看法,黑格尔对人的形成的历史的描述有三点错误:其一,认为"只有精神才是人的真正本质"(文集 1:204),"人的本质,人,在黑格尔看来=自我意识"(文集 1:207);其二,"黑格尔唯一知道并承认的劳动是抽象的精神的劳动"(文集 1:205);其三,把人的现实历史当作"抽象的、绝对的思维生产史,即逻辑的思辨的思维的生产史"(文集 1:203)。马克思在黑格尔"颠倒"和"神秘"之处,发现了辩证法的合理

内核。

（一）异化的本质

马克思说：

> 《现象学》紧紧抓住人的异化不放——尽管人只是以精神
> 的形式出现——，所以它潜在地包含着批判的一切要素，而且
> 这些要素往往已经以远远超过黑格尔观点的方式准备好和加
> 过工了。（文集1：204）

比如，《精神现象学》描述的人类意识的经验的最后两个阶段是"宗
教"和"绝对知识"。按照"意识的异化"的辩证法：

> 如果我知道宗教是外化的人的自我意识，那么我也就知
> 道，在作为宗教的宗教中得到确证的不是我的自我意识，而是
> 我的外化的自我意识。这就是说，我知道我的属于自身的、属
> 于我的本质的自我意识，不是在宗教中，倒是在被消灭、被扬弃
> 的宗教中得到确证的。（文集1：214）

黑格尔以宗教哲学为把握宗教本质的自我意识，把外在宗教当作宗
教的异化，这无异于说："只有宗教哲学等等对我来说才是真正的宗教存
在，那么我也就只有作为宗教哲学家才算是真正信教的，而这样一来，我
就否定了现实的宗教信仰和现实的信教的人。"（文集1：215）马克思说，
黑格尔对宗教的哲学批判与"费尔巴哈的《基督教的本质》一书所描述同
一过程"殊途同归，只不过黑格尔从抽象的精神出发，费尔巴哈从感性直
观出发。

在"绝对知识"的结尾处，"哲学家——他本身是异化的人的抽象形
象——把自己变成异化的世界的尺度"，达到"全部外化历史和外化的全
部消除"（文集1：203）。就是说，"绝对知识"的化身哲学家也是人，他的
思维也是人的异化本质，因此，人的思维生产史不能被哲学家所结束，自
然界的人性和历史所创造的自然界这些思维异化的形式还要继续受到

批判性的考察。在此意义上,马克思说:"《现象学》是一种隐蔽的、自身还不清楚的、神秘化的批判。"(文集1:204)

(二)劳动的本质

黑格尔自身也不清楚的批判要素是什么?那就是异化形式的劳动的本质。马克思高度评价说:

> 黑格尔的《现象学》及其最后成果——辩证法,作为推动原则和创造原则的否定性——的伟大之处首先在于,黑格尔把人的自我产生看做一个过程,把对象化看做非对象化,看做外化和这种外化的扬弃;可见,他抓住了劳动的本质,把对象性的人、现实的因而是真正的人理解为人自己的劳动的结果。人同作为类存在物的自身发生现实的、能动的关系,或者说,人作为现实的类存在物即作为人的存在物的实现,只有通过下述途径才有可能:人确实显示出自己的全部类力量——这又只有通过人的全部活动、只有作为历史的结果才有可能——并且把这些力量当做对象来对待,而这首先又只有通过异化的形式才有可能。(文集1:205)

为了理解这段话,有必要重温黑格尔的"劳动"概念。《精神现象学》中有两处值得注意。在"序言"中,黑格尔在阐述"实体就是主体"时说,如果说上帝是唯一实体,那么上帝的生命和知识不是"自娱自乐的爱",而充满着"否定性的严肃、痛苦、忍耐和劳动(中译为'劳作')"。在"自我意识"中说:"劳动陶冶事物",奴隶意识"在劳动中外化自己",在劳动对象上达到自我独立存在的直观。① 但马克思提及的"精神的劳动"应指"序言"中描述的逻辑运动。如果说第一处说的是"抽象的精神的劳动",那么第二处说的是"劳动的本质":即"把对象性的人、现实的因而是真正的人理解为人自己的劳动的结果"。但马克思没有把"对象性的人"局限

---

① 黑格尔:《精神现象学》上卷,贺麟、王玖兴译,商务印书馆1978年版,第11,130页。

于古代奴隶制的劳动,而是联系全书描述的"精神的劳动"。马克思积极评价劳动一般的意义:

> 黑格尔把一般说来构成哲学的本质的那个东西,即知道自身的人的外化或者思考自身的、外化的科学,看成劳动的本质;因此,同以往的哲学相反,他能把哲学的各个环节加以总括。(文集 1:205—206)

但是,在哲学的各个环节,黑格尔阐述了异化形式的"精神的劳动"的本质。

> 这种本质只是在思维中、在哲学中才表露、显示出来;因此,我的真正的宗教存在是我的宗教哲学的存在,我的真正的政治存在是我的法哲学的存在,我的真正的自然存在是自然哲学的存在,我的真正的艺术存在是艺术哲学的存在,我的真正的人的存在是我的哲学的存在。同样,宗教、国家、自然界、艺术的真正存在=宗教哲学、自然哲学、国家哲学、艺术哲学。(文集 1:215)

哲学思维揭示的人在各个领域的存在只是本质的异化形式,黑格尔把它们作为辩证发展的环节联系在一起,在马克思看来,这就阐述了劳动本质显示于人的"类力量"和"历史活动"。更重要的是,由于它们是劳动本质的"异化形式",黑格尔在相关章节中"包含着对宗教、国家、市民生活等整个领域的批判的要素"(文集 1:204)。

(三)异化的扬弃

马克思把黑格尔的现实原则概括为异化和劳动,而把异化作为"黑格尔辩证法的积极的环节"。他说:

> 扬弃是把外化收回到自身的、对象性的运动。——这是在异化之内表现出来的关于通过扬弃对象性本质的异化来占有对象性本质的见解;这是异化的见解,它主张人的现实的对象

化,主张人通过消灭对象世界的异化的规定、通过在对象世界
的异化存在中扬弃对象世界而现实地占有自己的对象性本质。
(文集 1:216)

异化是人的对象化活动创造的对象世界,扬弃是否定异化的对象世
界,在对象中实现人的本质的过程,即从否定到否定之否定的过程。这
段话的每个字都值得仔细琢磨。

首先,黑格尔辩证法把意识之外的对象看作意识的外化,意识外化
为自然物,精神异化为宗教、国家、艺术的社会存在等等都是意识的对象
性。外化的对象性是对意识的否定,而自我意识对这些对象性的扬弃是
否定之否定的运动。马克思说:

在黑格尔那里,否定的否定不是通过否定假本质来确证真本
质,而是通过否定假本质来确证假本质或同自身相异化的本质,
换句话说,否定的否定是否定作为在人之外的、不依赖于人的对
象性本质的这种假本质,并使它转化为主体。(文集 1:214)

其次,对象性的扬弃否定了不依赖于人的对象性,肯定了人的主体
性和占有了属于人的对象性的本质。两者是人的形成和实现的活动,如
马克思所说:

黑格尔根据否定的否定所包含的肯定方面把否定的否定
看成真正的和唯一的肯定的东西,而根据它所包含的否定方面
把它看成一切存在的唯一真正的活动和自我实现的活动。(文
集 1:201)

黑格尔把活动的主体当作"即知道自己是绝对自我意识的主体,就
是神,绝对精神,就是知道自己并且实现自己的观念"。马克思用费尔巴
哈的语言批判说:"主语和谓语之间的关系被绝对地相互颠倒了"(文集
1:218)。但是,黑格尔描述这个颠倒的主体自我异化和扬弃的过程是一
个费尔巴哈不知道的历史过程。只要把黑格尔的主体当作"人作为对象

性的、感性的存在物"(文集 1:211),异化和扬弃是"自我对象化的内容丰富、活生生的、感性的、具体的活动"(文集 1:218),那么,黑格尔描述的"思维生产史"就可合理并现实地被理解为自然物和人的形成过程,如马克思所说:

> 正像一切自然物必须形成一样,人也有自己的形成过程即历史,但历史对人来说是被认识到的历史,因而它作为形成过程是一种有意识地扬弃自身的形成过程。历史是人的真正的自然史。(文集 1:211)

人类自然历史的进程发展到对私有制的异化劳动的彻底扬弃,那就是共产主义运动。在此意义上,"共产主义是作为否定的否定的肯定"(文集 1:197)。

二、逻辑范畴:精神货币的价值

自然和历史、人的历史和自然史相统一是马克思唯物史观的一个重要原理。《德意志意识形态》更明确地说。自然和历史不是"两种不相干的'东西'",人面临的是"历史的自然和自然的历史"(文集 1:529)。这个貌似简单的判断是马克思在 1844 年手稿中专研黑格尔《精神现象学》和《哲学全书》得到的一个结论。

黑格尔认为《精神现象学》是经验意识的科学,当哲学家的自我意识认识到经验意识全部之后,精神以"纯范畴"的形式运动,其最高形式是"绝对观念"的范畴;精神的运动不能就此终止,还要以异化的形式在自然界运动,并在自然哲学的最高阶段返回精神自身进行运动。

《哲学全书》是黑格尔体系之大全,包括逻辑学("小逻辑")、自然哲学和精神哲学三个部分,其中精神哲学与《精神现象学》有重合之处,而"客观精神"的分部在《法哲学原理》中得到详尽阐释。马克思对《哲学全书》的辩证法体系的把握集中于逻辑学和自然哲学这两部分。他说:

> 整整一部《哲学全书》不过是哲学精神的展开的本质,是哲学精神的自我对象化,而哲学精神不过是在它的自我异化内部通过思维方式即通过抽象方式来理解自身的、异化的世界精神。——逻辑学是精神的货币,是人和自然界的思辨的、思想的价值。(文集1:202)

马克思出于政治经济学批判的需要改造黑格尔的辩证法,如同在《现象学》中概括出"精神劳动"的历史,在《逻辑学》中也使用了"精神的货币"及其"价值"的经济学比喻。这个比喻有两重意义:第一,货币以其量度标准的普遍性而在经验世界流通,同样,逻辑范畴因其抽象的形式而能成为衡量事物的普遍标准,在自身运动中把本质的各个环节联贯成为起来;第二,货币的价值是物的交换,表现人的社会关系,同样,逻辑范畴的价值在于用思维把握物性及其与人性的关系。

在马克思看来,《哲学全书》这一无所不包的体系依然是哲学家思辨的思维,虽然哲学精神领域从意识和自我意识扩大到世界精神,抽象思维依然自我对象化为存在的异化本质,否定之否定的扬弃依然是各个异化环节的动力,各环节按照从简单到复杂、由低级到高级的方向运动。马克思简要描述世界精神运动的主要节点如下:

> 扬弃了的质=量,扬弃了的量=度,扬弃了的度=本质,扬弃了的本质=现象,扬弃了的现象=现实,扬弃了的现实=概念,扬弃了的概念=客观性,扬弃了的客观性=绝对观念,扬弃了的绝对观念=自然界,扬弃了的自然界=主观精神,扬弃了的主观精神=伦理的客观精神,扬弃了的伦理精神=艺术,扬弃了的艺术=宗教,扬弃了的宗教=绝对知识。(文集1:215)

逻辑学是《哲学全书》体系最抽象的部分,但马克思认为这是辩证法的核心。他说:

> 黑格尔在这里——在他的思辨的逻辑学里——所完成的

积极的东西在于：独立于自然界和精神的特定概念、普遍的固
定的思维形式，是人的本质普遍异化的必然结果，因而也是人
的思维普遍异化的必然结果，因此，黑格尔把它们描绘成抽象
过程的各个环节并且把它们联贯起来了。（文集 1:219）

就是说，每个特定逻辑范畴都是自然界和人的精神的一种普遍的固
定的思维形式，逻辑学如同《现象学》中的意识概念一样表现实际的经验
事情的异化本质，差别在于，前者以抽象形式的运动，后者以思维生产史
的方式，表现人的本质异化的普遍性和必然性。

《哲学全书》第一部分"逻辑学"最后的"绝对观念"与全书最后的"绝
对知识"不同，后者指"绝对精神"的最高阶段——哲学知识。而绝对观
念是逻辑范畴的运动的终点。"然而，绝对观念是什么呢？"马克思回
答说：

如果绝对观念不想再去从头经历全部抽象行动，不想再满
足于充当种种抽象的总体或充当理解自我的抽象，那么绝对观
念也要再一次扬弃自身。但是，把自我理解为抽象的抽象，知
道自己是无；它必须放弃自身，放弃抽象，从而达到那恰恰是它
的对立面的本质，达到自然界。因此，全部逻辑学都证明，抽象
思维本身是无，绝对观念本身是无，只有自然界才是某物。（文
集 1:219）

在马克思看来，黑格尔颠倒了逻辑范畴和自然事物的关系，自然事
物本身是实际存在的"某物"，逻辑范畴不过是抽象的观念，抽象思维的
运动最终在绝对观念中达到并认识到自身是抽象的总体。但是，黑格尔
高明之处在于坚持绝对观念也要扬弃自身。按照辩证法的原则"扬弃是
把外化收回到自身的、对象性的运动"（文集 1:216）。扬弃绝对观念可能
有两条途径：一是"抽象的抽象"，即，把抽象观念当作对象，把抽象的过
程再走一次，再次收回到绝对观念的抽象总体之中，"抽象的抽象"的总

体变成了没有对象的"无";第二条途径是放弃抽象,返回到抽象观念的对立面即自然物自身。显然,从抽象到无的途径是无价值、无意义,而第二条途径"从逻辑学到自然哲学的这整个过渡"是"从抽象到直观的过渡"。黑格尔未必如此认为,他只是按照思维运动规律不自觉地推进到自然物的感性直观领域。马克思说:"有一种神秘的感觉驱使哲学家从抽象思维转向直观,那就是厌烦,就是对内容的渴望。"(文集1:220)

三、自然精神:"人和自然界的思辨的、思想的价值"

黑格尔的自然哲学依然保持了抽象思维与感性直观的颠倒,哲学家的自我意识坚持,自然精神扬弃的是自然界的异化本质,而不是抽象思维的异化本质。如黑格尔所说:"自然界是自我异化的精神","自然哲学扬弃自然和精神的分离,使精神能够认识到自己在自然内的本质"①。马克思批判说,黑格尔认为,"自然界同思维的对立,是自然界的缺陷;就自然界不同于抽象而言,自然界是个有缺陷的存在物"(文集1:222)。但这不妨碍马克思在颠倒的思辨的形式中发掘出自然精神中"人和自然界的思辨的、思想的价值"。

(一)《自然哲学》若干要点

《自然哲学》是充满思辨精神的"博物志",当时不受读者重视,现在人们普遍认为这本书是黑格尔哲学中最少价值的部分。但是,1844年手稿中相当大篇幅,特别是一些令人费解的评论是以《自然哲学》为背景有感而发的。为了理解马克思的评论,我们把《自然哲学》中相关思想概括为下列四点。

第一,黑格尔把自然界划分为力学、物理学和有机学三个从低级到高级发展的领域,较高领域扬弃了较低领域的矛盾,保存了较低领域的某些特殊规定性,但较高领域的本质不能被还原为较低领域。因此,不

---

① 黑格尔:《自然哲学》,梁志学、薛华等译,商务印书馆1986年版,第21,20页。

能把物理系统还原为机械论，不能把生命系统还原为物理和化学属性。黑格尔在批判把生命的本质还原为自然环境的物理化学因素时说："把有限的条件搬到了自由的自然生命上，尤其是在考察有生命的东西的时候，更为多见，但这是不合适的，头脑健全的人不会相信这样的判断。"①

第二，黑格尔坚持"概念的发展是合乎目的"之原则，同时又批判外在目的论。他说："目的的概念并不是单纯外在于自然的，像我说'羊毛之所以存在，只是为了我能用以给自己做衣'时那样；这里确实经常出现一些蠢事。"他说："真正的目的论考察在于把自然看做在其特有的生命活动内是自由的，这种考察是最高的。"②黑格尔用概念的发展解释当时的动物进化论。他认为每一类动物都有一种普遍原型，动物由低级到高级发展的阶梯是概念自我运动的外化，而人类是这一发展的最高、最完满结果。

第三，生命的本质扬弃了无机物领域的各种矛盾，"生命是整个对立面的结合"。这些对立面包括四个方面："只要外在的东西和内在的东西、结果和原因、内在和外在、主观性和客观性等等是同一个东西，就会有生命。"③

第四，生命最高形态是动物有机体。动物是一种不稳定的有机系统，本身包含着健康与疾病的内在矛盾。黑格尔把两者归结为精神的普遍性和物质的个别性的矛盾。他说："健康是有机体的自我与其特定存在的平衡"，平衡关系意味精神克服物质，"对有机体来说没有自己无法克服的无机东西存在"；而疾病则是"有机体的存在与有机体的自我不平衡"。黑格尔说："有机体虽然可以从疾病中恢复健康，但因为有机体生来就是有病的，所以在其中隐藏着死亡的必然性，也就是隐藏着解体的必然性"。个别的动物有机体不可避免的死亡是自然精神的归宿——

① 黑格尔：《自然哲学》，梁志学、薛华等译，商务印书馆1986年版，第157页。
② 同上书，第8页。
③ 同上书，第377页。

"自然的目标就是自己毁灭自己"。① 在自然精神毁灭的同时,动物有机体进化的最高成果人类的精神成长起来,自然哲学于是过渡到精神哲学。

对上述四点,马克思都有评论,在评论中挖掘出《自然哲学》包含的"人和自然界的思辨的、思想的价值"。

(二)自然的对象性和人的本质性活动相统一

我们从上述第四点开始。黑格尔所说动物有机体自我和特定存在的平衡,在马克思看来,集中体现为人的自然存在和生命力这样两方面:

> 人直接地是自然存在物。人作为自然存在物,而且作为有生命的自然存在物,一方面具有自然力、生命力,是能动的自然存在物;这些力量作为天赋和才能、作为欲望存在于人身上。(文集1:209)

而人的生命力对其自然存在的克服根本不是内在精神克服物质,而是人的生命本质在感性对象上的表现。马克思说:

> 人有现实的、感性的对象作为自己本质的即自己生命表现的对象;或者说,人只有凭借现实的、感性的对象才能表现自己的生命。说一个东西是对象性的、自然的、感性的,又说,在这个东西自身之外有对象、自然界、感觉,或者说,它自身对于第三者来说是对象、自然界、感觉,这都是同一个意思。饥饿是自然的需要。(文集1:210)

例如,饥饿是生命的需要,只有外在的自然对象才能满足饥饿的需要。"因此,"马克思说:

> 为了使自身得到满足,使自身解除饥饿,它需要自身之外的自然界、自身之外的对象。饥饿是我的身体对某一对象的公

---

① 黑格尔:《自然哲学》,梁志学、薛华等译,商务印书馆1986年版,第595,613,617页。

认的需要,这个对象存在于我的身体之外,是使我的身体得以

充实并使本质得以表现所不可缺少的。(文集1:210)

比较黑格尔对"健康"的解释与马克思所用"解除饥饿"的例证,马克思把黑格尔所说"有机体克服无机体"的生物学常识,提升到"本质性"和"对象性"的关系。人的本质性是身体的活动,而对象性是可感的自然对象,两者是感性活动与感性对象的关系,绝非黑格尔所说精神普遍性"克服"物质个别性,而是人的身体活动"确证"自然存在与自然对象"表现"人的本质的关系,马克思以太阳与植物关系为例说:

太阳是植物的对象,是植物所不可缺少的、确证它的生命的对象,正像植物是太阳的对象,是太阳的唤醒生命的力量的表现,是太阳的对象性的本质力量的表现一样。(文集1:210)

太阳和植物关系的类比是为了说明感性的人和感性对象的关系。但是,人类与对象世界的关系超出感性直观范围。马克思对此有更深刻的论述。

（三）人的类存在与对象世界的结合

自然存在物不仅是相对于人而言的外物,而且也是人自身。人的本质性活动不仅以外物为对象,而且以自身为对象。就个人而言,人既是受动的对象,也是主动的活动:

人作为对象性的、感性的存在物,是一个受动的存在物;因为它感到自己是受动的,所以是一个有激情的存在物。激情、热情是人强烈追求自己的对象的本质力量。(文集1:211)

"但是,"马克思强调,人不是个别的特定自然存在物,而是"类存在物";人类不是以感性身体活动确证和表现自身,而且"也在自己的知识中确证并表现自身"。"因此,"马克思说:

正像人的对象不是直接呈现出来的自然对象一样,直接地

存在着的、客观地存在着的人的感觉,也不是人的感性、人的对
象性。自然界,无论是客观的还是主观的,都不是直接同人的
存在物相适合地存在着。(文集1:211)

什么是"客观的自然界"和"主观的自然界"呢?马克思手稿的前两
页有所暗示。马克思下面一段话可以说明"客观的自然界"的含义:

> 一个有生命的、自然的、具备并赋有对象性的即物质的本
质力量的存在物,既拥有它的本质的、现实的、自然的对象,而
它的自我外化又设定一个现实的、却以外在性的形式表现出来
因而不属于它的本质的、极其强大的对象世界,这是十分自然
的。(文集1:208)

就是说,人类自身及其本质性活动"设定"或"确证"了一个外在的对
象世界,外在世界极其强大不受人类本质控制,因而可以说是"客观的"
自然界。

手稿中接下来的一段话可以说明"主观的自然界"的含义:

> 当现实的、肉体的、站在坚实的呈圆形的地球上呼出和吸
入一切自然力的人通过自己的外化把自己现实的、对象性的本
质力量设定为异己的对象时,设定并不是主体;它是对象性的
本质力量的主体性,因此这些本质力量的活动也必定是对象性
的活动。对象性的存在物进行对象性活动,如果它的本质规定
中不包含对象性的东西,它就不进行对象性活动。它所以创造
或设定对象,只是因为它是被对象设定的,因为它本来就是自
然界。(文集1:209)

马克思的上述评论深化和丰富了黑格尔的生命观。黑格尔所说"生
命是整个对立面的结合"之所以可能,只是因为人类的主体性和对象性
的结合。人类吸入的受动性和呼出的主动性连同地球组成一个圆满的
整体,这个整体不但"设定"或"确定"了人类创造和改变自然的主体性,

而且"被设定"或"表现"为对象性存在和活动的本质力量。"因为它本来就是自然界",但这个自然界不是感性的存在,也不是人的感性直观对象。马克思在 1844 年手稿的目标是要把黑格尔的辩证法体系把握的世界精神转变为历史科学确证的客观的和主观的自然界,以及用劳动生产方式表现出来的人的主体性和对象性相结合的本质力量。

（四）人与自然的物质变换

笔记本 III 中"站在坚实的呈圆形的地球上呼出和吸入一切自然力的人"的主体性和对象性结合,在笔记本 I 中表述为人与自然界的交互作用。马克思说:

> 自然界是人为了不致死亡而必须与之处于持续不断的交互作用过程的、人的身体。所谓人的肉体生活和精神生活同自然界相联系,不外是说自然界同自身相联系,因为人是自然界的一部分。（文集 1:161）

施密特在《自然的概念》中"人与自然的物质变换的概念"一节开始说:"受费尔巴哈和浪漫派的影响,马克思在'巴黎手稿'中,把劳动看成是自然的人化这一进步过程,而这个过程同人的自然化过程则是相一致的";"这种论证具有自然科学的色彩,因为他使用了非思辨的'物质变换'的术语。"①施密特旁征博引,把"人与自然界物质变换"思想追溯到 18 世纪意大利经济学家彼得罗·维利,直接来源是摩莱肖特和谢林,但偏偏忽视了黑格尔。

如上所述,《自然哲学》结尾谈到动物有机体必然死亡,以此作为自然向人的精神过渡的理由。马克思在上述引文中谈到人与自然界交互作用的前提是"人为了不致死亡",马克思还谈论人与动物的生命活动的差别:

---

① A. 施密特:《马克思的自然概念》,欧同力、吴仲昉译,赵鑫珊校,商务印书馆 1988 年版,第 75 页。

　　　　动物和自己的生命活动是直接同一的。动物不把自己同
　　　自己的生命活动区别开来。它就是自己的生命活动。人则使
　　　自己的生命活动本身变成自己意志的和自己意识的对象。他
　　　具有有意识的生命活动。这不是人与之直接融为一体的那种
　　　规定性。有意识的生命活动把人同动物的生命活动直接区别
　　　开来。正是由于这一点,人才是类存在物。或者说,正因为人
　　　是类存在物,他才是有意识的存在物,就是说,他自己的生活对
　　　他来说是对象。仅仅由于这一点,他的活动才是自由的活动。
　　（文集 1:162）

　　黑格尔从动物有机体的死亡过渡到人的精神。马克思评论说,这是
由于动物与自己生命活动直接同一,动物的死亡是生命活动的终结;而
人是"有意识的类存在物",人能够把自己的生命活动与他的意识对象即
自然界区别开来,但不是超越自然界,而是人的身体与自然界外物持续
不断的物质变换的过程中,使得人类的肉体和精神生活"不致死亡"。在
物质交换过程中,人的生命活动既是自然界的一部分,又把自然界作为
人的身体,因此是"自由的活动"。马克思随即补充说:

　　　　异化劳动把这种关系颠倒过来,以致人正因为是有意识的
　　　存在物,才把自己的生命活动,自己的本质变成仅仅维持自己
　　　生存的手段。（文集 1:162）

　　异化劳动使得人的肉体和精神生活被归结为人的吃、喝、生殖"成为
最后的和唯一的终结目的",倒退到"动物的机能"。（文集 1:160）

　　在黑格尔所说动物向人的精神过渡的背景中,1844 年手稿中把"人
与自然界物质变换"作为人的自由活动的生命本质,作为劳动异化本质
的对立面,作为人的本质复归的目标,全然没有摩莱肖特、费尔巴哈的消
极唯物主义和谢林的浪漫主义的踪影。

　　马克思依据"人和自然物质变换"得出的结论贯穿在政治经济学批

判的始终。人类生命活动的本质在《资本论》中被表述为人类有用劳动的一般本质：

> 劳动作为使用价值的创造者，作为有用劳动，是不以一切社会形式为转移的人类生存条件，是人和自然之间的物质变换即人类生活得以实现的永恒的自然必然性。（文集5:56）

在《资本论》第三册，异化劳动的克服和人的本质的复归被表述为：

> 社会化的人，联合起来的生产者，将合理地调节他们和自然之间的物质变换，把它置于他们的共同控制之下，而不让它作为一种盲目的力量来统治自己；靠消耗最小的力量，在最无愧于和最适合于他们的人类本性的条件下来进行这种物质变换。（文集7:928—929）

（五）达尔文进化论之得失

在达尔文尚没有创立进化论的情况下，马克思用辩证法语言总结了《自然哲学》中的发展目的论和进化论思想。

> 黑格尔用那在自身内部旋转的抽象行动来代替这些僵化的抽象概念，于是，他就有了这样的贡献；他指明了就其起源来说属于各个哲学家的一切不适当的概念的诞生地，把它们综合起来，并且创造出一个在自己整个范围内穷尽一切的抽象作为批判的对象，以代替某种特定的抽象。（文集1:220）

"僵化的"、"特定的"抽象概念指在狭隘领域相互对立的概念，比如，外在于人的活动的"目的"，孤立的、不变的"原型"。

1859年达尔文发表《物种起源》，马克思立即把握到它的变革意义：

> 达尔文的著作非常有意义，这本书我可以用来当做历史上的阶级斗争的自然科学根据。当然必须容忍粗率的英国式的阐述方式。虽然存在许多缺点，但是在这里不仅第一次给了自

然科学中的"目的论"以致命的打击,而且也根据经验阐明了它的合理的意义。(文集 10:179)

马克思如同黑格尔那样,认为历史发展有目的,自然史和人类史的目的在物种演化过程内部。《资本论》中说:

> 达尔文注意到自然工艺史,即注意到在动植物的生活中作为生产工具的动植物器官是怎样形成的。社会人的生产器官的形成史,即每一个特殊社会组织的物质基础的形成史,难道不值得同样注意吗?而且,这样一部历史不是更容易写出来吗?因为,如维科所说的那样,人类史同自然史的区别在于,人类史是我们自己创造的,而自然史不是我们自己创造的。(文集 5:429)

马克思说人类最初的劳动工具是"延长了他的自然的肢体",并在注释中引用黑格尔"理性的狡计"的概念,说明人的原始的自然活动也合乎历史发展的目的。(220)马克思还引用富兰克林"人是制造工具的动物",说明人类劳动的进化特征:"劳动资料的使用和创造,虽然就其萌芽状态来说已为某几种动物所固有,但是这毕竟是人类劳动过程独有的特征"(210)。相比于动物,人类劳动的高级特征在于有意识的合目的性。马克思说:

> 我们要考察的是专属于人的那种形式的劳动。蜘蛛的活动与织工的活动相似,蜜蜂建筑蜂房的本领使人间的许多建筑师感到惭愧。但是,最蹩脚的建筑师从一开始就比最灵巧的蜜蜂高明的地方,是他在用蜂蜡建筑蜂房以前,已经在自己的头脑中把它建成了。劳动过程结束时得到的结果,在这个过程开始时就已经在劳动者的表象中存在着,即已经观念地存在着。他不仅使自然物发生形式变化,同时他还在自然物中实现自己的目的,这个目的是他所知道的,是作为规律决定着他的活动

的方式和方法的,他必须使他的意志服从这个目的。(文集 5：208)

马克思在《资本论》中说:"我的观点是把经济的社会形态的发展理解为一种自然史的过程"(文集 5:10),生产方式的规律是一个社会"本身运动的自然规律"(文集 5:9—10),即使英国最发达的生产方式也是"资本主义生产的自然规律"(文集 5:8)。恩格斯正确地看到了《资本论》与《物种起源》的关联:马克思"只是把达尔文在自然史方面所证明的那一个逐渐变革的过程在社会领域作为规律确立起来"(全集 21:336);"正像达尔文发现有机界的发展规律一样,马克思发现了人类历史的发展规律"(文集 3:601)。

因为与达尔文进化论的关联,马克思把《资本论》德文第二版赠给达尔文,在扉页中写道:

> 赠给查理士·达尔文先生。
> 您真诚的钦慕者卡尔·马克思,伦敦,1873 年 6 月 16 日。

达尔文于 10 月 1 日复信:

> 亲爱的先生:
> 对于你赠送我的你的论资本的伟大著作,我感到荣幸,表示感谢。我深深地希望我能够对政治经济学的深刻和重要的主题有更多的理解而真正值得获得这本书。尽管我们的研究如此不同,但我相信,我们两人均赤诚期望于知识的扩展,并使之最终能为增加人类的幸福。①

我们可以说,马克思的知识扩展贯通了黑格尔的《自然哲学》、达尔

---

① 转引自 T. Ball, "Marx and Darwin: a Reconsideration", in Karl *Marx's Social and Political Thought*, ed. by B. Jessop, vol. Ⅰ, Routledge, 1990, pp. 334 - 346. 据考证,该书中转引的达尔文写给马克思的第二封信是张冠李戴,本文引用的他们第一次通信有马克思的女婿艾威林(《资本论》英译本译者)的见证,应该是可靠的。

文进化论和他自己对人类社会的研究。

黑格尔在《自然哲学》中对还原论的批判也使马克思获益匪浅。早在《德意志意识形态》中,马克思批判施蒂纳把个人的缺陷还原为父母的遗传缺陷。马克思说,施蒂纳"偷偷摸摸地看了一遍动物学",于是,"他也纯粹用肉体的产生过程来解释这种缺陷了。他完全没有考虑到:孩子的发展能力取决于父母的发展,存在于现存社会关系中的一切缺陷是历史地产生的,同样也要通过历史的发展才能消除"(全集中文 1 版 3:498)。

马克思是那种不可能无条件支持任何学说的人,他看到达尔文学说中蕴含的后来被夸大为社会达尔文主义的那些失误。他指出达尔文"粗率的英国式阐述方式",大概是对照黑格尔的辩证阐述方式而言的,用《哲学的贫困》中的比喻说:"如果说英国人把人变成帽子,那么德国人就把帽子变成观念。"(文集 1:597)对照《自然哲学》中的反还原论,马克思在《物种起源》中发现了"逆向还原论",即把人类社会的现象还原为自然现象。马克思说:

> 使我感到好笑的是,达尔文说他把"马尔萨斯的"理论也应用于植物和动物,其实在马尔萨斯先生那里,全部奥妙恰好在于这种理论不是应用于植物和动物,而是只应用于人类,说人类是按几何级数增加的,把人类与植物和动物对立起来。值得注意的是,达尔文在动植物界中重新认识了他的英国社会及其分工、竞争、开辟新市场、"发明"以及马尔萨斯的"生存斗争"。这是霍布斯所说的一切人反对一切人的战争,这使人想起黑格尔的《现象学》,那里面把市民社会描写为"精神动物世界",而达尔文则把动物世界描写为市民社会。(文集 10:184)

如果说黑格尔发现市民社会的自然基础是合理的,那么达尔文逆向寻求自然世界的市民社会基础则是荒谬的。

社会达尔文主义把人类历史归结为达尔文进化论的还原论,也没有逃脱马克思的批判。马克思批判新康德主义者朗格把"生存斗争"当作"那些华而不实、假冒科学、高傲无知和思想懒惰的人"的方法。马克思说:

> 朗格先生有一个伟大的发现:全部历史可以纳入一个唯一的伟大的自然规律。这个自然规律就是"struggle for life",即"生存斗争"这一句话(达尔文的说法这样应用就变成了一句空话)。(文集 10:338)

马克思接着批判朗格那一代打着唯物主义的旗号的人"完全不懂黑格尔的方法":"毕希纳、朗格、杜林博士、费希纳等人早就一致认为,他们早已把可怜虫黑格尔埋葬了",尤其蔑视黑格尔《自然哲学》这条"死狗"。殊不知他们的错误和社会达尔文主义一样,违反了《自然哲学》关于较高系统与较低系统关系的辩证论述。

四、关于恩格斯的自然辩证法

本书论及的马克思哲学包括恩格斯的贡献,马克思的辩证哲学是否也要包括恩格斯的自然辩证法呢? 马克思主义哲学界现在否定声音居多,主要理由是自然界没有辩证法,辩证法只适用于人的思维或社会。施密特在《马克思的自然观念》的"对恩格斯的自然辩证法的批判"专节中说:"他超出了马克思对自然和社会历史的关系的解释范围,就倒退成独断的形而上学";"恩格斯借助辩证法的范畴,去解释以既成形态存在的现代自然科学的成果","只是一种必然的、外乎事实的考察方法";"恩格斯在关于费尔巴哈论中既明显地流露出赫尔巴赫的色彩,又把自己的计划说成是'现代令人满意的自然体系'。此外,具有质的能动性质的浪漫派的自然哲学,对于恩格斯也起着不少的作用。"①

从恩格斯的相关文本看,《自然辩证法》并非施密特所说的"恩格斯晚年最成熟的哲学著作"②。如果真的是这样,恩格斯有足够的时间把这些笔记整理出版。在这些记录恩格斯对自然现象的思考中,他和马克思一样看待一般概念的抽象与具体、个别与普遍的辩证关系。比如,恩格斯说:

> 运动本身无非是一切感官可感知的运动形式的总和;"物质"和"运动"这样的词无非是简称,我们就用这种简称把感官可感知的许多不同的事物依照其共同的属性概括起来。因此,只有研究单个的物和单个的运动形式,才能认识物质和运动,而我们通过认识单个的物和单个的运动形式,也就相应地认识物质本身和运动本身。(文集 9:500—501)

恩格斯总结出从量变到质变、对立的相互渗透、否定之否定的三个辩证法规律,主要依据是黑格尔《逻辑学》,也没有违反黑格尔原意,只是简单化而已。恩格斯明确说,错误的做法在于,这些规律"作为思维规律强加于自然界和历史的,而不是从它们中推导出来"(9:463)。苏联教科书把这三条规律当作"金科玉律的形而上学",那恰恰是恩格斯指出的错误,而不能归咎于恩格斯没有也不情愿公开的想法。恩格斯在致马克思的信中说,这些想法只是某个"早晨躺在床上"脑海里出现的"关于自然科学的辩证思想",他要求"不要对别人说起",自知"加工这些东西还需要很多时间"。(文集 10:385,389)

恩格斯在《反杜林论》中谈自然辩证法,是在争论语境中的限制性论述,即针对杜林对黑格尔《自然哲学》的攻击,阐述其中的合理内涵。同

---

① A.施密特:《马克思的自然概念》,欧同力、吴仲昉译,赵鑫珊校,商务印书馆 1988 年版,第 44,46,47—48 页。
② 同上书,第 48 页。

样,恩格斯在费尔巴哈论中谈论现代科学三大发明的辩证法意义,背景也是为了克服黑格尔《自然哲学》和机械唯物论的局限,而不是企图重新建立赫尔巴赫的《自然体系》或谢林式的浪漫主义自然哲学。

在这些论及自然辩证法的片断中,恩格斯和马克思一样,把自然科学和历史科学、自然史和人类史看作同一过程。他在《反杜林论》的"序"中说:"马克思和我,可以说是唯一把自觉的辩证法从德国唯心主义哲学中拯救出来并运用于唯物主义的自然观和历史观的人。"(文集9:13)在《自然辩证法》的笔记中,他明确地说:"辩证法的规律是从自然界的历史和人类社会的历史中抽象出来的。"这个说法和马克思所说"辩证法的一般运动形式"没有实质性差别。

恩格斯自然辩证法虽然以黑格尔的《自然哲学》为文本依据和评论对象,但和马克思一样,从来没有把自然辩证法同历史辩证法割裂开来,没有否定自然史与人类史的联系。恩格斯对达尔文进化论与马克思持同样的肯定和批评,就是一个例证。

马克思和恩格斯的差别在于,当恩格斯致力于揭示黑格尔《自然哲学》的合理内核时,他可能还没有看到马克思在1844年手稿中对《自然哲学》的那些评论,因此主要借助自然科学的材料。而在同一时期,马克思致力于把黑格尔的《逻辑学》运用于政治经济学,正如他在马克思1858年2月1日致恩格斯的信中说,"通过批判使一门科学第一次达到能把它辩证地叙述出来的那种水平"(文集10:147),马克思没有时间和精力关心自然科学的新材料。

虽然有上述差别,恩格斯完全理解他俩工作的一致性。恩格斯在1865年3月29日致弗里德里希·阿尔伯特·朗格的信里说:

> 您说黑格尔的自然哲学的细节中有荒谬的东西,这我当然同意,但是他的真正的自然哲学是在《逻辑学》第二部分即《本质论》中,这是全部理论的真正核心。(文集10:225—226)

恩格斯还强调：

> 黑格尔的数学知识极为渊博，以致他的任何一个学生都没有能力把他遗留下来的大量数学手稿整理出版。据我所知，对数学和哲学了解到足以胜任这一工作的唯一的人，就是马克思。（文集 10：225）

我们在第五节将看到，《资本论》中的辩证论述在多大程度上改造了黑格尔《逻辑学》"量"和"度"中的数学知识以及"本质论"，恩格斯这封信再次证明，他改造运用黑格尔《自然哲学》的自然辩证法，与马克思改造运用《逻辑学》的《资本论》的努力是一致的。

第三节 政治经济学批判的辩证方法

马克思的辩证哲学与政治经济学有一种双向交流关系：1844 年手稿通过政治经济学批判发掘出黑格尔辩证法的合理内核，此后政治经济学手稿和著述把经过改造的辩证法应用于政治经济学批判。我们已经在《资本论》中用几个例子表明了辩证法的应用，下一节还将说明黑格尔《逻辑学》的系统应用。如果说辩证法在《资本论》中的应用达到"炉火纯青"地步，那么在《哲学的贫困》中的应用早已"胸有成竹"。

马克思在 1859 年"《政治经济学批判》序言"中说：

> 我们见解中有决定意义的论点，在我的 1847 年出版的为反对蒲鲁东而写的著作《哲学的贫困》中第一次作了科学的、虽然只是论战性的概述。（文集 2：593）

《哲学的贫困》中有决定意义的观点是多方面。第一章"科学的发现"的观点对政治经济学批判具有的决定性意义，第二章的第二至五节的观点是与蒲鲁东主义进行长期政治斗争的理论基础；第二章"政治经济学的形而上学"第一节"方法"批判蒲鲁东假冒黑格尔辩证法，给自己的经济学披上形而上学伪装。

马克思在"序言"中说,这本书是为了戳穿蒲鲁东在德国"以最杰出的法国经济学家著称"、而在法国"以卓越的德国哲学家著称"的"双重错误"。马克思说:"我们是德国人同时又是经济学家,我们要反对这一双重错误。"(全集中文 1 版 4:75)其实,同时代的德国人中,只有马克思这个长期浸润于黑格尔哲学并不久深入专研政治经济学的学者,才有资格从事这个批判。

马克思说,对蒲鲁东《贫困的哲学》这部圣经式作品的批判,要"经过《创世记》的贫瘠而阴暗的杂学的领域"(全集中文 1 版 4:76)。我们现在搁置历史性论战的那些庞杂内容,重点关注马克思在揭露蒲鲁东"德国哲学"的同时,要求在经济学中正确应用黑格尔辩证法的方法论。

一、逻辑范畴的抽象形式

马克思说,蒲鲁东自诩论述经济学"与观念顺序相一致的历史"是把"冒牌的黑格尔词句扔向法国人,毫无疑问是想吓唬他们一下",为了揭露蒲鲁东的"假冒",马克思引用了黑格尔在《逻辑学》结尾"绝对理念"中的一段话:

> 方法是普遍的内在的和外在的方式,没有限制,作为绝对无限的力量,没有任何表现为外在的、离开理性而独立于理性的对象能够抵抗这种力量,或以一种特殊本性与之对立,而不被它所渗透。①

马克思从两方面理解黑格尔的"绝对方法"。一方面,辩证法是概念抽象的方法,概念的抽象是由低到高地进行,"在最后的抽象中,一切事

---

① 中译本译作:"方法是任何事物所不能抗拒的一种绝对的、唯一的、最高的、无限的力量,这是理性企图在每一个事物中发现和认识自己的意向。"(《逻辑学》第 3 卷)。根据《逻辑学》下卷,杨一之译,商务印书馆 1981 年版,第 532—533 页修订。

物都成为逻辑范畴"(文集 1∶599)。举例说,从感性的房屋中抽象出"物体",从"物体"抽象出"空间","如果把这个空间的向度抽去,最后我们就只有纯粹的量这个逻辑范畴了"(文集 1∶600)。

马克思对抽象的理解符合黑格尔关于概念思维过程的论述。在《逻辑学》"序言"里,黑格尔说,人的知情意的对象都是由思维的概念把握,概念"渗透了人的一切自然行为,如感觉、直观、欲望、需要、冲动等,并从而使自然行为在根本上成为人的东西,成为观念和目的,即使这仅仅是形式的"①。黑格尔把表象、经验和思辨作为概念的三个层次:表象概念把人与动物分开,经验概念是对表象的"后思"(Nachdenken),而思辨概念则是依据思维的原则来把握思想自身。表象、经验和思辨是由感性、知性到理性的由低到高的提炼,经验用知性形式把握表象内容,而思辨用理性形式把握经验内容。思辨概念是纯概念即逻辑范畴,它们保留了表象和经验的内容,又用理性形式提炼表象和思想的本质。在对象的内容与本质的形式相一致的意义上,黑格尔把逻辑范畴称为"客观思想"。他说:"客观思想一词最能够表明真理。"②《逻辑学》"序"中的"客观思想"与结尾的"绝对方法"遥相呼应,都把逻辑范畴作为统一外在对象和内在本质的普遍真理和理性思维方式。

另一方面,辩证的"绝对方法"是逻辑范畴运动的一般形式。马克思说:

> 正如我们通过抽象把一切事物变成逻辑范畴一样,我们只要抽去各种各样的运动的一切特征,就可得到抽象形态的运动,纯粹形式上的运动,运动的纯粹逻辑公式。如果我们把逻辑范畴看做一切事物的实体,那么我们也就可以设想把运动的逻辑公式看做是一种绝对方法,它不仅说明每一个事物,而且

---

① 黑格尔:《逻辑学》上卷,杨一之译,商务印书馆 1981 年版,第 8 页。
② 同上书,第 93 页。

本身就包含每个事物的运动。（文集 1:600）

这段话对黑格尔辩证法的思辨方法做了准确诠释。黑格尔思辨不只是单个逻辑范畴的本质，而是贯穿于人类感觉和经验的运动中的、用逻辑范畴运动表达的普遍形式。对黑格尔而言，单个事物本身没有意义，他说，思辨的对象"不是事物（Die Dinge），而是事情（Die Sache），是事物的概念"①。"事情"是诸多事物相互联系的事件，而纯概念把握的是事物相互联系的关系和过程。

在上述两方面，蒲鲁东根本不懂黑格尔的辩证法。他不懂逻辑的抽象，所做的不过是把经济学家们所说的分工、信用、货币等等，变成逻辑范畴，只是"把人所共知的经济范畴翻译成人们不大知道的语言"（文集 1:601）。而他不懂逻辑范畴的运动形式，既不按照逻辑发展的顺序，也没有时间次序，而是生搬硬套"设定——对立——合成"或"正题——反题——合题"的公式，对其经济学的形而上学体系。马克思揭露说：

> 尽管蒲鲁东先生费了九牛二虎之力想爬上矛盾体系的体系，可是从来没有超越过头两级即简单的正题和反题，而且这两级他仅仅爬上过两次，其中有一次还跌了下来。（文集 1:602）

"头两级即简单的正题和反题"指垄断和竞争。马克思讥讽说："我们和蒲鲁东先生一同感到高兴的是，他总算有一次把他的正题和反题的公式运用成功了。"（文集 1:635）"爬上两次"指蒲鲁东的两个合题。第一次是"现代垄断"。马克思指出：这个"合题"不过是常识："谁都知道，现代的垄断就是由竞争本身产生的。"（文集 1:635）第二次提出的合题是，"他认为设立消费税是为了平等和救济无产阶级"（文集 1:637）。马克思讽刺说，这是"饿着肚子在曲折的道路上散步"，可谓"跌了下来"的"诗意"。（文集 1:637）

---

① 黑格尔：《逻辑学》上卷，杨一之译，商务印书馆 1981 年版，第 17 页。

二、辩证法的理性方法

黑格尔强调逻辑方法和内容的统一。他说:"从这个方法与其对象和内容并无不同看来,这一点是自明的:——因为这正是内容本身,正是内容在自身中所具有的、推动内容前进的辩证法。"①正如马克思概括的那样:"在黑格尔看来,形而上学,整个哲学,是概括在方法里面的。"(文集1:598)

黑格尔和马克思都把辩证法当作推动矛盾运动的活的灵魂,而蒲鲁东把辩证法当作用观念搭建成经济学形而上学的"脚手架"。马克思揭露说:

> 的确,一旦把辩证运动的过程归结为这样一个简单过程,即把好的方面和坏的方面加以对比,提出消除坏的方面的问题,并且把一个范畴用做另一个范畴的消毒剂,那么范畴就不再有自发的运动,观念就"不再发生作用",不再有内在的生命。观念既不能再把自己设定为范畴,也不能再把自己分解为范畴。范畴的顺序成了一种脚手架。辩证法不再是绝对理性的运动了。(文集1:606)

"好的方面"和"坏的方面"是蒲鲁东对"矛盾"的庸俗化理解:

> 蒲鲁东先生认为,任何经济范畴都有好坏两个方面。
>
> 好的方面和坏的方面,益处和害处加在一起就构成每个经济范畴所固有的矛盾。
>
> 应当解决的问题是:保存好的方面,消除坏的方面。(文集1:604)

蒲鲁东随心所欲给一个经济学范畴一个特性,把需要保存的"好的

---

① 黑格尔:《逻辑学》上卷,杨一之译,商务印书馆1981年版,第37页。

方面"当作"正题",把需要清洗的"坏的方面"当作"反题"。"这样,"马克思讥讽说:

> 蒲鲁东先生把经济范畴逐一取来,把一个范畴用做另一个范畴的消毒剂,用矛盾和矛盾的消毒剂这二者的混合物写成两卷矛盾,并且恰当地称为《经济矛盾的体系》。(文集1:606)

鄙视辩证法的人称之为"变戏法",即,信手拈来一个事物,把它分成好的和坏的两方面,解决矛盾于是变成随心所欲的"保存"和"清除"。黑格尔预见他的辩证法将被庸俗化:"诡辩乃是常识反对训练有素的理性所用的一个口号,不懂哲学的人直截了当地认为哲学就是诡辩,就是想入非非。"①马克思以蒲鲁东为例,说明诡辩法恰恰是不懂哲学的人的常识,而不是辩证法的理性方法。

三、观念次序的历史运动

蒲鲁东的常识只是当时的风尚,一是小生产者"平等"的"最纯粹的道德"(文集1:606),二是经济学家的流行观念。关于后者,马克思说:

> 经济学家们的论证方式是非常奇怪的。他们认为只有两种制度:一种是人为的,一种是天然的。封建制度是人为的,资产阶级制度是天然的。(文集1:612)

"天然的"就是"永恒的"。蒲鲁东把黑格尔与经济学混合在一起,既"背叛了黑格尔的辩证法"的精华(文集1:607),又保留了经济学家永恒观念的糟粕。

黑格尔从未把政治经济学当作永恒真理。他说,政治经济学是"在现代世界基础上所产生的若干门科学的一门",斯密、塞依、李嘉图从"无

---

① 黑格尔:《精神现象学》上卷,贺麟、王玖兴译,商务印书馆1978年版,第47页。

数个别事实中，找出事物简单的原理"，"替一大堆的偶然性找出了规律"。① 马克思一方面认为："经济学家的材料是人的生动活泼的生活"（文集 1:599）；另一方面批评"经济学家们都把分工、信用、货币等资产阶级生产关系说成是固定的、不变的、永恒的范畴"（文集 1:598）。蒲鲁东没有经济学家那样用从个别到普遍的抽象看待经济学范畴的眼光，而要用"无人身的人类理性"来"证明"这些范畴的"观念的次序"。马克思质问：

> 蒲鲁东先生给了我们什么呢？是现实的历史，即蒲鲁东先生所认为的范畴在时间次序中出现的那种顺序吗？不是。是在观念本身中进行的历史吗？更不是。（文集 1:607）

其所以不是时间次序，如前所述，他按照被他庸俗化了的"辩证法公式"堆砌观念；其所以不是观念次序，因为他所说的"无人身的人类理性"犹如"理性的纯粹以太"，"他用以说明经济范畴的次序不再是这些经济范畴相互产生的次序。经济的进化不再是理性本身的进化了。"（文集 1:607）

然而，这一切并不妨碍蒲鲁东鼓吹"永恒的"经济观念和规律。马克思揭露，蒲鲁东最终不得不抛开"纯粹理性"的幌子，直接诉诸"天命"：

> 总之，平等是原始的意向、神秘的趋势、天命的目的，社会天才在经济矛盾的圈子里旋转时从来没有忽略过它。因此，天命是一个火车头，用它拖蒲鲁东先生的全部经济行囊前进远比用他那没有头脑的纯粹理性要好得多。（文集 1:611）

如果说经济学家有意无意地把从现实中抽象出来的观念错误地当作永恒的观念，那么蒲鲁东的做法更加露骨，更加落后。马克思说：

> 天命，天命的目的，这是当前用以说明历史进程的一个响

---

① 黑格尔：《法哲学原理》，范扬、张企泰译，商务印书馆 2014 年版，第 204—205 页。

亮字眼。其实这个字眼不说明任何问题。它至多不过是一种修辞形式。（文集 1:611）

马克思在一封信中说："蒲鲁东先生必然是一个空论家"（文集 10:50），他"不能了解他所神化了的各种范畴的世俗的起源和平凡的历史"（文集 10:53）。

通过对蒲鲁东以及其他经济学家的批判，马克思把逻辑范畴的形式看作经济关系。他说：

> 人们按照自己的物质生产方式建立相应的社会关系，正是这些人又按照自己的社会关系创造了相应的原理、观念和范畴。
>
> 所以，这些观念、范畴也同它们所表现的关系一样，不是永恒的。它们是历史的、暂时的产物。（文集 1:603）

《哲学的贫困》批判蒲鲁东滥用黑格尔的逻辑范畴表达他那混乱的经济学知识，但尚没有也不能正面叙述经济学范畴之间内在联系的辩证形式。老年马克思回顾说："在该书中还处于萌芽状态的东西，经过二十年的研究之后，变成了理论，在《资本论》中得到发挥。"（全集中文 1 版 19:248）

四、政治经济学研究的"两条道路"

马克思在《1857—1858 年经济学手稿》"导言"中专门写了"政治经济学的方法"，把 10 年前对蒲鲁东的批判转化为从抽象到具体的辩证方法。马克思按照历史顺序区分了两条道路。

> 第一条道路是经济学在它产生时期在历史上走过的道路。例如，17 世纪的经济学家总是从生动的整体，从人口、民族、国家、若干国家等等开始；但是他们最后总是从分析中找出一些有决定意义的抽象的一般的关系，如分工、货币、价值等等。这

些个别要素一旦多少确定下来和抽象出来,从劳动、分工、需要、交换价值等等这些简单的东西上升到国家、国际交换和世界市场的各种经济学体系就开始出现了。(文集 8:24)

第二条道路以第一条道路达到的"交换、分工、价格等等为前提",但是,"行程又得从那里回过头来,直到我最后又回到人口,但是这回人口已不是关于整体的一个混沌的表象,而是一个具有许多规定和关系的丰富的总体了"(文集 8:24)。

马克思评价说:

> 后一种方法显然是科学上正确的方法。具体之所以具体,因为它是许多规定的综合,因而是多样性的统一。因此它在思维中表现为综合的过程,表现为结果,而不是表现为起点,虽然它是现实的起点,因而也是直观和表象的起点。在第一条道路上,完整的表象蒸发为抽象的规定;在第二条道路上,抽象的规定在思维行程中导致具体的再现。(文集 8:25)

这段方法论的论述对于理解《资本论》的结构极为重要。为了理解马克思对分析和综合这两种方法的论述,需要梳理从笛卡尔到康德、黑格尔的哲学方法论的理论背景。

分析和综合　近代哲学方法论的基本问题是从分析还是从综合开始? 对这个问题的回答决定了哲学家体系的不同面貌。笛卡尔从分析开始,然后把分析达到的简单要素综合起来;斯宾诺莎从综合的整体"实体"开始分析自然界和人的各种成分;莱布尼兹把不可再分的"单子"综合成可能的和现实的世界。康德把分析和综合的方法转变为"先验逻辑",包括"先验分析论"和"先验辩证论";前者是概念的演绎

（大致相当于分析的过程），后者是判断的推理（大致相当于综合的过程）。①

在《纯粹理论批判》最后的"先验方法论"中，康德区别了获得知识的两种综合。第一种是概念的综合，即"从这个概念中走出来，也就是走向它在其中被给予出来的直观"，"并用这种方式获得一种综合的、但却是合理性的知识"。第二种是先验概念的综合，即，"当像实在性、实体、力等等这样的先验概念被给予我时，那么这一概念就既不表示经验性直观，也不表示纯粹直观，而只表示经验性直观的综合"，"只能产生对可能的经验性直观的某种综合原理"。② 就是说，概念综合是感性直观的经验综合，先验概念综合是综合的综合，即对一切可能性经验综合的整体性综合。

黑格尔把康德的概念思维的综合方法改造为从抽象到具体的连续过程。黑格尔生前发表的四部著作都是从最抽象、最一般的概念开始的。关于《精神现象学》的开端"感性确定性"，黑格尔说，是"最抽象、最贫乏的真理"③，而在最后达到的"绝对知识"，"精神赋予它的完整而真实的内容以自我的形式，因而实现了它的概念"④。《逻辑学》和《哲学全书》开始于没有任何更进一步规定的"纯存在"，"这个无规定的直接的东西，实际上就是无，比无恰恰不多也不少"⑤。而在最后的逻辑范畴"绝对理念"，"概念得到的自由，在精神科学中，通过自身完成了"⑥。《法哲学原理》开始于自由意志的"抽象法"，而最高的伦理实体"国家"是"具体自由

---

① 参见拙著《西方哲学简史》（北京大学出版社 2014 年版）相关章节。
② 康德：《纯粹理性批判》，邓晓芒译，杨祖陶校，人民出版社 2004 年版，第 558—559 页。
③ 黑格尔：《精神现象学》上卷，贺麟、王玖兴译，商务印书馆 1978 年版，第 63 页。
④ 同上书，第 255 页。
⑤ 黑格尔：《逻辑学》上卷，杨一之译，商务印书馆 1976 年版，第 70 页。
⑥ 同上书，第 553 页。

的现实"①。马克思研究方法的"两条道路"集上述哲学方法论之大全。

马克思的"分析"　第一条道路把笛卡尔的"分析"、康德的"经验概念综合",以及黑格尔"从抽象到具体"结合在一起。它是从整体到简单意义上的"分析",因为从"一个混沌的表象"的整体开始,"在分析中达到越来越简单的概念";这些概念,是"概念的综合",因为它们"从实在和具体开始,从现实的前提开始",得到综合的、合理的知识;它是从抽象到具体的过程,"总是从分析中找出一些有决定意义的抽象的一般的关系,如分工、货币、价值,等等。这些个别要素一旦多少确定下来和抽象出来,从劳动、分工、需要、交换价值等等这些简单的东西上升到国家、国际交换和世界市场的各种经济学体系就开始出现了"(全集 8:24)。总之,这是一条从表象到概念、从整体到简单概念、从简单概念到复杂知识、从抽象的一般到具体的普遍的过程。17 世纪的经济学家沿着这条道路建立了"各种经济学体系"。

马克思的"综合"　马克思说第二条道路"显然是科学上正确的方法",那是说他自己正在走一条前人没有走过的道路。这种方法把笛卡尔的"综合"、康德的"先验概念综合",以及黑格尔"抽象的规定在思维行程中导致具体的再现"结合在一起。它是"综合",因为"它在思维中表现为综合的过程,表现为结果,而不是表现为起点";它是"先验概念的综合",因为经验性概念的综合是"许多规定的综合,因而是多样性的统一";它是从抽象到具体思维行程的"再现",因为它把第一条道路达到的具体整体当作抽象的一般,把从抽象到具体的行程再走一次;但不是第一次的简单重复,正如《逻辑学》的思维运动不是《精神现象学》的重复,马克思立志建立的经济学的科学体系也不会是 17 世纪各种经济学体系的重复。马克思的科学体系达到的具体的整体不是过去经济学家研究资本主义生产方式的某个领域、某个方面的具体知识,而把这些领域和

---

① 黑格尔:《法哲学原理》,范扬、张企泰译,商务印书馆 2014 年版,第 260 页。

方面作为相互联系的环节,综合为"一个具有许多规定和关系的丰富的总体",从而揭示出资本主义生产方式的全过程和总规律。

马克思研究政治经济学的方法论不完全是辩证法,但首先和主要是辩证法。他为此批判地改造了黑格尔辩证法,使之能够应用于科学的经济学研究。马克思的改造涉及三个方面:(1)研究内容的颠倒,(2)思维主体从人到社会的改变,(3)范畴次序与历史顺序的调整,(4)政治经济学前提批判。

研究内容的颠倒 马克思开宗明义,政治经济学研究的对象"首先是物质生产"(全集 7:5),及其与分配、交换、消费的关系。早在 1844 年手稿中,马克思业已指出:黑格尔唯一知道并承认的劳动是抽象的精神的劳动"(文集 1:205);1857 年手稿也说,黑格尔"把实在理解为自我综合、自我深化和自我运动的思维的结果",如果应用于对物质生产过程和关系的研究,就会"陷入幻觉"(文集 8:26)。研究对象决定思想内容,"物质生产"和"精神劳动"的对象和内容截然相反,正因为如此,马克思恩格斯再三强调,只有把黑格尔体系内容根本颠倒过来,辩证法才能应用于经济范畴的运动形式。

思维主体性的改造 经济学家按照第一种方法在表象和直观中抽象出简单的、具体的概念。马克思承认,简单经济范畴"是把直观和表象加工成概念这一过程的产物",加工而成的概念用思维把握了某种表象的整体。他说:"整体,当它在头脑中作为思想整体而出现时,是思维着的头脑的产物,这个头脑用它所专有的方式掌握世界。"但是,经济学专有的思维主体"是不同于对于世界的艺术精神的,宗教精神的,实践精神的掌握的"。虽然在经济学研究中,实在主体仍然是在头脑之外保持着它的独立性;只要这个头脑还仅仅是思辨。马克思强调:"在理论方法上,主体,即社会,也必须始终作为前提浮现在表象面前。"就是说,在人的主观能动性发挥重要作用的那些领域,"正在理解着的思维是现实的人,而被理解了的世界本身才是现实的世界";而在物质生产领域,"范畴的运动表现为现实的生产行为"(文集 8:25—26),而生产行为的主体是社会,而不是个人,更不是个人的头脑。

从现实的人的主体性到社会主体性的转变,不是对黑格尔的根本颠倒或否定,毋宁说是对黑格尔有关论述的澄清和充实。从第三章第二节对《法哲学原理》的概述可以看出,黑格尔对市民社会的主体有两方面的论述:一方面,市民是私人,"这里初次,并且也只有在这里是从这一涵义上来谈人(Mensch)"①。这里所说的人是实现了所有权和自由的"现实的人"。另一方面,市民社会中个人无限追求物质和精神自由的社会习俗是决定社会性质的主体,黑格尔关于三个等级的区分从物质生产、交换和分配的角度阐述了市民社会的主体,而他从消费的角度阐述了市民社会的贫富两极分化。黑格尔的简要论述是从政治经济学大量材料中抽象出来的,马克思要在具体的经济运动辩证中才能揭示资本主义社会的主体和客体的关系。

范畴次序与历史顺序的调整 黑格尔辩证法的一个特点是逻辑与历史的统一,如《精神现象学》所示,但《法哲学原理》做了一个补充:"一系列定在形态的实际出现在时间上的次序,一部分跟概念逻辑的次序是互有出入的。例如,我们不能说,在家庭出现以前就已经有所有权存在;但尽管如此,所有权必须放在家庭之前论述。"他回答"为什么我们不从最高级的东西即具体真实东西开始"的问题时说:"在我们的进展程序中,各种抽象形式不是作为独立存在的东西而是作为不真实的东西显现出来的",而"我们所愿意见到的,恰恰就是采取结果形式的真实的东西。"②逻辑的次序是从抽象到具体,抽象的法权关系(如所有权)在时间上不一定在先;反之,历史上先在的法权关系(如家庭、国家)的具体的现实形态在逻辑上是在后的。

---

① 黑格尔:《法哲学原理》,范扬、张企泰译,商务印书馆 2014 年版,第 206 页。
② 同上书,第 40 页。

马克思赞同黑格尔关于逻辑秩序与历史顺序可以不一致的论述：

> 简单的范畴在比较具体的范畴以前是否也有一种独立的历史存在或自然存在呢？要看情况而定。例如，黑格尔论法哲学，是从占有开始，把占有看做主体的最简单的法的关系，这是对的。但是，在家庭或主奴关系这些具体得多的关系之前，占有并不存在。相反，如果说存在着还只是占有，而没有所有权的家庭和部落整体，这倒是对的。（文集 8:26）

同样，按照抽象与具体的逻辑次序，马克思以"货币"范畴为例说：

> 比较简单的范畴，虽然在历史上可以在比较具体的范畴之前存在，但是，它在深度和广度上的充分发展恰恰只能属于一个复杂的社会形式，而比较具体的范畴在一个比较不发展的社会形式中有过比较充分的发展。（文集 8:26）

货币的发展程度与社会经济形态的发展程度既相一致。（比如，"在最文明的古代，在希腊人和罗马人那里，货币的充分发展，在现代的资产阶级社会中这是前提"），也可以不相一致（如秘鲁和斯拉夫公社"有最高级的经济形式，如协作、发达的分工等等，却不存在任何货币"）。（文集 8:26—27）

政治经济学前提批判　马克思不但对黑格尔辩证法加以改造吸收，而且运用辩证法批判 17 世纪政治经济学的前提。1757—1758 年手稿一开始就批判经济学颠倒的个人主体论："被斯密和李嘉图当做出发点的单个的孤立的猎人和渔夫，属于 18 世纪的缺乏想象力的虚构。"但是，与卢梭的"自然人"一样，经济学的个人主体论不是臆想的"美学上的假象"。马克思说：

> 这是对于 16 世纪以来就作了准备、而在 18 世纪大踏步走向成熟的"市民社会"的预感。（文集 8:5）

马克思指出,个人之间的自然关系是封建社会的特征,18世纪资本主义社会兴起,"在这个自由竞争的社会里,单个的人表现为摆脱了自然联系等等,而在过去的历史时代,自然联系等等使他成为一定的狭隘人群的附属物"(文集8:5)。

资产阶级经济学家却把"天生独立的主体"的个人这种过去时代的理想,当作"到现在为止的每个新时代所具有的"(文集8:5—6)。从辩证法的观点看,他们把历史的起点等同为被实现的本质。于是产生这样的错觉:

> 这种个人不是历史的结果,而是历史的起点。因为按照他们关于人性的观念,这种合乎自然的个人并不是从历史中产生的,而是由自然造成的。(文集8:6)

我们看到,马克思早在《贫困的哲学》中批判了经济学家把"自然的"等同为"永恒的"观念,经过对黑格尔辩证法的改造,马克思找到了经济学中"永恒观念"的根源。马克思说,经济学范畴既有一般的意义,但更重要的是范畴所把握的本质"恰恰是有别于这个一般和共同点的差别",经济学范畴尤其如此。以"生产"范畴为例,生产一般把"生产的一切时代"的某些共同标志和共同规定提取出来,"免得我们重复,它就是一个合理的抽象"。这是以前经济学家的工作。而马克思"一开始就要声明",他研究的本题,指的是某个一定的历史时代,即"现代资产阶级生产"。而现代经济学家的"全部智慧"就在于忘掉他们抽象出来的一般观念表示资本主义社会经济范畴的"本质的差别",他们把这些范畴的运用扩大到人类一切社会和时代,以"证明现存社会关系永存与和谐";比如,如果"抛开了正是使'生产工具'、'积累的劳动'成为资本的那个特殊",资本就变成了"一种一般的、永存的自然关系"(文集8:9)。

按照抽象与具体、历史与逻辑的辩证法,马克思认为,资本主义以前的社会只是没有成熟的、不具备黑格尔意义上"现实性"的社会,按照逻辑的秩序,只是"人类社会的史前时期"。只有用现代资本主义的经济范畴,才能理解适用于其他历史时代的社会本质,只有用资本主义的生产关系,才能剖析人类一般的社会关系。在此意义上,马克思使用了著名类比:

> 人体解剖对于猴体解剖是一把钥匙。反过来说,低等动物身上表露的高等动物的征兆,只有在高等动物本身已被认识之后才能理解。(文集 8:33)

这意味着马克思的政治经济学批判不能停留在唯物史观的历史考察,而以唯物史观为考察的历史前提,对现代资本主义的本质、过程和运动规律进行科学的研究,而"无须描述**生产关系的真实历史**"(全集 30:453)。

第四节 政治经济学批判的探索之路

马克思的政治经济学批判的任务是对一般的、抽象的经济范畴做逻辑研究。他深知每个经济学体系都对某个或几个范畴进行比较全面的分析,经济学范畴被不同的体系分割开来,马克思要在它们相互联系的关系和整体中揭示经济学范畴包含的资本主义生产方式的本质和规律。他面临的一个难题是:在这些相互联系的范畴中选取哪一个作为出发点呢? 在这个问题上,马克思进行了 20 年的探索。

一、以分工为基础的唯物史观叙述

1846 年的《德意志意识形态》从生产活动的"分工"开始,对唯物史观原理进行最初的宏观表述。如第三章第四节所述,马克思认为,一切历史的现有条件是"生产力、社会状况和意识"三个相互矛盾的社会要素,而产生矛盾的根源是分工。(文集 1:535)马克思按照历史的顺序,通过分工的发展简要表述生产力和交往关系从野蛮到文明、从中世纪到资本主义经济制度变迁。马克思还以"分工"为基础阐述"交换"、"分配"、"积累"和"占有"等范畴的联系。比如,只是在脑力劳动与体力劳动实现分工的条件下,所有者对非所有者的统治"必须采取物的形式,通过某种第三者,即通过货币","工业只有在分工的基础上和依靠分工才能存在"(文集 1:555;556)。再如,分工造成了人际交往的对立,"由于分工使他们有了一种必然的联合,而这种联合又因为他们的相互分离而成了一种对他们来说是异己的联系。"(文集 1:573)更重要的是,分工是私人占有制的根源:"他们本身始终屈从于分工和自己的生产工具。在迄今为止的一切占有制下,许多个人始终屈从于某种唯一的生产工具"(文集 1:581)。共产主义运动不仅要把生产工具和财产"归属于全体个人"(同上),而且要让全体个人自由,为此必须消灭分工。因为:

> 只要分工还不是出于自愿,而是自然形成的,那么人本身的活动对人来说就成为一种异己的、同他对立的力量,这种力量压迫着人,而不是人驾驭着这种力量。
>
> 社会活动的这种固定化,我们本身的产物聚合为一种统治我们、不受我们控制、使我们的愿望不能实现并使我们的打算落空的物质力量,这是迄今为止历史发展中的主要因素之一。
>
> (文集 1:537)

在《德意志意识形态》未完成的手稿中,马克思还打算谈"分工对科学的影响",把"职业由于分工而独立化"作为"意识形态家使一切本末倒置"的根源。(文集 1:586)

二、从货币到商品转变的政治经济学叙述

《德意志意识形态》手稿中删去一段话"我们仅仅知道一门唯一的科学,即历史科学"(文集 1:516 注 2)。马克思恩格斯当时把唯物史观作为唯一的科学基础。在政治经济学批判过程中,马克思认识到,经济学不

属于历史科学。如果我们认真看待恩格斯总结的马克思两大理论发明——唯物史观和剩余价值学说，那么应该把马克思的政治经济学批判当作与唯物史观具有同等重要意义的经济科学。

早在 1840 时代后期，马克思已经掌握了丰富的政治经济学和英国资本主义材料，已经从这些材料中揭示出剩余价值的秘密。正如恩格斯所说，1847 年《哲学的贫困》和 1847 年所作、1849 年发表的《雇佣劳动与资本》两书"不仅已经知道'资本家的剩余价值'是从哪里'产生'的，而且已经非常清楚地知道它是这样'产生'的"（文集 6:12）。

1857—1858 年手稿是马克思建立经济科学的第一次尝试。手稿开始于"货币章"。马克思从分析批判蒲鲁东的"劳动货币"概念开始，指出蒲鲁东错误的根源在于不懂得货币与价值的辩证关系。在阐述了从货币转变为价值、从价值转变为货币的辩证关系之后，马克思写道：

> 在结束这个问题之前，有必要对唯心主义的叙述方法作一纠正，这种叙述方法造成一种假象，似乎探讨的只是一些概念规定和这些概念的辩证法。因此，首先是弄清这样的说法：产品（或活动）成为商品；商品成为交换价值；交换价值成为货币。（全集 30:101）

下一节接着指出：

> 一切产品和活动转变为交换价值，既要以生产中人的（历史的）一切固定的依赖关系的解体为前提，又要以生产者相互间的全部依赖为前提。……价格古已有之，交换也一样；但是，价格越来越由生产费用决定，交换延及一切生产关系，这些只有在资产阶级社会里，自由竞争的社会里，才得到充分发展，并且发展得越来越充分。（全集 30:105—106）

认识到这一点，马克思把"货币章"的编号标为 II，得出结论：

> 在考察交换价值、货币、价格的这个第一篇里，商品始终表

现为现成的东西,形式规定很简单。我们知道,商品表现为社会生产的各种规定,但是社会生产本身是前提。然而,商品不是被设定在这一规定上。(全集30:180)

1859年正式出版的《政治经济学批判》(第一分册),是马克思十多年政治经济学批判的一块里程碑。但这本书的第一篇"资本一般"没有写完,只有"商品"和"货币或简单流通"两章。这本书从考察"商品"范畴开始,商品是资本主义的"现实的起点",它承载着产品使用价值和交换价值的规定性。从产品的交换到商品的交换价值是社会生产的历史发展结果,但是马克思的经济科学并不考察这一历史过程,而把这一过程作为考察的历史前提,并明确说商品的本质规定性并不取决于产生它的历史前提。

三、《资本论》的逻辑学底本

《政治经济学批判》(第一分册)相当于《资本论》第一篇"商品和货币"的三章。从论域和论点上看,两书没有什么不同,最明显差异在于,前书没有《资本论》前三章从商品的价值形式到货币形式的辩证发展。马克思为了在《资本论》开端使用辩证法叙述形式,花费了整整8年时间。马克思为什么要殚精竭虑地在他的经济学科学著作中运用辩证法呢?

1858年1月,马克思正在写作政治经济学批判手稿,他告诉恩格斯:

完全由于偶然的机会——弗莱里格拉特发现了几卷原为巴枯宁所有的黑格尔的著作,并把它们作为礼物送给了我,——我又把黑格尔的《逻辑学》浏览了一遍,这在材料加工的方法上帮了我的大忙。(文集10:143)

1857—1858年手稿"导言"中的"政治经济学方法"一节很可能是在重读黑格尔《逻辑学》之后写的,并按照黑格尔的逻辑范畴设想了几个写作计划。但马克思没有时间把他的辩证方法论应用于即将出版的《政治经济学批判》(第一分册)，因而只能在 8 年之后出版的《资本论》中改用辩证法叙述方式。但是效果似乎"吃力不讨好"。马克思增加的辩证法方式是《资本论》最难理解的部分。恩格斯和库格曼在读了初稿之后都建议马克思改进。库格曼建议："大多数读者需要有一个关于价值形式的更带讲义性的补充说明"(全集中文 1 版 23：14)。恩格斯建议从历史上比较详细地证实辩证法的成果，"用历史方法向庸人证明货币形式的必然性并表明货币形成的过程"(文集 10：260)。马克思答复恩格斯：

> 至于说到价值形式的阐述，那么我是接受了你的建议，又没有接受你的建议，因为我想在这里采取辩证的态度。这就是说：第一，我写了一个附录，把这个问题尽可能简单地和尽可能教科书式地加以叙述，第二，根据你的建议，把每一个阐述上的段落都变成章节等等，加上特有的小标题。我要在序言中告诉那些"不懂辩证法的"读者，要他们跳过 x—y 去读附录。这里指的不仅是庸人，也包括有求知欲的青年人等等。(文集 10：264)

马克思没有接受用历史叙述代替辩证叙述的建议，而是要把辩证叙述通俗化为教科书式的纲要，他认为，不懂辩证法的读者即使只读那些没有辩证法叙述的章节，也可以得到《雇佣劳动与资本》演说和《政治经济学批判》(第一分册)中论述的剩余价值学说。这就提出了一个问题：大多数读者都"不懂辩证法"，《资本论》为什么要从可以"跳过"的价值形式开始，为什么不直接阐述商品、货币和资本的政治经济学原理呢？这个问题连马克思亲密的妻子也不完全理解。燕妮在 1863 年 7 月 6 日写给好友马克海姆夫人的信中说：

> 今年春天，我亲爱的卡尔深受肝病之苦；尽管障碍重重，但是他的书进展很快，已接近完成。如果按照原计划限制在二十

至三十印张,那么早已完成了。可是,因为德国人偏偏只相信"大部头"著作,而一部精练的和删掉一切多余的东西的著作在那些绅士看来,是一文不值的,所以卡尔又补充了大量历史材料,现在它会是一部五十印张的巨著,将像一枚炮弹落到德国土地上。①

燕妮和普通读者一样愿意看到精炼简明的著作,她提到德国学界只相信"大部头"著作指德国人对理论体系的偏好,她相信马克思艰辛创作的大部头将成为轰动德国的炮弹。但是,马克思增加的印张并不包含可以删去的多余的东西,而是马克思悉心研究政治经济学二十多年的结晶,是马克思对三十多本笔记本中精选出来的材料的精心加工。

恩格斯在马克思逝世后称《资本论》是"工人阶级的圣经"(文集 5:34),他大概没有想到,这个比喻可能隐含一个解经学问题。当时德国兴起的圣经批评的任务是考察圣经的历史来源和成书经过,从那时起形成的一个时至今日仍被广泛采用的假说:"摩西五经"按照不同历史时期不同作者所写的"四底本"编辑合成,三部"同参福音书"也是有"四来源"。②随着马克思经长期考证整理问世,《资本论》的历史来源和形成过程也可以在马克思大量经济学手稿中找到四个底本。《资本论》中的历史叙述源自唯物史观底本,经济学底本是剩余价值学说史的手稿,《资本论》对资产阶级及其政府和经济学家进行道德谴责,也可以在过去发表的著作和政论中找到底本,而《资本论》逻辑叙述的底本无疑是黑格尔的《逻辑学》,正如马克思多次宣称的那样。唯物史观、经济学批判、道德谴责和逻辑学这四个底本,存在于马克思笔记和著作的"思想实验室"之中,在《资本论》中被铸成一体。

《逻辑学》是黑格尔最难懂的著作,以此为底本的《资本论》的逻辑叙

---

① 《马列著作编译资料》第 8 辑,人民出版社 1980 年版,第 74—75 页。
② 参阅 Gerald Bray, *Biblical Interpretation*, InterVarsity Press, Downers Grove, Illiois, 1996, pp. 275 - 460.

述也是马克思著作中最艰深的部分,连亲密战友恩格斯、红颜知己燕妮、忠实友人库格曼也难以理解。依靠前三个"底本",马克思可以轻而易举地写出具有和《资本论》有同样影响力的剩余价值学说的著作,他为什么要以《逻辑学》为底本叙述这个学说呢?

这个问题同样适用于黑格尔的《逻辑学》本身。黑格尔在逝世前一周还在修改第二版《逻辑学》。他说:"一本属于现代世界的著作,所要研究的是更深的原理、更难的对象和范围更广的材料,就应该让作者有自由的闲暇作七十七遍的修改才好。"①黑格尔之所以如此重视《逻辑学》,因为这本书是他全部体系的基础及其必然性的证明。

和黑格尔一样,马克思要用逻辑阐述方式证明剩余价值的必然性及其在资本主义体系中的基础地位。马克思运用黑格尔的逻辑阐述方式必定是系统的,正如他在 1858 年 1 月致恩格斯的信中所暗示的那样:

> 如果以后再有功夫做这类工作的话,我很愿意用两三个印张把黑格尔所发现、但同时又加以神秘化的方法中所存在的合理的东西阐述一番,使一般人都能够理解。(文集 10:143)

1866 年 2 月 20 日,马克思在《资本论》即将付梓时致恩格斯:

> 在像我这样的著作中细节上的缺点是难免的。但是结构、整个的内部联系是德国科学的辉煌成就,这是单个的德国人完全可以承认的,因为这决不是他的功绩,而是全民族的功绩。(文集 10:236)

马克思接着写道:"我以德国人而自豪。我们的职责就是解放这个'能深刻思索的'民族。"(全集中文 1 版 31:185,186)这里所说的德国科学无疑是黑格尔的《逻辑学》体系。这段话充分表明马克思自认《资本论》的重要性在于一个经济学体系的逻辑证明。

---

① 黑格尔:《逻辑学》上卷,杨一之译,商务印书馆 1976 年版,第 21 页。

第五节　《资本论》的系统辩证法

　　虽然马克思公开和私下多次宣布《资本论》与黑格尔《逻辑学》之间的联系，但无论马克思的追随者还是反对者都长期忽视或没有理解马克思的告白。只有列宁在 1916 年的《哲学笔记》中独具慧眼地指出："不钻研和不理解黑格尔的全部逻辑学，就不能完全理解马克思的《资本论》，特别是它的第 1 章。因此，半个世纪以来，没有一个马克思主义者是理解马克思的！！"①

　　又是一个世纪过去了，人们完全理解了《资本论》吗？ 1923 年，苏联学者伊萨克·鲁宾发布《马克思价值理论文集》，率先研究了《资本论》中"价值形式"辩证结构。② 从 20 世纪 90 年代开始，《资本论》研究中兴起了"新辩证法派"。他们把辩证唯物主义视作"旧辩证法"，也不承认应用历史唯物主义能够解释《资本论》的方法、结构和论点。③ 他们认为《资本论》是与黑格尔的逻辑学体系相互对应和符合的辩证法，又自称"新黑格尔派马克思主义"（Smith，1998）④或"系统辩证法"。⑤ 他们的解释虽然各不相同，但都正确地认为《资本论》系统地运用了黑格尔的《逻辑学》。

　　但是，《资本论》三卷运用了《逻辑学》的全部，还是《资本论》第一卷运用了《逻辑学》的全部或部分？ 如果运用了部分，哪一部分？ 有的认为，不但《资本论》第一卷，其他两卷也是按照黑格尔的逻辑学的结构开

① 列宁：《哲学笔记》，人民出版社 1974 年版，第 191 页。

② Rubin, Isaak I., *Essays on Marx's Theory of Value*, tras. From 3rd. ed., Black and Red, Detroit, 1972.

③ Arthur, Christopher J., *The New Dialectic and Marx's Capital*, Brill, Leiden and Boston, 2004.

④ Smith, Tony, *Dialectical Social Theory and Its Critics*, State University of New York Press, Albany, 1993.

⑤ Bellofiore, Ricaardo and Taylor, Nicola (eds), *The Constitution of Capital*, Palgrave Macmillan, Basingstok, 2001.

展的。① 有的认为《资本论》第一卷的结构对应于《逻辑学》"存在论""本质论"和"概念论"三部分。② 有的认为第一卷的论证批判只是依据"本质论"。③

认为《逻辑学》和《资本论》三卷在体系结构上相似的人,常常引用1857 年 11 月马克思制定的第三个写作计划,以此证明《资本论》的结构是"Ⅰ. 一般性"(包括特殊性和单一性)、"Ⅱ. 特殊性"和"Ⅲ. 单一性"(全集 30:233—234)。但问题是,手稿中的写作计划是一回事,近十年后的公开出版物又是一回事。我们业已指出,马克思的写作计划没有一个被完全实现。实际上,《资本论》第一卷只阐述了"资本一般"的三个子目,即"(a)由货币变成资本。(b)资本和劳动。(c)按照劳动的关系而分解成的资本各要素"。至于另外两个子目"资本的特殊性"和"资本的单一性"中列举的论题是未完成的《资本论》第二、三卷将要阐述的内容。而与资本"一般性"并列的"特殊性"和"单一性"这两个总目中的论题属于"六册计划"的后三册,马克思手稿中甚至没有涉猎这些论题。再者,马克思留下的《资本论》第二、三卷手稿并没有使用"特殊性""单一性"等逻辑范畴,即使写成的第一卷对商品、货币、资本和生产过程的阐述,也不能完全归于"一般性"的逻辑结构。

至于《资本论》第一卷运用了《逻辑学》的全部或部分的问题,恩格斯最有发言权。他在 1891 年 11 月致施米特的信中说:

> 如果把马克思的从商品到资本的发展同黑格尔的从存在

---

① Arthur,Christopher J. and Reuten,Geert（eds）,*The Circulation of Capital：Essays on Volume Two of Marx's Capital*,Palgrave Macmillan,Basingstoke,1998;Euten,Geert and Campbell,Martha（eds）,*The Culmination of Capital：Essays on Volume Three of Marx's Capital*,Palgrave Macmillan,Basingstoke,2003.

② Arthur,Christopher J.,*The New Dialectic and Marx's Capital*,Brill,Leiden and Boston,2004.

③ Fineschi,Roberto,"Dialectic of the Commodity and Its Exposition",in *Re-Reading Marx*,Palgrave Macmillan,Basingstoke,2009.

到本质的发展作一比较，您就会看到一种绝妙的对照：一方面是具体的发展，正如现实中所发生的那样，而另一方面是抽象的结构，在其中非常天才的思想以及有些地方是极为正确的转化，如质和量的互相转化，被说成一种概念向另一种概念的表面上的自我发展。这类例子，还可以举出一打来。（文集10：623）

"从商品到资本的发展"是《资本论》前五章的逻辑阐述，而"从存在到本质的发展"是《逻辑学》前两篇"存在论"和"本质论"。恩格斯明确指出了两者的对应关联。恩格斯提到的"具体的发展"和"抽象的结构"的关系，马克思在《资本论》的"前言"中有明确交代。他一开始说：

> 万事开头难，每门科学都是如此。本书第一章，特别是分析商品的部分，是最难理解的。其中对价值实体和价值量的分析，我已经尽可能地做到通俗易懂。以货币形式为完成形态的价值形式，是极无内容和极其简单的。然而，两千多年来人类智慧对这种形式进行探索的努力，并未得到什么结果。……分析经济形式，既不能用显微镜，也不能用化学试剂。两者都必须用抽象力来代替。而对资本主义社会来说，劳动产品的商品形式，或者商品的价值形式，就是经济的细胞形式。在浅薄的人看来，分析这种形式好像是斤斤于一些琐事。这的确是琐事，但这是显微解剖学所要做的那种琐事。（文集5：8）

文中提到的"商品形式""价值形式""价值实体""价值量""货币形式"是《资本论》前三章的论题，而"经济形式"则是第四章论述的"资本形式"和第五章中的"资本主义形式"。《资本论》前五章的研究对象和《逻辑学》范畴一样是"形式"。黑格尔在《小逻辑》中说："逻辑学是以纯粹思想或纯粹思维形式为研究对象。"①黑格尔逻辑学的"形式"并非形式逻辑中与内容相脱离的形式。黑格尔说,思维通过反思(Nachdenken),形式把"最初在感觉、直观、表象中的内容"的"真实本性重现在意识面前"②;又说,通过这样的改变,"内容不如说是在自身那里就有着形式,甚至可以说唯有通过形式,它才有生气和实质"③。马克思和黑格尔一样,不仅把形式作为把握事物实质的概念,而且通过这些概念的内在联系,揭示社会事件的发展动力、过程和机制。

马克思还说,《资本论》把现实材料"在观念上反映出来,呈现在我们面前的就好像是一个先验的结构了"(文集5:21—22)。《逻辑学》前两篇"存在论""本质论"被称为"客观逻辑",而第三篇"概念论"被称为"主观逻辑"。黑格尔说:"本书所谓客观逻辑,有一部分就相当于康德的先验逻辑。"④马克思的这些话证实了《资本论》前五章貌似康德先验逻辑的阐述与《逻辑学》前两篇有着对应关联。

逻辑学和经济学虽然使用不同的概念把握各自研究对象,但在马克思看来,黑格尔第一次"全面地有意识地叙述了辩证法的一般运动形式"也适用于"商品""货币"和"资本"等经济学概念,只要把黑格尔的"纯概念"的形式转变为反映资本主义生产条件、要素和关系的形式,马克思就能得心应手地把黑格尔的逻辑方法转变为观察、概括、分析社会存在的"抽象力"和"显微解剖学",奠定了《资本论》理论大厦的基础。然而,马克思在有些地方"卖弄"黑格尔的表达方式,又完全按照《逻辑学》的范畴次序自如地铺陈挥洒,从而为他的辩证叙述蒙上一层神秘莫测的面纱。

我们用表格方式,"尽可能通俗易懂地"比较《资本论》前五章阐述商品形式、价值形式、货币形式和资本形式、资本主义形式与《逻辑学》前两

---

① 黑格尔:《小逻辑》,贺麟译,商务印书馆1980年版,第83页。
② 同上书,第76页。
③ 黑格尔:《逻辑学》上卷,杨一之译,商务印书馆1976年版,第17页。
④ 同上书,第45页。

篇主要逻辑范畴的"互文性"(intertextuality)。依据马克思的提示,互文
性的解读可以揭示出《资本论》的推理论证在哪些环节或明或暗、自觉或
不自觉地受到《逻辑学》的影响,理解《资本论》前几章中一些看似循环往
复论述的意义。"互文性"的阅读不只是"以黑解马",而且也是"以马解
黑",反过来用《资本论》具体而现实的阐述理解《逻辑学》深奥思辨的辩
证法。

一、商品

与黑格尔一样,马克思相信,开端对于科学体系的建构至关重要。
经过长期深思熟虑,《资本论》从"商品"开始考察资本主义生产方式的开
端。资本主义财富的"商品堆砌"同《逻辑学》的"存在"其开端一样,是一
团整体混沌的范畴。

表 1

《资本论》:商品一般	《逻辑学》:纯存在(Sein)
资本主义生产方式占统治地位的社会财富,表现为"庞大的商品堆积",单个的商品表现为这种财富的元素形式。因此我们的研究就从分析商品开始。(文集 5:47)	哲学的开端,在一切后继的发展中,都是当前现存的、自己保持的基础,是完全长留在以后规定的内部的东西。"(《逻辑学》上卷,第 56 页)①
最初一看,商品好像是一种简单平凡的东西。对商品的分析表明,它却是一种很古怪的东西,充满形而上学的微妙和神学的怪诞。(文集 5:88)	存在,纯存在,——没有任何更进一步的规定……存在、这个无规定的直接的东西,实际上就是无,比无恰恰不多也不少。(同上书,第 70 页)

附释

马克思在 1879 年的《评阿·瓦格纳的"政治经济学教科书"》一文

---

① 为了统一术语,本书引自杨一之译《逻辑学》的术语,原书"有"(Sein)改为"存在","存在"
(Existenz)改为"实存","映象"(Schein)改为"假象"。关于这些术语的翻译,参见贺麟译《小
逻辑》(商务印书馆 1980 年版)第 vii—x 页,以及杨一之译《逻辑学》下卷(商务印书馆 1976 年
版)第 555—558 页。

中说：

> 我不是从"概念"出发，也不是从"价值概念"出发……我的出发点是劳动产品在现代社会所表现的最简单的社会形式，这就是商品。（全集中文 1 版 19:412）

与黑格尔一样，马克思相信，开端对于科学体系的建构至关重要。经过长期深思熟虑，《资本论》从"商品"开始考察资本主义生产方式的开端。"商品"不是概念，而是如同《逻辑学》开端那样的"存在"，如同一团混沌的、没有分化、无所不包的整体，商品的存在是资本主义的庞大财富。

《资本论》是从分析商品的"形式"和"表象"的矛盾开始的。正如黑格尔体系开端总是包含"一般直接的和抽象的东西"这对矛盾，《精神现象学》开端"感性确定性"包含着既确定又不确定的对立规定性，最后在"绝对知识"把"开始出发的感性意识""从其自身的形式中解放出来的过程，就是最高的自由和自己对自己有了确实可靠的知识"①。《逻辑学》开端"纯存在"包含着既存在又不存在的矛盾，在结尾"绝对理念"达到了"现在有时充实了的存在，……作为具体的同时又是绝对内涵的总体那样的存在"②。黑格尔体系的结尾总是要回归到起点，但充分解决了开端的以及由此展开的一系列矛盾。同样，商品经过资本的流通、生产、消费、分配等全部形态，最后在《资本论》第三卷"利润—地租—工资"的资本主义财富"三位一体的公式"中，"商品生产的最简单的范畴"揭示的"这种着了魔的颠倒世界就会更厉害得多地发展起来"（文集 7:936）。

二、商品形式

马克思说："我分析商品，并且最先是在它所表现的形式上加以分

---

① 黑格尔：《精神现象学》下卷，贺麟、王玖兴译，商务印书馆 1978 年版，第 273 页。
② 黑格尔：《逻辑学》下卷，杨一之译，商务印书馆 1976 年版，第 552 页。

析。"(全集中文 1 版 19:412)马克思一开始区分了一团整体混沌的"商品堆积"和"单个商品的元素形式"。这个区分的逻辑依据是《逻辑学》从"存在"(Sein)到"定在"(Dasein)的过渡。黑格尔说,形而上学研究对象"纯存在"没有任何更进一步的规定,通过既存在又不存在的"变化",过渡到"定在"的范畴。"定在"即感性的个别存在,是《逻辑学》中第一个"具体的东西","因此,"黑格尔说,"在它那里,便出现了它的环节的许多规定和各种有区别的关系。"①"定在"的具体规定性首先是"质",其次是"量",再次是"度"。《资本论》对"商品形式"的阐述,依照黑格尔用"质"和"量"的范畴概括"定在"的逻辑性质和关系,分析了"商品"包含的"使用价值"和"交换价值"的"二重形式"。如下图所示。

表 2

《资本论》:商品二重性	《逻辑学》:定在的质和量
使用价值只是在使用或消费中得到实现。(文集 5:49)	在直接性中,质的规定性是自身关系。这个他在在自为存在的无限性中扬弃了自身。(《逻辑学》上卷,第 184 页)
各种商品的交换价值也同样要化成一种共同的东西,各自代表这种共同东西的多量或少量。(文集 5:50)	定量是具有规定性或一般界限的量,——它在具有完全的规定性时就是数。数目和单位构成数的环节。(同上书,第 214,215 页)
在商品交换关系中,只要比例适当,一种使用价值就和其他任何一种使用价值完全等同。(同上)	数本身则是数目和单位二者的统一。但单位如果应用在经验的数上,则仅是指这些数的等同。所以各种计算方法的原则必须将数目放在单位与数目的比例关系上,而求出两者的等同。(《小逻辑》,第 223 页)
不同的物的量只有化为同一单位后,才能在量上互相比较。不同物的量只有作为同一单位的表现,才是同一名称,因而是可通约的。(文集 5:63—64)	与定量同一的界限或规定性,被建立为单纯的东西,即度数(《逻辑学》上卷,第 232—233 页)

---

① 黑格尔:《逻辑学》下卷,杨一之译,商务印书馆 1976 年版,第 102 页。

附释

在《逻辑学》中,"质"是个别事物的感性属性,黑格尔举例说"某物"的感性属性如何在与"他物"的关系中被扬弃的:"野菜的特性,不仅对某一事物是特有的规定,而且因为事物要通过这些规定才会以一种特殊的方式保持自身与其他事物的关系。"①如果用经济学语言说,商品的质只有被人所消费才能保持其特性。马克思据此认为商品的质构成人类生活必需的"使用价值","不论财富的社会的形式如何,使用价值总是构成财富的物质内容。"(文集 5:49)

《逻辑学》对范畴"量"的阐述极为繁杂。马克思主要应用"定量"的三个环节"一般界限的量""数目和单位""度数",分别分析使用价值的量的规定性、等对交换的比例关系,以及可通约性。一个商品具有交换关系,"总是以它们的量的规定性为前提,如一打表,一码布,一吨铁等等"(文集 5:48);其次,不同使用价值按照"比例适当"的"量的关系"交换,"例如一夸特小麦,同 x 量鞋油或 x 量丝绸或 z 量金等等交换"(文集 5:49);再次,由于不同种类的商品的"量的关系"是不同数量"单位",如"夸特""公斤""码"等等,这些数量单位的交换价值需要共同的"度数"才能对等交换。马克思和黑格尔一样,把"度数"作为数学的可通约性,他"用一个简单的几何学例子"说明:"为了确定和比较各种直线形的面积,就把它们分成三角形,再把三角形化成与它的外形完全不同的表现——底乘高的一半";"各种商品交换价值也同样要化成一种共同的东西,各自代表这种东西的多量或少量。"(文集 5:50)

马克思把商品的质或使用价值当作"商品的几何的、物理的、化学的或其他的天然属性"(文集 5:50),"可感觉的粗糙的对象";而商品的交换价值"连一个自然物质原子也没有"(文集 5:61)。这样说是否有轻视物质之嫌呢? 在哲学史上,认为"质"是无形观念而"量"是有形大小,那恰

---

① 黑格尔:《逻辑学》上卷,杨一之译,商务印书馆 1976 年版,第 107 页。

恰是机械唯物论的观点。黑格尔批判机械唯物论仅仅把"量"理解为"大小"或"广延"的数学原则。他说:"数是处在感性的东西和思想的中间",而"量"逻辑范畴是"进一步的、具体的真思想,这种最有生气的、最活动的、只能在关系中去理解的东西"①。马克思在"关系"中理解商品价值的二重性。要之,商品使用价值和交换价值的区别是自然形式和社会关系的区别,而不是物质和精神的对立。马克思说:交换价值"只能在商品同商品的社会关系中表现出来",但社会关系不能归结为数学的"定量"。于是,马克思接下来说明衡量交换价值的共同单位是制造商品的社会劳动量。

三、价值形式

(一)衡量商品价值的"度"

第一章第一节作出商品使用价值和交换价值区分之后,第二节论劳动的二重性,第三节的标题是"价值形式或交换价值"。按照形式逻辑的区分,读者容易产生这样的印象:商品价值的两重性与劳动的两重性相对应,"价值"是"交换价值"的简称,"价值形式"是"交换价值的形式"。针对德国经济学家阿·瓦格纳如此理解,马克思在《评阿·瓦格纳的"政治经济学教科书"》一文中澄清说:

> 我不是把价值分为使用价值和交换价值,把它们当做"价值"这个抽象分裂成的两个对立物,而是把劳动产品的具体的社会形式分为这两者:"商品",一方面是使用价值,另一方面是"价值"——不是交换价值,因为单是表现形式不构成其本身的内容。(全集中文 1 版 19:412)

上述一段话可以用下图表示。

---

① 黑格尔:《逻辑学》上卷,杨一之译,商务印书馆 1976 年版,第 227,228 页。

$$商品\begin{cases}使用价值\\交换价值\end{cases}价值形式\begin{cases}有用劳动\\抽象劳动\end{cases}$$

从辩证法的观点看,商品二重性与劳动二重性不在同等层次上。如前所述,商品二重性是"质"和"量"的区分。而劳动二重性则是"质"和"量"相统一的"度",价值形式包含生产使用价值不同"质"的有用劳动与生产交换价值相同"量"的"抽象劳动"的统一。

黑格尔本人认为"度"范畴主要适用于数学和力学。他说:

> 在精神王国中,一种特殊的自由的尺度的发展,还更少出现。……在发达的市民社会中,从属于各种不同行业的人群,彼此处于一定的比率中,但是这既没有产生尺度的规律,也没有产生尺度的特殊形式。①

马克思恰恰在"发达的市民社会中",在"不同行业的人群"劳动量的比率中,发现了商品价值尺度。

马克思没有也不能照搬《逻辑学》中"尺度"范畴的数学原则,而把劳动量当作"尺度"的一种"特殊的量"。"尺度"部分第一章"特殊的量"包括三个环节:"尺度一般""特殊化尺度""质的比率",三者与《资本论》第1章第2节中关于人类劳动的区分有下列逻辑对应关系。

表3

《资本论》:商品包含的劳动	《逻辑学》:尺度的特殊的量
1. 有用劳动 各种使用价值或商品体的总和,表现为同样多种的、按照属、种、科、亚种、变种分类的有用劳动的总和,即表现为社会分工。这种分工是商品生产存在的条件,虽然不能反过来说商品生产是社会分工的条件。(文集5:55)	1. 尺度一般 尺度是这样一个定量,即它具有质的意义……质和量的区别被规定为存在的区别。这些环节进一步规定为各为尺度的整体。(《逻辑学》上卷,第358页)

---

① 《逻辑学》上卷,杨一之译,商务印书馆1976年版,第360页。

（续表）

《资本论》:商品包含的劳动	《逻辑学》:尺度的特殊的量
2. 抽象劳动 不管有用劳动或生产活动怎样不同,它们都是人体的机能,而每一种这样的机能不管内容和形式如何,实质上都是人的脑、神经、肌肉、感官等等的耗费。这是一个生理学上的真理。(文集 5:88)	2. 特殊化尺度 特殊的量的两个质彼此相比,合为一个尺度。尺度本身虽然是定量,不过由于与定量有区别,它是质的东西,对仅仅是漠不相关的、外在的定量进行规定。(同上书,第365—356 页)
3. 社会必要劳动时间 只是社会必要劳动量,或生产使用价值的社会必要劳动时间,决定该使用价值的价值量。(文集 5:52)	3. 质的比率 尺度是两个质的内在的量的彼此相比。(同上书,第369 页)

附释

由于使用价值的物质属性千差万别,转变并创造使用价值的人类劳动也是千差万别的,按照分工原则归属于有用劳动的门类,不同门类商品的劳动量是有"质"的区别的"定量",每一类商品的劳动量都是自身质和量相统一的整体,不同种类的整体没有共同尺度。

商品的交换价值的量有可通约性。马克思进一步指出,交换价值的可通约量来自包含在制造不同门类商品的劳动都可以用一个共同的单位——人类一般的抽象劳动来衡量。马克思说抽象劳动是"生理学意义上的耗费",翻译为黑格尔的语言,即"它是质的东西,对仅仅是漠不相关的、外在的定量进行规定"。"漠不相关"即不加区别地衡量不同质的有用劳动的"定量"。个人劳动等同性是抽象劳动,但抽象劳动的生理消耗不是"抽象"的,马克思用社会必要劳动时间来衡量人体不同机能耗费的比率。比如,马克思把复杂劳动与简单劳动比率的商说成"复杂劳动是自乘的或多倍的简单劳动"(文集 5:58)。这可能是《资本论》中最易遭受诟病的命题之一。如果理解简单劳动和复杂劳动的比率相当于黑格尔所说的"两个质的内在的量",那么"内在的量"是不可计算的。实际上,马克思在未收入《资本论》中的散页承认,"平均化为并评估为许多合作的个人的平均劳动的劳动,——已经完全不能再计算出来"(全集中文 1 版 49:10)。

马克思说，价值形式"这部分对全书来说是太有决定意义了"（文集10:264）。其决定性意义在于，社会平均劳动时间是揭开商品平等交换的剥削本质的关键。社会平均劳动时间虽然属于黑格尔所说的"以尺度的量的事物在经验上出现的单位"，但马克思要解决的问题不是如何计算生产某类商品的时间成本之类的会计学问题，而是追问商品平等交换的"可能性条件"（condition of possibility），正如康德追问数学和自然科学的可能性条件一样。康德的追问和回答是"先验论证"；同样，马克思把商品价值量归结为社会必要（或平均）劳动时间，也可以说是康德意义上的先验论证（transcendental argument），但采取了黑格尔的辩证推演形式。用马克思自己的话来说，这是"观念上的评估"（全集中文 1 版 49:10）。

（二）货币的交换价值

如上所述，社会必要劳动时间是商品的"价值量"，但抽象劳动和社会必要劳动时间是不可计量的，因而只是商品交换可通约的理论尺度（或黑格尔所说"尺度的特殊的量"）。众所周知，资本主义商品交换的可计量的实在尺度是货币。如何从商品价值的理论尺度过渡到实在尺度？这是《资本论》第一章第 3 节"价值形式或交换形式"的任务。马克思说明这一节论证的主题是：

> 商品具有同它们使用价值的五光十色的自然形式成鲜明对照的、共同的价值形式，即货币形式。但是在这里，我们要做资产阶级经济学从来没有打算做的事情：指明这种货币形式的起源。（文集 5:62）

"货币形式的起源"不只是"历史的起源"，更重要的是逻辑的起始。马克思对恩格斯说：

> 最简单的商品形式——在这种形式中，商品的价值还没有表现为对其他一切商品的关系，而只是表现为和它自己的天然形式不相同的东西——就包含着货币形式的全部秘密，因此也

就包含着萌芽状态中的劳动产品的一切资产阶级形式的全部秘密。（文集 10:264）

马克思还说：

我在那里，在正文中引证了黑格尔所发现的单纯量变转化为质变的规律，并把它看做在历史上和自然科学上都同样有效的规律。（文集 10:264）

黑格尔在《逻辑学》"尺度"部分第二章"实在的尺度"中提出了量变转化为质变的规律，《资本论》第 1 章第 3 节的三个环节与《逻辑学》这一部分的三个环节有结构上的对应关系，如下图所示。

表 4

《资本论》:价值形式	《逻辑学》:实在的尺度
A. 简单的、个别的或偶然的价值形式 商品 A 的价值，通过商品 B 能与商品 A 直接交换而在质上得到表现，通过一定量的商品 B 能与既定量的商品 A 交换而在量上得到表现。（文集 5:75）	A. 独立的尺度比率 作为这些尺度的一个比率的整体，自身首先是直接的；因此，被规定为这样的独立尺度的两个方面，分别在特殊的事物中持续存在，并建立起外在的联合。（《逻辑学》上卷，第 380 页）
B. 总和的或扩大的价值形式 如果每一个商品的相对价值都表现在这个扩大的形式中，那么，每一个商品的相对价值形式都是一个不同于别的商品的相对价值形式的无穷无尽的价值表现系列。（文集 5:80）	B. 尺度比率的交错线 在这种量变中，出现了一个点，在那个点上，质也将改变，定量表明自己在特殊化，以致改变了的量的比率转化为一个尺度，因而转化为一种新质、一个新的某物。（同上书，第 401 页）
C. 一般价值形式 最后，一种特殊的商品获得一般等价形式，因为其他一切商品使它成为统一的、一般的价值形式的材料。（文集 5:84） 有一个特定的商品在历史过程中夺得了这个特权地位，这就是金。（文集 5:86）	C. 无尺度之物 尺度特殊化的无限，把质的东西与量的东西都建立为相互扬弃，因而把它们最初的、直接的统一（这统一是一般的尺度）建立为到自身的回复，于是这个无限自身也就建立了。（同上书，第 406 页）

附释

如果说商品包含抽象劳动的价值量是黑格尔所说"特殊化了的尺度比率"，那么简单的商品交换形式是不同商品价值量的"外在的联合"。

336

在此意义上,马克思说,简单的价值形式"并没有使它们具有与它们的自然形式不同的价值形式"(文集5:64—65)。比如,"通过价值关系,商品B的自然形式成了商品A的价值形式,或者说,商品B的物体成了反映商品A的镜子"(文集5:67)。就是说,价值形式通过不同使用价值的两类商品(如20码麻布和一件上衣)凝结的劳动量的等同而表现出来。

总和的或扩大的价值形式是无穷扩大的系列,需要用某一类特殊商品的价值作为所有其他商品的价值量的共同尺度。这个特殊商品的价值就是"尺度比率的交错线",黑格尔用数学上多条直线的交错点表示"尺度的尺度",并说尺度的尺度是与被它衡量的尺度是不同质的新事物。把黑格尔的"实在的尺度"的辩证发展运用于商品交换形式的发展,金这种特殊商品在扩大的价值形式中历史地、必然地成为所有其他商品价值量的共同尺度。金的价值可谓是"无尺度之物"。因为,如同马克思分析的那样,金的使用价值不能表现它的价值量,以劳动二重性为基础的价值尺度被"扬弃"了,金回复到《资本论》开端所说的谜一般的商品。

如此,《资本论》第一章前三节关于商品形式、价值形式到货币的交换价值的逻辑阐述构成了一个螺旋上升的圆圈运动。金本制的货币成为无限系列的商品交换的共同尺度,构成了一个新的逻辑运动的起点:只有当货币形式成为资本形式时,资本主义商品交换和生产方式的本质就要被揭开了。但是按照黑格尔的辩证法,本质首先表现为假象。

四、对商品和货币拜物教"假象"的"反思"

《资本论》第1章最后一节"商品的拜物教性质及其秘密"引起了人们极大兴趣。伊萨克·鲁宾说:"马克思的支持者和反对者都把拜物教理论作为与马克思的经济理论基本没有内在关联的一个独立的游离单元。他们把它表现为价值理论的一个补遗,与马克思基本文本相伴的一个有趣的文学—文化插叙。"与之相反,鲁宾认为:"拜物教理论的本质是马克思全部经济学体系,特别是他的价值理论的基础。"①

从逻辑学的观点看,这一节中的文化历史评论确实不是核心观点,但是,这一节的核心观点也不能成为《资本论》体系的基础,甚至不能说是第 1 章价值理论的基础。我认为,既不能把第一章的结尾读作与前面阐述论证的商品价值形式无关的插叙或补遗,也不能把它读作马克思价值理论的基础。我把这一节的核心观点解读为第 1 章前三节价值理论的总结,由此过渡到第 2—5 章对货币形式和资本形式的论述。

马克思认为,商品拜物教是资本主义社会的假象(Schein),虽然是假象,却是黑格尔在《逻辑学》"本质论"第一章所说"本质自身中的假象"。马克思借助黑格尔"反思"(Relexion)的三种类型,一步步揭开了商品拜物教掩盖的本质。如下图所示。

表 5

《资本论》:商品拜物教	《逻辑学》:假象
商品的自然形式 在视觉活动中,光确实从一物射到另一物,即从外界对象射入眼睛。这是物理的物之间的一种物理关系。(文集 5:89)	反思和假象 假象是和反思同一个东西,但假象却是直接的反思。(《逻辑学》下卷,第 14 页)
商品价值中的社会关系 商品形式和它借以得到表现的劳动产品的价值关系,是同劳动产品的物理性质以及由此产生的物的关系完全无关的。这只是人们自己的一定的社会关系,但它在人们面前采取了物与物的关系的虚幻形式。(文集 5:89—90)	假象中的本质 假象是从存在之范围里还剩下的全部余留。但假象显现得还有独立于本质的、直接的一面,并且总是本质的一个他物。(同上书,第 10 页)
1. 偶然的假象 价值量由劳动时间决定是一个隐藏在商品相对价值的表面运动后面的秘密。这个秘密的发现,消除了劳动产品的价值量纯粹是偶然决定的这种假象,但是决没有消除价值量的决定所采取的物的形式。(文集 5:92—93)	1. 建立的反思 假象是无物和无本质;但这个无物或无本质并非在一个借助以映现出来的他物中具有其存在……它之存在就在于它自身和非它自身,而且是在一个统一体中。(同上书,第 16 页)

---

① Isaak I. Rubin, *Essays on Mark's Theory of Value*, tras. 3rd. ed., Balck and Red, Detroit: 1972, p. 5.

（续表）

《资本论》：商品拜物教	《逻辑学》：假象
2. 物的形式的假象 只有商品的共同的货币表现才导致商品的价值性质的确立。但是，正是商品世界的这个完成的形式——货币形式，用物的形式掩盖了私人劳动的社会性质以及私人劳动者的社会关系，而不是把它们揭示出来。（文集 5：93）	2. 外在的反思 反思作为绝对的反思，是在本身中映现着的本质，并只把自身事先建立为假象，是建立起来的存在。（同上书，第 19 页）
3. 假象的自我否定 一眼就可以看出，货币形式无非就是商品的简单价值形式的进一步发展，因而是劳动产品的简单商品形式的进一步发展的形态。因为货币形式不过是发展了的商品形式，所以它显然是从简单的商品形式产生出来的。（全集中文 1 版 49：165）	3. 进行规定的反思 现在由于反思规定既是反思的自身关系，又是建立起来的存在，这样，它的本性便从而立刻得到更确切的明了。……它的这个反思和那个建立起来的存在是有差异的。它的建立起来的存在不如说是它的被扬弃的存在；但它自身反思的存在却是它的持续存在。（同上书，第 25 页）

附释

德文"反映"（译作"反思"，Relexion）原来是光学映射的意思。在"自然之光"中，交换价值的社会关系被映射为商品的使用价值的自然形式，商品的价值量被映射为金或货币的神奇功能。资本主义社会中的商品和货币犹如原始宗教的"灵物"崇拜（即"拜物教"），两者都是用头脑想象的虚幻形式，掩盖社会关系的真相。

马克思说，由于商品简单价值形式是个别的物与物交换，商品交换的尺度似乎是偶然随意的，这就掩盖了"生产这些产品的社会必要劳动时间作为起调节作用的自然规律"（92）。这里的"自然规律"指"价值量由劳动时间决定"的不以交换者的意志和活动为转移的规律。在简单的价值形式中，一个商品的价值只能在另一商品的使用价值的镜子中被映现，这相当于黑格尔所说的"它自身和非它自身统一"的"建立的假象"。

在扩大和一般的价值形式中，所有商品价值都被映现在金的"物的形式"的镜子中，金的使用价值是"事先建立的假象"，在自身中映现商品价值的本质,它的"物的形式"是对商品价值形式的"外在的反思"。用马克思的话说:"货币拜物教的谜就是商品拜物教的谜,只不过变得明显了,耀眼了。"(文集5:113)

从商品拜物教到货币拜物教的发展包含着对它们自身的否定,因为只要反思金本制的货币形式如何事先规定了商品形式,那么货币拜物教的假象就"被扬弃"了。或者说,在否定货币拜物教的同时,明了货币形式所映现的商品价值形式的持续存在。

五、货币形式

马克思在《评阿·瓦格纳的"政治经济学教科书"》一文中说:

> 在分析商品时,即使在谈它的"使用价值"时,我们也没有立即联系到"资本"的定义,当我们还在分析商品的因素的时候,就谈资本的定义,那纯粹是荒唐的事。(全集中文1版19:414)

我们看到《资本论》第一、二章分析商品的因素及其价值形式,第三、四章谈资本形式。按照黑格尔的辩证法,定义不是直接给予的,而是辩证阐述出来的。马克思也没有给资本下一个定义,而是阐述商品交换到货币形式再到资本形式的辩证发展,用"资本的总公式"表达资本的定义。

在价值形式到货币形式的辩证阐述之间,马克思部分接受了恩格斯建议,"用历史方法向庸人证明货币形式的必然性并表明货币形成的过程"(文集10:260),《资本论》第2—3章中有不少关于货币历史起源和功能的叙述。货币古已有之,但在前资本主义初期,货币只是金银的"自然形体",而在商品流通发达的资本主义社会,货币变成商品交换的普遍形式。马克思说:

> 商品要实际上起交换价值的作用,就必须抛弃自己的自然形体,从想象的金转化为实在的金,诚然,商品实现这种变体,同黑格尔的"概念"实现由必然到自由的过渡相比……是"更为

困难的"。（文集 5:123—124）

据编者注释,黑格尔观点引自《小逻辑》第 3 版 147 节（文集 5:909 页注 117）。黑格尔在这一节说,内容与形式的关系是"这样一个圆圈,它就是一个全体,……亦即由内在到外在,由外在到内在的直接自身转化"①。这一节简述了《逻辑学》"本质论"第 3 章第 2 节"根据"中对形式和内容关系的三个环节"形式的根据""实在的根据"到"完全的根据"的逻辑推演。

按照同样的逻辑秩序,马克思把"货币形式"作为第一、二章阐述的"价值形式"的"根据",同时又是"资本形式"的"表现"或"显现"。《资本论》第 3 章第 2 节"流通手段"和第 4 章中论述"商品流通的简单形式""货币的资本形式"到"资本的总公式"的辩证发展,与《逻辑学》"本质论"第 3 章"根据",有结构性的对应关系。如下图所示。

表 6

《资本论》:货币转化为资本 首先我们应该说明 W—G—W 和 G—W—G 这两种循环在形式上的区别。这样,隐藏在这种形式上的区别后面的内容上的区别同时也就暴露出来。（文集 5:173）	《逻辑学》:被规定的根据 根据总是使自身成为被规定的根据,而这个规定性本身是双重的,即:第一是形式的,第二是内容的。（《逻辑学》下卷,第 86 页）
1. 商品流通的直接形式 在 W—G—W 循环中,始极是一种商品,终极是另外一种商品,后者退出流通,转入消费。因此,这个循环的最终目的是消费,是满足需要,总之,是使用价值。（文集 5:175）	1. 形式的根据 这个规定性是与自身同一的内容,对形式漠不关心,形式对它也是外在的;内容是一个不同于形式的他物。（《逻辑学》下卷,第 89 页）
2. 货币流通的形式 G—W—G 循环是从货币一极出发,最后又返回同一极。因此,这一循环的动机和决定目的是交换价值本身。（文集 5:175）	2. 实在的根据 每一方面在其规定性中都是整体的自身同一,因此每一方面都具有一个与另一方面相差异的内容。（《逻辑学》下卷,第 93 页）

① 黑格尔:《小逻辑》,贺麟译,商务印书馆 1980 年版,第 305 页。

3. 资本的总公式 这个过程的完整形式是 G—W—G′。其中的 G′＝G＋△G，即等于原付货币额加上一个增值额。我把这个增值额或超过原价值的余额叫做剩余价值（surplus value）。……正是这种运动使价值转化为资本。（文集5：176）	3. 完全的根据 它自身同时包含了形式的和实在的根据，并使在实在根据中相互直接的内容规定有了中介。（《逻辑学》下卷，第103页）

附释

《逻辑学》中，"形式的根据"是"内容—形式—内容"的循环往复，而"实在的根据"则是"形式—内容—形式"的循环上升，两者分别以形式和内容为中介，只不过"形式的根据"把形式的中介当作外在的东西加以否定，而"实在的根据"把各种有差异的内容不断地整合在形式之中，直至达到内容和形式的同一，成为"完全的根据"。《资本论》分析了资本主义从商品流通开始、在货币流通过程中发展为货币增值的资本形式的发展过程，也依据内容和形式关系的辩证法。

商品流通的直接形式是"商品—货币—商品"的循环，以货币为媒介，而以商品的使用价值为物质内容，其逻辑形式是"内容—形式—内容"的循环，"货币形式不过是发展了的商品形式"。或者说，货币形式只是商品流通的"形式的根据"。黑格尔说，形式的根据是"与自身同一的内容，对形式漠不关心"，翻译成马克思的语言，商品流通的直接形式是为买而卖的循环，"这一循环的最终目的是消费，是满足需要，总之，是使用价值"（文集5：175）。

货币流通的形式"货币—商品—货币"的逻辑形式是"形式—内容—形式"的循环。黑格尔说，实在的根据每一方面"都是整体的自身同一"；翻译成马克思的语言，货币持有者"拿出货币时，就蓄意要重新得到它。因此，货币只是被预付出去"（文集5：174），"这一循环的动机和决定目的是交换价值本身"（文集5：175）。黑格尔说，实在的根据"每一方面都具有一个与另一方面相差异的内容"，翻译成马克思的语言，货币持有者"为卖而买"，"购买商品，把货币投入流通，是为了通过出卖这同一商品，从流通中再取回货币"（文集 5：174）。当然，他从流通中取回的是更多的货币。

货币转化为资本必须经过流通的"贱买贵卖"阶段，在这个阶段，货币增值实现了资本货币。建立了"资本的总公式"，或者说建立了货币转化为资本的"完全的根据"。黑格尔说，完全根据包含了形式的根据和实在的根据；用马克思的话说，货币羽化为资本形式的内容是在先前货币流通中"货币支出的性质本身决定的"（文集 5：175），而羽化的形式则是"货币流通的目的和动力"——货币量的增殖。

六、资本形式

（一）资本增殖的"条件"

马克思在"资本的总公式"之后立即揭示"总公式的矛盾"：商品和货币的流通过程不能产生剩余价值，"如果是等价物交换，不产生剩余价值；如果是非等价物交换，也不产生剩余价值。流通或商品交换不创造价值"（文集 5：190）。商品交换是等价交换，而"贱买贵卖"的非等价交换只是商业资本和高利贷资本在货币贮藏者之间的转移，"一个国家的资产阶级不能靠欺骗自己来发财致富"（同上）。"因此，"马克思说，"资本不能从流通中产生，又不能不从流通中产生。它必须既在流通中又不在流通中产生"（文集 5：193）。这个矛盾是揭开资本本质之谜的关键所在。

对照《逻辑学》，我们看到，"本质论"第一部分"对本质的反思"开始于"矛盾"，经过"根据"，结束于"条件"。《资本论》的逻辑吸收了这些环节，第四章"货币转化为资本"开始于商品和货币转化为资本的"根据"，并在"资本的总公式"中揭示上述矛盾，再用货币增值所需的"条件"解决这个矛盾。马克思早在 1847 年的《雇佣劳动与资本》的讲演中就已经揭露了资本主义剥削的秘密是"工人拿自己的商品即劳动力去换取资本家的商品，即换得货币"（文集 1：713）。《资本论》第 4 章第 3 节中，依据《逻辑学》"本质论"中"条件"与"根据"的辩证法，对"劳动力的买和卖"进行了严密的逻辑表述。

表 7

《资本论》	《逻辑学》
劳动力的买 要从商品的消费中取得价值,我们的货币占有者就必须幸运地在流通领域内即在市场上发现这样一种商品,它的使用价值本身具有价值源泉的独立属性……这就是劳动能力或劳动力。(文集5:194—195)	有条件的中介 全部根据关系规定自身为条件的中介。……它是一个建立起来的东西;直接的定在,作为条件,不应当是自为的,而应当是为他的。(《逻辑学》下卷,第104页)
自由工人的卖 货币占有者要把货币转化为资本,就必须在商品市场上找到自由的工人。这里所谓的自由,具有双重意义:一方面,工人是自由人,能够把自己的劳动力当做自己的商品来支配,另一方面,他没有别的商品可以出卖,自由得一无所有,没有任何实现自己的劳动力所必需的东西。(文集5:197)	相对地无条件的东西 整体的两个方面,条件与根据,一则是彼此漠不相关和无条件的……再则两者也都是有中介的。条件是根据的自在存在。(《逻辑学》下卷,第106页)
资本的生产 当资本家把货币转化为商品,使商品充当新产品的物质形成要素或劳动过程的因素时,当他把活的劳动力同这些商品的死的对象性合并在一起时,他就把价值、把过去的、对象化的、死的劳动转化为资本,转化为一个有灵性的怪物,它用"好像害了相思病"的劲头开始去"劳动"。(文集5:227)	绝对无条件的东西 这个绝对的无条件的东西自身包含两个方面,即条件与根据,作为它的环节;它是那两个方面回转到其中去的那个统一……即是说,本身就是根据那样的条件。(《逻辑学》下卷,第109页)

附释

马克思说明了货币转化为资本的两个条件:第一是货币占有者在商品市场买到一种特殊商品——劳动力,第二是劳动力自由地把"他的活的身体中的劳动力本身当做商品出卖"(196)。劳动力的买可谓"有条件的中介",即商品和货币流通的全部过程成为劳动力的中介市场;自由工人的卖可谓"相对地无条件的东西",因为买卖双方一方面"彼此漠不相关和无条件的",另一方面互为中介:工人通过资本家的中介才能实现他的劳动力,资本家通过工人劳动的中介,才能实现资本的货币增值。劳动力的"买"和"卖"看似平等交易,实质是资本的"自在存在"。

马克思嘲讽的资本主义"这个最美好的世界"（文集 5:227），堪称黑格尔所说的"绝对无条件的东西"：它包含了商品流通领域提供的"活的劳动力"与生产资料和生活资料等"过去的、对象化的、死的劳动"这两方面条件，两者被合并在生产领域，似乎回转到前资本主义时代货币持有者在流通领域追逐货币增值的目标。马克思比较了货币贮藏者和资本家的共同点和差别："这种绝对的致富欲，这种价值追逐狂，是货币贮藏者和资本家所共有的，不过货币贮藏者是发狂的资本家，资本家是理智的货币贮藏者。"（文集 5:179）价值增值从流通领域转到生产领域的决定性条件是劳动力的买卖，如马克思说："劳动力的价值和劳动力在劳动过程中的价值增值，是两个不同的量。资本家购买劳动力时，正是看中了这个价值差额。……具有决定意义的，是这个商品独特的使用价值，即它是价值的源泉，并且是大于它自身的价值的源泉。"（文集 5:225—226）

（二）资本生产的"现象"和"现实"

我们看到，《资本论》第 4 章"根据"商品和货币的流通领域，阐述了资本生产的"条件"；而第 5 章接着论述的资本增值的生产过程合乎逻辑地延续了《逻辑学》"本质论"第二、三部分从"实存"经由"现象"到"现实"的三阶段论证结构，如下图所示。

表 8

《资本论》	《逻辑学》
1 劳动过程 劳动过程的简单要素是：有目的的活动或劳动本身，劳动对象和劳动资料。（文集 5:208） 劳动过程的简单的、抽象的要素是制造使用价值的目的的活动，是为了人类的需要而对自然物的占有，是人和自然之间的物质变换的一般条件，是人类生活的永恒的自然条件。（文集 5:215）	A. 实存 实存（原译作"存在"，下同——本文作者注）作为实存物（原译作"存在物"），是在否定的统一的形式中建立起来的，它本质上就是这个否定的统一。（《逻辑学》下卷，第 120 页） 实存即是无定限的许多实际存在的事物，反映在自身内，同时又映现于他物中，所以它们是相对的，它们形成一个根据与后果相互依存、无限联系的世界。（《小逻辑》，第 265—266 页）

（续表）

《资本论》	《逻辑学》
2. 价值增值过程 他［资本家］不仅要生产使用价值，而且要生产商品，不仅要生产商品，而且要生产价值，不仅要生产价值，而且要生产剩余价值。……正如商品本身是使用价值和价值的统一一样，商品生产过程必定是劳动过程和价值形成过程的统一。（文集 5:217—228）	B. 现象 它是实存的本质；实存的本质性与非本质性的实存相区别，这两方面都在相互关系之中。——因此，现象第一是单纯的自身同一，同时又包含不同的内容规定，它本身及其关系，是在现象交替中自身等同、长留不变的东西，——即现象的规律。（《逻辑学》下卷，第 140 页）
3. 资本形式的实现 商品和货币这两者仅仅是价值本身的不同存在方式；货币是它的一般形式，商品是它的特殊的也可以说只是化了装的存在方式。价值不断地从一种形式转化为另一种形式，在这个运动中永不消失，这样就转化为一个自动的主体。……实际上，价值在这里已经成为一个过程的主体，在这个过程中，它不断地变换货币形式和商品形式，改变着自己的量，作为剩余价值同作为原价值自身分出来，自行增值着。……价值作为这一过程的扩张着的主体，首先需要一个独立的形式，把它自身的同一性确定下来。（文集 5:179—180） 在这里，商品的价值突然表现为一个处在过程中的、自行运动的实体，商品和货币只是这一实体的两种形式。（文集 5:180—181）	C. 现实 现实是本质与实存的统一；无形态的本质和无休止的现象，或无规定的长在和无长在的多样性以现实为它们的真理。（同上书，第 177 页） 现实的东西到可能的东西之过渡，有到无的过渡，是一个与自身的消融；偶然是绝对的必然，它本身就是那个最初的、绝对的现实建立（前提）存在在其否定中与自身的这种同一，现在就是实体。（《逻辑学》下卷，第 208—209 页）

附释

人类生产过程的一般特性是生产力与物质对象和生产资料相结合的劳动过程。《资本论》中说人类劳动一般的规定性接近于《逻辑学》的"实存"范畴。黑格尔区别了"存在论"的"定在"与"本质论"的"实存"，前者是感性的直接对象，后者是各种有根据的自在之物在相互否定关系中达到的统一。从马克思的观点看，劳动作为"人和自然之间的物质变换的一般条件"，把人的实存与自然界的"他物"统一"相互依存、无限联系的世界"。

资本主义生产过程的本质是剩余价值的无限扩张,但既然资本主义生产是商品生产,既然商品的使用价值和交换价值不可分割,商品生产必然包含本质性与非本质性的"实存物"。真可谓是商品生产"现象的规律"。这个矛盾最终将导致"生产过剩"的危机,即商品的使用价值不能被消费,商品的交换价值不能兑现为货币资本。

"现实"是《逻辑学》"本质论"最后和最高的范畴。"现实是本质与实存的统一"的定义囊括了传统形而上学研究的对象,在此意义上,黑格尔说:"哲学研究的对象就是现实性"。① "现实"不但是从可能性到现实性、从偶然性到必然性的无休止的运动过程,而且运动的主体和实体。《资本论》第一卷没有完成对资本运动全过程和规律的考察,但在第4章第1节"资本的总公式"中的一番话,讨论了资本实现自身的"现实"的主体和实体。马克思首先说明"资本的运动是没有限度的"的主体即资本家。资本家作为资本的人格是"这一运动的有意识的承担者,……他的目的也不是取得一次利润,而只是谋求利润的无休止的运动。作为这种绝对的致富欲,这种价值追逐狂……资本家通过不断地把货币重新投入流通而实现了"(文集 5:178—179)。马克思接下来说,价值运动的"自动主体"一方面"不断地变换货币形式和商品形式",另一方面"这一过程的扩张着的主体"的"自身同一性"是"自行运动的实体,商品和货币只是这一实体的两种形式"。如果把这些话与《逻辑学》中有关现实范畴的论述相参照,那么不难理解《资本论》第4章中关于资本"主体即实体"的论述旨在表明,商品与货币"无休止的现象"的"真理"及其多样性的同一"实体",是对《资本论》第一章建立的商品和劳动二重性前提的否定性复归。按照黑格尔的逻辑学,真理的前提只有在真理的全体中才能得到实现和证明。《资本论》建构的就是这一个从商品形式到资本形式、再到剩余价

----

① 黑格尔:《小逻辑》,贺麟译,商务印书馆 1980 年版,第 45 页。

值的辩证发展的真理。

马克思对资本家无休止的剩余价值追逐狂进行了强烈的谴责,但资本家自觉承载的资本自行增值的运动并非只有否定性的意义。在《1857—1859 年经济学手稿》中,马克思用扬弃的观点评价剩余价值生产的历史使命。他说:

> 资本的伟大的历史方面就是创造这种剩余劳动,即从单纯使用价值的观点,从单纯生存的观点来看的多余劳动……由于资本的无止境的致富欲望及其唯一能实现这种欲望的条件不断地驱使劳动生产力向前发展,而达到这样的程度,以致一方面整个社会只需要用较少的劳动时间就能占有并保持普遍财富,另一方面劳动的社会将科学地对待自己的不断发展的再生产过程,对待自己的越来越丰富的再生产过程,从而,人不再从事那种可以让物来替人从事的劳动,——一旦到了这样的时候,资本的历史使命就完成了。(全集 30:286)

马克思看到资本无休止扩张的"铁的必然性"(文集 5:8)驱使生产力不断提高,从而为劳动时间的减少和劳动力的解放提供了可能性。当然,这一可能性变成现实性,有待于社会主义代替资本主义社会的根本变革。《资本论》的长远目标,充实和展开了《逻辑学》"本质论"的结尾处所说"实体或自由的现实"或"必然提高为自由"①的社会存在内涵。现在看来,马克思一语成谶:虽然货币资本驱使的生产力已经提高到"可以让物来替人从事劳动"的地步,但由于资本主义生产关系没有改变,全球范围内的资本在追逐剩余价值贪婪欲的驱动下,仍在无休止地扩张。

---

① 黑格尔:《逻辑学》下卷,杨一之译,商务印书馆 1976 年版,第 231 页。

第六节　剩余价值学说与《资本论》其他部分的关系

如前所述,我们把剩余价值学说严格地限定在经过逻辑叙述的论证的理论范围。《资本论》前五章的辩证叙述全面论证了剩余价值的载体(商品价值)、实现形式(货币增值)、本质(劳动力成为商品),以及动力(贪婪欲)。但是,《资本论》第一卷不只是论证剩余价值学说,全书共 25 章,还有唯物史观的历史叙述、经济学的科学论证和道德谴责,即上一节开始业已说明的源自大量手稿的四个"底本"。这四个"底本"在《资本论》中交织在一起,只能在分析中把它们分成独立的部分,再综合地看待它们之间的相互联系。按照这样的研究方法,本节对《资本论》的全貌做一概览。

一、"资本主义积累的一般规律"的经济学论证问题

(一)关于资本主义积累的一般规律的证明

《资本论》的目标是论证第 32 章表述的"资本主义积累的一般规律"。这一规律与黑格尔看到市民社会"奢侈"与"贫困"两极分化的现象有关。黑格尔认为奢侈和贫困都是无限的:"一方面穷奢极侈,另一方面贫病交迫,道德败坏。"①马克思把奢侈和贫困无限对立转化成经过论证的资本主义社会规律。

《资本论》前五章的辩证论述只是证明资本自我增值运动的必然性,尚不足以证明资本自我增值必然导致"资本主义积累的一般规律"。为了证明这个一般规律,在剩余价值学说的基础上,至少还需要增加五个条件:第一,预付总资本分为可变资本和不变资本两部分;第二,利润率是剩余价值同预付总资本的比率;第三,剩余价值率是剩余价值同可变

---

① 黑格尔:《法哲学原理》,范扬、张企泰译,商务印书馆 2014 年版,第 209 页。

资本的比率(607);第四,不变资本比可变资本相对增长;第五,为了维持足够高的利润率,生产商品的资本家和剩余价值"所有参加分赃的人"(文集5:652),必然要减少可变资本,或是通过减少雇佣工人的人数,或是通过增加剩余劳动时间和强度。

减少工人人数的结果必然是:

> 工人阶级中贫苦阶层和产业后备军越大,官方认为需要救济的贫民也就越多。这就是资本主义积累的绝对的、一般的规律。(文集5:742)

而增加剩余劳动时间和强度的结果必然是:

> 在一极是财富的积累,同时在另一极,即把自己的产品作为资本来生产的阶级方面,贫困、劳动折磨、受奴役、无知、粗野和道德堕落的积累。(文集5:743—744)

资本主义积累的一般规律由此证迄。

证明资本主义积累的一般规律上述四个条件和证明,集中表现了马克思的经济学创见。

(二)关于平均利润率下降规律的证明

《资本论》中有两处脚注强调属于马克思自己的新发现。第一处关于价值和劳动的二重性的区分。马克思强调:"古典政治经济学在任何地方也没有明确地和十分有意识地把表现为价值的劳动同表现为产品使用价值的劳动区分开。"又说:"古典政治经济学的根本缺点之一,就是它从来没有从商品的分析,特别是商品价值的分析中,发现那种正是使价值成为交换价值的价值形式。"(文集5:98注31,32)在第二处脚注,马克思提醒读者:"可变资本和不变资本这两个范畴是我最先使用的。"(文集5:706注66)

我们看到,马克思在经济学中的第一个新贡献是运用辩证法的发现;但第二个新贡献则完全是经济学的区分,"可变资本"和"不变资本"

的"范畴"不是逻辑范畴,也没有与之对应的逻辑形式。如果说上述第二、第三个条件可算作剩余价值学说的推论,那么第四个条件的前提则是资本主义生产方式的各个领域和行业的平均利润率下降。马克思预告:"剩余价值的这些转化形式在第三册才能研究。"(文集 5:652)果然,在恩格斯整理出版的《资本论》第三册中,马克思宣布了一条"以往的一切经济学都没有能把它揭示出来"、"并且在各种自相矛盾的尝试中绞尽脑汁地去解释它"的经济学规律:

> 在资本主义生产方式的发展中,一般的平均的剩余价值率
> 必然表现为不断下降的一般利润率。(文集 7:237)

马克思说,这是"根据资本主义生产方式的本质证明的一种不言而喻的必然性",这个"本质"和"不言而喻的必然性"的前提是"劳动剥削程度不变甚至提高的情况"。虽然《资本论》第一卷的剩余价值学说证明了这种情况,但要从这个情况证明"一般利润率不断下降"的规律。马克思还需要证明:第一,不同国家剩余价值率的差别无关紧要(文集 7:160);第二,各领域和行业存在平均利润率(文集 7:161);第三,工作日和工资不变(同上)。但这三条即使在马克思时代也是最难得到证明的。在资本主义经济中一个变得越来越明显的事实是:金融、流通等领域不只是参与商品生产的剩余价值的分赃,而是促进商品生产和独自创造、直接占有剩余价值;而科学技术在经济生活中的应用大大降低了用于生产资料的成本,或者说,降低不变资本在总资本中的比例。更重要的是,资本全球市场中贫穷国家的剩余价值率大大高于发达资本主义国家。

在马克思时代,平均利润率下降的规律在经济学界引起争议,恩格斯在《资本论》第三册"序言"中强烈驳斥反对意见。但在马克思主义者中,也提出了不承认这条规律的理由。本书不是经济学专著,不能评价这场争论的是非曲折。作为评介马克思哲学著作的作者,我的结论是,《资本论》最后的"资本主义积累的一般规律"及其所需的"平均利润率下

降的规律"在逻辑上没有得到论证。

二、唯物史观预言是否得到证明的问题

《资本论》第一卷是在英国这个资本主义生产方式的"典型地点"为例证的,或者说,"是在保证过程以其纯粹形态进行的条件下从事实验的",但马克思说,在英国发现的规律是"以铁的必然性发生作用并且正在实现的趋势。工业较发达的国家向工业较不发达的国家所显示的,只是后者未来的景象"(文集 5:8)。

马克思旨在阐明论证的资本主义生产方式的规律是具有世界意义的"铁的必然性"。这个意图在 1859 年《政治经济学批判序言》中可见端倪。序言开始宣布"考察资产阶级经济制度"的"六册计划":"资本、土地所有制、雇佣劳动,国家、对外贸易、世界市场"。这六本书前三项"研究现代资产阶级分成三大阶级的积极生活条件",而"其他三项的相互联系是一目了然的"(文集 2:588)。马克思所说的一目了然的相互联系是"序言"中宣布的唯物史观的经典表述:当生产关系"变成生产力的桎梏"时"社会革命的时代就到来了。随着经济基础的变革,全部庞大的上层建筑也或慢或快地发生变革",以及"无论哪一个社会形态,在它所能容纳的全部生产力发挥出来以前,是决不会灭亡的"(文集 2:591—592)。马克思的六册计划的目标要建立证明唯物史观的政治经济学体系。

然而,从 1857—1858 年、1861—1863 年手稿到《资本论》以及 1865年后的手稿,马克思只是致力于 1858 年制定的"第一分册计划",他说:

> (1) 价值,(2) 货币,(3) 资本一般(资本的生产过程,资本的流通过程,两者的统一,或资本和利润、利息)。(全集中文 1版 29:534)

事实上,《资本论》第一卷只完成了计划中截至"资本的生产过程"的论述,恩格斯根据遗留手稿编辑出版的《资本论》第二、三册,也未完成

"资本一般"剩下的部分。《资本论》第一册出版后，A. 瓦格纳说，马克思的价值学说是"他的社会主义体系的基石"。马克思反驳说：

> 我从来没有创造过"社会主义体系"，所以这只不过是瓦格纳、谢夫莱 tutti quanti[之流]臆造出来的东西。（全集中文 1 版 19：399）

马克思本人宣称"我的论断"是：

> 商品生产发展到一定的时候，必然成为"资本主义的"商品生产，按照商品生产中占统治地位的价值规律，"剩余价值"归资本家，而不归工人。（全集中文 1 版 19：428）

如果"社会主义体系"的结论是《共产党宣言》宣布导致"资产阶级的灭亡和无产阶级的胜利是同样不可避免的"（文集 2：43），那么《资本论》没有论证这样的体系，它所证明的只是资本主义商品的剩余价值生产规律。如此可以明白，为什么恩格斯把唯物史观和剩余价值学说并列为马克思的两大科学发现。（文集 3：601）

如果追问马克思为什么没有完成按照唯物史观框架建构新的经济学体系的最初计划，除了客观和偶然因素（如身体状况、家庭变故）的干扰，根本原因在于唯物史观的历史叙述不足以提供这个体系的框架、范畴和方法。

唯物史观阐明了人类社会发展到资产阶级社会之后将导致的必然规律，即本书第三章阐述《共产党宣言》宣布导致"资产阶级的灭亡和无产阶级的胜利是同样不可避免的"的那四个步骤。① 唯物史观解释了资本主义替代封建主义的必然性，描述了资本主义社会的基本特征，以及"开拓了世界市场，使一切国家的生产和消费都成为世界性"（文集 2：35）的资本全球化趋势。黑格尔也曾看到市民社会的工业向海外扩张的趋

---

① 参见本书第三章"三、阶级斗争的纲领"。

势,他认为海外殖民和海外贸易能够追求比本国更高利润,"又是文化联络的最强大手段,商业也通过它获得了世界史的意义",而且是解决本国贫困化的一个出路,国家主持和推进殖民的方式屡见不鲜。① 在马克思时代,工业资本和对外贸易的世界市场已经成熟,资本主义制度能否容纳全部生产力的发挥,显然不只是发达资本主义国家的内部矛盾,只有世界市场也穷尽了生产力的发展,资本主义的私有制才会在全球瓦解。马克思六册计划最后三册"国家""对外贸易""世界市场"的任务正是要考察资本主义生产方式在国家海外殖民政策支持下在全球的运作,并要证明资本主义世界市场崩溃而导致世界范围的无产阶级革命。《共产党宣言》最后号召"全世界无产者,联合起来"正是迎接这一时代到来的"武器的批判"。

但是,《共产党宣言》宣告"资产阶级的灭亡和无产阶级的胜利"只是一个预言,而马克思试图论证这一预言的政治经济学批判六册计划只是初步设想。《资本论》第一册论证了剩余价值学说,但连"资本主义积累的一般规律"亦即《共产党宣言》阐述的第二个步骤("工人变成赤贫者,贫困比人口和财富增长得还要快")尚未得到完全证明,更不要说唯物史观预告的"资产阶级的灭亡和无产阶级的胜利"的规律了。

三、道德谴责力量的根源

马克思经济学的科学论证没有达到预期目标似乎令同情马克思的学究们感到气馁或令反对马克思的人感到欣慰,但是,没有证明"资本主义生产的自然规律"是一回事,《资本论》第一卷产生的实际效应是另一回事。我们已经谈了这部著作"四底本"中的逻辑学、经济学和唯物史观部分,现在要谈的道德谴责是《资本论》第一卷特别令人振奋的那部分。

马克思在"序言"中特地说明:

---

① 黑格尔:《法哲学原理》,范扬、张企泰译,商务印书馆 2014 年版,第 247—248 页。

我决不用玫瑰色描绘资本家和地主的面貌。不过这里涉及的人，只是经济范畴的人格化，是一定的阶级关系和利益的承担者。我的观点是把经济的社会形态的发展理解为一种自然史的过程。不管个人在主观上怎样超脱各种关系，他在社会意义上总是这些关系的产物。同其他任何观点比起来，我的观点是更不能要个人对这些关系负责的。（文集5:10）

"其他任何观点"指当时和此前流行的对地主和资本家的猛烈抨击，马克思不直接诉诸道德情感追究资本家的道德责任。恩格斯也说："我们把资产阶级只当作一个阶级看待，几乎从来没有去和资产者个人交锋。"（文集10:486）

随着剩余价值的剥削本质得到证明，马克思从第8章开始，不失时机地插入来自社会各方的观点和材料，用活生生的事例，用大量篇幅，对资本家及其代理人进行尖锐犀利、义正言辞的道德谴责，比"任何其他观点"更有力地揭露和控诉"资本人格"的贪婪、残酷和虚伪。让我们摘录几份触目惊心的控诉状。

1. 现代奴隶制　在美国，"在奴隶制、农奴制等等野蛮暴行之上，再加上过度劳动的文明暴行"（273）。欧洲也不例外，"试把奴隶贸易换成劳动市场，把肯塔基和弗吉尼亚换成爱尔兰以及英格兰、苏格兰和威尔士的农业区，把非洲换成德国再看看罢！"（文集5:308）英国的"工厂主贪得无厌，他们追逐利润时犯下的暴行，同西班牙人征服美洲追逐黄金时犯下的暴行相比，有过之而无不及"（文集5:282注64）。童工和女工在不受法律限制的行业的"所想象的最残酷的地狱也赶不上这种制造业中的情景"（文集5:286），"儿童们由于手指细巧而被杀戮，正如俄国南部的牛羊由于身上的皮和油而被屠宰一样"（文集5:339）。

2."偷走工人的时间"　资本家"偷走工人的时间"的做法没有任何道德底线：

资本由于无限度地盲目追逐剩余劳动，像狼一般地贪求剩余劳动，不仅突破了工作日的道德极限，而且突破了工作日的纯粹身体的极限。它侵占人体的成长、发育和维持健康所需要的时间。它掠夺工人呼吸新鲜空气和接触阳光所需要的时间。它克扣吃饭时间，尽量把吃饭时间并入生产过程本身，因此对待工人就像对待单纯的生产资料那样，给他饭吃，就如同给锅炉加煤、给机器上油一样。（文集5:306）

通过延长工作日，不仅使人的劳动力由于被夺去了道德上和身体上正常的发展和活动的条件而处于萎缩状态，而且使劳动力本身未老先衰和过早死亡。（文集5:307）

3. 机器生产的卑鄙目的　机器生产"更无耻地为了卑鄙的目的而浪费人力"（文集5:464），"它使工人家庭全体成员不分男女老少都受资本的直接统治"（文集5:465）；"从前工人出卖他作为形式上自由的人所拥有的自身的劳动力。现在他出卖妻子儿女。他成了奴隶贩卖者。"（文集5:455）

机器生产的条件极为恶劣，如：

人为的高温，充满原料碎屑的空气，震耳欲聋的喧嚣等等，都同样地损害人的一切感官，更不用说在密集的机器中间所冒的生命危险了。这些机器像四季更迭那样规则地发布自己的工业伤亡公报。（文集5:490）

傅立叶称工厂为"温和的监狱"难道不对吗？（文集5:491）

4. 手工业工场更加恶劣　"伦敦的各家书报印刷厂由于让成年和未成年的工人从事过度劳动而博得了'屠宰场'的美名"；在大不列颠这个全世界破布贸易的中心，"清理破布的女工是传播天花及其他传染病的媒介，而她们自己就是这些疾病的最先的牺牲者"（文集5:532—533）；"通过制砖工场这座炼狱，儿童在道德上没有不极端堕落的……雇用少女干这种活的最大弊病就是，这种情况往往使她们从幼年起就终生沦为放荡成性的败类"，"所有这种工人从幼年起都酗酒，这完全是很自然的事"（文集5:534）。

5. 从"节制"、"禁欲"到大肆挥霍　资本主义初期，资本家为了积累而"节制"、"禁欲"，"但资本主义生产的进步不仅创立了一个享乐世界，随着投机和信用事业的发展，它还开辟了千百个突然致富的源泉。在一定的发展阶段上，已经习以为常的挥霍，作为炫耀富有从而取得信贷的手段，甚至成了"不幸的"资本家营业上的一种必要。奢侈被列入资本的交际费用"（文集5:685）。

18世纪最后30多年，"是穷奢极欲，大肆挥霍的时期，这是靠扩大营业来维持的"（文集5:686）。

6. 工人阶级绝对贫困　在资本家穷奢极欲的同时，工人阶级即使报酬最优厚的部分也陷入失业和绝对贫困。据伦敦记者报道：单是一个贫民习艺所就收容着7000个接受救济的人，其中有好几百人在6个月或8个月以前还拿着熟练劳动的最高工资；有一家的银行存折上小小的财产最初从5先令开始存起，怎样一点一点地增加到20镑，然后又逐渐消失，从若干镑减到若干先令，直到最后一次提款使存折变得像一张白纸一样一文不值；每人每天得一张面包票和3便士，他们饿极了，午饭只有几片薄薄的涂着油的面包和一杯没有牛奶的清茶……（文集5:771）

7. 追逐利润的罪恶和疯狂　现代资本家贪婪得失去了理智。他们"不但来否认自己周围一代工人的苦难的资本"，而且"不理会人类在未来将退化并将不免终于灭绝的前途"。

在每次证券投机中，每个人都知道暴风雨总有一天会到来，但是每个人都希望暴风雨在自己发了大财并把钱藏好以后，落到邻人的头上。我死后哪怕洪水滔天！这就是每个资本家和每个资本家国家的口号。（文集5:311）

资本原始积累的历史过程表明：

> 资本来到世间，从头到脚，每个毛孔都滴着血和肮脏的东西。（文集 5：871）

马克思引用一个评论家的话说："一旦有适当的利润，资本就胆大起来。如果有 10％的利润，它就保证到处被使用，有 20％的利润，它就活跃起来，有 50％的利润，它就铤而走险；为了 100％的利润，它就敢践踏一切人间法律，有 300％的利润，它就敢犯任何罪行，甚至冒绞首的危险。如果动乱和纷争能带来利润，它就会鼓励动乱和纷争。走私和贩卖奴隶就是证明。"（文集 5：871 注 500）

8. 资产阶级立法的伪善　资本家的剥削是制度性的安排。英国议会通过限制劳动时间的立法，但是，"立法者根本不想触犯资本榨取成年劳动力的自由，即他们所说的'劳动自由'，于是想出一种别出心裁的制度……这个'方案'于是就以'换班制度'（'System of Relays'，在英语和法语中，Relay 都指到驿站换马）的名义实施了"（文集 5：322）。

奴隶主买一个劳动者就像买一匹马一样。（文集 5：307）

况且，国家立法对资本家工厂的私法毫无约束力，他说：

> 资产阶级通常十分喜欢分权制，特别是喜欢代议制，但资本在工厂法典中却通过私人立法独断地确立了对工人的专制。（文集 5：488）

马克思引用恩格斯《英国工人阶级状况》接着说：

> 资产阶级用来束缚无产阶级的奴隶制，无论在哪里也不像在工厂制度上暴露得这样明显。在这里，一切自由在法律上和事实上都不见了。……这些工人注定了从九岁起无论精神上或肉体上都要在棍子下面生活一直到死。（文集 5：489 注 190）

9. 经济学家沦落为资本家的辩护士　古典政治学家尚且站在不同

立场:一派"为了替资本效劳,猛烈攻击工人顽固不化;另一派经济学家则为工人辩护",这是由于两派一视同仁地把无产者和资产者看成剩余价值的机器。他说:

> 在古典经济学看来,无产者不过是生产剩余价值的机器,而资本家也不过是把这剩余价值转化为追加资本的机器。它非常严肃地对待资本家的历史职能。(文集5:687)

而现代的庸俗经济学家则自觉地用诡辩来为资产者效劳。比如,他们把资本分为消费基金和积累基金,为的是让"资本家既能过更优裕的生活,又能更加'禁欲'"。马克思特别反对"劳动基金"主张:

> 边沁本人和马尔萨斯、詹姆斯·穆勒、麦克库洛赫等人都利用这一教条以达到辩护的目的。(文集5:704—706)

边沁遭到特别猛烈的攻击,被说成是"庸人的鼻祖","19世纪资产阶级平庸理智的这个枯燥乏味的、迂腐不堪的、夸夸其谈的圣哲","资产阶级蠢材中的一个天才";边沁的效用原则只是"幼稚而乏味地把现代的市侩,特别是英国的市侩说成是标准人",等等。(文集5:703,704注63)如果按照现在的学术规范,这些言辞"政治不正确",但当时流行的文风完全允许马克思用充满激情的道德谴责,表达对资产阶级不可遏制的义愤和对无产阶级溢于言表的同情。

四、《资本论》四部分的连环综合效应

如何看待《资本论》中的道德谴责与科学论证、历史阐述的关系呢?我们从马克思主义敌人的评价开始谈起。卡尔·波普尔在《开放的社会及其敌人》认为,马克思援引了科学中的事实来说明。波普尔对马克思的道德谴责表示敬佩之情。他说:"马克思所生活的是一个最无耻和残酷的剥削时代。伪善的辩护士们居然还以人类自由的原则、人有决定自己的命运的权利、人有自由订立一切他认为有利于自身利益的契约的权

利等借口,为这种无耻的剥削进行各式各样的辩护","马克思对这些罪恶的愤然抗议,将永远确保马克思在人类的解放者中占有一席之地。"①波普尔承认:"退回到前马克思的社会科学,是不可想象的。所有现代的著作家都受惠于马克思,尽管他们不知道这一点。"②但波普尔对马克思做出两个相反评价:一方面,"经济的历史主义唯物主义"摆脱了幻想的、宗教的、思辨的和形而上学的传统色彩,对历史规律的研究作为一门科学,马克思使用了理性的、科学的方法来证伪资本主义,尽管没有成功;另一方面,波普尔说:"《资本论》事实上主要是一篇论述社会伦理学的论文","马克思对资本主义的讽刺毕竟是一种道德谴责"。波普尔还断言:"他对资本主义的批判,主要是作为一种道德批判才有效","正是马克思的这种道德激进主义解释了他的影响"。③

波普尔的评价把马克思的科学学说与道德谴责分开,肯定其理论的科学尝试,否定其道德谴责"非理性"的社会影响力。无论从马克思哲学具有理论与实践的一致性,还是从《资本论》第一卷把逻辑学和经济学的科学论证、唯物史观的历史叙述与应当进行道德谴责的实际罪恶融为一体的成果来看,波普尔的评价是站不住脚的。马克思的道德谴责在用逻辑学论证了剩余价值的现实性之后,在继续论证资本主义积累的一般规律的过程中展开的。马克思在严厉谴责资本家不顾工人死活追逐利润的同时说:

> 不过总的说来,这也并不取决于个别资本家的善意或恶意。自由竞争使资本主义生产的内在规律作为外在的强制规律对每个资本家起作用。(文集5:312)

马克思哲学的效应是道德谴责与唯物史观和剩余价值学说交互作

---

① 波普尔:《开放社会及其敌人》第二卷,郑一明等译,中国社会科学出版社1999年版,第195—196页。
② 同上书,第140页。
③ 同上书,第309,323页。

用的结果。《资本论》中逻辑学论证艰深难懂,经济学对资本主义一般规律论证的合理性属于经济学家的专业范围;但是,剩余价值学说和资本主义积累一般规律的结论通俗易懂,这些结论与义正辞严的道德谴责相结合,使读者更容易接受《资本论》;而接受《资本论》也就接受了《共产党宣言》等政治哲学著作中宣布社会主义必然代替资本主义的规律,接受了唯物史观阐述的人类社会发展的一般规律。

马克思哲学的传播接受史不是理论假说或推论,而是实际发生的社会效应。早在 1845 年恩格斯发表《英国工人阶级状况》的主题就是对资产者进行严厉的道德谴责,对无产者表达深切关怀同情。马克思说,恩格斯"从另一条道路得出同我一样的结果"(文集 2:592—593)。但是,恩格斯从最初道路得到的结果没有产生多大效应,而《资本论》出版后的十几年间,"在整个欧洲和美洲,从西伯利亚矿井到加利福尼亚"(文集 3:602),赢得了千百万追随者。这两本书社会效应的不同可以证明:道德谴责只有在剩余价值学说和唯物史观的基础上才能发挥最大的社会效应。

本书第一章谈到,《德意志意识形态》在反驳施蒂纳时说:"共产主义者根本不进行任何道德说教","无论利己主义还是自我牺牲,都是一定条件下个人自我实现的一种必要形式"(全集中文 1 版 3:275)。《资本论》对资产阶级的道德谴责是为了揭穿他们的虚伪。马克思依然认为资产者的道德准则都是为了实现剩余价值的手段。他说:

> 古典的资本家谴责个人消费是违背他的职能的罪恶,是对积累的"节制",而现代化的资本家却能把积累看做是对自己的享受冲动的"禁欲"。"啊,他的胸中有两个灵魂,一个要想同另一个分离!"
>
> 资本家的挥霍仍然和积累一同增加,一方决不会妨害另一方。因此,在资本家个人的崇高的心胸中同时展开了积累欲和享受欲之间的浮士德式的冲突。(文集 5:685)

毫无疑问,《资本论》的道德谴责在工人中间产生了感同身受的最大效应。1844 年手稿已经描述了异化劳动把工人的生命降低为动物技能的描述,《资本论》向无产阶级表达的深切同情把那些思辨语言转化为丰富具体的例证,不仅使工人感到愤怒,也不是要求他们在非人道的环境中待遇提升道德水平,《资本论》中没有过多阐述工人自觉反抗资产者的阶级斗争,但是,唤起工人阶级的阶级意识正是“道德谴责”的话外音。

《共产党宣言》强调,改变资本主义制度必须经过工人阶级自觉的、有组织的阶级斗争,因此“共产党人一分钟也不忽视教育工人尽可能明确地意识到资产阶级和无产阶级的敌对的对立”(文集 2:66)。马克思在与工人阶级内部形形色色的思潮和派别进行斗争的过程中知道,通过正确途径培养工人阶级的阶级意识何等艰难和曲折。他没有找到具体途径,提出培养工人阶级意识的理论,但相信革命实践能够解决这个理论问题。《德意志意识形态》中说:

> 革命之所以必需,不仅是因为没有任何其他的办法能够推翻统治阶级,而且还因为推翻统治阶级的那个阶级,只有在革命中才能抛掉自己身上的一切陈旧的肮脏东西,才能胜任重建社会的工作。(文集 1:543)

无产阶级的阶级意识并不意味着波普尔所说“肯定自己的阶级或为自己的阶级骄傲”。[①] 恰恰相反,意味着必须意识到自身承载着人类的缺陷,只有改变自身才能完成自身的历史使命。《神圣家族》中说,“把具有世界历史的作用归之于无产阶级”,并不是由于“把无产者看作神的缘故”,“事实恰好相反。由于在已经形成的无产阶级身上,一切属于人的东西实际上已完全被剥夺,甚至连属于人的东西的外观也已被剥夺,由于在无产阶级的生活条件中集中表现了现代社会的一切生活条件所达

[①] 波普尔:《开放社会及其敌人》第二卷,郑一明等译,中国社会科学出版社 1999 年版,第 187 页。

到的非人性的顶点，由于在无产阶级身上人失去了自己，而同时不仅在
理论上意识到了这种损失，而且还直接被无法再回避的、无法再掩饰的、
绝对不可抗拒的贫困——必然性的这种实际表现——所逼迫而产生了
对这种非人性的愤慨，所以无产阶级能够而且必须自己解放自己。但
是，如果无产阶级不消灭它本身的生活条件，它就不能解放自己。如果
它不消灭集中表现在它本身处境中的现代社会的一切非人性的生活条
件，它就不能消灭它本身的生活条件"（文集 1：162—163）。

　　这段话明白地表达了《共产党宣言》中"无产阶级只有解放人类才能
解放自己"口号深刻、丰富的意义。但是，马克思很少正面教育工人阶级
如何培养阶级意识，他留下的《资本论》是一面镜子，映射出资本主义非
人道的剥削在工人们身上留下的非人性的、陈旧肮脏的阶级烙印；工人
阶级不但要改变他们的极端贫困的生活状况，还要克服和抛弃自己身上
一切违反人性的东西。在此意义上，《资本论》可谓一本培育工人阶级的
阶级意识的生动教科书。

结束语　马克思哲学的历史命运和现实意义

　　如同《资本论》一样，马克思哲学的实际效应并不完全取决于本书分析理解的马克思恩格斯文本，在很大程度上取决于文本解释的不同，国际国内政治、经济、文化形势的变化，以及这两方面的互动。马克思唯物史观和经济学试图论证的"资本主义生产的自然规律"与尖锐猛烈抨击封建主义和资本主义的奴役制罪恶之间，存有一定张力。在缺乏辩证法综合和连贯思维的理性能力的人看来，这两部分的差异是矛盾和对立的，需要进一步发展的其中一个部分才是真正的马克思主义。马克思哲学理论和实践的关系是"运筹帷幄，决战千里"，失误和结局的关系是"失之毫厘，谬以千里"；片面的解释的理论效应在世界格局里被放大，导致马克思主义被歪曲，被误导，被滥用，造成实践上的危害。

　　马克思恩格斯生前似乎看到自己学说的这种历史命运。恩格斯晚年多次说到，马克思曾针对法德流行的马克思主义说："我只知道我自己不是马克思主义者。"马克思恩格斯的预见不幸变成事实。第二国际的领袖和理论家把《资本论》所说的"以铁的必然性发生作用并且正在实现的趋势"和唯物史观基本原理，片面地解释为"经济决定论"，而列宁等人把对资本主义罪恶的谴责提升为无产阶级阶级的意识形态。在与第二国际的论战中,列宁取得了胜利。胜利的一个根本原因是第一次世界大战时局突变。正如列宁判断的那样,国际资产阶级的分裂和相互厮杀使得俄国成为世界资本主义体系的薄弱环节,无产阶级的意识形态把贫苦工农群众联合起来,在生产力相对落后的俄国夺取政权,巩固政权。俄国革命的胜利似乎证明了社会主义革命在一国的完全胜利。列宁进一步做出资本主义进入垂死的帝国主义阶段的判断,运用第三国际把世界革命力推到殖民地、半殖民地国家。第二次世界大战之后,苏联占领的东欧国家和推翻了帝国主义、封建主义统治的亚洲国家组成了社会主义阵营,与美国为首的资本主义阵营进入"冷战"时期。在此期间,民族解放运动汹涌澎湃,社会主义的旗帜在取得独立的国家风靡一时,资本主义国家的西方马克思主义和左翼思想丰盛繁茂。但是,这些看似有利于马克思列宁主义的大好形势,没有阻止苏联东欧社会主义阵营的最终失败。而中国在纠正了"文化大革命"极左路线之后,进入建设中国特色社会主义的新探索。

社会主义发展史百年历程留下什么历史经验呢? 从马克思哲学的观点看,至少有五条历史教训应该记取。

第一条,国家政权不能废除经济规律。马克思说:

> 无论哪一个社会形态,在它所能容纳的全部生产力发挥出来以前,是决不会灭亡的;而新的更高的生产关系,在它的物质存在条件在旧社会的胎胞里成熟以前,是决不会出现的。(文集 2:592)

这是唯物史观颠扑不灭的经济规律。工人阶级政党在社会危机和动荡时期,利用阶级意识的动员力和政党的组织力,一举夺取政权。这毕竟是世界史上偶然的非常事件,没有也不可能跨越社会发展阶段,没有也不可能取消经济规律的必然性。俄国的革命党人查苏利奇曾与马克思讨论俄国能否通过革命跨过资本主义制度的"卡夫丁峡谷",从农村公社直接进入社会主义社会,马克思没有给出明确结论。1885年恩格斯明确告诉她,俄国接近于法国大革命爆发的1789年,"革命一定会在某一时刻爆发",而且"肯定是在彼得堡"。但是,"那些自夸制造出革命的人,在革命的第二天就会看到,他们不知道他们做的是什么,制造出的革命根本不像他们原来打算的那个样子。这就是黑格尔所说的历史的讽刺,免遭这种讽刺的历史活动家为数甚少"(文集10:532—533)。

在这样的国家里,如果1789年一开始,1793年很快就会跟着到来……(文集10:534)

"黑格尔所说的历史的讽刺"指"理性的狡计",以牺牲胜利者的代价证明历史发展规律。恩格斯在原稿中删去"也许我们大家的命运都会是这样"(文集533注2)。十月革命证实了恩格斯32年前的预感。[1] 与法国大革命不同的是,无产阶级专政的红色恐怖巩固了苏维埃政权。但73年之后,以苏联东欧社会主义阵营一朝覆灭,再次证实唯物史观的规律不可抗拒。

正如马克思晚年看到的那样,从资本主义到社会主义有一个过渡时期。事实证明,这是一个相当长的历史时期,适应或阻碍经济基础的上层建筑可以加快或延缓这个过渡时期进程。急于求成、违反经济规律的政策,不可避免地破坏生产力,生产关系和上层建筑甚至相应地倒退到比资本主义更落后的时代。

第二条,把无产阶级的阶级意识提升为人民的文明精神。工人阶级政党掌权之后,理应牢记马克思反对工人运动内部派别狭隘和落后思想意识的政治智慧,而不能想当然地夸大劳苦大众的优秀品德,把剥削制度的罪恶归咎为地主、资本家的个人罪责,也不能否认知识分子创作的

---

[1] 关于十月革命是否证实了"卡夫丁峡谷"可以跨越的问题,详见赵家祥:《东方社会发展道路与社会主义的理论和实践》,商务印书馆2017年版,第305—313页。

劳动价值,毁坏历史文化遗产。夺取政权之际,无产阶级意识形态被用作革命的思想工具,只是权宜之计。在消灭阶级和社会主义条件下,工人阶级的阶级意识应扩大提升为人民的文明精神和社会良俗。

旧社会中下层的群众尤其需要自我教育。正如马克思指出的那样,残酷剥削在贫苦群众身上留下非人性的烙印和不良习俗。他们中的"流氓无产阶级是旧社会最下层中消极的腐化的部分,他们在一些地方也被无产阶级卷进到运动里来"(文集 2:42)。革命运动中的流氓无产者自然会把自己身上非人性的腐败放大成制度的弊病,把小团体利益和帮派习俗扩大为全社会的恶俗。在经济文化落后的国家,执政者的思想行为更容易沾染小农意识狭隘性、小资产阶级狂热性和流氓无产者破坏性的习气,进而推广愚昧的破坏性政策,拥有广泛的群众基础,对社会和人民心灵有极大危害性。以"清洗敌人"、"纯洁队伍"、"阶级斗争"、"无产阶级专政"等名义发动的残酷斗争、无情打击的政治运动,犹如"劣币驱良币"的自然淘汰,造成社会群体的心灵退化。

马克思说:"无产阶级只有解放全人类,才能解放自己。"个中原因不仅是无产阶级的生活处境是全人类最深重的苦难,而且是无产阶级的精神和道德处于全社会的最底层。如果执政者只是改变自己的生活处境而以文化道德底层上的无产者为荣,那么就会集宫廷的权谋诛杀与黑社会的争狠斗勇于一身。列宁说:"只有了解人类创造的一切财富以丰富自己的头脑,才能成为共产主义者"[1],无产阶级不是创造"臆造自己的特殊文化",而是"吸收和改造两千多年来人类思想和文化发展中一切有价值的东西"。[2] 如果共产主义者不学习、不欣赏人类文化成果,就只能恣情享受共产集体成果的肉欲,那就比挥霍的没落贵族和节欲的资产者更贪婪,更低下。事实已经证明,贫困不是社会主义;事实还将证明,精神

---

[1]《列宁文集·论无产阶级专政》,人民出版社 2009 年版,第 281—282 页。
[2]《列宁文集·论社会主义》,人民出版社 2009 年版,第 167 页。

的愚昧更不是社会主义,而是低于资本主义、封建主义意识形态的野蛮的部落主义。

第三条,社会主义民主政治和法治是为了防止国家政权的变质。 在资本主义到社会主义的过渡时期,国家机器长期存在是必要的,但国家机器运转的新旧两种方式决定着国家和社会前进或倒退的方向。马克思总结的巴黎公社历史经验是前所未有的国家政权的先进样板,但巴黎公社存在时间太短,范围太小、受限太多,世界大国没有效仿的可能性。相反,旧的国家机器保持着强有力的惯性,权力的集中甚至产生加速度。强大的国家经济调节功能没有促进生产力发展,没有杜绝贫富两极分化、消灭阶级;相反,集中的计划经济效益低下,主观短视的财富分配制度扩大城乡差别,固化工农差别;被扣除的公共收入很少投入社会福利,浪费和贪污严重。国家保障人民权益和社会安全的政治功能常被滥用,内斗倾轧,激化社会矛盾,甚至造成新的阶级对立。一方面把持财富和权力少数人的腐化堕落,另一方面是正当权利和生活资料受限制甚至被剥夺的广大人民。特权阶级与普通民众的社会矛盾,比市民社会奢侈和贫困的分化后果更加严重。

第四条,发展生产力的目的是满足人民日益增长的需要。 苏联的瓦解留下的教训是,工人阶级政党取得政权之后,不能超越生产力发展水平,运用国家政权废除私有制;相反,要为资本主义生产方式的发展"补课",充分利用资本主义促进生产力发展的科学技术成果和市场经济管理经验,让资本主义生产关系所能容纳的生产力得到更快发展。直至生产力发展适应社会主义生产关系的程度,才逐步过渡和部分采纳社会主义公有制。工人阶级执政国家的宗旨是保障和满足最大多数人民的最大利益,由此需要根据生产力发展水平,有计划、有步骤地调节社会财富的分配、消费和税收政策。首先消灭一切旧的生产关系造成的绝对贫困,优先扶持和照顾弱势群体;其次按照"各尽所能,按劳分配"的原则公平地分配生活资料,逐步满足人民日益增长的需要;最后在保证生产力和社会发展的条件下，扩大社会福利，实现共同富裕，满足人民的美好愿望。这三步是循序渐进的，任何一步没有完成，都会影响社会主义的实现。人民群众的美好生活是多层次、全方位的，不仅仅是更多更好的物质满足，还有提高社会文明程度的需要，也是文化上、精神上真善美的追求，还有在民主、法治、公平、正义，以及安全、尊严、文明等方面的日益迫切需求。为了满足这些日益增长的需要，生产力充分发展、物质财富极大丰富是前提，而生产关系和上层建筑的社会主义性质是根本保障。没有这两条，就没有人民的权利和主人翁的地位，也不会有在公共事务中当家作主的主动性、积极性和创造性，甚至连公有制和人民政权也会名存实亡。

总之，一百多年的社会主义运动的胜负曲折，证伪的是那些违背唯物史观基本原理的倒行逆施。由于打着马克思主义旗号堂而皇之这种反动施行，人们即使不能把它们归咎于马克思主义，也不能否认马克思恩格斯的某些论述允许被误解和滥用。为了在理论上克服误解，在实践上纠正滥用，必须全面准确地把握运用马克思哲学。

第五条，意识形态的多元化、国际化和本土化。1890 年，"许多大学生、著作家和其他没落的年轻资产者纷纷涌入"德国民主党内，恩格斯说：

> 关于这种马克思主义，马克思曾经说过"我只知道我自己不是马克思主义者"。马克思大概会把海涅对自己的模仿者说的话转送给这些先生们："我播下的是龙种，而收获的却是跳蚤。"（文集 10:590）

马克思恩格斯对冒牌马克思主义的批判不但适用于第一国际和第二国际的意识形态。"二战"之后，西方发达资本主义社会的意识形态也在分化重组：一方面是大资产阶级顽固地维护既得利益，抵制资本主义制度和治理方式的变革，他们的意识形态是自由主义的右翼，被称作"新保守主义"和"新右派";另一方面,小资产阶级知识分子用无政府主义和民粹主义激烈批判、猛烈冲击资本主义秩序,但满足于在大众媒体上博人眼球,提不出切实可行的社会改革方案,他们中有的是自由主义的左翼,有的是西方马克思主义者,有的是后现代主义的代表,一般统称为"新左派",其思想特征是审美浪漫主义的政治化。激进左派知识分子反对启蒙主义纲领,表明小资产阶级的意识形态已经丧失了资产阶级革命时期的理性自信和进步理想。固然,现代西方仍保留着传统中的一些优秀成分,发展出一些有活力的思想,科学地总结了社会治理的一些成功经验。但是,貌似对立的两派争论是资产阶级内部各阶层、资产阶级"积极成员"和"积极的意识形态家"的纷争,纷争表面上水火不容,实质上没有超出《德意志意识形态》分析的统治阶级内部观念与利益的矛盾。号称左翼的知识分子的观点缺少工人阶级的阶级基础和物质理论,他们的意识形态无论如何激进,带有《共产党宣言》历史文献中列举的"封建的社会主义","僧侣的社会主义","小资产阶级的社会主义","真正的"或"夸夸其谈"的社会主义,"保守的资产阶级社会主义","批判的空想的"或无政府主义的社会主义。可是,这些过时思想和虚假意识被引进中国,便时髦一时,披上中国外衣,就成了可供猎奇的本土化。中国思想界"姓社"与"姓资"、"左派"与"右派"、"保守主义"与"激进主义"、"民粹主义"与"精英主义"、"威权主义"与"自由主义"的争论,整体和本质上可以当成西方意识形态虚假意识的折射,同时有其特殊的历史根源。在历史上,中国民族资产阶级的软弱性决定了它不能提出行之有效的民主革命和民主建国的纲领,充其量只是一知半解、浮皮潦草地引进西方自由主义和其他政治学说,根本无力推翻封建主义和帝国主义的统治,这也决定了只有在中国共产党的领导下新民主主义革命才能取得胜利。新民主主义之所以不彻底,留下不少隐患,除了有封建残余的影响之外,还有其他因素的作用:中国封建社会的小农经济占主导的地位,小农的狭隘意识和平均主义倾向既有反抗剥削的革命性,也有破坏社会秩序的盲目性;中国资本主义不发达,产生了以城市平民为主的小资产阶级;小农意识和小资产阶级狂热性是左派幼稚病的社会根源,多次危害中国革命事业,建国后"宁左勿右"倾向对社会主义事业的危害,人们至今记忆犹新、感同身受。

本书阐述的马克思哲学要义不只留下历史经验教训,更重要的是启迪现时代的针对性和现实性。我们没有必要追究马克思试图证明的规律是否被证实或证伪,需要回答的真正问题是:马克思阐明的资本主义发展趋势过时了吗? 马克思指出的剩余价值剥削不存在了吗? 人民追求的共同富裕和美好生活的社会是不可能实现的乌托邦吗? 对这三个重大问题,社会各界有识之士和全世界觉悟了的劳动人民报以"不是! 不是! 不是!"的响亮回答。他们的回答出于健康常识的合理性,其合理性在于马克思哲学的现实性。关于马克思哲学的现实性,至少可以总结出另外五条。

第六条,世界进入全球化时代。《共产党宣言》说:"资产阶级,由于开拓了世界市场,使一切国家的生产和消费都成为世界性的了。"(文集2:35)马克思恩格斯在很多著作中,敏锐地发现资本主义开拓世界市场改变本国和世界各国经济、政治和文化的巨大作用。及至 20 世纪后期,马克思在 150 年前预见的全球化成为众所周知的现实。

具有戏剧意义的是,资产阶级意识形态家首先想到马克思的贡献。苏联垮台之后,《纽约客》杂志 1997 年 10 月 20 日号上刊登了专栏作家约翰·卡西迪(John Cassidy)题为《回到马克思》的文章,该文记录了作者与一位牛津大学同学的谈话。他们在大学听到的是批判反对马克思主义的声音,这位同学毕业后在华尔街一家投资公司任高级职务。在他的豪华住宅里,他说:"在华尔街待得越长,我就越肯定马克思是对的。诺贝尔奖正在等待复苏马克思将其整合成融贯模型的经济学家。"作者以为他在开玩笑。他认真地给出理由:马克思的遗产主要不在社会主义如何运作的教义,而在于"马克思精彩论述全球化、不平等、政治腐败、独占、技术进步、高级文化的衰落,以及现代存在的萎靡等段落。这些问题经济学家正在重新思考。"我们用这个例子说明,资产阶级及其经济学家为马克思全球化预言成为现实而欢欣鼓舞。他们关心资本主义发达国家如何持续获取超级利润,同时避免马克思揭示的资本主义由盛到衰的历史命运。其实,马克思留给当今全球化时代的遗产丰富得多。全球化不仅是发达资本主义国家带来的机遇和发展,而且改变了世界格局;全球化没有改变资本积累的趋势,没有改变发达资本主义社会内贫富分化的趋势,而且在世界范围内造成更残酷的资本原始积累,产生更普遍、更严重的贫富对立。全球化的本质是资本的世界扩张,由此带来的不仅是经济问题,而且是政治问题、文化问题。马克思哲学依然是分析问题根源、寻求解决问题的有力武器。

第七条,科学技术是第一生产力。唯物史观认为,社会历史形态取决于生产方式,划分生产方式的区别,不在于做了什么,而在于怎样做,用什么劳动手段去做。生产工具是社会形态的标志,如马克思说:"手推磨产生的是封建主的社会,蒸汽磨产生的是工业资本家的社会。"(文集1:602)马克思指出:"由于借助机器生产出异常高的利润而具有决定性的重要意义"(文集 5:518),机器的推广,"一旦与大工业相适应的一般生产条件形成起来,这种生产方式就获得一种弹力,一种突然地跳跃式地扩展的能力,只有原料和销售市场才是它的限制……一种与机器生产中心相适应的新的国际分工产生了……这种革命是同农业中的各种变革联系在一起的"(文集 5:519—520)。

马克思之后,科技革命突飞猛进,生产力从蒸汽机时代走向电气化、信息化和智能化的时代。科学技术已成为第一生产力。正如马克思看到的那样,采用新机器、新技术的动力是获取"异常高的利润",它的趋势是"新的国际分工",在产业结构、劳动资料的开发和销售、劳动者知识和技能的素质等等方面,带来的生产方式变革。资本主义的经济理论市场管理策略随之改变。比如,由于技术进步对市场竞争带来巨大压力,产生了"内生增长"的理论模型;再如,新技术生产的新商品不断刺激消费者的新需求,生产者必需知道消费者的选择环境与选择的互动,才能获得边际效应的更大利润。

在新技术主宰市场的情况下,劳动力的构成发生巨大变化。工人阶级分化为脑力劳动者、生产管理者和第三产业服务者组成的所谓"白领阶层"和体力劳动的"蓝领阶层"。按照收入分为"中产阶级"和包括失业者的"低收入阶层"。马克思时代的无产阶级似乎已经消逝。恩格斯编辑《资本论》第三册最后一章"阶级"提出了"是什么形成阶级"的问题。马克思说,"乍一看来",雇佣工人、资本家、土地所有者这三大阶级的个人分别靠工资、利润和地租的生活。"不过,"马克思有疑惑:

> 从这个观点看,例如,医生和官吏似乎也形成阶级……对于社会分工在工人、资本家和土地所有者中间造成的利益和地位的无止境的划分……似乎同样也可以这样说。[手稿至此中断](文集7:1002)

马克思预感的问题在今天已经有了答案:无论收入多少、工作岗位高低、名称变化的"无止境的划分",自食其力的工薪阶层始终构成工人阶级的主体。科学技术成为第一生产力带来的生产关系和阶级关系的变化,只是证明资本主义生产方式尚有相当大的发展空间,而不能证明它的永恒存在和存在的合理性。全球化时代仍然是贫富分化、阶级冲突、意识形态冲突的时代,虽然这些矛盾和冲突的表现形式和发生领域与马克思时代有所不同,但本质上是世界范围内的资本主义、封建主义与工人阶级为主体的劳动人民的矛盾。唯物史观的阶级分析、历史趋势和剩余价值学说仍然适用于全球化时代。

第八条,发达资本主义的资本积累趋势。列宁曾说,资本主义发展到帝国主义阶段,资产阶级在殖民地和半殖民地获取超额利润,用其中一部分在本国豢养工人贵族,收买本国工人阶级,阻止无产阶级革命的发生。无产阶级革命的确没有发生,但不完全出自帝国主义的垄断,主要原因是上述生产力引起的生产关系和阶级关系的变化。在技术和产品快速更新换代的情况下,资本主义生产的自由竞争在新技术势必导致资本积累和垄断。这一趋势造成的经济危机和社会动荡,迫使资产阶级政府使用强有力的经济调控手段,立法遏制市场垄断和财富集中(如所得税法、遗产税法、反托拉斯法等);增加社会福利的投入,在国家的干预下,制订了限制工时、保证最低工资额、保障失业工人和退休工人的法律,成立了保障工人福利的工会,剥削已经受到限制,童工、劳动折磨和工人生活无保障的现象逐渐得到克服。工人实际收入提高引起了社会购买力的提高,阻止或缓解了生产过剩危机。同时,科学技术的运用和新产品的开发,使得资本家即使在增加可变资本的情况下,仍可获得高利润额,无需用降低可变资本的方法来获利,并扩展海外市场获得的高利润。一旦国内矛盾和缓,资本主义国家就要采用自由放任的市场政策,尽量解除自由竞争的限制。

无论采取国家调控还是自由竞争的政策,目的都是为了保证剩余价值生产的利益的最大化。无论在哪种情况下,《资本论》关于资本积累的一般规律都在起作用,有时起柔性作用,有时起刚性作用。即使在资本利润快速增长的20世纪后30年里,工人的平均工资在扣除通货膨胀之后低于1973年水平。皮凯特在2014年出版的《21世纪资本论》中,用上百年的经济数据分析表明:"自2010年以来全球财富不公平程度似乎与欧洲在1900—1910年的财富差距相似。最富的0.1%大约拥有全球财富总额的20%,最富的1%拥有约50%,而最富的10%则拥有总额80%—90%。在全球财富分布图上处于下半段的一半人口所拥有的财富绝对在全球财富总额的5%以下。"① 把这些数据与《资本论》第23章

---

① 托马斯·皮凯特:《21世纪资本论》,中信出版社2014年版,第347页。

第 5 节"资本主义积累一般规律的例证"列举的 19 世纪中叶英国的一些统计数据相比较,何其相似乃尔。这些证据说明,资本集中的趋势没有改变。2007—2009 年金融危机之后,前述文章《回到马克思》的作者卡西迪在发表了《市场是怎么失败的》,试图总结不受约束的资本扩张和市场独占的失败教训。他只是描述了现象,没有看到失败的根源在资本生产的贪婪。美联储主席格林斯潘坦诚,他没有料到华尔街金融寡头无限的贪婪和掠夺,但又把他们的贪婪归结为人性的弱点。其实,正如马克思早已论证的那样,无限制追求剩余价值的贪婪是资本生产和积累的动力,只要资本主义生产方式不改变,资本的人格贪婪无度总会以各种顽强持久的方式表达出来,资产阶级政府的有限监管只是杯水车薪。相反,资产阶级的意识形态家为资本的贪婪大唱赞歌,如电影《华尔街》盖葛的话:贪婪,抱歉我找不到更好的词,贪婪是好的,贪婪是对的,贪婪是有用的,贪婪是可以清理一切的。贪婪是不断进化和进步的精华所在,贪婪是一切形式所在,对于生活,对于爱情,对于知识一定要贪婪,贪婪就是人们的动力。与此形成强烈对照的是马克思在 1844 年手稿中曾引用莎士比亚的《雅典的泰门》中的诗句抨击拜金欲的贪婪(文集 1:243—244)。对贪婪两种对立态度反映的不是人性善恶,而是资本主义与社会主义完全相反的价值评价。

第九条,跨国公司和金融寡头的经济统治。《共产党宣言》以赞扬态度评价资本主义资本扩张对较落后生产方式的摧毁,马克思晚年发现了资本主义和当地封建势力相勾结共同摧残农村公社的苗头,他既不谴责农村公社的原始和野蛮,也没有赞扬西方殖民者客观的历史进步作用。列宁把殖民地半殖民地的解放运动的性质定为民族资产阶级反对帝国主义的革命。"二战"以后,资本主义国家用跨国公司和金融寡头控制新独立的国家的经济,它们与海外国家的官僚和资本家沆瀣一气,在落后国家重演 18—19 世纪西方世界资本原始积累的悲惨世界。剥夺了生产资料的农民被抛进血汗工厂和贫民窟,成为城市中的无产者;跨国公司转移低端产业,大肆掠夺资源,破坏生态环境。一些新兴大国在资本主义全球市场中虽然提高了国民总产值,但由于经济和政治不稳定、社会不公正引起冲突,不时陷入"中等收入国家陷阱"。更有甚者,金融寡头通过制造海外市场的金融危机,或把本国的金融危机转嫁到其他国家市场的方式,贪婪地追逐暴利。哪里有剥削压迫,哪里就有反抗和斗争,发达资本主义国家"中产阶级"和低收入群体反抗大资产阶级统治的斗争,新兴国家人民反抗外国和本国垄断资本势力的斗争,新兴国家和落后国家与发达资本主义政治和经济控制的矛盾,等等,错综复杂,此起彼伏,这是世界动荡不安的重要根源。

第十条,经济、政治、文化和军事的一体化冲突。恩格斯在 1890 年 9 月致布鲁赫的信中说:

> 经济状况是基础,但是对历史斗争的进程发生影响并且在许多情况下主要是决定着这一斗争的形式的,还有上层建筑的各种因素:阶级斗争的各种政治形式及其成果——由胜利了的阶级在获胜以后确立的宪法等等,各种法的形式以及所有这些实际斗争在参加者头脑中的反映,政治的、法律的和哲学的理论,宗教的观点以及它们向教义体系的进一步发展。这里表现出这一切因素间的相互作用。(文集 10:591)

> 最终的结果总是从许多单个的意志的相互冲突中产生出来的,而其中每一个意志,又是由于许多特殊的生活条件,才成为它所成为的那样。这样就有无数互相交错的力量,有无数个力的平行四边形,由此就产生出一个合力,即历史结果。(文集 10:592)

恩格斯的这些话,对于观察当今全球化世界局势不失启发意义。在国际资产阶级、新兴国家统治阶层和人民、落后国家的封建势力和部落主义,以及这些社会集团的经济利益、政治、法律、宗教之间合力的作用下，全球化虽然实现了资本的全球统治，但对世界政治、文化和意识形态领域没有完全的控制，甚至完全失序，引起在世界各区域冲突和战争。从唯物史观的观点看，所谓"文明冲突"不过是"冷战"之后文化传统、宗教和意识形态的冲突；战争是政治和意识形态斗争的延续，反恐战争是发达资本主义的边缘政治与落后地区部落主义、极端宗教势力冲突的极端形式；移民问题是全球劳动力市场需求和地区冲突共同推动的人口迁徙所造成的；而世界气候和环境问题是资本市场的膨胀带来的自然效应。全球化时代的经济、政治、文化、意识形态和军事的因素相互交织，牵一发而动全身，需要全球综合治理的新秩序才能应付。马克思在1842年预言的"面对世界的一般哲学""当代世界的哲学""文化的活的灵魂"（全集1：220）大有可为。

参考文献

一、马克思恩格斯和列宁著作

《马克思恩格斯全集》中文 1 版,50 卷,人民出版社,1956—1985 年

《马克思恩格斯全集》中文 2 版,人民出版社,1995 年

《马克思恩格斯文集》9 卷,人民出版社,2009 年

K. Marx, F. Engels, *Gesamtausgabe*(*MEGA*), Berlin, Karl Dietz Verlag, 1958 ff.

K. Marx, F. Engels, *Werke*(MEW), 43 vols, Berlin, 1956—1990

《列宁选集》4 卷,人民出版社,1995 年

《列宁全集》,人民出版社,1995 年

《列宁文集·论社会主义》,人民出版社,2009 年

《列宁文集·论无产阶级专政》,人民出版社,2009 年,第 281—282 页

《列宁专题文集·论马克思主义》,人民出版社,2009 年

列宁:《哲学笔记》,人民出版社,1974 年

二、中文参考文献

阿道夫·桑切尔·巴斯克斯:《实践的哲学》,白亚光译,张峰校,黑龙江人民出版社,1987 年

阿道尔诺·霍克海默:《启蒙的辩证法》,渠敬东,曹卫东译,上海人民出版社,2003 年

阿多尔诺:《否定的辩证法》,张峰译,重庆出版社,1993 年

阿尔都塞,路易:《保卫马克思》,顾良译,杜章智校,商务印书馆,1984 年

阿尔都塞:《保卫马克思》,顾良译,杜章智校,商务印书馆,1984 年

阿尔都塞:《保卫马克思》,顾良译,商务印书馆,2006 年

阿尔都塞:《哲学与政治:阿尔都塞读本》,陈越编,吉林人民出版社,2003 年

阿尔弗莱德·施密特:《马克思的自然概念》,欧同力、吴仲昉译,赵鑫珊校,商务印书馆,1988 年

爱德华·泰勒:《原始文化:神话、哲学、宗教、语言、艺术和习俗发展之研究》,汪锡声译,谢继胜等校,广西师范大学出版社,2005 年

安启念:《马克思主义哲学中国化研究》,中国人民大学出版社,2006 年

奥古斯特·科尔纽:《马克思恩格斯传》,刘丕坤、王以铸、杨静远译,持平校,三联书店,1963 年

Γ·А·巴加图里亚:《〈关于费尔巴哈的提纲〉和〈德意志意识形态〉》,载《马克思主义研究资料》,1984 年第 1 期(总第 31 辑),人民出版社,1984 年

鲍德里亚:《生产之镜》,仰海峰译,中央编译局出版社,2005 年

北京大学外国哲学史教研室编译:《十八世纪法国哲学》,商务印书馆,1979 年

北京大学外国哲学史教研室编译:《西方哲学原著选读》,上下卷,商务印书馆,1981年

波普尔:《开放社会及其敌人》,2卷,郑一明等译,中国社会科学出版社,1999年

波普尔:《无穷的探索》,邱仁宗等译,福建人民出版社,1983年

陈先达:《被肢解的马克思》,上海人民出版社,1990年

陈晏清,阎孟伟:《辩证的历史决定论》,中国社会科学出版社,2007年

城冢登:《青年马克思的思想》,尚晶晶、李成鼎等译校,求实出版社,1988年

戴维·麦克莱伦:《马克思传》,王珍译,中国人民大学出版社,2006年

戴维·麦克莱伦:《马克思主义以前的马克思》,李兴国等译,社会科学文献出版社,1992年

德里达:《马克思的幽灵》,何一译,中国人民大学出版社,2016年

丁立群等:《实践哲学——传统与超越》,北京师范大学出版社,2012年

费尔巴哈:《费尔巴哈著作选集》,上下卷,荣震华、李金山等译,商务印书馆,1984年

费尔巴哈:《基督教的本质》,荣震华译,商务印书馆,1997年

费希特:《费希特著作选集》,4卷,梁志学主编:商务印书馆,1997年

丰子义:《现代化进程的矛盾与探求》,北京出版社,1999年;

弗·梅林:《马克思传》,樊集译,持平校,三联书店,1965年

高清海:《马克思主义哲学基础》,北京师范大学出版社,2012年

葛兰西:《葛兰西文选》,中央编译局国际共运史研究所编译,人民出版社,1992年

郭建宁:《20世纪中国马克思主义哲学》,北京大学出版社,2005年

哈贝马斯:《重建历史唯物主义》,郭官义译,社会科学文献出版社,2013 年

韩立新:《〈巴黎手稿〉研究》,北京师范大学出版社,2014 年

郝立新:《马克思主义哲学研究述评》,中国人民大学出版社,2002 年

郝立新主编:《当代中国马克思主义哲学研究走向》,中国人民大学出版社,2013 年

贺来:《辩证法的生存论基础——马克思辩证法的当代阐释》,中国人民大学出版社,2014 年

黑格尔:《法哲学原理》,范扬、张企泰译,商务印书馆,2014 年

黑格尔:《精神现象学》,上下卷,贺麟、王玖兴译,商务印书馆,1978

黑格尔:《精神哲学》,杨祖陶译,人民出版社,2006 年

黑格尔:《逻辑学》,上下卷,杨一之译,商务印书馆,1976 年

黑格尔:《小逻辑》,贺麟译,商务印书馆,1980 年

黑格尔:《哲学史讲演录》,4 卷,贺麟、王太庆译,商务印书馆,1983 年

黑格尔:《哲学史讲演录》,4 卷,商务印书馆,1981 年

黑格尔:《自然哲学》,梁志学、薛华等译,商务印书馆,1986 年

黑格尔:《自然哲学》,梁志学等译,商务印书馆,1986 年

亨利希·库诺:《马克思的历史、社会和国家学说》,袁志英译,上海译文出版社,2006 年

侯才:《青年黑格尔派与马克思早期思想的发展——对马克思哲学本质的一种历史透视》,中国社会科学出版社,1994 年

黄楠森主编:《马克思主义哲学史》,高等教育出版社,2004 年

黄楠森主编:《人学的理论和历史》,3 卷,北京出版社,2002 年

金德里希·泽勒尼:《马克思的逻辑》,荣金海、肖振远译,张峰校,中共中央党校科研办公室,1986 年

康德:《纯粹理性批判》,邓晓芒译,杨祖陶校,人民出版社 2004 年

版,第558—559页

康德:《康德著作集》,8 卷,李秋零主编,中国人民大学出版社,2008 年

康德:《判断力批判》,邓晓芒译、杨祖陶校,人民出版社,2002 年

柯尔施:《马克思主义和哲学》,王南湜,荣新海译,张峰校,重庆出版社,1989 年

科亨:《卡尔·马克思的历史理论》,岳长龄译,重庆出版社,1992 年

李德顺:《我们时代的人文精神——当代中国价值哲学的建构及其意义》,北京师范大学出版社,2013 年

李淑梅:《政治哲学的批判与重建——马克思早期著作研究》,人民出版社,2004 年

列斐伏尔:《马克思的社会学》,谢永康、毛林林译,北京师范大学出版社,2013 年

林进平:《马克思是否为反犹主义者辨析》,载《学术研究》2016 年第 2 期

卢卡奇:《历史和阶级意识》,王伟光、张峰译,华夏出版社,1989 年

鲁路:《马克思毕业论文研究》,中央编译局出版社,2007 年

陆杰荣:《形而上学与境界》,中国社会科学出版社,2006 年

罗素:《西方哲学史》,上下册,何兆武、李约瑟译,商务印书馆,1963 年

马尔库塞:《单面人》,左晓斯等译,湖南人民出版社,1988 年

马俊峰:《"马克思哲学"概念辨析》,《人民日报》2008 年 2 月 28 日

马天俊:《从生存的观点看》,华中科技大学出版社,2008 年

麦克里兰:《意识形态》第二版,孔兆政、蒋龙翔译,吉林人民出版社,2005 年

麦克斯·缪勒:《宗教学导论》,陈观胜、李培茱译,上海人民出版社,2010 年

毛泽东:《毛泽东选集》,第三卷,人民出版社,第 821 页

尼·拉宾:《马克思的青年时代》,南京大学外文系俄罗斯语言文学教研室翻译组译,三联书店,1982 年

聂锦芳:《清理与超越——重读马克思文本的意旨、基础与方法》,北京大学出版社,2005 年

欧阳康:《马克思主义认识论研究》,北京师范大学出版社,2012 年

庞元正:《马克思主义哲学前沿问题研究》,中共中央党校出版社,2004 年

萨特:《辩证理性批判》,徐懋庸译,商务印书馆,1963 年

施密特:《马克思的自然概念》,欧同力、吴仲昉译,赵鑫珊校,商务印书馆,1988 年

斯蒂夫·琼斯:《导读葛兰西》,相明译,重庆大学出版社,2013 年

孙伯鍨等:《走进马克思》,江苏人民出版社,2001 年

孙正聿等:《当代中国马克思主义哲学专题研究》,吉林人民出版社,2010 年

陶德麟等:《马克思主义哲学的当代论域》,人民出版社,2005 年

特里·伊格尔顿:《马克思为什么是对的》,李杨、任文科、郑义译,新星出版社,2011 年

托马斯·皮凯特:《21 世纪资本论》,中信出版社,2014 年

汪信砚:《当代视域中的马克思主义哲学》,湖北人民出版社,2004 年

王东:《辩证法科学体系的列宁构想》,中国社会科学出版社,1990 年

王南湜:《辩证法:从理论逻辑到实践智慧》,武汉大学出版社,2011 年

王新生:《市民社会论》,广西人民出版社,2003 年

维特根斯坦:《哲学研究》,汤潮、范光棣译,三联书店,1992 年

吴晓明:《马克思主义哲学的理论意蕴及其现实意义》,人民出版社,2005 年

悉尼·胡克:《对卡尔·马克思的理解》,徐崇温译,重庆出版社,1989 年

肖前、李秀林:《历史唯物主义》,中国人民大学出版社,1995 年

谢林:《先验唯心论体系》,梁志学、石泉译,商务印书馆,1981 年

杨耕等:《马克思主义哲学研究》,中国人民大学出版社,2000 年

仰海峰:《〈资本论〉的哲学》,北京师范大学出版社,2017 年

伊赛·柏林:《马克思传》,赵干诚、鲍世奋译,台北:时报出版公司,1981 年

衣俊卿等:《20 世纪新马克思主义》,中央编译局出版社,2012 年

尤根·罗杨:《理论的诞生》,赵玉兰译,载《马克思主义与现实》2012 年第 2 期

俞吾金:《重新理解马克思》,北京师范大学出版社,2005 年

袁贵仁:《价值观的理论与实践——价值观若干问题的思考》,北京师范大学出版社,2013 年

张曙光:《价值与秩序的重建》,人民出版社,2016 年

张双利:《黑暗与希望——恩斯特·布鲁赫乌托邦思想研究》,人民出版社,2014 年

张一兵:《文本的深度耕犁》,北京师范大学出版社,2004 年

张翼星:《为卢卡奇申辩——卢卡奇哲学思想若干问题辩析》,云南人民出版社,2001 年

赵敦华:《回到事物本原——马克思哲学与中西哲学的对话》,北京师范大学出版社,2006 年

赵敦华:《西方哲学简史》(修订版),北京大学出版社,2014 年

赵复三:《究竟怎样认识宗教的本质》,载《中国社会科学》1986 年第 3 期

赵家祥:《东方社会发展道路与社会主义的理论和实践》,商务印书馆,2017 年

赵剑英等:《中国化马克思主义哲学新形态》,社会科学文献出版社,2006 年

兹瑞·罗森:《布鲁诺·鲍威尔和卡尔·马克思》,王谨等译,中国人民大学出版社,1984 年

邹诗鹏:《转化之路》,社会科学出版社,2013 年

三、外文参考文献

Aadms, H. P., *Karl Marx in His Early Writings*, 2nd ed., London, 1965

Acton, H. B., *The Illusion of the Epoch*, London, 1955

Acton, H. B., *What Marx Really Said*, London, 1967

Adamczyk, K., *Marx und Engels zur Koalitions-und Streikfrage* Breslau, 1917

Adler, G., *Die Grundlagen der Karl Marx's ehen Kritik der bestehenden Volkswirtschaft*, Tübingen, 1887

Adler, Max, *Marx als Denker*, Vienna, 1921

Adoratski, V., *Karl Marx, Eine Sammlung von Erinnerungen und Aufsäzen*, Moscow, 1967

Alexander, E., *Karl Marx und das Europäische Gewissen*, Recklinghausen, 1957

Arthur C. J. and Reuten G. (eds), *The Circulation of Capital: Essays on Volume Two of Marx's Capital*, Basingstoke, 1998

Arthur, C. J. *The New Dialectic and Marx's Capital*, Leiden and Boston, 2004

Ash, W., *Marxism and Moral Concepts*, New York, 1964

Avineri, S., *Hegel's Theory of the Modern State*, Cambridg, 1972

Avineri, S., *The Social and Political Thought of Karl Marx*,

Cambridge，1968

B. Fine，E.，*Marx's Capital*，London，1975

Ball，T.，"Marx and Darwin: a Reconsideration", in Karl *Marx's Social and Political Thought*，ed. by B. Jessop，vol. I，London，1990

Bartel，H.，*Marx und Engels in Kampf um ein revolutionäres deutsches arteiorgan 1879—1890*，Berlin，1961

Barzun，J.，*Darwin，Marx and Wagner*，Boston，1946

Becker，G.，*Karl Marx und Friedrich Engels m Köln 1848—1849*，Berlin，1963

Becker，W.，*Kritik der Marxschen Wertlehre*，Hamburg，1972

Bekker，K.，*Marx's philosophische Entwicklung，seiu Verhältnis zu Hegel*，Zürich，1940

Bellofiore R. and Taylor N.，(eds)，*The Constitution of Capital*，Basingstoke，2001

Berki，R.，*Insight and Vision. The Problem of Communism in Marx's Thought*，London，1983

Berlin，I.，*"Two Concepts of Liberty"*，in *Four Essays on Liberty*，Oxford，2002

Bernstein，E.，*Karl Marx und Michael Bakunin* Tübingen，1960

Bhikhu P.，*Marx's Theory of Ideology*，Johns Hopkings，1982

Bloch，E.，*Uber Karl Marx*，Frankfurt，1968

Bloom，S. F.，*The World of Nations. A Study of the National Implications in the Work of Marx*，New York，1941

Blumenberg，W.，*Karl Marx in Selbstzeugnissen und Bilddokumenten*，Hamburg，1962

Bober，M. M.，*Karl Marx's Interpretation of History*，2nd ed.，

New York，1965

Bockmühl，K.，*Leiblichkeit und Gesellschaft，Studien zur Religionskritik und Anthropologie im Frühwerk vom Ludwig Feuerbach und Karl Marx*，Göttingen，1961

Borchardt，J.，*Die volkswirtschaftlichen Grundbegriffe nach der Lehre von K. Marx*，Berlin，1920

Bottomore，T.（ed.），*Karl Marx*，New York，1971

Bottomore，T.，*The Sociological Theory of Marxism*，London，1973

Boudin，L. B.，*The Theoretical System of Karl Marx in the Light of Recent Criticism*，New York，1967

Bracht，W.，*Trier und K. Marx*，Trier，1947

Bray，G.，*Biblical Interpretation*，Downers Grove，1996

Brenkert，G.，*Marx's Ethics of Freedom*，London，1983

Browder，E. R.，*Marx and America*，London，1959

Buggenhagen，E. A.，*Die Stellung zur Wirklichkeit bei Hegel und Marx*，Radolfzell，1933

Callinicos，A.，*Marxism and Philosophy*，Oxford，1983

Calvez，J. Y.，*Karl Marx. Darstellung und Kritik seines Denkens*，Freiburg，1964

Carew-Hunt，R. N.，*The Theory and Practice of Communism*，London，1963

Carlebach，J.，*Karl Marx and the Radical Critique of Fudaism*，London，1978

Carmichael，J.，*Karl Marx. The Passionate Logician*，London，1943

Carter，A.，L.，*Marx. A Radical Critique*，LBrighton，1988

Carver，T.（ed.），*The Cambridge Companion to Marx*，Cambridge，1991

Carver, T., *Marx's Social Theory*, Oxford, 1982

Chang, S., *The Marxian Theory of the State*, Philadelphia, 1965

Christopher J. Arthur, *The New Dialectic and Marx's Capital*, Leiden and Boston, 2004.

Cole, G. D. H., *What Marx Really Meant*, London, 1934

Conway, A, *Farewell to Marx: An Outline and Appraisal of his Theories*, Harmondsworth, 1987

Cooper, R., *The Logical Influence of Hegel on Marx*, Seattle, 1925

Cornu, A., *The Origins of Marxian Thought*, Springfield, 1957

Dahrendorf, R. Marxismus' *Perspektive. Die Idee des Gerechten zm Denken von Karl Marx*, Hanover, 1952

Demeta, P., *Marx, Engels und die Dichter*, Stuttgart, 1959

Demetz, P., *Marx, Engels and the Poets*, Chicago, 1967

Dicke, G., *Der Identitätsgedanke bei Feuerbach und Marx*, Köln and Opladen, 1960

Dobb, M., *Marx as an Economist*, London, 1943

Dornemann, L., *Jenny Marx. Der Lebensweg einer Sozialistin*, Berlin, 1968

Draper, H., *Karl Marx's Theory of Revolution*, 3 vols, New York, 1977ff

Duan, Z., *Marx's Theory of Social Formation*, Avebury, 1995

Dunayevskaya, R., *Marxism and Freedom*, New York, 1958

Dunhua, Z (ed.), *Dialogue of Philosophies, Religions and Civilizations in the Era of Gobalization*, Washington, D. C., 2007

Dupre, L., *The Philosophical Foundations of Marxism*, New York, 1966

Elster, J., *An Introduction to Marx*, Cambridge, 1986

Evans, M., *Karl Marx*, London and New York, 1975

Ferraro, J., *Freedom and Determination in History according to Marx and Engels*, New York, 1992

Fetscher, I., *Marx and Marxism*, New York, 1971

Fineschi, R., *"Dialectic of the Commodity and Its Exposition"*, in *Re-Reading Marx*, Basingstoke, 2009

Fischer, E., *Was Marx wirklich Sagte*, Vienna, 1968

Fischer, H., *Karl Marx und sein Verhältnis zu Staat und Wirtschaft*, Jena, 1932

Fischer, *Marx in His Own Words*, London, 1970

Fleischer, H., *Marx und Engels*, Munich, 1970

Forbes, I., *Marx and the New Individual*, Boston, 1990

Friedrich, M., *Philosophie und Ökonomie beim jungen Marx*, Berlin, 1960

Fritsch, B., *Die Ged-und Kredittheorie von Karl Marx*, Einsiedeln, 1954

Fromm, E., *Marx's Concept of Man*, New York, 1963

Förder, H., *Marx und Engels am Vorabend der Revolution*, Berlin, 1960

G. Kirching and N. Pleasants (eds.), *Marx and Wittgenstein*, London, 2002

Gamble, A. and Walton, P. From, *Alienation to Surplus Value*, London, 1972

Garaudy, R., *Karl Marx: The Evolution of His Thought*, London, 1967

Gemkow, H. etls., *Karl Marx: A Biography*, Berlin, 1970

Gemkow, H., *Karl Marx. Eine Biographie*, Berlin, 1968

Geuss, R., *The Idea of a Critical Theory*, Cambridge, 1981

Gilbert, A., *Marx' Politics : Communists and Citizens*, London, 1981

Gillman, J. M., *The Falling Rate of Profit : Marx's Law and its Significance to 20th Century Capitalism*, London, 1958

Girardi, G., *Marxism and Christianity*, Dublin, 1968

Godelier, M., *Rationality and Irrationality in Economics*, London, 1972

Goitein, l., *Probleme der Gesellschaft und des Staates bei Moses Hess. Ein Beitrag zu dem Thema Hess und Marx mit bisher unveröffentlichtem Quellen-Material*, Leipzig, 1931

Gollwitzer, H., *Die Marxistiche Religionskritik and der christliche Glaube*, Hamburg, 1967

Graham, K., *Karl Marx, Our Contemporary*, Hemel Hempstead, 1992

Gregor, A. J., *A Survey of Marxism*, New York, 1965

Hammacher, E., *Das philosophisch-ökonomische System des Marxismus*, Leipzig, 1909

Hartmann, K., *Dis Marxschc Theorie*, Berlin, 1970

Havadtöy, A., *Arbeit und Eigentum in den Schriften des jungen Marx*, Basel, 1951

Hook, S., *From Hegel to Marx*, 2nd ed. Ann Arllor, 1962

Hook, S., *Towards the Understanding of Karl Marx*, New York, 1933

Horowitz, D. (ed.), *Marx and Modern Economics*, London, 1968

Howard, D., *The Development of the Marxian Dialectic*, Chicago, 1972

Hunt, R., *The Political Ideas of Marx and Engels*, 2 vols, London, 1974 and 1983

Hyppolite, J., *Studies on Marx and Hegel*, London, 1969

Jackson, J. H., *Marx, Proudhon and European Socialism*, New York, 1962

Jessop, B. (ed.), *Karl Marx's Social and Political Thought: Critical Assessments*, 4 vols., London, 1990

Jordan, Z., *The Evolution of Dialectical Materialism*, London, 1967

Joseph, H. W. B., *The Labour Theory of Value in Karl Marx*, London, 1923

Kain, P., *Marx and Modern Political Theory*, Lanham, 1993

Kaiser, B., *Exlibris Karl Marx und Engels: Schicksal und Verzeichnis*, Berlin, 1967

Kamenka, E., *The Ethical Foundation of Marxism*, 2nd ed., London, 1972

Kelsen, H., *Sozialismus und Staat. Eine Untersuchung der politischen Theorie des Marxismus*, Leipzig, 1920

Kenafick, K. J., *Michael Bakunin and Karl Marx*, Melbourne, 1948

Kolakowski, L., *Main Currents of Marxism*, Oxford, 1978

Koppel, A., *Für und wider Karl Marx. Prolegomena zu ezner Biographie*, 1905

Koren, H., *Marx and the Authentic Man*, Duquesne, 1967

Korsch, K., *Karl Marx*, Frankfurt, 1967

Krause, H., *Marx und Engels und das zeitgenössische Russland*, Giessen, 1958

Kuczynski, J., *Zurück zu Marx! Antikritische Studien zur Theorie des Marxismus*, Leipzig, 1926

Kux, E., *Karl Marx: Die revolutionäre Konfession*, Stuttgart, 1967

Kägi, P., *Genesis des historischen Materialismus*, Vienna, 1965

Künzli, A., *Karl Marx*, *Eine Psychographie*, Vienna, 1966

Larrain, J., *Marxism and Ideology*, New York, 1983

Leff, G., *The Tyranny of Concepts*, London, 1961

Lenz, F., *Staat und Marxismus: Grundlegung und Kritik der Maxistischen Gesellschaftslehre*, Stuttgart and Berlin, 1921

Lewis, J., *The Marxism of Marx*, London, 1972

Lichtheim, G., *From Marx to Hegel*, New York, 1971

Lobkowicz, N., *Theory and Practice. The History of a Marxist Concept*, Notre Dame, 1967

Lovell, D., *Marx's Proletariat. The Making of a Myth*, New York, 1988

MacIntyre, A., *Against the Self-Image of the Ages*, Notre Dame, 1987

MacIntyre, A. C., *Marxism: an Interpretation*, London, 1953

Maguire, J., *Marx's Paris Writings*, Dublin, 1972

Maguire, J., *Marx's Theory of Politics*, Cambridge, 1978

Mandel, E. *Entstehung und Entwicklung der ökonomischen Lehre von Karl Marx*, Frankfurt, 1968

Mandel, E., *The Formation of Marx's Economic Thought*, London, 1962

Marcuse, H., *Reason and Revolution*, London, 1941

Massiczek, A., *Der Menschliche Mensch. Karl Marx'jüdischer Humanismus*, Vienna, 1968

Mazlish, B., *The Meaning of Karl Marx*, New York, 1984

Meek, R. L., *Studies in the Labour Theory of Value*, London, 1956

Mehring, F., *Karl Marx. Geschichte seines Lebens*, Stuttgart, 1918

Mende, G., *Karl Marx' Entwicklung vom revolutionären Demokraten*

Meyer, A. G., *Marxism: The Unity of Theory and Practice: A Critical Essay*, Cambridge, Mass., 1954

Mitrany, D., *Marx against the Peasant*, London, 1951

Moore, S., *From Marx to Markets*, Philadelphia, 1993

Morf, O., *Das Verhältnis von Wirtschaftstheorie und Wirtschaftsgeschichte bei Karl Marx*, Basel, 1951

Morgenthaler, W., *Der Mensch Kal Marx*, Berne, 1962

Morishima, M., *Marx's Economics*, Cambridge, 1973

Moskovskaya, N., *Das Marxsche System*, Berlin, 1929

Mutis, C., *Anti-Marx. Betrachtungen über dem Inneren der Marxschen Ökonomik*, Jena, 1927

Nicolaievski, B. and Maenchen-Helfen, O., *Karl Marx, Man and Fighter*, 3rd ed. 1973

Oakley, A., *Marx's Critique of Political Economy: Intellectual Sources and Evolution*, 2 vols., London, 1985

Oelssner, F., *Die ökonomische Theorie von Karl Marx als Anleitung für die sozialistische Wirtschaftsführung*, Berlin, 1959

Oilman, B., *Dialectical Investigations*, New York, 1993

Oiserman, T. *Die Entstehung der Marxistischen Philosophie*, Berlin, 1962

Ollman, B., *Alienation. Marx's Critique of Man in Capitalist Society*, Cambridge, 1971

Oppenheimer, F., *Das Grundgesetz der Marxschen Gesellschaftslehre*, Berlin, 1903

Oppenheimer, F., *Die soziale Frage und der Sozialismus. Eine kritische Auseinandersetzung mit der marxistischen Theorie*, Jena, 1913

Oschilewski, W. G., *Grosse Sozialisten in Berlin*, Berlin and

Grünewald, 1956

Pappenheim, F., *The Alienation of Modern Man*, New York, 1959

Parijs, P., *Marxism Recycled*, Cambridge, 1993

Peffer, R., *Marxism, Morality and Social Justice*, Princeton, 1990

Pelczynski, Z. A., *Hegel's Political Philosophy*, Cambridge, 1971

Pelczynski, Z. A. ed., *The State and Civil Society*, Cambridge, 1984

Pines, C. L., *Idealogy and False Consciousness: Marx and His Historical Progenitors*, New York, 1993

Plamenatz, J., *Karl Marx's Philosophy of Man*, Oxford, 1975

Plamenatz, J., *Man and Society*, Vol. 2., London, 1963

Poehr, H., *Der entfremdete Mensch, Zeitkritik und Geschichtsphilosophie des jungen Marx*, Basel, 1953

Post, W., *Kritik der Religion bei Karl Marx*, Munich, 1969

Postone, M., *Time, Labor, and Social Domination: A Reintepretation of Marx's Critical Theory*, New York, 1993

Prawer, S., *Karl Marx and World Literature*, Oxford, 1978

R. Hunt, *The Political Ideas of Marx and Engels*, London and Pittsburgh, 1975

Reuten G. and Campbell M. (eds), *The Culmination of Capital: Essays on Volume Three of Marx's Capital*, Basingstoke, 2003

Roehr, H., *Pseudoreligiöse Motive in den Frühschriften von Karl Marx*, Tübingen, 1962

Rosdolsky, R. *Zur Entstehungsgeschichte des "Kapitals"*, Frankfurt, 1968

Rosdolsky, R., *The Making of Marx's "Capital"*, London, 1977

Rothenstreich, N., *Basic Problems of Marx's Philosophy*, New York, 1965

Rubel, M. and Manale, M., Marx without Myth, Oxford, 1975

Rubin, I. I., *Essays on Marx's Theory of Value*, tras. From 3rd. ed. 1928, Detroit: 1972

Sanderson, J., *An Interpretation of the Political Ideas of Marx and Engels*, London, 1969

Sannwald, R. F., *Marx und die Antike*, Einsiedeln, 1956

Schelling, F. W. J., *Ideas for a Philosophy of Nature*, trans. E. Harris and P. Heath, Cambridge, 1988

Schlesinger, R., *Marx, His Time and Ours*, London, 1950

Schuffenhauer, W., *Feuerbach und der junge Marx. Entstehungsgeschichte*

Seigel, J., *Marx's Fate. The Shape of a Life*, Princeton, 1978

Seliger, M., *The Marxist Conception of Ideology*, Cambridge, 1977

Seliger, M., *The Marxist Conception of Ideology*, Cambridge, 1979

Sens, W., *Karl Marx. Seine irreligiöse Entwicklung und antichristliche Einstellung*, Halle, 1936

Shanin T. (ed.), *Late Marx and the Russian Road*, New York, 1983

Sloan, P., *Marx and the Orthodox Economists*, Oxford, 1973

Slonimsky, L. Z., *Versuch einer Kritik der Karl Marx' sehen ökonomischen*

Smith, T., *Dialectical Social Theory and Its Critics*, New York, 1993

Smith, T., "Hegel, Marx and the Comprehension of Capitalism", in *Marx's Capital and Hegel's Logic*, Leiden and Boston, 2004

Stammler, R., *Die materialistische Geschiehtsauffassung*, Güterslon, 1921

Stenberg, F., *Marx und die Gegenwart*, Köln, 1955

Sultan, H., *Gesellschaft und Staat bei Karl Marx, Freidrich Engels*, Jena, 1922

Sweeney, P. M., *The Theory of Capitalist Development*, New York, 1942

Theorien, Berlin, 1899

Thier, E., *Das Menschenbild des jungen Marx*, Göttingen, 1957

Thomas, P., *Karl Marx and the Anarchists*, London, 1980

Tucker, R., *Karl Marx. Die Entwicklung seines Denkens von der Philosophie zum Mythos*, Munich, 1972

Tucker, R., *Philosophy and Myth in Karl Marx*, Cambridge, 1961

Turner, D., *On the Philosophy of Marx*, Dublin, 1968

Venables. V., *Human Nature, the Marxian View*, New York, 1945

Vorländer, K., *Kant und Marx*, Tübingen, 1926

Walker, A., Marx: His Theory and Its Context, Rivers Oram, 1990

Walton P. and Hall, S. (eds.), *Situating Marx*, London, 1972

Wildermuth, A., *Marx und die Verwirklichung der Philosophie*, The Hague, 1970

Wittgenstein, L., *Blue and Brown Books*, Oxford, 1969

Wolfe, B., *Marxism. 100 years in the Life of a Doctrine*, London, 1967

Woltmann, L., *Der historische Materialismus*, *Darstellung und Kritik zum Kommunisten*, Berlin, 1955

Wood, A, *Karl Marx*, London, 1981

Zeitlin, I., *Marxism. A Re-examination*, New York, 1967

Zeleny, J., *Die Wissenschaftslogik bei Marx und das "Kapital"*, Berlin, 1968